战略性新兴产业
动态演进研究

何文韬 著

中国社会科学出版社

图书在版编目(CIP)数据

战略性新兴产业动态演进研究／何文韬著．—北京：中国社会科学出版社，2019.4

ISBN 978-7-5203-4242-1

Ⅰ.①战… Ⅱ.①何… Ⅲ.①新兴产业-产业发展-研究 Ⅳ.①F264

中国版本图书馆 CIP 数据核字(2019)第 062929 号

出 版 人	赵剑英
责任编辑	许 琳
责任校对	石春梅
责任印制	郝美娜

出 版	中国社会科学出版社
社 址	北京鼓楼西大街甲 158 号
邮 编	100720
网 址	http：//www.csspw.cn
发 行 部	010-84083685
门 市 部	010-84029450
经 销	新华书店及其他书店

印刷装订	环球东方（北京）印务有限公司
版 次	2019 年 4 月第 1 版
印 次	2019 年 4 月第 1 次印刷

开 本	710×1000 1/16
印 张	19.5
插 页	2
字 数	330 千字
定 价	85.00 元

凡购买中国社会科学出版社图书，如有质量问题请与本社营销中心联系调换

电话：010-84083683

版权所有 侵权必究

序

"Evolution"即演化，被定义为渐进性的变化和发展过程。与传统经济理论相比，演化的观点一方面强调非均衡或动态均衡，另一方面强调人的有限理性，即人们在行为选择时不可避免的会犯错误，在行为过程中往往不能一开始就找到最优策略，而是通过不断的试错去接近最优策略。动态演化的观点融入产业经济学，致力于在不确定性和有限理性的前提下，研究产业发展的过程是怎样的，以及在这一过程中企业应当采取怎样的策略生存下去。总之，这一研究视角始终遵循着动态变化的思想。

传统的产业经济研究建立在新古典经济学理论基础之上，构建起结构—行为—绩效的分析范式（SCP范式）。然而，大量的理论和实证研究表明市场结构、行为和绩效之间的关系远不止这么简单，单向线形SCP范式只反映了问题的一个方面，市场结构、行为和绩效之间具有复杂的相互作用关系。学者们对SCP范式进行了修正，突破了传统SCP范式以均衡和静态分析为主的研究思路，在产业研究中逐渐包含动态演化的思想。尤其是博弈论和信息经济学的应用，使得SCP由单向静态分析范式转变为双向的、动态分析范式。这不但能够更为精确地反映现实，同时也突破了厂商单纯追求利润最大化的单一目标。随着产业演化研究的深入，许多企业的微观动机、意图等目的行为也被考虑进去，从而使得产业演化研究不断丰富起来，先后出现熊彼特的创新和产业演化理论、产业组织的种群生态学理论、产业生命周期理论等。研究的手段和方法也从描述性的案例分析，逐渐发展出博弈分析、计量分析、仿真模拟等。

国内对产业动态演化的问题研究也有一定进展。有些学者以中国经济转轨为背景进行研究，重点揭示转轨条件下中国产业组织的演化特征。而另一些学者从产业组织的系统演化视角来阐释产业组织的演化过程，这些研究从系统论的角度揭示了产业组织演化的规律和特征。还有学者借鉴并发展了西方产业组织随机演化的思想，通过建立企业进入—退出的马尔科夫模型来刻画产业动态演化特点。虽然国内相关研究逐渐增多，但是当前中国产业动态演化研究才刚刚起步，许多理论和方法仍处于探索阶段，仍需做大量的研究工作将该领域深入下去并与中国产业发展实际结合起来。

自中国政府提出大力培育和发展战略性新兴产业以来，对战略性新兴产业的研究逐渐受到关注并成为新的研究热点。然而就目前的研究现状来看，多数研究重点探讨了战略性新兴产业的界定、内涵、产业的选择以及发展所需的条件、产业发展中政府的角色定位以及各主要国家战略性新兴产业规划和发展现状等问题。很少有研究真正深入分析战略性新兴产业发展的内在规律和特征。究其原因，一方面是因为目前战略性新兴产业的研究缺乏有效的理论支撑和研究线索，难以有效深入；另一方面战略性新兴产业作为政府大力扶持的产业，多数研究围绕政策解读、政策实施效果、产业发展状况进行讨论，而没有抓住驱动产业发展的本质问题。

何文韬博士的这本专著在产业动态理论框架下将战略性新兴产业动态演进的关键点串联起来。在企业进入前、进入时和进入后的时间线上，通过企业微观个体层次来发掘战略性新兴产业动态演进的机制和运行机理，强调在内生和外在因素制约下由微观企业组织向产业层次演化的动态过程和特征。在具体研究中，本书在对产业动态演进研究的核心和脉络进行梳理、提炼的基础上，构建产业动态演进分析框架，并以战略性新兴产业作为研究对象，从描述企业规模分布特征出发，探讨企业在进入时的初始规模选择，在进入后的生存、成长、绩效表现。最后以光伏产业、新能源汽车产业为例，分析产业震荡的触发因素对企业生存的影响，以及新兴产业中利基演化及技术创新问题。全书以产业动态演进思想为主线，将企业异质性作为前提条件，从微观企业层面实证分析战略性新兴产业的动态演进过程。研究得到了丰富的结论，较为科学的揭示了产业演进规律和特征，拓宽了战略性新兴产业研究视角，也提出了一些有意义的研究方向，为深入研究战略性新兴产业奠定了基础。然而，由于产业动态研究领域成熟的研究成果较少，有许多研究观点仍值得深入探讨。同时，战略性新兴产业也处在快速发展中，书中所得结论可能随着产业演化而发生变化，因而值得对该产业进行持续跟踪研究。当然，作为青年学者，作者在本书中表现出的研究素养和能力值得肯定，希望作者在未来的研究中不断进步，争取更大成绩。

肖兴志
2019 年 4 月

前　　言

　　"天下事物，万变无穷"。社会的发展进步，科技的日新月异，在加快全球化步伐，加深各国间相互依赖的同时，也改变着世界政治、经济格局。在这一过程中，围绕着工业核心科技的数次变革，彻底改变了人类文明和经济发展面貌，多数国家实现了从落后农业国向先进工业国的蜕变。然而，正如所有事物都在迂回、困难中前进一样，当旧的社会技术体系不能满足工业化进程需要时，就会酝酿并爆发新的工业革命，打破原有体系桎梏，创造新的发展机遇。而当前所发生的以互联网技术和可再生能源为基础的第三次工业革命为各国开启了提升竞争力的"时间窗口"。欧美等国家以此为契机重振制造业，而新兴经济体国家努力摆脱跨国公司全球价值链的控制，通过建立独立自主的产业链高端环节突破产业转型升级的困境，试图实现产业发展的赶超。正是在这样的背景下，中国新兴产业应运而生，并在政府、企业、科研院所等多方的努力和扶持下迅速发展，逐渐突显出其在国民经济中的重要性，而针对该产业的相关研究也在不断深入。

　　然而，对于支配新兴产业结构动态演化的基本问题依然没有得到解答。实质上，新兴产业作为我国大力发展高新技术产业整体方针的延续，其发展过程完全可以由产业动态演进的一般规律来描述。依照演化观点，产业当中企业规模分布、市场份额变动、新旧产业融合、新兴产业集聚的微观机制是产业当中企业不断学习、创新，并与其他企业表现出相互竞争、合作等复杂策略关系的结果。所以从产业动态切入新兴产业分析，对企业微观行为进行跟踪观测，是可行的研究途径。并且，将演化思想引入产业分析为产业组织研究带来新的视角，它改变了产业组织以产业作为基本分析单位，将研究视角从微观企业个体拓展到产业甚至整个宏观经济体，并在动态的框架下关注产业演进过程的原因及结果。

　　据此，本书尝试将新兴产业动态演进的关键点串联起来。在企业进入前、进入时和进入后的时间线上，通过企业微观个体层次来发掘新兴产业动态演进的机制和运行机理，强调在内生和外在因素制约下由微观企业组织向产业层次演化的动态过程和特征。在具体研究中，本书在对产业动态演进研究的核心和脉络进行梳理、提炼的基础上，构建产业动态演进分析框架，并以新兴产业作为研究对象，从描述企业规模分布特征出发，探讨企业在进入时的初始规模选择，在进入后的生存、成长、绩效表现。最后以光伏产业为例，分析产业震荡的触发因素及其对企业生存的影响。全书以产业动态演进思想为主线，将企业异质性作为前提条件，从微观企业层面实证分析新兴产业的动态演进过程。全书包括以下十章内容：

第一章总结和梳理产业动态演进研究的核心和脉络。在比较产业动态演进和产业组织研究区别与联系的基础上，细致梳理和总结相关文献，掌握产业动态演进研究的核心及脉络，从而为研究新兴产业的动态演进提供理论支撑和方法基础。

第二章包括三个主要部分：基于演化视角解析新兴产业内涵，产业动态演进分析框架构建和新兴产业研究数据的整理筛选。第一部分从演化视角来定义新兴产业，并回顾产业发展历程。第二部分通过回顾国内外相关的研究，掌握产业动态演进研究的核心脉络，并定性描述新兴产业动态演进的特点。据此提出"三个层次一条主线"的分析框架，为研究新兴产业的动态演进提供理论依据和分析路线。第三部分详细说明从中国工业企业数据库中筛选和提取代表新兴产业样本企业的步骤和方法，并对数据进行初步的描述统计。

从第三章到第八章为理论运用章节，是本书的核心部分，主要探讨新兴产业动态演进的分布形态、初始状况、微观机制和特殊阶段。

第三章是对新兴产业动态演进的整体形态进行描述。采用非参数的核密度估计方法绘制新兴产业与传统产业的企业规模分布形态及变动趋势，并对 Gibrat 定律进行检验。

第四章从探讨企业对初始规模的选择来揭示新兴产业动态演进的初始状况和条件。通过对新兴产业企业初始规模的分布形态进行描述，发现企业初始规模分布呈偏态，且存在离群值。对此，采用分位数估计方法研究企业初始规模及其决定因素。

第五章研究新兴产业动态演进微观机制之一的企业生存。企业的生存、成长、灭亡是产业动态演进的实质。通过 KM 估计方法确定出不同分类条件下新兴产业企业的生存函数特征，并采用半参数的 Cox 风险模型来拟合企业自身性质、企业特征因素和产业特征因素对企业持续生存的影响。

第六章深入企业内部剖析企业成长内在机理。使用非参数的核密度估计方法绘制出企业成长率分布形态，发现新兴产业的企业成长率与其他产业一样呈"帐篷状"的拉布拉斯分布，这表明小型企业快速成长，并伴随着较大规模企业更高的成长率变动。采用向量自回归方法，以员工增长、销售额增长、利润增长和劳动生产率增长作为考察维度，深入研究新兴产业区别于一般制造业的特殊企业成长机制。

第七章从企业生产率角度分析企业进入后的绩效表现。本章使用 OP 方法测算了新兴产业当中企业的全要素生产率水平，并从生产率的分布特征、影响因素，及其与企业生存、成长的作用关系等多个方面进行实证分析。

第八章、第九章将案例研究与实证研究相结合，既深入分析发生在产业动态演进中的特殊阶段——产业震荡的发生原因及其造成的影响，以及利基演化和利基管理理论在新兴产业研究中的运用，又体现出产业动态演进分析框架和方法针对具体行业、具体问题的适用性和可操作性。其中，第八章以光伏产业作为研究对象，描述了产业动态演进历程，确定出影响产业演进的关键事件，指明光伏产业震荡的发生机制，并运用事件史分析方法研究不同时机进入群体的生存差异及其变动。第九章将新能源汽车产业作为研究对象，并将新能源汽车视为是在原有交通运输技术体系中出现的利基，探究在社会技术体系转变和产业政策保护作用下，新能源汽车产业的利基演化及技术创新问题。

第十章对新兴产业动态演进研究进行系统而全面的总结，提出以柔性产业政策推动新兴产业自然演化的建议，并指出该研究领域未来可行的研究方向。

目 录

第一章 产业动态演进研究的核心问题及理论脉络 ……………… (1)
  第一节 企业规模分布演进的理论和典型事实 ………………… (2)
    一 Gibrat 定律的起源及早期研究 …………………………… (3)
    二 企业规模分布研究的发展 ………………………………… (4)
    三 企业规模分布实证研究结论所带来的理论挑战 ………… (6)
    四 Gibrat 定律与实证证据的违离与调和 …………………… (7)
  第二节 产业动态演进中企业进入及初始规模选择的作用机理
        探析 ……………………………………………………… (10)
    一 对企业进入行为认识的拓展与深化 ……………………… (11)
    二 异质性在产业动态演进分析中的作用探寻 ……………… (13)
    三 企业进入期望调整与真实规模选择 ……………………… (15)
    四 差异化初始规模选择对进入后表现的影响效应 ………… (17)
  第三节 企业进入后表现的研究路径与成果梳理 ……………… (19)
    一 企业进入后表现的"随机性"和"确定性"研究路径 …… (19)
    二 企业进入后的行为表现之一：企业生存及其决定因素
       汇总 …………………………………………………………… (21)
    三 企业进入后的行为表现之二：企业成长的理论基础及研究
       重心的转移 ………………………………………………… (27)
    四 企业进入后的绩效表现：企业生产率与产业动态 ……… (32)
    五 企业进入后的表现与产业震荡的关系解析 ……………… (33)
  第四节 产业震荡及其触发因素研究的文献评述与启示 ……… (34)
    一 触发产业震荡的技术创新因素 …………………………… (35)
    二 触发产业震荡的非技术因素 ……………………………… (38)
    三 探究产业震荡发生机制的理论模型与实证研究 ………… (41)
    四 产业震荡研究的新问题 …………………………………… (45)

五　产业震荡研究方向与启示 …………………………………… (49)
　第五节　基于利基管理视角的新兴产业动态演进路径研究 ……… (52)
　　一　利基理论及其在新兴产业分析当中的应用 ………………… (53)
　　二　利基管理思想下新兴产业的可行发展方式 ………………… (54)
　　三　新兴产业"技术利基"与"市场利基"的形成演化 ……… (55)
　　四　新兴产业"保护性空间"的发展演进路径………………… (57)

第二章　新兴产业动态演进的分析基础：概念界定、框架构建及数据
　　　　整理 …………………………………………………………… (58)
　第一节　新兴产业的概念内涵及其发展历程 ……………………… (58)
　　一　基于演化视角的新兴产业内涵 ……………………………… (58)
　　二　新兴产业的历史沿革 ………………………………………… (60)
　　三　新兴产业的发展现状 ………………………………………… (63)
　第二节　新兴产业动态演进的分析框架 …………………………… (65)
　　一　国内产业动态演进分析逻辑及相关研究归纳 ……………… (65)
　　二　新兴产业的动态演进特点 …………………………………… (67)
　　三　新兴产业动态演进的分析框架构建 ………………………… (70)
　第三节　新兴产业动态演进的研究数据 …………………………… (71)
　　一　新兴产业研究常用数据来源及其缺陷 ……………………… (71)
　　二　使用工业企业数据库做新兴产业研究的优势 ……………… (73)
　　三　按照研究设计对工业企业数据库的筛选和整理 …………… (73)
　　四　筛选出来的样本企业特征及初步描述统计 ………………… (75)

第三章　新兴产业动态演进的形态特征：企业规模分布及 Gibrat
　　　　定律检验 ……………………………………………………… (77)
　第一节　新兴产业与传统产业企业规模分布的非参数估计 ……… (77)
　　一　数据和描述统计 ……………………………………………… (78)
　　二　企业规模分布的非参数分析方法 …………………………… (79)
　　三　企业规模分布的核密度估计及正态分布检验 ……………… (82)
　第二节　新兴产业与传统产业企业规模分布形态差异的解析 …… (85)
　　一　企业规模分布的相关理论 …………………………………… (85)
　　二　造成企业规模分布差异的原因分析 ………………………… (87)

第三节　新兴产业与传统产业的 Gibrat 定律检验 …………… (89)
　　一　模型及检验方法 ……………………………………………… (90)
　　二　Gibrat 定律检验结果 ………………………………………… (91)
第四节　本章小结 ……………………………………………………… (95)

第四章　新兴产业动态演进的起点：企业初始规模选择 ………… (98)
第一节　新进入企业初始规模分布特征 ……………………………… (99)
　　一　新兴产业企业初始规模基本概况及变动趋势 …………… (99)
　　二　企业初始规模原始值与对数值的分布特征对比分析 …… (100)
　　三　企业初始规模分布特征研究结论 ………………………… (102)
第二节　新兴产业特征对新企业初始规模选择的影响 …………… (103)
　　一　产业规模经济特性、进入障碍与企业初始规模选择 …… (103)
　　二　新兴产业中新企业初始规模的决定因素 ………………… (106)
　　三　计量模型的设定 …………………………………………… (108)
第三节　计量估计方法 ……………………………………………… (110)
　　一　分位数估计方法简介 ……………………………………… (110)
　　二　分位数估计方法的优势分析 ……………………………… (111)
第四节　实证分析结果 ……………………………………………… (112)
　　一　新兴产业特征指标的初步计算结果及分析 ……………… (112)
　　二　新兴产业企业初始规模决定因素的分位数回归结果 …… (115)
　　三　对分位数回归估计结果的图像化解释 …………………… (118)
　　四　分位数回归结果的斜率相等检验和对称性检验 ………… (120)
第五节　本章小结 …………………………………………………… (122)

第五章　新兴产业动态演进的微观机制之一：企业进入后的生存 ………………………………………………………………… (123)
第一节　企业生存的产业动态演进解析视角 ……………………… (123)
　　一　企业进入和生存的静态均衡与动态演进观点对比 ……… (123)
　　二　新兴产业中影响企业进入后生存的因素分析 …………… (125)
第二节　企业生存数据整理及初步分析 …………………………… (127)
　　一　企业生存的研究方法 ……………………………………… (127)
　　二　样本与数据处理 …………………………………………… (128)

三　企业生存状况的初步描述统计特征 …………………… (129)
第三节　新兴产业企业生存的 KM 估计 ……………………… (131)
　　一　总体 KM 生存估计 …………………………………… (131)
　　二　基于企业所有权性质分层的 KM 生存估计 ………… (137)
　　三　基于企业规模分层的 KM 估计 ……………………… (140)
第四节　新兴产业企业生存的事件史分析 …………………… (143)
　　一　企业生存影响因素的确定 …………………………… (143)
　　二　新兴产业总体企业生存研究 ………………………… (147)
　　三　新兴产业分行业的企业生存研究 …………………… (156)
第五节　本章小结 ……………………………………………… (160)

第六章　新兴产业动态演进的微观机制之二：企业进入后的成长 ……………………………………………………… (163)
第一节　新兴产业企业成长的复杂性与多维视角 …………… (163)
　　一　新兴产业中企业成长的复杂特性 …………………… (163)
　　二　新兴产业中企业成长的多维视角分析 ……………… (165)
第二节　数据和描述统计 ……………………………………… (167)
　　一　数据来源 ……………………………………………… (167)
　　二　企业成长指标选取及测算方法 ……………………… (167)
　　三　企业成长指标的描述统计 …………………………… (169)
第三节　企业成长率的分布特征 ……………………………… (171)
第四节　企业成长机制的实证研究 …………………………… (173)
　　一　计量模型构建及回归方法 …………………………… (173)
　　二　实证分析结果 ………………………………………… (174)
　　三　冲击反应图像解释 …………………………………… (177)
第五节　稳健性分析 …………………………………………… (178)
第六节　本章小结 ……………………………………………… (180)

第七章　新兴产业动态演进的经济绩效：企业全要素生产率的测算与分析 ……………………………………………………… (184)
第一节　产业动态与生产率增长的关系解析 ………………… (184)
　　一　企业高生产率的来源及其持续性分析 ……………… (184)

二　企业进入后的行为表现与生产率增长 …………………… (186)
第二节　新兴产业全要素生产率的测算 ………………………… (187)
　　一　样本来源与数据整理 ……………………………………… (187)
　　二　企业全要素生产率的测算方法 …………………………… (188)
　　三　企业全要素生产率的测算结果 …………………………… (189)
第三节　新兴产业动态与生产率变动的实证分析 ……………… (192)
　　一　企业特征因素对生产率的影响分析 ……………………… (192)
　　二　企业生产率对企业生存的影响分析 ……………………… (193)
　　三　企业生产率对企业成长的影响分析 ……………………… (196)
第四节　本章小结 ………………………………………………… (197)

第八章　新兴产业动态演进的特殊阶段：基于光伏产业震荡的分析 ……………………………………………………… (199)

第一节　中国光伏产业的动态演进 ……………………………… (199)
　　一　世界光伏技术扩散路线及产业周期性波动 ……………… (199)
　　二　中国光伏产业演进历程 …………………………………… (201)
　　三　中国光伏产业供给需求及价格的变化 …………………… (202)
第二节　中国光伏产业进入波动与产业震荡的发生 …………… (205)
　　一　中国光伏产业演化规律和独特性分析 …………………… (206)
　　二　中国光伏产业中的进入、退出与生产者数量变动 ……… (207)
　　三　中国光伏产业震荡起因及机理分析 ……………………… (211)
第三节　光伏产业震荡前后的企业群体生存分析 ……………… (214)
　　一　企业分组 …………………………………………………… (214)
　　二　企业群体的生存率分析 …………………………………… (215)
　　三　产业震荡前后企业群体生存风险的估计结果 …………… (217)
　　四　技术创新与企业群体生存风险的估计结果 ……………… (220)
第四节　光伏产业震荡与企业个体生存分析 …………………… (222)
　　一　影响光伏企业生存的因素 ………………………………… (222)
　　二　光伏企业生存决定因素分析结果 ………………………… (225)
第五节　本章小结 ………………………………………………… (226)

第九章 新兴产业利基演化、政策保护与技术创新：基于新能源汽车产业的分析 ………………………………………… (230)

第一节 从利基演化视角分析新能源汽车发展路径 ………… (231)
一 新能源汽车产业的发展与利基构建 ……………… (231)
二 新能源汽车产业技术创新与政策保护的关系 …… (234)

第二节 数据和描述统计 ……………………………………… (236)
一 数据来源与指标选取 ……………………………… (236)
二 描述性统计 ………………………………………… (238)

第三节 新能源汽车产业的政府保护与利基构建 …………… (240)
一 计量模型设定及指标选取 ………………………… (240)
二 新能源汽车产品类型数、专利数与政策实施效果 …… (241)
三 新能源汽车利基演化及其影响因素分析 ………… (244)

第四节 新能源汽车产业的推广政策与技术创新 …………… (246)
一 计量模型的设定 …………………………………… (246)
二 新能源汽车推广政策对企业专利申请的影响 …… (248)
三 新能源汽车推广政策对企业专利转化的影响 …… (250)

第五节 本章小结 ……………………………………………… (253)

第十章 结论与展望 …………………………………………………… (256)
第一节 研究结论 ……………………………………………… (256)
第二节 研究展望 ……………………………………………… (261)

参考文献 …………………………………………………………………… (264)

后 记 ……………………………………………………………………… (299)

第一章　产业动态演进研究的核心问题及理论脉络

演化经济学已经成为当今国外经济学研究最热门、最前沿的领域之一。不同于新古典经济学使用完全理性、最优化行为和确定性概念来探究静态均衡问题，演化经济学致力于在有限理性、变化、路径依赖、不确定性、惯例和选择的前提下，研究经济发展的过程是怎样的，尤其关注在经济结构的长期变化过程中，行为人会采取怎样的策略生存下去。按照该理论，经济均衡只是暂时的，企业通常处于不断地由一种相对稳定状态向另一种相对稳定状态运动之中。

产业经济学研究与演化思想有着密切联系。产业持续发展的原因是什么？有着怎样的微观基础？在怎样的框架下能够回答这些问题从而理解产业的转变和重构？传统的产业组织研究关注产业的竞争条件分析以及绩效，并分析经济活动的规制问题。因此，它已经建立起固定的学科领域范围，有着明确的研究目标。而产业动态演进研究根植于 Burton Klein 关于"动态经济"（Dynamic Economics）的探讨（Klein，1977，1984），以 Richard Nelson 和 Sidney Winter 的"演进理论"（Evolutionary Theory，Nelson and Winter，1982）为基础，并囊括 Erik Dahmen 关于"熊彼特动态"（Schumpeterian Dynamics）的概念（Dahmen，1984），结合社会学、生态学等多个分支学科，从微观企业异质性和动态行为出发，探究产业发展演进过程，乃至对经济增长的宏观影响。

产业动态演进与产业组织研究相比存在以下几方面关键的不同点（Carlsson，1989）。第一，研究对象不同。产业组织的基本分析单位是产业，而产业动态演进的分析单位从微观企业个体，甚至是企业内部构成到产业或者整个宏观经济体。第二，分析框架不同。产业组织在静态的或相对静态的框架中分析产业结构，相对的，产业动态演进关注过程，如技术、企业、产业演化过程的原因及结果。第三，看待技术变革的角度不同。产业组织通常从公共政策的角度来分析市场结构和技术研发之间的关系，而产业动态的研究重点就是技术创新，以及由此所带来的生产力发展、成本演进和生产结构的改变。第四，产业动态研究更注重微观—宏观之间的联系，强调分析和识别动态过程而非总量结果。由此看来，产业动态演进与传统产业组织研究存在较为明显的区别，它以更为全面的动态眼光来审视产业从微观到宏观各个层面上的整个变动过程，为认识和理解产业演进提供更全面的视角。

聚焦到对单个产业的分析，如果不对产业当中企业的诞生、成长和消退进行定量实证研究，那么对于支配产业结构动态演进过程的基本问题就难以给出确切答案。产业当中企业进入和退出的定量作用关系是怎样的？企业规模、生存和成长之间有着怎样的联系？什么决定着产业结构的变动？对于这些问题有大量研究选取不同的产业样本进行分析，并从中发现一些特征化的因素可以回答上述问题。对此，本节将细致梳理和总结相关文献，掌握产业动态演进研究的核心及脉络，从而为研究新兴产业的动态演进提供理论支撑和方法基础。

第一节　企业规模分布演进的理论和典型事实

现代经济的持续增长以不同产业的诞生、发展和衰退为特征，而产业的演进又以在任何时点上发生的强烈变动为特征。这些变动既来自一些企业的进入、成长，又源于另一些企业的萎缩、退出（Dosi, Malerba and Orsenigo, 1994）。因此，从作用机理上来说，微观企业群体的进入退出动态聚合为产业的演进，并最终推动着经济的增长。而在表象上，企业规模分布就是这些企业动态积累的结果（Wit, 2005）。

企业进入、成长、衰退和退出的动态变化给出了关于企业规模分布预期变动的信息，反过来，通过研究企业规模分布也可以洞察在特定分布状态下会有怎样的企业动态。这种企业动态和企业规模分布之间的清晰作用关系表明决定企业动态的因素可以转换为决定企业规模分布的因素。据此，有大量研究围绕着企业规模分布展开讨论，实证研究不同国家不同产业的企业规模分布形态，提出各种理论模型对其进行解释，试图通过描绘并分析企业规模分布形态及其变动揭示产业动态演进特征。

一 Gibrat 定律的起源及早期研究

研究企业规模分布源于对社会经济统计活动规律的观察。在许多自然和社会环境中，都会观测到大量相互独立的微小影响积累起来产生一个正态分布的现象，这被称为高斯过程。在产业经济研究中，Gibrat（1931）最早受此启发，对制造业企业规模分布进行研究，发现它近似服从对数正态分布。由此 Gibrat 正式的提出企业规模和产业结构的动态模型，指出在企业规模分布当中存在一个统计规律，即 Gibrat 定律，能够为构建企业动态模型提供基础。Gibrat 定律也被称为比例效应法则，与那些认为企业成长决定于创新、产品差异性和先动优势等系统因素的模型相反，该定律认为期望的企业成长率独立于其规模，也就是说，在给定时期内，企业规模按照一个特定比例变化的可能性对于产业中的所有企业都相同，而无论企业在观测期开始时的规模是怎样的。给出这一关系的直觉理由是相比小型企业，较大规模的企业占有更大的市场份额，因而也有相应较大比例的成长潜力。该定律意味着在企业成长机会随机分布的条件下，企业规模的分布将进一步地呈现偏态，并且在长期会趋近于一个独立于企业初始规模的对数正态分布。

在早期，Gibrat 定律无论是在理论上还是在实践上都得到了广泛证实。在理论方面，Gibrat 定律与企业规模分布的新古典经济模型相一致。例如，Viner（1932）指出企业规模分布是企业寻求成本最小化的结果。Lucas（1978）对此进行了改进，认为规模分布是为了实现总产出最大化而在具备不同"天赋"的管理者间配置生产要素的一个解决方案。他的模型预测企业规模分布是为了适应特定的管理者天赋分布情况。这一现代组织理论与企业成长和规模相独立的 Gibrat 定律并不矛盾。

此外，Hart and Prais（1956）和 Ijiri and Simon（1964，1977）将随机进入过程纳入存活企业的 Gibrat 规模—成长关系当中，提出"随机成长"模型。在该模型的市场中包含许多独立的机会序列，企业数量随着产业成长而增长。理解这个框架最好的方式是想象产业中存在许多独立的市场"岛"，每一个都足够大正好支持一个企业。一个市场机会的出现，存在 p 概率被一个新企业占有，也就有 1-p 的概率被在位企业占有。任何企业的规模由其所占有的机会数量来衡量。该模型提出两个假设，一是遵循 Gibrat 定律，下一个机会被其他任何企业所占有的可能性与该企业的当前规模成比例；二是关于新企业进入，下一个机会被新企业所占有的可能性随时间不变。经过实证检验，这个模型能够很好地拟合大型制造企业的规模分布特征。

与此同时，随着博弈理论方法在产业经济研究中的广泛应用，有些学者也尝试着使用博弈理论模型形式来表示产业规模分布的演化。然而，尽管这些博弈模型被证实在对观测结果作合理化解释方面具有普遍适用性，但是也正因如此，而不易确定这些理论排除了什么。并且它们的解释含意需要依赖于一系列的产业特征，其中一些很难确定或通过实证研究来控制（Sutton，1997）。这是使用博弈理论方程形式来研究产业动态所存在的主要问题。

在实践上，该定律的随机性质与在多数产业部门当中所观察到的动态演进方式相一致。Simon and Bonini（1958）指出如果将 Gibrat 定律与随机过程的转移矩阵结合起来，那么该过程的稳定状态分布是高度偏态的。实际上，在多数产业中既有许多小型和中型规模的企业，也存在若干较大规模的企业，整个产业的企业规模分布呈现对数正态分布特征。早期Steindl（1965）、Prais（1976）等对不同产业部门的研究都证实 Gibrat 定律是有效的。

二 企业规模分布研究的发展

随着更全面的企业纵贯数据库的建立，以及计量方法的成熟，更进一步的研究开始质疑 Gibrat 定律的有效性。较为早期的 Mansfield（1962）调查了不同时期的美国钢铁、石油和轮胎产业，发现 Gibrat 在多数情况下不成立，并且较小规模的企业成长更快。接下来的实证研究通过更全面的参数设定、考虑样本选择和异方差问题也证实了这一结论（Hall，1987；Evans，1987；Dunne et al.，1989；Dunne and Hughes，1994；Hart and Oulton，1996；Audretsch et al.，1999；Calvo，2006）。这些研究通常得出企业成长与企业规模呈负相关关系，并认为小型企业处于它们生命周期的起始阶段，从而比多数处于衰退阶段的大型企业有更好的成长机会。同时，小型企业为了提高生存期望也需要显现出足够快的成长率以达到最小有效规模（Audretsch，2004；Lipczinsky，2004；Oliveira and Fortunato，2006）。此外，Klepper and Tompson（2006）和 Sutton（1997）还将建立产品组合的时间与企业规模分布联系起来。他们发现企业产品线的开启和关闭展现出与成长、生存和年龄之间短期的动态关系，产品生命周期的更迭是产业动态和企业规模分布变动的重要驱动力。

近期，Petrunia（2008）以加拿大企业为样本研究发现Gibrat定律不成立，并且企业年龄因素对于是否接受该定律不产生影响。Fotopoulos and Giotopoulos（2010）对1995年到2001年希腊制造企业的研究得出相似的结论，小型年轻企业的成长率最高，而中型、大型的年老企业的成长和规模关系倾向于接受Gibrat定律。此外，在控制了一系列企业特征变量后，Fotopoulos and Louri（2004）发现1992年到1997年的希腊制造业中小型企业比大型企业成长更快。而Bentzen et al.（2011）使用丹麦企业样本进行检验也得出不支持Gibrat定律的结论。但是与之前的研究相反，该研究发现企业成长率与规模之间呈正相关关系。

除了针对制造业企业的实证研究之外，对于Gibrat定律的检验也拓展到非制造业。Geroski（1995）、Sutton（1997）和Caves（1998）依据调查研究结果认为在制造业当中成立的定律在服务业当中也应当成立，并且Gibrat比例效应定律检验结果有足够的普适性从而不会因为特定的经济活动类型而产生差异。然而，事实并非如此。Audretsch et al.（2004）针对荷兰服务业大样本数据的研究得出，由于服务业的进入门槛更低，在多数情况下企业成长率独立于企业规模。Gibrat定律在细分服务行业当中有效的结论表明服务业的产业组织动态并非简单地映照制造业。对于银行业，Wilson and Williams（2000）发现意大利小型银行比大型银行成长更快，而对德国、法国和英国银行业的研究却得出规模和成长之间不存在关系的结论。Hartwick and Adams（2002）对人寿保险业的研究得不出确定结论，并认为是否接受Gibrat定律依赖于所确定的分析观测期。对于服务业倾向于接受Gibrat定律（Bentzen et al.，2006），而制造业通常为拒绝的现象，Audretsch et al.（2004）给出了理论解释。他认为产业特征因素，如规模经济、沉没成本和资本强度等可能是造成Gibrat定律检验结果差异的原因。

在上述对于Gibrat定律进行检验的研究中多数用员工数量来测量企业规模，而净资产、总资产和销售额也可作为衡量企业规模的替代指标。对此，部分研究使用这些指标来检验Gibrat定律，以验证不同的指标选取是否会影响研究结论。Wilson and Morris（2000）使用净资产来测量企业规模，得出在制造业和服务业中的小型企业有更高的成长率。使用大规模小企业样本数据，Hart and Oulton（1996）也发现用净资产和销售额作为企业规模的测量指标，企业规模对企业成长有负向影响。除了指标选择问题之外，还有研究将焦点放在企业所有权性质上。Blonigen and Tomlin（2001）分析了在美国的日资制造企业，发现大型企业比小型企业的成长率更低。Nunes and Serrasqueiro（2009）在控制了外资企业影响下，得出葡萄牙服务业企业的规模和成长呈负向关系。

由此可见，在过去的十几年里，围绕企业规模分布和 Gibrat 定律有效性的问题，研究者选取不同国家、不同产业的企业样本，用多种企业规模衡量指标对 Gibrat 定律进行了检验。研究结果表明在早期针对成熟大型制造企业样本的研究倾向于接受 Gibrat 定律，而在近期，以新进入企业和小型企业为研究对象，通常得出企业成长和企业规模具有负相关关系，Gibrat 定律不成立。但是，在服务业当中 Gibrat 定律遭到拒绝的情况较少。从这些研究结论当中可以看出，大多数文献将研究焦点放在检验 Gibrat 定律的有效性上，而非解释实证结果（Geroski，1995；Sutton，1997；Lotti，Santarelli and Vivarelli，2007）。实际上，探索企业规模分布的统计规律固然重要，但是更值得深入思考的是隐藏在这些统计规律背后的、系统的经济运行机制，并由此提炼出理论精髓，从而对产业动态演进进行预测和解释。

三　企业规模分布实证研究结论所带来的理论挑战

从纯理论的观点来看，出现与 Gibrat 定律相矛盾的新证据相当具有挑战性。研究者们一方面对于早期发展起来的随机模型不满意，希望对其进行改进；另一方面也发现企业年龄和生存在规模—成长关系当中扮演着重要角色，这体现在较大规模的企业虽然成长率更低，但是生存可能性却更高。由此引起了学者对企业成长进行理论建模的兴趣，并尝试对违反或遵守 Gibrat 定律的检验结果作出解释。

第一个关注这一问题的学者是 Boyan Jovanovic，他提出了一个噪声选择（noisy selection）的贝叶斯模型（1982）。这一模型的主旨就是有效率的企业成长并生存，而无效率的企业衰败并退出。该模型也被喻为被动学习模型（passive learning model），并假设企业最初对其"事前"相对效率水平未知，随着一些企业逐渐发现它们比其他企业更有效率时，"事后"先验分布随时间而更新。这样每个企业需要制定是否退出或维持相同规模、扩张或降低产能的策略。当有效率但规模较小的存活企业为了与规模更大、经验更丰富的对手竞争而加速成长时，该模型与在短期拒绝 Gibrat 定律的实证研究相一致。但是当市场选择过程已经完成，整个经济体已经达到稳定状态时，该模型也没有在长期否认 Gibrat 定律的理由。

与之相对应，在 Ericson and Pakes（1995）所提出的主动学习模型（active learning model）中，假定企业所有的决策是为了在当前信息条件下最大化及未来净现金流的期望贴现值。同时，在该模型当中随着以当前结构为条件的未来产业结构分布的变动，企业知道其自身及竞争者的特征。被动学习模型中假设的小规模产业和产品同质性在该模型中得到放松，并且新进入企业既可以选择调整其规模以达到产业核心产出的最小有效规模，也可以选择占据一个利基①，在其中即使企业不选择快速成长也能获得相对较高的生存可能性。这些模型中马尔科夫纳什均衡的出现与在短期违背 Gibrat 定律而在长期接受该定律的结论相一致（Lotti and Santarelli, 2004）。

这两个模型给出了对于产业当中出现的过度进入紧跟退出过程的定性描述，这使得它们成为对实证研究结果进行讨论的工具和媒介。而对于企业规模分布，这些模型认为除了其他因素，企业规模分布可能还依赖于一些不可观测的因素，例如效率水平的内部分布等。这些观点得到了后续一系列理论模型的回应，并成为解释企业规模分布和 Gibrat 定律检验结果的基础。

四 Gibrat 定律与实证证据的违离与调和

通过对企业规模分布以及 Gibrat 定律检验的文献回顾，可以发现研究中出现的两个主要困惑：一是在早期基于成熟且规模较大的小样本企业进行研究，倾向于接受 Gibrat 定律。而近期研究发现小型的年轻企业比大型的年老企业有更高的成长率，企业成长并不独立于企业规模，Gibrat 定律遭到拒绝。二是 Gibrat 定律一般在制造业当中不成立，但是在许多子样本

---

① 利基（niche）是可盈利的市场空白（Ricklefs, 2008），它形成的基本条件就是市场当中出现新的经济增长点，从而使得占有利基的企业在当前或未来获得超过市场平均利润的超额利润。有些国内的学者也将利基翻译为"生态位"，如邢以群、吴征（2005），侯杰、陆强等（2011）。

例如大型存活企业当中成立。另外，对于服务业的研究也通常会得出支持 Gibrat 定律的结论。针对上述 Gibrat 定律与实证证据相违离而产生的困惑，研究者们给出了不同的解释。

调和这些矛盾的一种方法是检验特定企业群体是否会随时间向着 Gibrat 方式趋近。具体思路是通过观测企业群体经过市场选择过程，低效率的企业遭到淘汰，而多数有效率的企业向着产业的最小有效规模趋近，最终达到一个稳定状态后，企业会按照 Gibrat 定律所描述的方式活动。在这种情形下，当考虑到整个企业群体和观测期时，Gibrat 定律可能在市场选择和企业学习发挥作用的"事前"遭到拒绝，而当观测期结束，市场选择充分发挥作用的"事后"，在仅剩的存活企业群体当中接受该定律。

研究（Lotti, Santarelli and Vivarelli, 2009）认为之所以在早期的文献当中，倾向于得出遵循 Gibrat 定律的结论是因为这些研究通常选取的是由大型成熟企业组成的子样本，它们是市场选择的结果，是经过优胜劣汰淘选下来的产业"核心"，从而表现出的演进特征符合 Gibrat 定律（事后方法）。相对应的，在近期的文献当中，多数使用特定的、不变的企业群体作为研究对象来检验 Gibrat 定律。其中为了生存而快速成长的较小规模企业的作用被放大，从而得出的检验结果会拒绝 Gibrat 定律（事前方法）。正因如此，造成针对相同制造业，早期的研究和近期的研究结果会产生分歧。解决这一矛盾的方法是对一组新生企业群体进行连续跟踪研究，观察它们在经历主被动学习和市场选择效应前后的演进方式是否会发生变化。此外，需要强调的是，Sutton（1997）也指出 Gibrat 定律并不是一个普适定律，而仅仅是对已经达到最小有效规模水平的大型成熟企业有效的动态规则，但是对于在次优规模上经营的小型年轻企业来说却无效（Geroski, 1995; Caves, 1998）。

针对 Gibrat 定律对于一般制造业不成立，但是对于大型存活企业样本和服务业成立的困惑，Audretsch et al.（2004）认为这是由于 Gibrat 定律潜在两个假设之间的矛盾所造成的。Gibrat 定律的第一个命题，"下一个机会被任何一个存活企业所占有的可能性与该企业的当前规模成比例"并不一定导致第二个命题，"企业成长独立于企业规模"（Sutton, 1997）。第二个命题服从第一个命题的重要条件是当且仅当企业规模和生存之间不存在相关关系。

从企业规模、成长和生存之间的关系来看，如果市场机会是随机分布的，但是与企业规模成比例，那么每个企业的期望成长率应当是相同的。在这种情况下，只要企业生存的可能性独立于企业规模，那么对于大样本来说，Gibrat 定律将是成立的。所观测到的企业成长率对于任何给定的规模或规模等级来说将呈现正态分布，这也与 Gibrat 定律相一致。但是，当企业生存的可能性与规模正相关，这样一来，所观测到的成长率对于每个企业规模或规模等级将不再是正态分布的了。这也就是说，如果企业规模是生存的必要条件，或者至少会正向影响生存可能性，那么不能获得成长机会或者经历负向成长所造成的影响将在不同企业规模等级间产生差异。详细来看，大型企业负向成长但仍将存活，而小型企业负向成长意味着企业将面临更低的生存可能性。因此，相比大型企业，对于小型企业来说，如果生存和规模之间的关系足够强大，那无论是成长乏力还是成长不足都将降低生存可能性。这种大型企业和小型企业在规模、成长和生存之间的差异足以造成样本选择偏误。相反，如果研究针对包含高低成长水平不同的大规模生存企业样本，那么当不能获得更高成长机会所造成的结果对大型和小型企业生存可能性产生系统差异时，在不同企业规模等级中所观测到的成长方式的分布状态也将系统性地表现出两种方式：一是 Gibrat 定律将对较大规模企业成立，但对较小规模企业不成立；二是无论是大型企业还是小型企业，成长率将与企业规模负相关。

从产业特征来看，与规模较大的企业相比，规模较小的企业所面对的较低生存可能性的程度在不同产业间并不一致，但是在单个产业中却存在系统性的变化。在一些产业当中，大型和小型企业之间的生存率差异相对较大，而在另一些产业中这种差异却不存在。许多针对不同国家、跨越不同时期的研究确定出一组决定小型企业生存劣势程度的产业特征，如沉没成本、产业成长、规模经济和资本强度等。通常在具有较大沉没成本、资本强度高并具有规模经济特征的产业中，大型企业和小型企业的生存差异较大。小型企业较低或负向的成长将抬高成本，导致更低的生存可能性。同时，也正因为大小企业的生存差异，在其中存活的小型企业会比大型企业有更高的成长率，从而企业规模和成长之间不遵循 Gibrat 定律。在相反的产业条件下，这种生存差异可能不存在，大型企业和小型企业较低甚至负向的成长所造成的结果是相同的，因此可以观察到企业成长率独立于企业规模，服从 Gibrat 定律。

在服务业当中，企业通常在一个很小的次级市场当中经营，甚至有时一个市场当中仅有几家或单独一家企业。因此，即使是在该产业中的最小企业也能够达到次级市场的最小有效规模水平，而且不需要快速成长以获得更高的存活可能性。此外，服务业通常也以相互独立的本地市场和家族经营为特征，因此沉没成本、规模经济和资本要求都很低，从而无论是企业生存期望，还是企业对成长扩张的需求都与制造业不同，并表现出接受Gibrat定律。这也就解释了为什么在制造业和服务业当中检验Gibrat定律会得出不同的结果。

简而言之，针对Gibrat定律与实证检验结论相违离的问题，研究者们提供了两个解决思路，一是追踪观测新生企业群体的演进全过程，并在其中重点分析企业学习和市场选择效应发挥作用前后企业成长和企业规模之间关系的变动和差异；二是将企业生存和产业特征因素考虑其中，通过探究企业规模、生存和成长三者之间的内在关系以及产业特征因素对它的影响来明确Gibrat定律的接受域和拒绝域。

第二节 产业动态演进中企业进入及初始规模选择的作用机理探析

企业初始规模及其决定因素在产业经济理论和实证研究中受到越来越多的关注。这一方面是因为关于产业动态演进方式新证据的出现，颠覆了以往对企业进入、退出等动态行为的认识，其中企业异质性成为解释这些新证据的关键突破口；另一方面体现在决定企业进入退出的结构性因素通过影响新进入企业的规模选择，塑造着企业规模分布形态和生存企业的成长路径。据此，企业规模选择的重要研究意义从两点突显出来。一是企业初始规模的差异是企业异质性的集中体现，并且以规模差异为表征，企业在盈利能力、市场份额、管理水平、经营成本、融资约束等多个方面表现出较大区别；二是企业进入时的规模选择在整个产业动态演进分析框架中起到承上启下的作用。"承上"体现在企业的初始规模选择是其将进入前的期望与进入后对市场真实状况进行对比判断而作出的理性决策，是企业进入前后期望与现实相互妥协、调和的结果。"启下"表现在企业初始规模选择对企业进入后表现有重要影响，是决定企业生存和成长的关键变量之一。综上所述，本章从分析企业进入、退出等动态行为入手，以企业异质性作为前提条件，探讨决定企业动态的因素如何影响企业进入期望及对初始规模的选择，进而总结梳理企业初始规模对进入后表现的影响。

一 对企业进入行为认识的拓展与深化

企业进入是产业经济重要研究内容之一，按照传统观点，企业进入起到三方面的作用，第一，进入行为有利于企业随着需求、技术和价格改变而作出调整，并且通过推动竞争促进在位企业提高生产经营效率（Siegfried and Evans，1994）。第二，进入也经常作为引入新技术和新产品的媒介，从而对产业现有技术轨道形成冲击，推动产业发生根本性转变。第三，新进入企业在市场当中起到均衡作用，促使产业盈利性和价格回归长期均衡水平（Geroski，1991）。在这一静态观点下，新企业的进入是稀松平常的事，只是随着进入有更多附加意义（Audretsch et al.，1999）。然而进一步的研究发现，不但新企业的形成和进入并非总是同义的，而且研究得出的一些关于产业演进方式的新证据也背离了这些传统静态观点（Resende，2007）。

实证研究发现在多数情况下，产业中新企业形成率（研究期内新企业数量除以企业平均数量）远高于市场渗透率（新进入企业总销售额除以产业总销售额），这意味着新企业的进入仅会造成一个较高的市场扰动，而非推动市场扩张。换句话说，在一个产业中虽然新进入企业占企业总数、雇佣员工数和销售额的很大部分，但是这些企业的进入仅会对市场绩效产生微弱的影响。因此，传统观点所认为的新企业进入的重要性被大大削弱了，实际上尽管新企业进入的数量多，但其经济活动所造成的影响是有限的。对于这一传统理论与现实的悖论，Audretsch（1995）和Geroski（1991，1995）从产业动态角度认为进入是市场进行自我重构的诸多方法之一，它不仅会带来产业中企业总体数量的改变，甚至会引起整个经济体的变化。以此来看，进入对于市场的盈利性和价格的作用并不重要，更值得关注的是进入所带来的非均衡影响。

这种非均衡的影响体现在三个方面：

一是在位企业对新企业进入的反应具有选择性。小规模、重复进入在多数产业中十分常见，并且企业进入相对容易而存活困难。在这种情况下，新进入企业生存期望低，意味着多数进入企业注定会失败。企业规模小，则说明这些小型企业需要经过5年到10年的成长时间才能达到与在位企业相竞争的规模标准，这也表明进入所带来的短期影响比长期影响更小。由于这些企业进入特征，对于在位企业来说，在新企业进入前或进入时花费大量成本阻碍进入是完全没有必要的，在位企业对新企业进入的反应表现出选择性。

二是进入障碍并没有有效阻止企业进入。通常认为进入障碍会造成企业进入困难，但是多数实证研究发现虽然估计得到的进入障碍相当高，但是企业的进入率也很高。如何调和这一矛盾？从动态演进的观点来看，与其说进入障碍是阻止企业进入，不如认为进入障碍妨碍了企业在市场中的长期生存（Geroski，1995）。按照这一观点，进入障碍表现出与调节成本相类似的特征，从而对于那些仅有有限的时间来证明自己具有存活可能性的企业来说，进入一个新市场具有相当大的压力。面对进入障碍和自身能力的限制，企业的进入过程就是时间与成本的交换，其中在给定的进入障碍水平上，进入的成本越高，进入企业越试图快速渗透市场。因此，进入障碍不是阻止进入，而是在企业进入后对其造成成本"消耗"，迫使企业要么选择快速成长以提高生存可能性，要么选择尽快退出以免造成更大的成本损失。

三是进入也具有阶段性的特征，在产业生命周期的特定阶段对塑造产业结构起到重要作用，而在其他时间段这种作用却很小。在产业发展的早期阶段，受供给驱动作用出现一个新的技术轨道，从而开启研发新产品和新工艺的可能性（Dosi，1988），这构成新市场的基础。如果一个市场要继续发展，那么由供给驱动的新产品特性必须与潜在消费者的需求相契合。在这一过程中，实验性消费者扮演着重要作用（Malerba et al.，2007），他们通过学习逐渐发现新产品特征中最具价值的部分，最终经过对比筛选确定出主导产品。而其中进入作为引入创新的媒介，是新产品多样性增值的一个主要来源。因此，在产业发展早期进入的作用十分重要，新进入企业提供了可供消费者选择的多种产品，扩大了消费者的选择范围，有利于最具价值和潜力的产品被筛选出来。而当产业趋于成熟，消费者偏好逐渐形成固定形式，企业间的竞争由产品设计竞争转向价格和成本竞争时，新进入企业在该阶段就处于极为不利的位置，从而对塑造产业结构、影响产业绩效的作用就很微弱。这种状况不会得到改变，直至有外部成本或需求变动的冲击，而在位企业没有充分利用这些外部变化时，进入的重要性才能重新显现。

综上所述，随着产业动态演进研究的深入，以及更多实证证据的出现，对于企业进入行为的认识也逐渐发生变化。尽管当前的产业组织研究仍然强调进入及进入障碍对塑造市场结构的重要性，但是实际上通常产业中发生的进入太过缓慢、新企业规模太过微小、进入过程太不稳定，以至于在多数情况下对产业的作用很小。与此同时，无论是在位企业对于新进入企业的反应，还是新进入企业在产业生命周期中对产业结构和绩效的影响都表现出选择性。差别在于一个是遭受抵御的选择性，另一个是作用时点的选择性。新企业一般选择较小初始规模进入，且成活率低，从而在进入初期不对在位企业构成威胁。而它们作为创新的载体，却在产业发展早期对主导设计和新产品的出现起到关键作用。但是当产业进入成熟期，主导设计已经确立起来，新进入企业的影响转而减弱。因此，总的看来进入表现出在特定时间点上对推动产业演进起到重要作用。

二 异质性在产业动态演进分析中的作用探寻

近期出现的跨部门和时间的企业微观证据表明，在产业经济中最为普遍且稳健的特征因素之一是在不同维度都可观测到的异质性。它是经济个体关于规模、效率、创新性、组织结构的"名片"，并且进一步涉及包括扩张、投资倾向等企业行为特征，最终揭示出例如利润率、成长率和生存可能性等的企业微观绩效（Bartelsman and Doms, 2000; Ahn, 2001; Geroski, 2002; Dosi, 2007; Dosi and Nelson, 2010; Bottazzi et al., 2010）。由此可见，异质性贯穿企业结构、行为、绩效的始终，是"事物的通常状态"（Nelson, 1995），并且构成企业基于资源的竞争优势来源的充分必要条件（Barney, 1991; Peteraf and Barney, 2003）。

从理论观点来看，无论是资源基础观还是演化经济学都强调企业异质性的作用。按照资源基础观的观点，每个企业都具有源自企业资源和生产性服务差异的独特个性。并且尽管资源是多种多样的，但是每个企业开发其所拥有的资源都独具特色，从而形成具有价值的、稀缺的、难以复制且不可替代的资源竞争优势和能力。其中，异质性构成了资源竞争优势概念的核心（Penrose, 1959; Barney, 1991; Peteraf, 1993; Peteraf and Barney, 2003）。相类似的，从演化的角度来思考，异质性构成企业的结构性特征，是组织惯例（organizational routines）概念的根本。Nelson（1995）指出从组织惯例表明"企业做什么"和"效率有多高"的意义上讲，它是企业持久的一般性特征。而从惯例被视为是组织的"记忆"

方面来说，这个企业所特有的知识基础，作为内生的、以经验为主的学习过程通过组织生命周期延续而逐渐积累起来，并遗传给后代（Nelson，1991）。因此，结合资源基础观的观点，演化理论将企业视为是结构异质性的实体（Federico and Capelleras，2014），反映出不同企业在策略、结构和核心能力方面的差异。那么在产业动态演进中的市场选择意味着不同的产业可能需要企业采取不同的策略、结构和能力，因此，异质性的分析从企业层面转移到产业层面。

市场选择作为演进过程所依赖的核心，按照传统观点，市场选择会降低变化，吞没企业间的异质性，经过选择之后企业仅剩追求利润最大化这一种行为（Friedman，1953）。但是依据演化的观点，企业具有不同的资源基础、有限的理性和惯例行为特征。如果企业处在复杂且高度分割的市场当中，它们所面临的选择压力相对较小，从而表现出较高水平的异质性（Durand，2001）。此外，在这种环境下，年轻企业相比成熟企业也会更多地使用利基策略，这在一定程度上避免了市场选择效应的作用，降低了产业总体趋势的影响（Short et al.，2007）。因而虽然存在竞争，但企业间仍会显示出较大的且持续不变的异质性（Bottazzi et al.，2007，2010；Goddard et al.，2009；Peneder，2007）。近期，更进一步的研究发现即使企业面对较为单一的内部选择环境，例如同一产业部门或国家，不同的企业对环境也有不同的解释，并使用不同的模式来制定策略，因此，一般的产业演进过程仍会导致一个异质性的企业群体（Malerba，2004，Srholec and Verspagen，2012）。由此可见，异质性在产业部门间普遍存在着，并且不会因为市场选择或单一市场环境而消失。

最后，从异质性对企业微观绩效的影响上来看，基于不同理论传统的动态演进模型指出，在生产效率和创新性方面的异质性是企业进入后表现和产业变革的重要驱动力。这首先表现在被称为"均衡动态"的观点中，包括的模型有 Jovanovic（1982）、Hopenhayn（1992）、Ericson and Pakes（1995）以及 Melitz（2003）。其中 Jovanovic 的被动学习模型和 Ericson and Pakes 的主动学习模型已经被反复提及。从异质性的角度来看，在 Jovanovic 的模型中，新进入企业具有异质性的效率，那些发现其效率水平足够确保非负利润率的企业选择继续经营并成长，其他的退出市场。相类似的在 Ericson and Pakes 的模型中，企业采取主动学习，并通过技术研发投资来影响其自身效率和利润率。而技术投资强度取决于它们对研发结果的理性预期。在其他使用演进观点的模型（如 Winter et al., 2000, 2003、Bottazzi et al., 2001) 中同样强调异质性在企业生存、成长和产业动态中的重要作用。这些模型认为由创造性破坏造成失去均衡的连续性过程, 受到异质性学习（包括在生产技术、产出特征、组织实践方面的改变) 和不同企业间竞争性选择的驱动。而在相互作用的市场环境中的这种异质性将会影响竞争的程度, 并最终影响企业在群体内的适应性, 进而决定着不同企业的成长和生存机会 (Bottazzi et al., 2012)。

通过上述分析会发现异质性是企业成长、生存和产业动态变化的驱动力, 而受到规模经济、利基宽度、企业规模、消费者偏好等诸多因素影响的选择压力在解释市场结构演化方面起到重要作用, 但是选择过程究竟如何在市场当中发挥作用又高度依赖于企业的异质性。由此可见, 异质性始终蕴含在产业动态演进分析当中。本书后续对新兴产业的研究虽然并未直接探讨异质性的作用, 但无论是企业规模分布、企业成长分布, 还是企业进入时初始规模选择、进入后生存状况差异都以企业异质性作为假设前提。

三 企业进入期望调整与真实规模选择

在进入一个产业时, 企业会选择不同的初始规模, 并且进入企业的规模分布会从一个产业变动到另一个产业 (Caves, 1998)。这种企业初始进入方式可以从企业进入期望调整与真实规模选择方面得以解释。

从最直观的企业期望与初始规模选择的关系来看, 如果新企业在进入时对其未经市场检验的效率和能力抱有乐观预期, 那么企业通常会选择一个较大的初始规模进入。而那些自信心较低的企业即使面对最优规模较高的产业, 也倾向于理性地选择一个较小的初始规模。这虽然会遭致单位成本较高的"惩罚", 但是在其收集关于企业未知能力证据, 并作出扩张或退出决策之前, 能降低沉没成本预期损失。然而, 从企业初始规模选择与企业生存关系来说, 初始规模较小的新进入企业却可能面临较高的退出风险率。尽管进入企业的退出风险率应当随着进入所需的最小沉没成本投入规模的下降而降低, 但是风险率将随着企业从次优规模扩张到最优规模所必不可少的投入增加而提高。换句话说, 新进入企业选择越小的初始规模, 沉没成本也越小, 这似乎意味着如果企业在进入后认识到市场收益与预期不符而选择不扩张或者退出策略, 那么所造成的损失相应地会较小，从而降低风险。然而，如果企业在进入后发现市场收益符合预期并选择扩张，从"边缘"型的企业达到产业最优规模经营水平，相应的所需投入必定较大，从而也在一定程度上提高了风险。

  来自不同产业和国家的实证证据也符合这一企业进入预期与真实规模选择的分析框架。早期的研究指出特定产业中新进入企业的规模分布状态是随时间稳定不变的，并表现出一些特征化的行为基础。此外，规模分布与企业所进入产业的结构特征（体现在进入障碍方面）是相一致的（Churchill, 1954; Mata, 1991）。这反映出新进入企业的初始规模选择在很大程度上会受到所进入产业结构特征的影响。首先，由于所应用的技术差异和规模经济在不同的产业中起着不同的作用，因此，造成产业间新进入企业的规模存在差异。从这一意义上讲，产业的规模经济程度塑造着企业规模的分布，从而也影响企业的初始规模选择。通常表征规模经济的指标是最小有效规模，并且一般研究认为在给定其他条件不变的情况下，企业进入最小规模较大的产业时所选择的企业初始规模也更大（Mata and Machado, 1996）。然而也有研究指出在有些产业中尽管最小有效规模较高，但是仍有大量的小企业以次优规模进入，并且这些小企业的生存率也很高。这表明在这些产业当中存在利基市场，从而庇护其中的中小企业免遭市场选择的淘汰，也无须它们在长期扩张到产业中企业的一般规模水平（Sutton, 1997; Geroski et al., 2003）。其次，从反映产业结构特征最为传统的市场集中度指标来看，研究指出当一个产业表现出较高的规模经济特性时，集中度指标也通常较高，这会构成较高的进入障碍，从而提高了企业发现市场利基的能力，促使其选择一个较小的规模进入。所以可以预计市场集中度与企业初始规模会呈现反向关系。但是如果该产业市场规模较大且扩张迅速，那么也会为企业提供更广阔的发展空间，从而不但降低了市场集中度，也利于新企业选择一个较大的规模进入，以占据更多市场份额，提高生存可能性。最后，值得关注的产业特征是产业扰动。在不同国家所有产业的生命周期中，都会重复观测到相类似的企业进入和退出方式，这被称为产业扰动的现象似乎很少会受到需求水平变动或制度环境差异的影响（Segarra and Callejón, 2002）。因此它可以作为结构性因素决定企业的进入、规模选择和退出行为。而作为新进入企业来说，它们以不同的方式感知到产业扰动的作用，从而对于进入形成不同的预期，作出不同的初始规模选择。其他在研究中常讨论影响新企业初始规模选择的因素还有价格成本边际、总退出率等（Arauzo Carod and Segarra Blasco，2005）。

除了上述针对产业特征因素对企业初始规模选择的影响研究之外，还有的研究从新企业进入方式来探讨企业初始规模的差异。例如 Dunne，Roberts and Samuelson（1989）指出单一型生产企业和多元型生产企业在进入时会采取不同的投资选择策略。通常与多元企业相比，单一企业在进入时会遭受更大损失，而多元企业倾向于选择更大的初始规模投入。这一方面反映出多元企业能够掌握更多的关于进入产业盈利状况的精确信息，从而对进入后的市场前景更有信心。从另一方面来看，是由于融资约束以及单一生产策略的风险，造成企业初始规模选择的差异。从中体现出企业在理性的自我评价方面存在明显的区别。其他的研究还从创业者的个性特征，例如受教育水平、技能和工作经验等方面研究了新企业对初始规模的决定过程（Barkham，1994；Mata，1996；Astebro and Bernhardt，2005；Melillo et al.，2012）。

新企业选择不同的初始规模进入既反映出所进入产业的结构特征，也体现了企业所感知到的自身能力高低。越来越多的新证据表明进入企业的决策是更为理性的。之前多数研究认为许多新进入企业之所以失败是因为它们选择以小规模起步，然而事实情况是新企业如果预计其成功的机会很小，就会选择以小规模进入。同时，如果进入后回报丰厚，且进入企业通过学习确认其能力能够持续经营的话，在进入时的小型初始规模选择为企业进入后加大投资提供了选择余地和留存实力。

四　差异化初始规模选择对进入后表现的影响效应

对于企业持续生存的研究已经表明进入时的企业规模是企业生存可能性的一个重要决定因素（Görg，Strobl and Ruane，2000），并且它会进一步影响企业进入后的成长（Agarwal and Audretsch，2001）。此外，从上述分析中已经可知，企业进入主要是为了在产业当中获得一个支点，从而有一个学习并发现企业所依赖的商业点子和能力是否有效的平台。这一过程的基础是新进入企业期望的调整和真实规模的选择，表现为在不同的产业间企业以不同的初始规模进入。企业在进入时的选择不但会受到创业者个性特征和产业结构特征的影响，而且还更进一步地作为主要因素决定着企业进入后的表现。

通常来讲，在多数制造业中企业倾向于选择以小规模进入，甚至是次优规模，从而会观测到进入企业数众多。随后经企业学习和对自身能力的认识，如果企业发现停留在产业当中是有利可图的，那么它们就会进一步扩张，进而成长到产业最小有效规模水平，以获得与在位企业进行竞争的实力。而那些不成功的企业仍会保持小规模，或者在次优规模上经营。在这些企业当中除了占据利基市场的个别企业之外，大部分企业最终还是会被迫退出该产业。如此一来，企业初始规模的选择就与企业进入后表现联系起来。

在具体研究当中，Audretsch（1995）指出企业的初始规模反映了企业吸引资金来源的能力，这将在随后决定企业的生存可能性。经检验在长期，企业的初始规模越大，生存的可能性也越高。这是因为相比在次优规模下经营的企业，这些初始规模较大的企业所面对的成本劣势更低了。同时，企业所选择的规模越大，那么它们也无须快速成长以达到利用潜在规模经济来提高生存可能性的目的。也就是说，如果相对产业最小有效规模，企业的初始规模足够大的话，那么企业即使不成长也能够长期生存。然而，Wagner（1994）研究认为无论是企业初始规模和生存之间，还是企业规模和企业成长之间并没有清晰的关系，因此并不能仅从企业规模来判断一个企业（Brown, Hamilton and Medoff, 1990）。Hart and Oulton（1996）使用英国企业数据研究了企业规模和企业成长之间的关系。研究得出之前使用样本总体分析得到企业成长与初始规模是负相关的，但是当把样本分成不同的规模组后，研究发现小型企业符合这一结论，然而对于大型企业来说，企业的成长和规模之间没有相关关系。而较为近期的 Audretsch（2000）研究认为从某种程度上说，企业能够通过提高初始规模和资本强度水平来提高生存可能性。

综上所述，尽管企业初始规模已被证实对于新企业接下来的生存和成长表现有重要影响（Görg and Strobl, 2002），但是实证研究得出它们之间的关系并不一致。由此可见，企业进入后的表现在企业和产业间并不是随机的，而是与企业和产业特定因素紧密联系（Audretsch, Santarelli and Vivarelli, 1999），因此企业规模、生存和成长之间的关系有待在不同产业情景中作进一步的考察。

第三节 企业进入后表现的研究路径与成果梳理

企业在进入时所选择的初始规模为企业定下了个性"基调",而随后的企业生存、成长表现在很大程度上延续了这一基调,表现出异质性的企业动态行为。早期的研究认为企业对于它们进入后的表现没有预期,生存的可能性和成长都是随机的,而近期研究发现在每个市场当中有大量独立的次级市场,企业进入后的表现具有很大差异,难以进行一般化的描述。因此,企业进入后的表现在企业间并不是随机的而是确定的,并会受到特定产业和企业特征的塑造。沿此思路本书分别对企业进入后表现的两个方面——生存和成长进行研究脉络梳理,总结相关研究得出的成果,并在最后分析企业进入后表现与产业震荡之间的关系。

一 企业进入后表现的"随机性"和"确定性"研究路径

在产业动态演进研究中,对于企业进入过程进行探讨自然会出现的一个问题是企业进入后会发生什么。事实上,研究企业进入后的表现(the post-entry performance)与进入过程本身同等重要,因为它能进一步揭示出对企业进行优胜劣汰的市场选择过程(Audretsch and Mata, 1995)。在研究中,通常从三方面来衡量企业进入后表现,分别为:企业进入后的生存可能性、随时间的成长以及经济绩效表现。其中企业生存和成长两个指标是常用的衡量指标(Wagner, 1994; Mata and Portugal, 1994; Audretsch and Mahmood, 1995; Mata et al., 1995; Santarelli, 1998; Honjo, 2000; Agarwal and Audretsch, 2001),这是因为产业动态理论自然存在的潜在假设就是认为那些在进入后得到利润的新企业会决定仍停留在产业中,而那些没得到的企业退出。这两个指标在分析当中易于观测,但是也存在不能区分企业在经济方面成功与否,只能间接测量绩效的问题。对此,也有少部分研究从经济层面来分析企业进入后的表现(Barkham, 1994; Arrighetti and Vivarelli, 1999; Reid and Smith, 2000; Gelderen et al., 2000; Harada, 2003)。然而,可能由于在获得充分的关于新企业财务绩效方面的信息和数据存在困难,所以这些研究都倾向于使用小样本。并且在这些研究中无论是构建新进入企业的经济绩效指标体系,还是纳入分析的决定因素都不相同,从而也没有得到较为一致的结论。因此,从企业生存和成长方面来探讨企业进入后的表现仍是研究的主流。

在分析当中，自 Boyan Jovanovic（1982）第一次通过构建噪声选择模型提出关于新企业进入后演进的理论之后，企业进入后表现的研究沿用企业规模分布分析框架，从"确定性"和"随机性"两个方法路径上探讨这一问题（Audretsch et al.，1999）。其中，"确定性"方法学派倾向于沿着特定历史因果作用链，从企业行为和可观测的产业特征来解释企业成长和集中过程（Marris and Mueller，1980）。而"随机性"学派主张在企业初始条件如盈利能力、规模和市场份额等相同的条件下探讨企业或产业动态演进问题，并且认为如果依赖于不同投资组合而获得成功的可能性是随机分布的，那么可以推测未来不同企业的利润率、规模、市场份额以及成长将仅仅因为变化而产生差异。

在"随机性"方法中，Jovanovic 所提出的基于噪声选择模型的被动学习理论最具代表性和开创性。该理论显著特征是起先企业对于其进入后的表现没有预期，这表明生存可能性在企业间是随机分布的，进而企业进入后的成长率也应当是随机分布的，且独立于企业和产业特征。这种企业进入的被动学习方式与市场对企业的自然选择过程相联系，那些经历市场严苛考验被证明有能力的企业存活下来，而处于劣势的企业被淘汰。由此可见，不同创业者间具有相当大的差异，企业之所以决定进入可能仅仅是抱着"试着看"的赌徒心态，因而进入错误很容易发生，并且提前退出是很常见的现象。与之相关的在 Ericson and Pakes 模型中，企业在诞生时的相对效率水平并不重要，关键在于企业进入后需要通过主动学习不断获得能力的进步。也就是说企业的学习过程是处于不断演进变化之中的，这样一来，进入企业就有机会降低与在位企业间的差距，从而提高成功可能性。这种企业进入后的主动学习以演进的方式进行，并且多发生在退出较为随机，或者企业成功并非基于初始效率条件的产业当中。

综上所述，一方面，无论是被动学习还是主动学习模型，所具有的共同特点都体现在创业者的能力和信念的异质性上，并且都以循序渐进的方式作出决策。因此，无论是由于进入错误或学习失败，还是由于错误的差异化策略，新企业都可能理性地选择在其生命周期的早期阶段就退出。而另一方面，随着研究的深入，学者们逐渐认识到企业进入后表现的主要研究问题并不是对每个市场当中所发生的演进现象作普适性的特征描述，而事实上，在不同市场当中有一系列不同的演进方式，从而难以一般化

(Sutton, 1995)。由此,"确定性"方法兴盛起来,并指出企业进入后表现在企业间并不是随机的,相反会受到来自特定产业或企业特征的塑造(Dixit, 1989; Hopenhayan, 1992; Santarelli, 1998)。

在"确定性"方法中,多数研究使用实证计量方法研究企业特征、产业特征甚至宏观经济条件因素对企业进入后表现的影响。在企业特征因素中,实证研究发现的第一个典型结果是多数进入企业生存率都很低,仅有30%到50%的新企业能够存活下来,并且即使是成功地进入企业也需要许多年的时间来达到与在位企业规模相当的水平。另一个典型结果是新企业的规模和年龄与其生存和成长密切相关。一些研究发现企业规模与生存之间具有正相关关系,而与进入后的成长之间呈负相关关系。而企业年龄效应与干中学决定企业生存的观点相一致,有些研究得出企业年龄与生存单调正相关,但也有些研究认为企业年龄对生存的作用是非单调性的。其他企业特征因素还有创业者的人力资本状况、融资约束、技术创新能力等。

在产业特征因素中,沉没成本、规模经济和创新活动等都对企业生存可能性和成长率有显著影响。在宏观经济条件因素中,部分研究注意到总体经济波动和新企业进入后表现之间的关系,并认为在经济下行阶段,新企业退出风险也会增大。其他的研究还探讨了诸如地理因素、企业所有权结构、创新体制等对企业进入后表现的影响。具体研究结果将在随后章节作进一步展开和梳理。

总之,虽然对企业进入后表现的研究可以划分为"随机性"和"确定性"两条研究路径,但是它们之间并非"泾渭分明"。"随机性"学派的研究者并不认为企业成长完全是一个随机现象;相类似的,持"确定性"研究观点的学者也指出不排除在某些情况下,企业的成长也具有偶然性质。事实上,在每个产业当中都包括一组相互竞争的产品或企业,它们既展现出一定程度的策略依赖,也表现出在次级市场上的相互独立(Sutton, 1995)。

二 企业进入后的行为表现之一:企业生存及其决定因素汇总

企业生存作为企业进入后表现的重要一环,是企业能够持续经营而不退出产业的可能性(Hannan and Freeman, 1988; Suarez and Utterback, 1995)。实证研究表明,新企业在创造就业方面比在位企业贡献多(Acs and Armington, 2004),并且在长期它们对产业技术演进也很重要（Fritsch and Mueller, 2004）。然而许多新企业在进入后不久便退出。例如对美国的研究得出有5%到10%的企业在经营一年后就提前退出产业（Dunne, Roberts and Samuelson, 1988; Schwalbach, 1991; Agarwal and Gort, 2002）。在英国，仅有35%的企业生存超过5年（Disney, 2003）。在对经济合作与发展组织成员国家的研究中，企业存活一年就退出的比例为20%（Bartelsman et al., 2003），有20%到40%的企业在经营的前两年内就选择退出（Bartelsman, Scarpetta and Schivardi, 2005），而仅有40%到50%的企业生存超过7年（OECD, 2003）。在我国，规模以下工业样本企业的平均生存时间为8.84年，其中有39.76%的关闭企业生存时间在5年以下（杨玉民、刘瑛，2006）。但是企业退出并不意味着失败，并购常被视为成功退出的典型（Bates, 2005; Esteve-Pérez et al., 2010）。此外，企业也可能为了追求其他商业机会而选择退出。然而，无论企业成功与否，但凡企业在短时间内退出就意味着有帮助新企业成立的公共资金遭到无效利用（Tsvetkova, Thill and Strumsky, 2014）。从这一方面来看，研究企业生存及其决定因素对政策制定者来说具有现实意义。促进创业和新企业诞生的政策所期望的结果应当不仅限于增加企业创建的数量，更重要的是这些新创建企业在进入后的成功表现。

正因如此，沿着"确定性"研究路径，解释企业内部特征和活动，以及产业和相关市场性质如何影响企业生存成为产业动态演进的一个重要研究主题。梳理现有文献可以将研究中通常选取的企业和产业特征因素及其与企业生存的关系总结到表1-1、表1-2和表1-3当中。

表1-1　　　　　　　影响企业生存的创业者个性特征因素

特征因素	与企业生存的关系	代表性文献
创业者的年龄	正相关/无显著关系	Headd（2003）、Persson（2004）、Saridakis（2008）
受教育水平	正/负/无显著关系	Colombo and Grilli（2007）、Persson（2004）、Aribas and Vila（2007）
相关工作经验	正相关	Willbon（2002）、Headd（2003）、Aribas and Vila（2007）
丰富阅历	正相关	Littunen（2000）、Headd（2003）、Aspelund et al.（2005）

资料来源：Manjón-Antolín and Arauzo-Carod（2008）、Tsvetkova, Thill and Strumsky（2014）以及其他相关文献。

表 1-2　　　　　　　　影响企业生存的企业特征因素

特征因素	与企业生存的关系	代表性文献
企业规模	正相关	Segarra and Callejón（2002）、Levitas et al.（2006）、Strotmann（2007）
企业成长	正相关/无显著关系	Fotopoulos and Louri（2000）、Mata and Portugal（2002）、Cefis and Marsili（2005）
企业年龄	单调正相关/倒 U 关系	Nikolaeva（2007）、Kaniovski and Peneder（2008）、Fackler et al.（2013）
创新	正相关	Huergo and Jaumandreu（2004）、Esteve-Perez and Manez-Castillejo（2008）、Fontana and Nesta（2010）
资本—劳动率	负相关	Agarwal and Gort（2002）、Agarwal et al.（2002）、Kimura and Fujii（2003）、Tveteras and Eide（2000）
营业盈余率	负相关	Kimura and Fujii（2003）
价值增加值率	不确定	Kimura and Fujii（2003）、Tveteras and Eide（2000）
工资率	正相关	Neumann（1997）、Kimura and Fujii（2003）
负债能力	正相关	López-García and Puente（2007）
实收资本	正相关	Honjo（2000）
出口	正相关	Esteve-Perez and Manez-Castillejo（2008）、Esteve-Perez et al.（2004、2010）
企业资本强度	正相关	Audretsch et al.（2000）、Fotopoulos and Louri（2000）
劳动率和生产率	正相关	Segarra and Callejón（2002）、Bellone et al.（2008）、Esteve-Perez et al.（2010）
分公司/附属机构	正相关	Bayus and Agarwal（2007）、Buenstorf（2007）、Fontana and Nesta（2003）
风险投资支持	正相关	Jain and Kini（2000）
融资约束	负相关	Fotopoulos and Louri（2000）、Headd（2003）、Bridges and Guariglia（2008）、Musso and Schiavo（2008）、Saridakis et al.（2008）
所有权结构	不确定	Mata and Portugal（2002）、Görg and Strobl（2003）、Esteve-Perez（2004）、Esteve-Perez and Manez-Castillejo（2008）
所处的地理位置	不确定	Acs et al.（2007）、Renski（2009）、Lööf and Nabavi（2014）
跨国企业/本土企业	跨国企业更优	Taymaz and Ozler（2007）
员工学历分布	正相关	Mata and Portugal（2002）

资料来源：Manjón-Antolín and Arauzo-Carod（2008）、Tsvetkova，Thill and Strumsky（2014）以及其他相关文献。

表 1-1 总结了与创业者个性相关的因素对企业生存的影响。这说明产业动态演进分析框架与创业研究有着天然联系。创业者的个性特征与企业在进入时的初始规模选择，以及在进入后的生存表现密切相关。由于这部分内容超出了本书的研究范围，故不作进一步展开讨论。

表 1-2 当中列举了对企业生存会产生影响的企业特征因素。这些因素可以归纳为三类。第一类是企业群体统计特征，包括企业规模、企业成长和企业年龄三个描述企业基本特征的因素。实证研究所得到的稳健结论之一就是多数新进入企业以小规模起步，并以小规模终结。这揭示出随着产业动态演进，企业规模和企业生存之间密切的作用关系。多数研究发现新企业在进入时通常会选择低于最小有效规模的次优规模进入，这就造成新企业相对在位企业的成本劣势。因此如果新企业提高初始规模水平，以接近或达到最小有效规模的水平进入，那么会显著提高生存可能性。但是当企业进入后，随着对自身成本和效率的学习，企业规模还要经历一个局部的调整过程。所以在分析企业规模与企业生存之间的关系时，企业当前规模是比初始规模更好的预测变量（Mata et al., 1995），并且研究普遍发现企业退出风险随着当前规模和年龄的增大而下降。其中，源自较大企业所拥有的资源更多，企业规模越大，生存可能性也越高，从而有更大的市场势力和耐力以抵御外部市场震荡所带来的影响。而在企业年龄方面，实证研究证据表明企业年龄对生存的影响既会出现单调递减的状况（Audretsch, 1991; Baldwin and Gorecki, 1991; Mata and Portugal, 1994; Audretsch and Mahmood, 1995），也存在非单调的倒"U"关系（Wagner, 1994; Agarwal et al., 2002; Cefis and Marsili, 2005）。为什么会产生这种差异？一种解释认为非单调的风险率与 Jovanovic 和 Ericson and Pakes 所提出的产业动态标准随机模型相一致。在这些模型中，如果产业随时间发生动态变化，那么新企业就需要花费时间来认识到其竞争力，这种差异应当反映在风险率当中。而另一种解释是在估计风险函数时，通过控制进入规模的影响而显现出了年龄与生存的非单调关系（Kaniovski and Peneder, 2008）。企业成长在产业动态演进中的作用较为特殊。有的观点认为企业成长对于那些占有市场利基的小型企业的生存来说并不重要，因为它们无须快速成长以达到与在位企业相竞争的水平（Caves and Porter, 1977）。然而也有学者认为在给定企业当前规模条件下，企业的生存将会因为企业是选择成长还是选择衰退而产生极大差异（Agarwal, 1997），在一定程度上可以认为企业成长在塑

造企业生存状况方面起到重要作用（Cefis and Marsili, 2005）。因此，企业成长与企业生存的关系还需进一步验证。

第二类反映企业经营绩效状况的因素。这些因素在实证研究中通常使用企业财务指标计算获得，例如企业的营业盈余率、价值增加值率、工资率、负债能力、劳动率和生产率等。具体指标定义将在第六章企业生存研究当中作详细说明。这些指标的选取与资源基础观（Resource-based theories）有很大的联系。按照这一观点，企业是具有异质性的，每一个企业都是独特的有形和无形资源的集合。企业能力的获得是其策略选择和资源投入的结果，这最终决定着企业经营绩效和生存状况（Esteve-Perez and Manez-Castillejo, 2008）。由此不难看出为什么多数企业生存研究会选择多种财务指标来反映企业经营绩效对企业生存的影响。除此之外，由于在多数产业中的新进入企业均是中小型企业，它们将面临更大的流动性约束和更高的融资成本（Brito and Mello, 1995），因此融资约束也成为企业生存研究重点考察的因素之一。

第三类因素涉及企业类型、所有权结构以及所处地理位置等。对于企业类型有些研究探讨了独创新企业与分支新企业生存的差异，并得出以母公司分支形式进入的企业生存状况更好。另外新企业还可按照是以单一产品还是多元产品进入来分类。通常来讲，多元化的新企业能有更好的生存表现。在企业所有权结构方面，外资企业相比本土企业面临更低的退出风险。而近期的研究更多地考察企业所处的地理位置对企业生存的影响。这是因为多数政策具有地域性质，如果地域因素被证实对企业生存会产生系统性的影响，那么可以精心地制定地区产业发展政策来推动有利于企业生存的地域特征要素发挥作用，以提高新企业的存活率。

除了上述三类企业生存影响因素外，需要特别说明的是企业创新活动的重要性。当前企业创新已经成为决定企业生死的必要条件，并且在许多新兴产业中，创新已经取代价格成为重点关注对象（Baumol, 2002）。因此研究创新活动及创新投入对企业生存的影响始终是生存研究的热点之一。然而由于本书在对战略性新兴企业的生存实证研究中无法得到任何关于企业创新活动的数据，确实是一种遗憾。

表1-3当中梳理了影响企业生存的产业特征因素。研究发现在产业间进入障碍的高度差异极大（Geroski, 1995），并且这些障碍也可被视为是阻碍新企业进入后生存的因素（Tveterås and Eide, 2000）。因此，决定

表 1-3　　　　　　　　　影响企业生存的产业特征因素

特征因素	与企业生存的关系	代表性文献
产业资本强度	负相关/不确定	Audretsch and Mahmood（1995）、Agarwal and Gort（2002）、Lin and Huang（2008）
市场势力	正相关/负相关	Segarra and Callejón（2002）、Lin and Huang（2008）、Strotmann（2005）、Bellone et al.（2008）
产业发展阶段	成熟阶段对新企业不利	Agarwal and Gort（2002）、Manjon-Antolin and Arauzo-Carod（2008）
最小有效规模	负相关	Audretsch and Mahmood（1991）、Audretsch（1995）、Görg and Strobl（2003）
产业成长	正相关	Audretsch and Mahmood（1995）、Honjo（2000）、Mahmood（2000）
产业规模	正相关	Tveteras and Eide（2000）、Thompson（2005）
产品/产业生命周期	分段影响	Agarwal and Audretsch（2001）、Agarwal and Gort（2002）、Agarwal et al.（2002）
需求波动	负相关	Agarwal and Gort（2000）、
企业密度	负相关	Agarwal et al.（2002）
进入次序	先进入的企业生存率高	Agarwal et al.（2002）
技术体制/环境	不确定	Agarwal and Gort（2000）、Audretsch and Mahmood（1991、1994、1995）
新企业数量/进入率	不确定	Honjo（2000）、Agarwal et al.（2002）、Lopez-Garcia and Puente（2007）
产业价值增加值增长	正相关	Tveteras and Eide（2000）
宏观经济周期	上行阶段企业生存率高	Louri（2000）、Box（2008）、Ejermo and Xiao（2014）

资料来源：Manjón-Antolín and Arauzo-Carod（2008）、Tsvetkova, Thill and Strumsky（2014）以及其他相关文献。

企业生存状况的产业特征因素与进入障碍因素有着很大的重叠。在这些因素当中首先要关注的是反映产业规模经济程度的最小有效规模。研究通常得出企业进入具有较低最小有效规模的产业会获得更高的生存机会。这是因为多数新企业都以次优规模进入，最小有效规模越小，新企业越容易达到具有竞争力的规模水平。但是这种效应会在高技术产业中出现例外。其次，一些基本的产业特征如产业规模、产业成长、进入率和市场集中度等都会对进入企业的生存产生影响，并且这些因素的作用效果也会因为产业类型而发生变化。最后，也有部分研究将企业生存放到产业生命周期当中进行观察。通常研究都会得到企业在处于成长阶段的产业当中生存期望更高。但是当产业步入成熟阶段,它们的退出风险也随着增高。最后,其他影响企业生存的因素还有产业资本强度、企业密度、需求波动等。

除了上述决定企业生存的企业和产业特征因素之外,宏观经济波动同样影响企业生存,差别可能在于宏观经济因素对所有产业当中的企业会造成较为普遍的影响。研究发现新企业的退出风险会随着失业率的增长而提高,就业率通常用作反映经济周期的指标(Audretsch and Mahmood,1995;Boeri and Bellmann, 1995)。这也意味着新企业更可能在宏观经济下行时而遭受失败。

总之,企业生存作为产业动态演进的重要环节在过去的十几年里受到极大的关注,学者们选取来自不同国家的不同产业进行实证分析,从中也总结得到一些影响企业生存的典型因素。随着整个宏观经济环境的不断变化,以及新技术的推陈出新,对企业生存状况进行动态追踪一定会得到更丰富的研究结论,从而对产业动态演进有更深入的认识。

三 企业进入后的行为表现之二:企业成长的理论基础及研究重心的转移

有活力的经济要求新企业成长到足够大的规模从而与在位企业相竞争,并贡献于经济的增长(Geroski,1995)。新企业规模扩张有两种方式:以一个较大的初始规模起步,或者通过进入后的成长。经过上文对企业初始规模选择相关文献的梳理已经得知,初始规模与企业进入后的规模和成长有密切联系,并且对初始规模的决定因素进行研究也获得了丰富成果,从而为探究企业进入后的表现提供新的、更全面的视角。而对于企业成长,早期的研究认为企业成长就是为了实现最优规模,但是由此发展起来的理论与实证研究结论并不一致。多数研究指出企业成长极难预测(McKelvie and Wiklund, 2010),其变动更接近于随机游走过程(Geroski,2000;Coad,2009)。从这一层面来看,企业的个性特征在很大程度上在成立时就已经决定了(Bamford et al., 2004;Geroski et al., 2010),因此,尽管一些研究确定出一些因素会影响企业成长(Cabral and Mata,2003;Lotti et al., 2009;Roberts et al., 2011;Colombo et al., 2013),但是这些因素对于企业成长变动仅有有限的解释力,且不能进行深入预测,因此近期的研究更提倡以随机游走的方式来模拟企业成长(Coad,2009,2014)。

基于上述分析展开来讨论。在传统新古典理论中通常将企业规模和成长放在一个静态比较分析框架当中，并假定企业在追求利润最大化的最优规模水平上进行生产经营，一旦偏离就立刻通过成长来达到最优规模。从这一观点来看，企业成长是最优规模理论的"附属物"，仅仅是企业达到最优规模的一种手段。只要企业达到了最优规模，它们就不会再成长。与之相关的理论还有交易成本理论当中纵向一体化条件下的并购成长（Kay，2000），以及 Lucas（1978）提出的管理者天赋与企业规模分布相对应，大型企业之所以能够成长扩张是因为它们的管理者具备掌管一个大型企业的能力。然而这些结论与实际观测的企业行为并不一致，交易成本理论在解释跨国家的企业成长差异方面较为有效，但在解释其他方面的企业成长就存在局限，此外，大型企业的管理者也可能是能力有限的。

与此相联系的 Penrose（1959）在她提出的企业成长理论中认为企业成长是由于中学产生的内部动力而推动的。企业中的管理者在具体管理实践中不断提升自身能力并获得经验，这就为企业把握新的成长机会创造了条件。虽然企业能够通过成长利用资源创造价值，但是管理者的精力和注意力是有限的，在企业成长扩张上花费太多精力将使管理者的注意力从提高企业效率上分离，从而企业进一步成长将带来运营成本的提高，因此存在一个"最优成长率"，这被称为"Penrose 效应"。此外，该理论还认为企业是由特殊资源结构所构成的，这些资源在确保企业获得长期竞争优势方面起到关键作用。一个企业会依据其现有资源基础的强项和弱项制定成长方向。总之，Penrose 的理论认为企业成长是由成长过程所内在的经济效益增长而导致的，并不与任何与规模相联系的优势有关。企业的规模仅仅是其过去成长的一个"副产品"，企业的成长存在限制，但企业规模是没有限制的。如此一来，Penrose 的理论与传统新古典观点具有极大反差，在新古典观点中新企业成长仅是为了达到静态均衡下的最优规模，这就对企业规模产生了限制。然而，Penrose 的观点并非产业组织研究的主流，但它对战略管理研究具有相当大的影响。

现代经济增长逐渐表现出激烈竞争和快速技术变化的特征，因此，与新古典概念中的均衡和静态最优相比，动态竞争优势理论对于理解产业组织变革有更为紧密的联系。这样一来，演化经济理论就对产业组织思想产生了显著影响。演化理论基于熊彼特主义的创造性破坏过程，并借用多样性创造和选择概念来解释经济发展的动态性。其中，演化的选择机制将企业置于发展的路径上进行观察，那些适合的企业生存并成长，而无效率的企业失去市场份额并退出。然而基于近期的观测，这种适者生存的市场选择压力实际上是十分微弱的，企业间的异质性并没有因此而遭到消除。相反，不但在企业特征方面具有多样性，而且并不是所有企业都有相同的成长倾向，这表现在：首先，面对商业机会，利润高的企业可能并不感兴趣，而利润低的企业可能积极争取占有这些机会；其次，如果企业占有一个能够获得较高利润的利基市场时，它们就不会积极寻求向外成长扩张；最后，企业也可能通过降低成长率、精简机构、聚焦核心竞争力来提高利润，从而也不必寻求快速成长。据此，不但企业利润和成长之间没有必然联系，而且适者生存的选择压力也并非在企业成长中起决定作用。由此可见，企业成长已经取代企业规模成为产业经济研究的核心变量（Marris，1999）。从演化观点来探究企业成长问题需要充分考虑到企业的异质性、有限理性和路径依赖等特征。因此在不断变化波动的经济环境中，认识企业成长机制绝非易事，有必要通过大量实证分析进行理论验证。

多数研究企业成长的实证文献依然延续探讨企业成长决定因素这一传统。这些因素按照从微观到宏观的不同等级可划分为微观创业者个性特征，如性别、受教育程度等；微观企业特征因素，这涉及从企业规模、年龄等基本特征到企业管理水平、创新活动、所有权结构等多个方面；中观产业特征的因素，如产业发展阶段、产业技术水平、产业集中度、最小有效规模等；最后是宏观因素，包括区域经济发展水平、宏观经济周期等。本书结合 Coad（2007，2009，2010）的综述类文献及其他相关文献将这些研究所选取的主要因素及其与企业成长的作用关系汇总到表1-4。从中可以发现企业成长与企业生存的决定因素存在很大程度的重叠，这也从一个侧面反映出企业生存和企业成长需要囊括在企业进入后表现的统一框架下进行研究。

表1-4　　　　　　　　　影响企业成长的特征因素

特征因素	与企业成长的关系	代表性文献
创业者个性特征		
受教育程度	正相关	Almus（2002）、Wiklund and Shepherd（2003）、Wiklund（2007）、Robson and Obeng（2008）
性别	男性创业者利于企业成长	Catley and Hamilton（1998）、Singh et al.（2001）、Coad and Tamvada（2008）

续表

特征因素	与企业成长的关系	代表性文献
企业特征因素		
企业规模	不相关/负相关	检验 Gibrat 定律的相关文献
企业年龄	负相关/正相关	Dunne et al.（1989）、Variyam and Kraybill（1992）、Liu et al.（1999）、Barron et al.（1994）、Bigsten and Gebreeyesus（2007）
企业竞争	与竞争对手成长负相关	Geroski andGugler（2004）、Bottazzi and Secchi（2006）、Boone et al.（2007）
创新活动	不确定	Cefis and Orsenigo（2001）、Bloom and Van Reenen（2002）、Carden（2005）、Coad and Rao（2006）
融资约束	不确定	Fazari et al.（1988，2000）、Kaplan and Zingales（1997，2000）、Levenson and Willard（2000）、Coad（2005）、Bottazzi et al.（2006）
相对生产率	不确定	Baily et al.（1996）、Foster et al.（1998）、Bottazzi et al.（2002，2006）
所有权结构	多元企业、具有分支的企业、外资企业成长率较高	Variyam and Kraybill（1992）、Audretsch and Mahmood（1994）、Geroski and Gugler（2004）、Fagiolo and Luzzi（2006）、Harhoff et al.（1998）、Beck et al.（2005）
管理特征	由职业经理人所管理的企业成长率高	Hay and Kamshad（1994）、Almus（2002）、Robson and Bennett（2000）
广告投入	正相关	Geroski and Gugler（2004）、Hardwick and Adams（2002）
出口	正相关	Robson and Bennett（2000）、Beck et al.（2005）
企业网络	在关系网中的经验利于企业成长	Power et al.（1996）
产业特征因素		
产业发展阶段	产业成熟阶段的企业成长率低	Coad（2007）
产业技术水平	高新技术产业中的企业成长率高	Pavitt（1984）、Almus and Nerlinger（1999）
产业竞争程度	不会阻碍企业成长	Geroski and Gugler（2004）
产业集中度	正相关	Geroski and Toker（1996）
最小有效规模	正相关	Audretsch（1995）
产业规模	正相关	Gabe and Kraybill（2002）
产业成长	正相关	Audretsch and Mahmood（1994）、Audretsch（1995）、Geroski and Toker（1996）
产业中的其他竞争对手	与竞争对手成长负相关	Geroski and Gugler（2004）

续表

特征因素	与企业成长的关系	代表性文献
宏观因素		
地理因素	不相关	Gabe and Kraybill（2002）
宏观经济周期	较小企业在经济繁荣期成长相对较快，较大企业在经济衰退期成长相对较快	Higson et al.（2002，2004）、Hardwick and Adams（2002）

注：本书作者根据 Coad（2007，2009，2010）及其他相关文献整理得到。

从表1-4当中可以看出有许多不同的因素被纳入企业成长的实证研究当中，并且其中一些企业和产业层面的因素被证实对企业成长具有系统性的影响。然而根据 Coad（2009）对1985年到2006年间的多篇企业成长决定因素研究文献的调查，发现在以企业成长作为因变量的回归当中，得到的 R^2 值通常都很低，即使增加解释变量或者引入滞后项都不能提高 R^2 值。因此，可以说对企业成长的决定因素进行研究仅取得了有限的进步，不但企业间的成长难以一般化，而且即使是在企业内也不易确定出影响企业成长率的决定因素（Geroski and Gugler，2004）。由此可见，企业成长显得极为特殊，并且似乎纯粹的仅受随机波动的影响（Geroski，2000；Marsili，2001），这也在一定程度上符合 Gibrat 定律以随机效应来解释企业成长与时间无关的结论。如何调和这一矛盾？Stam（2010）指出有必要超越 Gibrat 定律的解释，通过再评价随机性可能有助于更好地理解企业的成长。基于此，进一步的实证研究需要从企业个体内部发掘企业成长的内在机制。沿着这一思路 Coad（2010）作了创新性的尝试，他将企业成长划分为不同的维度，探寻各个维度之间的内在联系，从而实现了从企业内部探究企业成长机制的可行路径。这为企业成长研究开辟了新的研究视野和方向。

综上所述，企业成长的相关理论在不断发展当中，但是无论是传统新古典理论还是演化观点在预测企业成长方面都有一定的局限性。而通过企业成长的决定因素研究虽然确定出一些因素会系统性的影响企业成长，但是这些因素的总体解释力较低，企业成长更符合随机游走过程，这在一定程度上又回到了 Gibrat 定律的主要含义上来。因此，企业成长的研究重心需要转变，从单纯探讨企业成长的决定因素转为深入剖析企业成长的内在机制，由内而外从多角度认识和理解企业成长规律。

四 企业进入后的绩效表现：企业生产率与产业动态

大量地使用微观数据的研究表明，产业当中的资源再配置与企业进入、退出相联系，造成产业总体波动变化，进而影响到生产率。具有选择机制的理论模型将产业特征化为具有异质性生产率的企业所构成的集合体，并且企业生产率水平与它们的绩效和生存相关（Jovanovic，1983；Melitz，2003）。推动该模式中总体生产率变动的重要机制是随着产业动态演进，将市场份额重新分配给更有效率的生产企业。这一重新分配过程既可以通过在位企业之间的市场份额转移来实现，也可以通过企业的进入、退出来实现。相对生产率水平高的竞争对手来说，生产率低的企业持续生存和成长的概率也较低，更可能被淘汰出局，从而产生由选择过程驱动的产业总体生产率水平的提高。

相关实证研究已经证实，这一选择机制是产业动态演进中的稳健特征（Bartelsman and Doms，2000）。在企业微观层面上测算得到的生产率水平具有持续且显著的差异，这反映出企业的生产率受到内在固有的特殊因素影响，是企业异质性的重要来源。而在产业层面上，市场份额的重新分配，进入、退出的广泛发生，使得具有较高生产率水平的行业发展更快，行业中的企业生存期望更高。相反，生产率水平较低的行业发展受阻不利于企业持续生存。这些迹象表明选择机制正在发挥作用。然而，需要指出的是，从选择机制角度来解释生产率与企业生存之间的关系是一种理论分析简化。实际上，选择的是企业盈利能力，而不是生产率，但是生产率与企业盈利能力密切相关。生产率只是确定企业盈利能力的几种可能的特殊因素之一，其他的因素也可能影响企业盈利能力和生存（Foster et al.，2005）。尽管如此，在分析过程中，仍可以通过测算生产率来分析它与企业生存、成长之间的相互作用关系。

现有研究表明，以经济合作与发展组织国家作为分析对象，研究得出在特定产业当中，生产率的增长源自三类因素共同作用的结果，包括：第一，现有企业生产率的增长；第二，企业间市场份额的变化；第三，市场当中企业的进入和退出。这三类因素并非相互独立地发生作用，例如在特定市场当中，高生产率企业的进入会刺激在位企业加强以提高生产率为目的的投资，从而维护其市场份额。如果企业通过扩张规模实现生产率的提高，那么就可能获得市场份额。相反，如果企业通过缩减规模来实现生产率的提高，则可能会失去市场份额（Scarpetta et al.，2002）。进一步的研究表明，在多数国家的产业中存在显著的产业动态，从而使得产业总体的生产率水平由企业行为所主导。但是资源的重新配置特别是由技术带来的创造性破坏过程，在其中也起到重要作用。虽然效率低下的企业从市场当中退出有利于提高产业总体生产率水平，但是新进入企业的生产率并不总是高于在位企业。然而，在高新技术产业中，新进入企业可能通过采用先进技术而大大提高产业总体生产率水平（Barterlsman et al.，2002）。

对中国企业生产率和进入退出变动的分析表明，进入企业的生产率明显高于退出企业的，但是两者的平均生产率水低于存活企业。同时，初始生产率水平越高的企业，生存可能性也越高（毛其淋、盛斌，2013）。研究还发现，中国制造业生产率的增长来源于企业的成长，并且不同所有制企业，生产率差异较大，国有企业生产率相对较低（杨汝岱，2015）。在企业规模与企业生产率的探讨中，研究得出企业规模与生产率之间呈现倒U型关系，多数企业扩大规模有利于生产率提升（孙晓华、王昀，2014）。国内类似的研究还很多，并且关注的焦点集中在讨论生产率与企业成长、生存、规模之间的关系上。由此可见，将企业进入后的行为与绩效表现相联系，是揭示企业生产率增长源泉的重要突破口。

五 企业进入后的表现与产业震荡的关系解析

通过上述文献梳理，可以发现对于产业动态演进的研究已经得到一系列关于企业规模分布、企业初始规模选择和企业进入后表现的理论与实证研究规律。如果说这些研究探讨的是产业动态演化背后的企业个体行为，那么产业震荡就是针对企业间或企业群体的动态行为而进行的研究。实际上，无论是描述产业震荡现象的发生过程，还是深入剖析产业震荡现象的触发机制，都仍需要结合企业规模分布变动、企业进入数量测算、企业群体进入后表现等来进行分析。因此，企业进入后表现与产业震荡有着密切联系，从本质上讲，产业震荡就是企业群体在动态演进过程中所经历的一个特殊阶段，该阶段对于塑造产业结构起着关键作用。

最为典型的产业动态演进过程可以描述为在一个产业当中出现的产品创新吸引了大量企业进入该产业，但由于企业自身成本水平和能力高低不确定，并且对于该创新能否满足消费者需求也知之甚少。在这种情况下，这些新企业选择以一个较小的规模进入。在进入后企业通过学习不但对于自身成本、效率水平有了认识，也逐渐掌握了消费者的需求信息。该产品创新随着对互补品和替代品的实验、模仿和投资逐渐形成了产业产品的主导设计。由此，企业间的竞争由产品创新转向改进主导设计、降低生产成本的工艺创新。在这一过程中不能进行有效模仿，或者难以通过工艺创新降低成本的企业将遭到淘汰，从而导致了产业震荡的发生。最终随着大量无效率的企业退出，产业的退出率逐渐减弱，产业恢复到稳定发展阶段。在整个动态演进过程中，不但在产业震荡发生前后企业数量有显著变化，而且在不同时点进入的企业群体也具有不同的生存率和成长率。企业规模分布也经历了一个从偏态到正态的调整过程。

从典型的产业动态演进过程中可以直观的看出企业进入后表现与产业震荡的关系。但是随着研究的深入，学者们发现还存在其他产业演进方式，并且产业震荡的触发因素也十分丰富，这将在下一节当中进行详细的综述和讨论。总之，无论怎样描绘产业动态演进过程和产业震荡的发生，在实证研究中，还是通过间接地检验企业进入、退出、生存和成长来探讨这一问题，而非震荡触发因素本身的变化。

第四节　产业震荡及其触发因素研究的文献评述与启示

中国光伏产业在过去十几年经历了"过山车式"的发展过程。2004年以来，由于外部需求强劲，中国光伏产业快速发展，并在 2007 年实现光伏产量世界排名第一。其中，以尚德电力为代表的一批中国光伏制造先驱者占据了国内外市场份额的绝大比重。然而，自 2011 年起，光伏产业的发展困难接踵而至。由于欧美等光伏应用大国下调政策补贴力度，光伏产品需求大幅缩减，导致产品价格暴跌，滞销严重。2012 年，欧盟、印度等国家和地区先后发起针对中国光伏产品的反倾销、反补贴调查，直接损害了中国光伏产品对主流市场的出口。一系列内外冲击造成了严重后果，尚德电力、孚日光伏、宁夏阳光等光伏"巨头"相继宣布破产重组，整个产业 1/3 的企业处于停产、半停产状态，甚至一部分企业资金链断裂，破产倒闭。除了光伏产业，中国的 LED 产业、风电产业等都相继出现早期企业大量涌入，随后受到产业内外因素冲击而导致大批企业退出、破产的案例。该现象的出现引起学者们的广泛关注，并尝试从不同角度分析其中的原因。

在产业演进研究领域中，将产业诞生后十几年里所经历的先期企业大量进入、企业数量急剧增长，随后企业数量长期持续下降，大量企业退出、破产的过程称为"产业震荡"（industry shakeouts）。该现象在不同时期的不同产业当中普遍存在（Klepper & Simons，2005），是新兴产业发展初期市场结构重塑的一般规律。在欧美国家，轮胎、显像设备、抗生素制剂、电子、通信等产业的发展都经历过这一阶段，并为其后产业发展进入成熟期奠定了基础。相关研究总结出关于产业震荡的两个典型事实：一是企业进入总数量随时间的变化路径大致呈现"钟"形。在产业十几年的发展时间里，企业进入数会早于企业总数达到峰值；二是在进入企业当中存在较高的"幼年死亡率"，绝大部分新进入企业在产业发展早期就退出了该产业。其中，超过一半的企业会在5年到10年内退出，随后，企业的退出率会逐渐放缓。中国的光伏、LED、风电产业正处在产业震荡的演化阶段。

研究引起产业震荡的原因是深入探究市场结构决定因素的关键，对于认识和掌握新兴产业动态演进规律具有重要意义。当前，中国新兴产业的发展虽然已经取得一定成果，但随之也暴露出诸多问题，其中，尤为突出的是光伏、风电等产业出现的产业震荡现象，已对产业健康发展构成危害。对此需要从理论高度给予解释和分析，并探求解决或避免出现产业过度震荡的思路和方法。因此，本书通过梳理产业震荡的研究脉络，总结产业震荡的表现特征及其触发因素，剖析产业震荡的发生机制，从而将国外关于产业震荡的研究与中国产业实际问题相结合，为研究中国新兴产业的震荡问题提供理论基础。

一　触发产业震荡的技术创新因素

产业震荡作为产业组织研究的重要领域之一，已有一系列的研究从多角度进行了分析。其中，技术创新对产业震荡的内生性和动态性影响受到了广泛讨论，并形成了丰富的研究成果。

（一）技术创新触发产业震荡的理论基础

许多研究关注技术在描述市场结构演进中所起的作用，指出技术与市场结构是共同演进的（Nelson & Winter，1978），同时也决定着市场结构

(Shaked & Sutton，1987）。产业震荡作为市场结构演进过程中的普遍现象，在发生重大技术变革的产业中表现得更为明显。许多研究都表明技术创新会引发强烈的竞争，从而导致产业震荡。因此，技术创新与产业震荡之间具有因果关系，是触发产业震荡的关键因素之一（Jovanovic & MacDonald，1993）。

当前关于技术创新引发产业震荡的假说已形成三个较为成熟的理论。

第一个理论可称之为创新冒险理论，相关研究包括 Hopenhayn（1993）构建的关于产业震荡的理论模型和 Jovanovic & MacDonald（1993）对竞争性产业生命周期的分析。该理论认为在产业发展的初始阶段过后，来自产业外部的技术进步会开启一个重要的创新轨道，发展这些技术具有一定的挑战性，这就为企业提供了创新冒险的基础。如果这一冒险有足够的吸引力，那么一些企业可能进入某一产业。而不能发展这一创新技术的在位企业和新进入者将遭受失败并退出，从而引发产业震荡。从另一个角度来说，产业震荡的发生是由于技术创新的引入提高了生产的最小有效规模，从而将难以达到这一规模要求的企业挤出了该产业。随着创新失败企业的退出，产业总体的退出率逐渐下降，企业数量终将趋于稳定。与产业震荡发生前的在位企业相比，产业震荡阶段的进入企业由于缺乏经验，其生存率更低。但企业在生存率方面的差异会随着创新失败企业的退出而消失。

第二个是主导设计理论，在该理论中，企业最初凭借产品创新进入某一产业，但随后对互补品的实验和投资导致了产业中产品的主导设计出现（Utterback & Suarez，1993）。此后，竞争将从产品创新阶段转向以改进主导设计为主的生产阶段。在这一转变中，企业对生产过程的投资不会全部用于产品创新，而是围绕着主导设计对生产过程进行改进。这就使得工艺创新显著增加而产品创新持续下降。对于企业来说，进行产品创新逐渐变得困难，但如果不能成功进行工艺创新，企业将遭到淘汰，这就引发了产业震荡。与第一个理论相同，随着不能进行工艺创新的生产者逐渐退出，产业中企业退出率下降。此外，在产业震荡发生前进入的企业比产业震荡发生中进入的企业有更低的退出率，而不同企业群退出率的差异会随着企业经验的获得，以及创新失败者的退出而逐渐缩小。该结论也与第一个理论相一致。

第三个是竞争优势理论，该理论认为产业震荡不是由特定技术进步引发的，而是更宽泛的演进过程中的一部分（Klepper，1996）。在这一过程中，技术创新导致收益递增。这一理论的核心思想是规模更大的企业从研发中获得更多的收益，特别是工艺创新中的收益。这是因为企业在扩张过程中会不断增加对工艺创新的投入，从而降低成本和价格，并能将创新成果用于更大规模的生产中。而新进入者必须逐渐积累能力来抵御在位者的优势。最终，无优势的进入者数量如此之大以至于进入变得无利可图。在这种情况下，尽管最有能力的早期进入者凭借其在成长方面的领先地位而占据了产业的优势地位，但退出仍持续发生，这就导致了产业震荡。与前两个理论相反，在第三个理论当中，由于后期进入者具有较强的能力，因此在产业生命周期初始阶段，后期进入者可能与早期进入者具有相同的生存率。然而，随着早期进入者逐渐取得产业主导地位，后期进入者的生存率相比早期进入者来说将会降低。

目前，这三个理论主导着技术如何引发产业震荡的解释。前两个理论强调突发事件的作用，来自外部的重大技术创新或主导设计的出现吸引企业大量进入并迫使企业采纳新技术，否则被逐出市场。而后一个理论认为产业震荡是由技术变革所引起的产业渐进演进和动态竞争过程中的一部分，是早期进入者积累优势的自然过程。在研发促进收益递增的作用下，产业最终形成一个"成功孕育成功"的演进模式，失败者自然遭到淘汰。总的来看，一个盘旋上升的技术研发进步可能是造成产业震荡的根源。

（二）技术创新引发产业震荡的理论拓展

在上述三个较为成熟的理论基础之上，研究者们引入了技术不确定的新条件、投资回声的新概念，以及产业震荡发生后的新情形，进一步扩宽了对技术创新引发产业震荡的认识。

1. 技术的不确定性。Cabral（2011）在研究产业震荡的过程中，引入技术不确定性和投资沉没成本两个新条件。研究发现，尽管对于产业震荡的理论解释存在不同，但多数模型有一个共同特点：在产业生命周期的某些时点上，最优技术的边际成本会下降，这意味着技术演进要求有更大的企业规模。因此，如果企业规模的增长速度大于市场扩张的速度，那么产业震荡必定会发生。按照这一思路，Cabral将技术不确定性和投资沉没成本两个典型的推动产业演进的因素结合起来，认为由于企业对产能的投资是沉没的，且产业所采取的技术路径具有很大的不确定性，因此企业会采取"等待并观察"的策略。在初始阶段，企业会选择投资一个较小的产能水平，一旦技术的不确定性得到解决，一些企业将扩张其产能直至一个长期最优的水平，而另一些企业则被迫退出，从而触发产业震荡。

2. 投资回声。有研究指出在一类包含技术创新变革的模型中，资本定期会发生置换（Johansen，1959；Arrow，1962）。而在相同的模型中，任何突发性的投资活动在废弃时都可能产生一个"回声"（Mitra & Roy，1991；Boucekkine et al.，1997）。据此，Jovanovic & Tse（2006）提出了投资回声（investment echoes）的概念来解释当技术变革引发资本置换时所产生的产业震荡。该研究认为，随着企业年龄的增长，部分企业会失去采用新技术的能力。但这些失去技术采纳能力的企业并不会立即退出。相反，当这些企业的所有资本达到置换年龄时，才会导致退出。由此得出，一个具有高技术变化率的产业部门会有更快的资本置换率，从而也将出现更为频繁的投资回声，造成更剧烈的产业震荡。

3. 产业震荡发生后的产业演进。在产业震荡发生前后，产业的发展情境是有显著差异的。沿着熊彼特的研究脉络，以产业生命周期为主的相关研究假设技术创新创造出了不连续的变化，从而改变了企业的运营条件，也使得企业间的相对位置发生变化，造成了进入和退出（Cooper & Smith，1992；Christensen，2013）。在这之后，存活下来的企业主要在成本上进行竞争，并将关注点从根本性产品创新转向增加产品变化、提高生产效率的工艺创新（Abernathy & Utterback，1978；Tushman & Anderson，1986）。在研究当中，这些发生在产业生命周期早期阶段的产业震荡已得到详细描述，并提出了若干相互替代的解释。然而，产业震荡发生之后的情况却少有研究。Davies（1997）指出在产业震荡发生之后，产业进入技术竞争的新阶段，不断有新技术产生，且这些技术主要来自在位企业而非新进入企业。这就造成在位企业间的竞争基础和方式，以及在位企业对潜在进入企业抵御策略的差异。Bergek et al.（2008）通过研究联合循环燃气汽轮机产业在产业震荡发生之后的演进特点，发现生产复杂产品系统的企业间绩效差异与企业技术能力有很大关系。在复杂产品系统产业当中，连续创新在产业演进当中具有重要作用。产业震荡发生之后，主导设计或技术标准的出现也并不意味着技术进步率会下降。

二 触发产业震荡的非技术因素

近期出现了从非技术创新因素，或与技术创新相关的其他因素角度对产业震荡的分析文献，相关研究得出了一些新的结论，深化了对产业震荡现象的传统认识。

(一) 用技术创新解释产业震荡的缺陷

尽管许多研究认为技术创新是造成产业极化和产业震荡的关键驱动力，然而现有的文献也得到一些相背离的结论。

第一，基于技术研发和产品市场竞争的两阶段模型对产业震荡现象的解释力有限。Klepper & Simons (2005) 对经历过剧烈产业震荡的汽车、轮胎、电视和青霉素等四个产业的演进过程进行研究发现，仅有轮胎制造业在产业震荡发生时退出率显著上升。这主要因为汽车连锁店之间的竞争导致汽车销量的下降和边际利润的降低，影响到轮胎产业，从而造成产业震荡，而并非由特定技术进步引起。此外，在产业震荡的初始阶段，无论是在重大技术突破还是在产品标准出台等方面，都没有发现具有里程碑意义的技术事件发生。这些发现表明，没有证据支持在这四个产业当中，产业震荡是由于出现重大创新或主导设计所引起的。

第二，在面对有利时机时，企业策略是完全理性行为，即工艺创新是所有企业在相同时期和相同初始条件下都能获得的，而不存在不确定性。Klepper & Simons (2005) 的研究还发现，在产业震荡发生时，并没有出现从产品创新转向工艺创新的倾向。也就是说，产品创新和工艺创新的时机并非紧密相连。研究证据也表明企业的成功通常依赖于在产品创新减缓之前进行的工艺创新。

对于这些用技术创新来解释产业震荡问题所出现的缺陷，Amir et al. (2011) 指出现有解释的成立需要依赖于如下四个相互结合的特征。第一，价格接受行为。部分企业是价格接受者。第二，不良事件。产业范围内不良事件的发生，如外部需求的下降 (Ghemawat & Nalebuff, 1985)。第三，生产成本变动。在早期的文献当中，生产成本是造成产业震荡的主要外部因素 (Jovanovic, 1982)。第四，非均衡的初始条件。竞争性企业面临着非均衡的初始条件，例如企业规模优势所带来的研发优势 (Klepper, 1996) 等。特别是，许多研究将企业际遇的改变完全归结于运气或初始外部条件的不对称性。因此，产业震荡的发生直接与"背运"企业拖累其他企业，或产业范围内的负面消息有关。

因此，技术创新是造成产业震荡的充分非必要条件。产业在发展演进过程中，任何一项技术突破和改进都有可能引发产业震荡，影响该产业的市场结构。然而，产业作为一个复杂的系统，单从技术创新角度来审视产业震荡现象是片面的，需要引入更多的产业内外因素，选取不同的视角来深化对产业震荡现象的认知。

（二）非技术因素触发产业震荡的相关研究

基于上述文献回顾可以发现，早期文献的一个主要流派将产业震荡解释为技术创新的结果。但是并没有足够的实证证据来支持由技术创新触发产业震荡的典型特征，因此，技术创新也许并不是产业震荡发生的必要因素。这就出现了另一种研究视角：关注非技术因素或与技术相关的其他因素在引发产业震荡中的作用。

在非技术因素引发产业震荡的研究中，Camerer & Lovallo（1999）从管理者的风险态度是否会影响进入竞争性市场的角度进行分析，研究得出，企业管理者的过度自信会导致过度进入，并造成新企业存活时间短的结果。Bikhchandani et al.（1998）和 Geroski & Mazzucato（2001）研究了群体行为所造成的产业震荡。在理想状态下，一个市场当中只能容纳有限数量的企业。如果进入过度，一些企业将遭受损失。因此，在这种情形下，企业间需要相互协调以次序方式作出进入决策，直至进入收益为零。然而，在现实情况中，根本不存在这种自发的次序进入，相反，企业往往同时作出进入决策，并制定混合策略。如此一来，产业就会经历一个非完美的协调过程，直至达到长期均衡。在这过程中，经常会观察到产业当中出现进入和退出的波动，特别是当出现新的投资机会时，这种波动格外突出。与这种群体行为相类似，Bulow et al.（1999）分析了有众多参与者的消耗战博弈模型，得出该模型对产业震荡的发生具有一定的预测、解释能力。

而近期备受关注，同时也被引次数最多的是 Horvath et al.（2001）的研究。该研究对1880—1890年美国啤酒酿造业的产业震荡现象进行了分析，发现企业进入的持续、剧烈波动导致均衡价格大幅下降，从而使得进入对于一大部分企业来说是无利可图的。与产业震荡发生前进入的企业相比，晚期的进入企业会面临更高的失败可能性。根据这些实证分析结果，Horvath 及其合作者提出用信息学习模型（information cascades）来解释这种产业震荡现象的发生。在该模型中，生产者不确定产业的盈利性，因而企业会延迟进入以收集在位企业盈利状况的信息。随着信息的积累，不确定性得到解决，大量企业进入该产业，随后必然会以产业震荡的方式大量退出。该研究进一步证实了信息积累是产业演进路径的决定因素,且延迟进入会造成随后短时间内的大量进入,这就可能会触发产业震荡。

在与技术相关的其他因素引发产业震荡的研究中,"干中学"是最受关注的。Petrakis et al. (1997) 在研究完全竞争市场产业中的学习曲线效应时指出,在确定学习和静态市场需求条件下,产业震荡是企业水平上的内生性技术变革所引发的。Carree & Thurik (2000) 以美国轮胎制造业为研究对象,将企业数量的非单调性变化与"干中学"联系起来。研究认为,在产业生命周期的早期阶段,边际收益较高,企业进入的数量超过退出的数量。而"干中学"使得边际成本和边际收益随时间推移而逐渐下降,造成进入的减少和退出的增多。此外,持续的新进入者也进一步激化了市场竞争程度,从而将边际收益推到一个更低的水平,致使边缘企业难以生存。而在产业震荡发生之后,"干中学"仍会降低边际收益,但因为企业数量在产业震荡过后已大幅减少,所以市场竞争也趋于缓和,抵消了部分边际收益降低所带来的影响。

综上所述,市场信息传递、进入波动、群体行为、管理者素质和经验等非技术因素主要通过影响企业对市场预期收益的判断而作用于企业的进入和退出决策,从而引起产业当中企业数量的非单调变化,造成产业震荡。但是,这一系列联动效应的发生也并非完全脱离技术因素,"干中学"就在其中扮演着重要角色。这些研究虽然对产业震荡现象的认识又深了一个层次,但是从中也可以看出,目前从非技术因素来揭示产业震荡的研究还较为松散,也并未形成较为一致的结论。

三 探究产业震荡发生机制的理论模型与实证研究

无论产业震荡是由技术因素还是非技术因素所引起的,其本质就是产业在发展演进过程中所经历的一个特殊阶段,是推动产业演进不可或缺的组成部分。产业震荡的发生机制可以归纳为两类理论模型,根据模型特点,本书将这一研究脉络概括为从静态最优到动态最优的过渡。在实证研究中,研究者通过间接检验企业进入、退出和生存状况来反映产业震荡,而非从技术变化的角度分析产业震荡。

(一) 产业震荡的理论模型

分析产业震荡的理论模型可分为两大类:第一类模型将产业演进概念转化为产业在均衡状态之间的转换。企业最初进入一个产业并开展生产经营活动，达到初始阶段的均衡，随后发生一个重要的变化，如新技术的出现推高了企业最优规模，企业为了在下一个阶段的均衡中存活而相互竞争。

在此类研究中，Hopenhayn（1993）提出了第一个关于产业震荡的均衡模型，分析了产业中一些企业存活而另一些企业退出，并在后期出现均衡状态的动态演进过程。该模型提出两个可以相互替代的产业扩张动力来源：一是需求的扩张，二是使得成本下降的技术变革。在需求扩张中，由于需求增长有快有慢，典型的产业演进表现出在需求快速增长的阶段，在位企业由于规模限制不能满足所有的需求，因而大量企业进入。但随着在位企业的平均规模逐渐增加以及需求增长速度下降，供给的扩张可能超过需求的增长，从而无效率的企业被挤出市场。在技术变革中，模型假设技术变革是外生的，且企业可以进行技术改进投资。随着外部技术变革节奏的放慢，企业投资技术改进的热情提高，在这些方面获得成功的企业取得竞争优势，而不成功的企业则退出市场。这一模型的研究结论印证了如果需求和规模经济不足以长期支持所有企业，那么投资于"干中学"的企业会比其他企业生存更长时间。在随后的研究中，Jovanovic & MacDonald（1993）指出改良技术的引入能够提高生产的最小有效规模，从而将一些企业挤出产业。在 Wang（2006）构建的模型中，消费者对新产品的采纳扩散速度很慢，而最优的企业规模却由于技术变革而提高，从而导致产业震荡的发生。Bertomeu（2009）分析了由于进入过程的随机性而造成的产业震荡，该模型的关键在于假设当企业制定进入决策时，并不能确定其他潜在进入者是否进入，这一不确定性通过求解对称均衡进入博弈模型得到解决。研究认为，正是由于企业间进入决策的独立性才导致过度进入，从而在后期出现大量企业退出的现象。

以上两阶段均衡模型能够相对简要地说明和分析发生在产业演进过程中的产业震荡现象，并能概括出基本的产业震荡面貌，包括技术创新的重要性、适者生存和早期进入者通过研发新技术获得先动优势等。

第二类模型认为产业演进是一个连续的动态过程。随着必要技能和资源的扩散，进入逐渐发生。但进入的停止并不是因为市场达到均衡，而是由于进入障碍的提高使得进入无利可图。与进入相类似，退出同样可能逐渐发生。在此类模型的代表性研究中，Klepper（1996）基于产业演进理论构建了一个将市场结构和研发联系起来的模型。依据各种产业结构不对称理论模型，分析得出通过创新实现的单位成本减少值与企业产量水平成正比。结合凸性调整成本条件，赋予早期进入者相对优势，从而造成进入停止和生产者数量的震荡下降。Klepper 的模型认为，产业震荡随着早期进入企业的优势逐渐积累而发生。企业所积累的优势来自企业通过研发所实现的规模报酬递增。之后 Simons（2006）的研究进一步发展了 Klepper 的模型，并探讨了产业中技术开发机会特征在长期对产业演进的影响。由此可见，这些模型允许针对创新制定更多的内生性决策，从而使得规模更大、能力更强的企业选择更高的创新率以实现利润的最大化。此外，相较两阶段均衡模型，连续动态模型提供了描述产业震荡现象的可行方式，例如用企业最优成长率来代替企业规模等（Simons，2007）。

上述两类模型存在一些共同点，例如都假设技术变革是外生的，市场会达到均衡状态等。但两类模型的关键差异在于，企业特征是满足静态最优还是动态最优。静态最优意味着在外部技术冲击的作用下，产业从初始阶段的均衡变动到第二阶段的均衡时，部分企业会退出，而生存下来的企业需要适应新的均衡。而动态最优却意味着一个相对稳定的退出率，在典型的经历过产业震荡的产业中，并没有发生退出激增，也没有在产业震荡开始前出现均衡。一些产业确实在产业震荡时表现出退出风险的增加，但这种情况较少，可能发生在一个国家的特定产业中，而在另一个国家中却不会发生。这表明相对两阶段均衡模型，连续动态模型能更深入探究产业震荡现象。Klepper & Simons（2005）和 Simons（2006）研究认为产业震荡并不是退出的增加，而是进入的下降。此外，通过回顾发生过剧烈震荡产业的技术发展历程会发现，在产业震荡发生时并没有出现特别的技术创新事件，相反，连续的技术创新活动仍在进行（Klepper & Simons，1997）。因此，退出和创新动态是连续而非离散的。

（二）产业震荡的实证研究

随着各类解释产业震荡发生原因和机制的理论模型的提出，检验这些理论模型的实证研究也逐渐丰富起来。这些研究多数以分析企业进入、退出数量变动，产业震荡发生前后企业的生存状况变化为主，而结合具体产业震荡触发因素的实证研究较少。

判定一个产业是否发生产业震荡是实证分析的基础，对此学者们通过观测企业数量变动，提出了不同的判定标准。具体来看，Klepper & Miller（1995）提出，如果产业当中企业数量达到顶峰后下降至少 30%，并且企业数量趋于平稳时不会回到峰值水平的 90%，则应认为该产业经历了产业震荡阶段。然而，实际上研究发现大多数产业在震荡阶段企业数量下降非常剧烈，平均下降 52%，基本上是峰值水平的一半。对此，Audretsch & Feldman（1996）提出使用企业数量峰值期和平稳期之间的企业数量差异来定义产业震荡更为合理。除此之外，Filson（2001）以企业净退出率为标准，将产业震荡定义为企业净退出率超过 15% 并维持一段时间的阶段。而其他学者认为只要产业中出现了很高的企业进入失败率，就可以判定发生了产业震荡。例如，Day et al.（2003）认为如果产业中出现了 80% 的进入者退出，那么该产业就经历了产业震荡阶段。

确定出发生产业震荡的具体时间段之后，不但能够对产业生命周期阶段进行划分，还能进一步分析产业震荡前后企业生存的变动。在此类研究中，Horvath et al.（2001）发现，在美国啤酒业、汽车业和轮胎业中，企业进入通常呈现波动状态，且在产业震荡发生前后，生存风险函数的变动在不同企业群体间是相类似的。表现为企业群体的退出风险率在进入头两年达到顶峰，随后出现显著下降。但是，研究也发现企业群体间风险函数的大小在产业震荡发生前后是不同的。与产业震荡发生前进入的企业相比，较晚进入的企业表现出更高的退出风险率，特别是在进入后的前 5 年中。Klepper & Simons（2005）设计了一个实证检验方法，对汽车、轮胎、电视机和青霉素制药行业中的企业在产业震荡发生前后的生存状况进行了对比分析。结果表明，由于早期进入企业具有较高的创新率，因而在产业震荡发生时表现出持续的低退出风险。

另外，产业震荡现象虽然在制造业中广泛发生，但不同国家、不同产业中震荡发生的时机、速度和程度却存在显著差异。Murmann & Homburg（2001）认为国家间企业数量动态变化的差异主要来自制度环境的不同。Hannan et al.（1995）研究发现美国和欧洲汽车制造企业数量的变化十分相似。Simons（2005）通过比较美国和英国 18 种产品制造企业的数量变动，发现产业震荡的出现时机与剧烈程度具有密切的关系。

然而，实证研究也表明并非在所有产业当中都会发生产业震荡。Bonaccorsi & Giuri（2000）对涡轮螺旋桨发动机产业进行研究，发现虽然产业当中存在研发和营销的收益递增，但与顾客的垂直网络关系及层级结构阻碍了主要厂商退出该产业。因此，考虑到复杂系统产品产业的研发、生产和营销的成本结构，有充分理由相信在这些产业当中会出现非震荡的产业演进方式。除此之外，针对心脏起搏器（Hidefjäll，1997）、风机产业（Bergek & Jacobsson，2003）的研究也得出了相互一致的结论。

总结各类实证研究可以得出一系列关于产业震荡的典型表现形式，这包括：第一，企业数量剧烈变动是产业震荡的主要表现形式，可以用企业净退出率来进行衡量；第二，企业大量进入之后往往跟随着产业震荡现象发生；第三，产业震荡过程随时间扩散，且企业间的退出风险倾向于呈现"后进先出"的规律；第四，对于生产技术复杂、不能完全被替代的产品所在产业来说，市场结构相对稳定，较少出现企业进入退出，部分产业不会经历产业震荡阶段。总的来说，尽管目前对产业震荡发生机制及多种理论进行实证检验取得了一定进展，但实证研究仍处于起步阶段，需要补充更多不同情景、不同样本的经验证据。

四　产业震荡研究的新问题

尽管产业震荡现象在制造业中普遍发生，但仍有一些产业很少或没有发生产业震荡，而且产业震荡发生的时机、频率和程度也在不同产业和国家中存在显著差异。因此，文献当中除了研究产业震荡的触发因素之外，还探讨了产业生命周期、产业类型、产业形态等与产业震荡之间的关系，这构成了产业震荡研究的新问题。

（一）产品更新换代中的产业震荡

对产业演进规律的研究普遍认为产品生命周期在产业演进当中起到关键作用。因此，一些研究通过分析特定产业中的产品系列更替，以理解产业震荡和产品生命周期之间的关系。

早期 Dunne & Roberts（1988）和 Klepper & Graddy（1990）通过研究新兴产业演进的实证规律，发现多数产业具有相似的企业数量演进方式。Klepper（1996）更为详尽地描述了高技术产业从诞生到成熟阶段的进入退出、市场结构和技术创新演变方式，并指出在产业震荡前后，产品种类会由丰富向单一转变。近期的研究进一步细化了对产品生命周期与产业震荡关系的探究，并由概括分析产业的一般化产品生命周期特性，向产品系列更替过程中的企业数量倒 U 型演进规律深化。

对此，有文献从供给侧结构性改革给予解释，并与 Jovanovic & MacDonald（1993）和 Klepper（2002）等人的研究相一致，认为企业数量的倒 U 演进形态是技术创新所带来的产业震荡导致的。另有文献从需求侧给予解释，认为需求波动是造成市场结构改变的驱动力。其中，Siebert & Zulehner（2010）以动态随机存取存储器产业为研究对象，通过探讨市场需求和研发投入对企业进入退出决策的影响，发现进入成本不是引发产业震荡的主要原因，研发成本的提高和需求增长的疲软联合起来才造成了产业震荡和产品更新换代过程中企业数量倒 U 型的变动。此外，Plehn-Dujowich（2009）提出了一个"产品生命周期重叠"模型。其中，在任何时点上，都存在不同年龄段的一组产品线。企业作为一个连续统一体，在制造不同品类的产品时具有差异化的能力。随着产业演进，企业会选择具有优势的产品线，并从其他产业中退出，从而造成产业震荡。

由此可见，将产业震荡研究由一般产品生命周期推广到产品系列更替间产业演进规律的探讨更具实际意义。虽然一个产业以其生产的主要产品为基础进行定义（Porter，1980），但不仅主导产品具有很多替代品，且随着需求、技术的变动，产品不断得到更新，演变为不同的产品系列。在产品系列转换中，产业当中企业数量的变化及产业震荡的发生时机、方式、原因等都将呈现新特性。

（二）服务业中的产业震荡

尽管产业震荡的发生已经在多个制造业中得到证实，但对服务业的演进规律却知之甚少。为数不多的针对非制造业的研究发现，用于解释制造业演进和产业震荡的理论在服务业当中解释力有限，因而需要对这些理论进行修正，以解释服务业特有的演进现象。

与制造业相比较，在服务业当中，尽管一些产业没有或很少出现市场结构的巨大变化，但随着产业演进，服务提供商的数量却下降很多。这些现象的出现与之前产业震荡研究所确定的实证规律相一致。尤其是，当产业震荡发生时，服务提供商的数量急剧下降，甚至还会出现进入停止的现象，从而推动着分散的市场结构向寡头结构演变。此外，在服务业当中，许多产业震荡发生的时点与制造业相类似，也是在产业成长阶段。因此，从产业震荡的表象来看，服务业和制造业并没有很大区别，研究制造业产业震荡得出的实证结论同样适用于服务业。

然而，从产业震荡发生的内因、方式等内在因素来看，服务业与制造业存在较大差异。Fein（1998）以批发业作为研究对象，总结了服务业中产业震荡发生的独特特征，这表现在：首先，从产业震荡的发生方式来说，批发业并没有展现出最初企业数量的持续增长，达到顶峰后震荡退出的演进方式。相反，产业结构在相当长的时期内保持了相对稳定。此外，按照制造业产业震荡理论，不同企业的进入时机、生存率与主导设计的出现或者新产业的诞生有关，并且产业震荡是由与市场规模相关的过度进入所引起的。这些结论对于发展较为成熟的批发业来说解释力有限。其次，与制造业演进模型不同，对批发业进行研究很少会考虑产品创新类型的作用。虽然在药品批发业当中也出现有许多重大创新，但并不存在单一的过程或服务创新满足触发产业震荡的要求。相反，是一系列的创新联合导致批发业中的连锁反应，开启了企业增加规模的可能性，并在接下来导致非创新者的波动退出。再次，批发业的竞争具有地域性，特别是在产业震荡发生之前。而在制造业中，每一个企业都被认为需要与其他所有企业进行竞争。最后，与制造业产业震荡过程中的退出模式不同，在批发业中，退出主要通过横向兼并来实现。这个方式与批发业主要进行地域竞争的性质相一致，确保了在位企业对有价值资源的控制。

综上所述，虽然服务业与制造业的产业震荡发生的表象相类似，但在服务业中，企业的规模、年龄、盈利能力、相对效率等特征对退出风险没有影响，且退出以并购方式发生。因此，由制造业得出的产业震荡理论需要进行修正，以更好地解释服务业当中的产业震荡现象。近期服务业产业震荡的研究也延伸到了银行业（Carree，2003）和出版业（Heebels & Boschma，2011）。

（三）次级市场中的产业震荡

在产业研究当中，如果数据信息可得，那么属于同一产业内的企业可以按照不同维度进行细分，例如从使用的技术、提供的服务、目标客户或地理位置等。Klepper & Tompson（2006）将这些不同的活动定义为次级市场（submarket）。已有很多证据表明在许多产业当中，次级市场有其自身动态性。Klepper 和 Tompson 的研究指出次级市场的创造与毁灭在企业的进入、退出和成长方面起着关键作用。

相关研究表明（Christensen，1993）次级市场是一个较为独立的活动，与产业中的其他活动在需求侧和供给侧都相互独立。企业可以属于多个次级市场，次级市场本身又随时间的推移而出现或消失。新的市场机会出现，意味着可能创造出新的次级市场，那些能够成功开发新机会的企业将获得收益。当技术变得过时、地区收益下降、政策变化等问题出现时，次级市场遭到毁灭，所有依赖这些次级市场的企业都要承受这一结果。依赖单一次级市场的企业随着次级市场消亡而退出。因此，次级市场动态与产业震荡的发生息息相关。Tong（2009）基于独立的次级市场构建了一个产业震荡模型。其中，产业震荡在每个次级市场的不同时点都会发生，这些产业震荡对产业中生产者数量的影响在开始时被新次级市场的创造所抵消。因此，总体的产业震荡会发生在新次级市场创造速度减缓之后。Bhaskarabhatla & Klepper（2014）通过对美国激光产业的研究提出了一个新的解释，即产业当中一个主导性的次级市场的出现将对该产业的市场结构演进产生冲击，引发产业震荡。

次级市场概念的提出为研究产业演进提供了一个新的视角。通过细分，多数企业隶属不同的次级市场，而次级市场不但自身有发展演进规律，还会作用于市场当中的关联企业，再间接作用于产业，可以说，次级市场的划分开辟了探讨产业震荡的新途径。

（四）非震荡现象的出现与解释

产业震荡并非在所有产业当中都会发生，Klepper（1997）对关于生命周期演进的文献进行梳理，总结出了三类不会发生产业震荡的方式，分别为：第一，产业当中存在设计和制造产品的企业分工。专业化的企业进行过程创新并在公开竞争中销售它们。第二，产业当中进行产品研发的企业并没有使收益专有化，而是通过整合制造过程将新产品技术授权于其他制造企业。第三，产业当中的最终需求是高度差异化和分散化的，以至于不存在一个领导企业覆盖所有细分市场，这就没有小型竞争企业的震荡退出。这三点基本上概括了非震荡现象出现的条件，而目前也不断有研究对此提出更为详细的证据，其中最具代表性的是对复杂系统产品产业的相关研究。

按照产品生产技术特点，有一类产品高度复杂，并且不能完全替代，它们被称为复杂系统产品。相较于之前研究的大规模生产的消费品来说，产业技术演进的一般模型对于理解复杂系统产品的生命周期是无用的（Davies，1997；Hobday，1998）。

复杂系统产品具有很高的单位成本、高度的定制化以及不同寻常的结构和深度系统性的特点（Hobday，1998；Magnusson et al.，2005）。这意味着在研发和生产过程中没有明显规模经济性。在复杂系统产品产业，连续性创新在产业演进当中起着重要作用。当一个整体的体系结构或主导设计确定下来后，技术创新主要通过不断地引入新的系统构成或在次级系统层面进行变革而实现（Davies，1997；Teece，1986）。这样一来，相比一般模型，主导设计或标准的出现并不意味着技术研发率的下降。因此，这类产业通常展现出相对稳定的市场结构，有很少的进入退出发生。Bonaccorsi and Giuri（1999）对涡轮螺旋桨发动机产业进行研究，发现虽然产业当中存在研发和营销的收益递增，但是与顾客垂直网络关系的层级结构阻碍了主要厂商退出该产业。因此，考虑到复杂系统产品产业的研发、生产和营销的成本结构，有充分理由相信在这些产业当中会出现非震荡的产业演进方式。现有的研究除了针对涡轮螺旋桨发动机产业之外，还有针对联合循环燃气轮机（Bergek et al.，2008）、心脏起搏器（Hidefjall，1997）、风机产业（Bergek and Jacobsson，2003）的研究得出相互一致的观点。

五 产业震荡研究方向与启示

（一）产业震荡的研究方向

第一，将产业震荡与经济总体波动相联系。目前对于产业震荡的研究更多的是探讨触发产业震荡的因素，分析产业震荡的发生机制。相应的实证研究焦点集中在两方面，一是通过企业进入、退出数量的变动以微观视角描述产业震荡；二是通过研究产业震荡发生前后企业群体生存率的变化来分析产业震荡所造成的影响。并且，产业震荡的研究通常与产业生命周期、产品生命周期相联系。实际上，产业震荡与经济总体波动也存在密切联系，但相关研究较少。现有研究中，Lee & Mukoyama（2015）分析了在一轮经济周期中，美国制造业企业的进入、退出动态，发现进入率变化比退出率变化更具有周期性，且分别在经济繁荣和衰退阶段，进入和退出的企业在生产率、员工数等方面存在差异。Clementi & Palazzo（2016）通过构建模型研究了在经济总体受到冲击时，企业进入、退出动态在总体冲击传播中所起的作用。该模型还发现了在经济衰退开始时，企业数量下降与随后经济缓慢复苏之间的因果关系。这些研究通常是在企业动态分析框架下比较企业进入和退出在经济周期波动中的作用，但是很少探讨出现企业大规模退出的产业震荡宏观背景，以及产业震荡发生对经济总体波动的影响，这为今后研究留下了广阔空间。

第二，开发新的分析工具来深化产业震荡的理论和实证研究。由于连续追踪记录一组企业的进入、退出、生存状态存在较大困难，特别是当研究数据需要进一步细化到特定产业或包含企业的经营信息时。因此，通过构建数理模型分析产业震荡的发生机制、影响等的研究明显多于实证研究。另外，为了验证模型的解释力，数值模拟、案例分析等方法成为常用的分析工具。然而，在不同产业、不同国家当中，触发产业震荡的因素存在差异，产业震荡的程度、持续时间也各有差异。因此，需要开发新的分析工具来将微观企业群体动态、产业周期阶段变化和总体经济波动联系起来。近些年发展起来的可计算模型（computational model）能够模拟一个产业完整的动态演进周期，逐渐成为分析产业震荡的有力工具，值得进一步深入发掘和研究。

第三，探讨新兴产业的产业震荡问题成为新的研究点。通常，产业震荡研究通过分析成熟产业，从而提出一系列关于产业中企业进入退出、成长以及规模分布变动的规律，并确定触发产业震荡的关键因素及其作用机制。然而，对能够带来经济和就业增长、促进技术创新环境发展的新兴产业却研究不足。除了数据局限之外，出现这一问题的原因在于理论创新发展缓慢。在早期的研究中，Klepper & Graddy（1990）拓展了关于新兴产业演进的实证规律，并用这些规律来深入探究哪些因素能控制产业的早期演进，以及在成熟阶段塑造其市场结构。在近期的研究中，Forbes & Kirsch（2011）提出了阻碍对新兴产业进行研究的理论和方法问题，指出研究新兴产业需要跨越传统研究领域和方法的边界，使用更广泛的数据资料来源，通过理论创新来更好地理解企业管理者、政策制定者和新兴产业发展之间的相互作用。这些研究极具启示性意义。随着中国新兴产业快速发展，多个行业出现剧烈产业震荡的现象，对此进行研究也应当突破现有理论的制约，探究解释新兴产业发展演进的新理论和新方法。

(二) 产业震荡的研究启示

产业震荡之所以能够成为一个相对独立的研究热点，除了其在研究市场结构演化方面的重要性之外，另一个重要原因是其在分析技术变革、企业动态、经济波动等与产业发展之间关系时的关键突破口作用。特别是当前伴随着新技术、新业态、新模式出现了大量新兴产业，对它们在发展中遇到的各种问题已经难以使用传统的产业理论分析工具进行解释。其中，部分新兴产业所经历的震荡波动也不单单是因为受到了技术冲击，外部环境的复杂性、政府政策与企业目标的协调问题等都可能是触发产业震荡的因素。对此进行深入探索不但能够丰富和发展现有理论，还能加深对中国新兴产业发展演化的认识。

在中国新兴产业中，光伏、风电和 LED 等产业都经历了较为明显的产业震荡现象。从产业技术特征来看，这些产业在当前的发展阶段已经形成了较为成熟的主导技术范式和技术路径。且没有出现具有重大影响的技术突破事件，整个产业以连续性创新为主。因此，传统的技术创新视角不能完全解释这些产业当中所发生的产业震荡现象。那么抛开技术创新，从过度进入的角度来看，作为具有发展潜力的新兴产业，必定会吸引大量企业进入以期获得超额利润。然而，过度进入会造成激烈竞争，多数企业无利可图，被迫退出（Aaker & Day，1986；Bertomeu，2009）。这似乎正好解释了光伏产业的产业震荡现象。但 Peltoniemi（2011）指出，过度进入与产业震荡之间与其说是因果关系，不如说是相关关系更为确切。因此，也不能简单地认为新兴产业的产业震荡就是由于产业当中普遍出现的过度进入所引起的。

进一步分析，造成中国光伏、风电等新兴产业出现产业震荡的深层次原因主要有以下三点。首先，中国个别新兴产业发展重制造、轻应用，结构性失衡问题严重。新兴产业得益于政府的大力扶持，从而相关企业快速发展，生产规模急剧扩大，然而应用市场却没有得到充分培育，造成部分产业产能过剩。以光伏产业为例，2014 年中国晶硅电池及组件产能达 40GW，而全球需求量仅 35GW，国内需求量也仅为 10GW，该产业仍存在过剩风险。其次，自主创新能力不足，处于全球产业链低端。发展新兴产业的目的之一是提高自主创新能力，然而在全球产业分工的背景下，中国尖端核心技术难以突破，在产业分工中处于不利地位。例如，在 LED 产业中，市场前景巨大的蓝白光 LED 技术主要被日本公司垄断，中国尚未掌握核心技术，产业发展受制于人。最后，中国新兴产业政策以供给侧调控为主，缺乏对需求侧的有效引导。多数新兴产业激励政策只注重供给侧，拉动企业规模做大，推动产业高速增长，而忽视了对需求侧的规划与培育。这种赶超式的产业发展模式在短期内创造出多个世界第一，但产业实质竞争能力并没有得到有效提高。随着国外贸易保护主义的抬头，中国新兴产业发展环境很可能进一步恶化。

上述分析表明，研究中国新兴产业的产业震荡问题既要认识到产业自身的发展问题，也要注意产业政策的作用方式和环节是否存在偏差，还需考虑外部环境变动所带来的冲击。通过对国外产业震荡相关研究的梳理和总结有助于我们结合中国产业实际问题对它们进行修正，以深入探讨触发中国新兴产业出现产业震荡的根本原因，揭示产业发展规律，调整产业政策设计思路，推动中国新兴产业早日走上良性发展道路。

第五节　基于利基管理视角的新兴产业动态演进路径研究

从新兴产业发展的产业周期来看，技术创新与产业化均处于萌芽发展阶段，其技术经济特征具有典型性：首先，新兴产业技术创新以根本性创新为主。通常来讲，技术创新分为两种类型：根本性的和增长性的。增长性的技术创新是指那些由现存技术发展和改进而来的技术，而根本性创新没有"先例"可以参考，完全来自新理论发展和新技术运用，因此，具有更多的不确定性和风险。但同时根本性创新又是政府等公共部门研究项目的核心，未来的发展潜力和经济效益巨大。新兴产业中的技术虽然有些来自既有技术的适用性创新改进或技术融合，但是大部分都属于新兴技术，例如，新能源产业中的光伏电池制备新工艺、节能环保产业中的智能电网技术、电动汽车产业中的新型大容量、高功率电池技术等。这些来自根本性创新的新兴技术范式不清晰，多数处在实验室阶段。要想将其培育成一个新产业需要运用有针对性的政策工具来加以管理。其次，新兴产业技术转化过程复杂、周期长。随着技术演进，新兴技术知识主体的发展以及转化为设计规则、技术标准、模型以及实践方法需要经历相当长时期（Mokyr，1990）。另外，从技术研发到市场推广之间存在被称为技术创新"死亡谷"的阶段。有很多根本性创新在这一阶段夭折或需要很长的时间才能跨越这一时期。有统计显示，平均而言从发明到市场推广成功常常要花费二三十年的时间。两方面的因素延长了新兴技术从理论、研发转变到产品、市场的过程，降低了新兴技术的市场可行性。最后，新兴产业技术发展初期的绩效表现相对较差，被市场筛选和排斥的风险大。新兴技术创新在初期技术路径不清晰、市场接受程度低甚至无市场，导致一方面前期投入研发成本巨大，另一方面很难短期取得良好的绩效表现。在较低的短期市场回报影响下，如果缺乏有目的的市场保护措施，新兴技术很容易被市场筛选和排斥。

新兴产业的发展一方面要通过能力构建，增强产业发展的内生动力，另一方面需要政府通过一系列政策措施营造由社会各方组成的新型社会—技术环境，即本文所提出的"保护性空间"的培育与治理。本文从新兴技术利基演化的视角，提出针对新兴产业中有发展潜力、能够带来持续性增长甚至引起社会—技术体系变革的技术创新，在一个受到保护的空间里培育和发展新技术（Hoogma，2002），通过"实验"来了解新技术的绩效、经济可行性和发展前景，制定企业或者是政府公共政策，创建、发展和有控制的淘汰保护性空间，从而在培育新技术的基础上进一步发展和提高新技术的应用率和产业化进程（Kemp and Truffer，2000）。

一　利基理论及其在新兴产业分析当中的应用

首先需要指出的是，对于"利基"（inche）这一概念本身，在经济学当中并没有得到很好的定义。利基最初是指"a way of earning living"（Ricklefs，2008），是可盈利的市场空白。Schot，Hoogma and Elzen（1994）进一步指出，利基从本质上讲就是"孵化室"，在这当中，通过私人资源和公共资金把创新型企业培养起来。Tisdell and Seidl（2004）在研究利基和经济竞争关系时认为如果一个企业能够阻止其他企业进入市场，那么我们可以说该企业具有市场利基，这也意味着该企业具有市场力量。相反，在完全竞争市场当中就不存在任何利基。依据他们的观点，利基是伴随着企业的市场力量而出现的，该利基的概念类似于具有垄断性质的企业所能够获得的超额利润。而Loplito，Morone and Sisto（2011）在研究社会—技术转化过程时又提出创新利基的概念，他们认为创新利基是为了通过实验方法发展和使用有前景的技术而建立起的保护性空间。他们的这一定义强调了保护技术创新对利基形成的重要性。笔者认为，从本质上讲利基形成的基础条件就是市场当中出现新的经济增长点，它可以使得占有利基的企业在当前或是未来获得超过市场平均利润的超额利润。而这些能够带来可观期望收益的利基的形成又与市场当中出现的新技术和创新活动密切相关。新技术预示着未来科技发展方向和新的获利空间，需要在政府政策引导下建立起"保护性空间"来培育新技术。

利基管理理论根植于演进创新经济学，作为一项政策工具，其目的在于实质性的干预创新过程（Hommels and Peters，2007）。利基管理理论认为成功的技术创新来自有效组织的社会—技术"实验"。在该实验过程中，政府通过政策手段如合作平台建设、政策扶持等将各类利益相关者聚集在一起形成一个支持性网络,彼此交换新技术信息、知识和经验。这样就产生了一个学习过程来深入认识新技术的可行性、市场期望、产业支持政策、创新扶持政策甚至技术发展的社会环境,从而促进新兴技术孵化。整个实验发生在一个受到保护的空间里,该空间是新兴技术的一个专业化应用领域。这个保护性空间的保护性来自三个方面,首先是由政府通过研发补贴、税收减免等发起建立,其次研发企业通过产品试制、市场实验积极配合,最后再加上最终用户的支持,这就使得新兴技术在培育、发展过程中免受来自市场的苛刻选择。在保护性空间中的实验为新技术创造了"试样市场"。在这个市场当中,技术还在实验室阶段就将各类市场参与者联系在了一起。当技术孵化过程进行得顺利,一个真正的"市场利基"(market inche)将会在适当的时间发展起来。技术创新在市场利基中仍能够维持其商业性,并最终汇入主流市场(Hoogma, Truffer and Metzner, 2002)。由此看来,利基管理不仅仅是新技术实验,它的目的在于使各类组织机构相连并相互适应,促进技术进一步发展和使用新技术必要的学习过程。

利基管理的目的在于:第一,使技术体系转变过程顺畅并在必要的组织框架下使新技术取得市场成功;第二,通过学习进一步了解技术及其市场可行性,以及不同技术所需的资源禀赋;第三,促进这些技术的进一步发展,并在大规模生产中实现成本效率。同时,推动互补技术和相关技能的发展,从而促进社会体系转变,实现新技术的扩散;第四,建立一个技术创新支持群体(由政府部门、企业、用户构成)。他们的半合作行为对于带来相互联系技术和实践的根本性转变十分必要(Kemp and Schot, 1998)。

二 利基管理思想下新兴产业的可行发展方式

在新兴产业的发展中,产业重点培育和发展前瞻性、高端性的技术,这些技术不但预计有良好的经济前景,能够成为新的经济增长点,而且符合国家和社会的战略利益。因此政府部门在该产业技术创新初期起到"带头人"的作用,划定重点扶持和培育的新兴技术领域,提供多种优惠措施和研发补贴,引导高新技术企业从事相关的技术研发活动,促进技术孵化和转化进程。然而,目前多数技术扶持政策所采用的"技术推进"方式仅仅止步于技术发展的初期阶段,笔者认为在利基管理的理论支撑下，可以将原有扶持和发展方式从"起点"向"全过程"推进，通过保护性空间的培育和治理将政府机构与科学家、工程师、技术人员、企业家、创业者、投资者乃至用户联系起来，在新兴技术还处在实验室阶段就为今后技术逐步走向产品试制、市场实验、市场推广形成一个由各方参与的网络。随着技术演进和网络成员间的相互作用，一个新技术的学习过程逐渐显现出来。外部对于新技术的效用、市场可行性、技术需求期望、技术创新的社会环境有了更深刻的认识。从而能够根据消费者需求和技术发展状况进一步完善和调整创新扶持政策、产业发展政策，为新兴技术孵化扫清障碍。最后，该新兴技术学习过程进一步扩展到互补性技术研发和基础设施建设上来，为最终实现技术市场化、规模化、产业化奠定基础。

表 1-5　　　　　　　　新兴产业现有扶持方式及其超越

	现有扶持发展方式	利基管理理论下的发展方式
阶段	技术发展初期	技术研发、产品试制、市场实验和市场推广全过程
对象	研发企业、最终用户	科学家、工程师、技术人员、企业家、创业者、投资者、用户
方式	面向特定企业和市场的静态扶持	保护性空间内的网络建设中的动态调整过程
途径	定向单点的割裂政策	从互补性技术研发到基础设施建设的连续性过程
目的	一般性产业发展	利基形成所带来的产业规模扩大和竞争力提高

在利基管理理论支撑下，新兴产业技术创新的社会—技术"实验"过程也是该产业通过建立保护性空间形成利基的过程。利基出现的基本条件就是市场上出现的新的盈利点。新兴产业中新的盈利点就是新兴技术的研发和运用。在利基管理过程中，政府政策引导下高新技术企业、各类市场参与者积极参与所形成的保护性空间构成了新兴技术的"实验平台"。新兴技术在保护性空间中经过"技术利基"转到"市场利基"，并最终融入主流市场。这一动态的、有机结合的新兴技术培育方式十分适合新兴产业技术创新特点，是可取的技术创新政策工具。

三　新兴产业"技术利基"与"市场利基"的形成演化

技术利基和市场利基是构成保护性空间的两个阶段性要素。根据 Agnolucci and McDowall（2007）的研究，市场利基和技术利基的关键区别在于技术评估的时间维度不同。在技术利基中，参与者推动新技术是为了获得未来的潜在收益。而在市场利基中，有特殊性和专业化需求的消费者看重技术所能带来的当前效用价值。

　　新兴产业的新技术在第一次进入市场前已经经历了一个发展过程。这一前置性的市场阶段以技术在特定"保护性空间"里发展为特征（Elzen and Hoogma，2001）。Schot and Geels（2007）将其描述为"为了发展巨大的市场利基而由参与者实验和发展起来的样本市场"。新兴产业的技术利基可以通过两种方式显现出来，一是大规模的示范性项目（或者是有限制的技术—社会实验）；二是嵌入特定局部环境中的参与者网络。示范性项目存在的目的在于学习社会中出现的新技术；而参与者网络在特定地区或领域发展和传播新技术，并希望这些技术在未来能够扩散到更为广阔的区域（Hodson and Marvin，2004）。最终使得技术利基的样本市场发展成为市场利基。

　　新兴产业的市场利基围绕着一系列绩效特征——由技术提供的能够满足消费者需求的效用特性来定义。Levinthal（1998）将其描述为"依据需求不同而相互区别的潜在消费群体对不同技术特性的支付意愿"。由此可见，一个市场利基就是一个小型的极度专业化市场，在这其中的技术采纳策略和市场选择过程与主流市场并不存在不同（Agnolucci and Ekins，2007）。例如，对小型风电设备有需求的消费者无须对风力能源系统感兴趣，他们只是需要购买一个最为便利的风电装置。所以市场利基的形成与技术能够满足即时消费者需求的效用程度有关。此外，政府可以以内生化未知技术的社会收益为目的，通过制定相应政策来建立市场利基。又因为由政策引导而创建的利基以技术满足需求程度来定义而非技术本身，所以许多企业在这样的市场利基中相互竞争。比如说，国家提出可再生能源政策，用于促进可再生、新能源电力供应的普及。这一政策的出台为一系列相关技术如风力、太阳能、生物燃料和生物气创造了一个切实可行的市场。同时，由于这一政策的导向作用，使得"可再生"成为一个市场选择技术的判断标准。

　　新兴产业中所形成的技术利基指向未来收益，而市场利基指向满足当前需求效用。在新兴技术发展初期，保护性空间以培育技术为主，表现出技术利基特征；随着技术逐渐成熟，保护性空间以培育市场为主，这就表现出市场利基的特征。

四 新兴产业"保护性空间"的发展演进路径

培育和发展新兴产业，有两个亟待解决的关键问题，一是新兴技术来源；二是建立新兴技术运用市场。利基管理作为培育新兴技术的有效政策工具，能够针对新兴产业技术创新特点，通过建立保护性空间将技术培育和市场创建过程有机结合起来，以培育利基的形式来形成一条新兴技术从实验室到最终市场产品的有序发展路径。

在新兴产业发展初期技术的成熟度和市场化程度都较低，在这个阶段，保护性空间表现出技术利基特点，主要关注技术期望和未来收益，通过支持性网络成员间的相互作用以"技术实验"为主学习新兴技术的可行性、用户期望符合程度等。当技术攻关取得一定突破后，新兴技术培育走向下一阶段——以产品试制和市场实验为主的市场利基阶段。这时保护性空间的关注点是技术的市场可行性。通过产品试制和市场实验收集产品使用反馈信息，调整产品设计、逐渐确定目标顾客。在"试制—调整"的反复过程中认识新兴技术的市场前景。在新兴技术具备一定市场化能力后，保护性空间的保护性要逐渐减弱，让这些技术得到真正市场的筛选和检验。市场利基所模拟出的市场必定与真实市场存在差距，所以不排除有部分技术最终还是会遭到淘汰。只有真正符合社会经济发展需求的新兴技术才能最终成功嵌入主流市场，甚至有部分技术能够进一步扩大其影响，最终引起技术—社会体系的转变。

对于新兴产业"保护性空间"发展路径有几点需要说明的问题：首先，不是所有的技术都必须完整经历该路径。有些技术已经发展得相当成熟，例如生物育种产业中的技术，但是缺乏运用市场。这时政府的保护性空间建立应该从市场利基开始，在各种保护性措施下，进行"市场实验"开拓新技术应用市场。其次，技术利基和市场利基之间并没有明确的界限，两者间甚至是相互重叠的关系。保护性空间区分为技术利基和市场利基仅仅说明从程度上来讲，技术利基一方偏重技术研发而市场利基一方偏重市场开拓。最后，新兴产业"保护性空间"的发展路径也在一定程度上表明了产业发展演化路径。在新兴技术成熟度和市场化程度较低的阶段，需要在保护性空间中孵化技术、培育市场。当这些新兴技术逐渐成长并替代原有技术成为主流时，社会—技术体系也发生了转变，原来的新兴产业成为新的主导产业。

第二章 新兴产业动态演进的分析基础：概念界定、框架构建及数据整理

产业有生命周期，企业有诞生死亡，从演化观点来看待产业的发展历程将突破原有产业分析框架桎梏，带来对产业的全新理解。因此，本章从演化视角解析新兴产业的内涵，并定性描述产业动态演进特点，在此基础上尝试提出"三个层次一条主线"的分析框架，从而为新兴产业动态演进研究提供理论依据和可行的分析路线。与此同时，由于战略性新兴产业概念 2009 年才正式提出，属于新的产业研究领域，所以还没有建立起专门的数据库。但是新兴产业由传统产业蜕变而来，又与高新技术产业有着千丝万缕的联系，因此虽然没有专门的统计数据库，但是能够利用它与传统产业和高新技术产业之间的联系，按照新兴产业特征与这两个产业的数据库进行比对和筛选，从中提取出能够反映新兴产业情况的数据进行分析和处理。

第一节 新兴产业的概念内涵及其发展历程

一 基于演化视角的新兴产业内涵

战略性新兴产业虽然作为一个政治热词而广受关注，但是作为研究对象有必要剖析其内在含义。在以往的研究中，学者们分别从产业特性、构成、外延等角度分析新兴产业的内涵，但是需要认识到产业发展不仅是投入—产出的结果，也是产业中异质性企业之间相互作用，产生变异—选择—淘汰的结果，产业发展表现出与生物演进相类似的机制（Dosi，1982；张国胜，2012）。因此，可以将新兴产业发展视为一个动态演进过程，从演化视角来剖析其内涵，具体体现在以下几个方面。

首先，产业动态演进过程也是产业生命周期阶段性更替的过程。产业从孕育到成长，再由成熟最终走向衰退，周而复始推动产业结构高级化。

那么从产业生命周期角度来看,新兴产业是处于成长期的产业。产业成长过程同样是一个优胜劣汰的选择过程。在绿色环保、低碳高效技术兴起,而国内资源环境与经济发展之间矛盾逐渐凸显的背景下,中国政府提出大力培育和发展新兴产业是符合社会需求与现实条件的正确抉择。高污染、高耗能的产业走向衰退,而新兴产业迅速兴起,产业内企业数量急剧增加,企业规模不断扩大,产值持续提高,各类资源要素逐渐向着该产业集聚,从而推动产业内的技术水平、管理水平日益完善和提高。随着新技术、新市场的进一步成熟,新兴产业必定会成长为主导产业,改变目前不协调的产业结构和粗放型的发展方式,成为对国民经济起支撑作用的成熟产业类型。

其次,按照演化观点,企业所处的复杂产业环境当中存在选择机制,任何企业的生存和演化都取决于企业是否有能力经受住变化环境的严苛选择。新兴产业所具有的革命性创新力量在预示着未来产业发展方向的同时,也意味着极大的不确定性和复杂性。因此,在这样一个不断涌现创新的竞争性产业组织群体中,市场并不会发挥出完美的调节功能,不同的市场形式会产生交互作用,从而强化市场环境对企业的选择效应。面对这样的产业特性,在位企业在利用过去积累的资源、经验、能力的同时,也需要主动适应灵活多变的新环境。而新进入企业更应当不断地创新和学习,通过知识积累来提升生存可能性,免遭市场选择淘汰。从这一角度来说,新兴产业是推动企业通过学习和创新活动,来降低市场选择机制作用,从而展现出企业的多样性和适应性,以实现与动态选择环境协同演化的新兴产业形态。

最后,社会经济发展、技术结构变迁对产业动态演进会产生深刻影响。在演化分析框架下,创新是诸多经济现象背后的内在推动力。按照产业技术演化特点,当一个产业中出现"主导设计"时,在一段时间内,技术创新都是围绕这个"主导设计"而进行的渐进型创新。随着技术的积累和进步,渐进型创新被随后而来的技术突变所打破,技术创新转变为激进型创新,产生全新的产品和工艺创新形式。对此,原有社会—技术体系[①]逐渐不适应新兴技术发展要求而需要调整和改变,从而在宏观上涌现

---

① 社会—技术体系是包括整个科学知识、工程实践、工艺技术、产品特性、技能和程序、管理规定、组织机构和基础设施的复杂系统(Agnolucci and McDowall,2007)。

出产业动态的新特征，催生出新兴产业，并对支撑它们的社会经济结构产生巨大影响。新兴产业的出现同样遵循这一动态演化规律。处于成长期的新兴产业，其技术成熟度还远未达到能够产生"主导设计"的水平。基于对潜在主导设计的不同理解，大量新企业凭借自己研发的新产品和工艺进入该产业，从而导致新兴产业的规模快速增长。这些企业围绕实现新产品突破创新展开竞争，并在不断的技术试验和"试错"中逐渐认识到消费者需求偏好，推动产业技术趋向成熟。因此，新兴产业也可视为是培育突破性技术，促进新旧技术融合的"平台"。而产业所面临的现实的和潜在的巨大市场需求，以及主导设计形成过程的长期性和不确定性，又要求"平台"中的企业努力进行高强度、多样化的学习和探索，政府积极促进技术、市场培育，科研院所发挥技术优势，推动知识信息交流。多方协作实现新兴产业的快速发展。

总之，对于包括节能环保、新一代信息技术、生物、高端装备制造、新能源、新材料、新能源汽车七大部门的新兴产业进行研究，不能将目光仅停留在产业层面。从演化视角来看，新兴产业的发展过程虽然在宏观表象上是资源环境约束倒逼产业结构优化升级，催生出新兴产业形态，但其微观实质是大量具有创新能力的企业在产业当中进行机会搜寻、知识学习和技术试验，试图在取得产品和工艺突破性创新的同时，谋求生存和成长路径，并最终推动产业发展壮大。因此，研究新兴产业的动态演进可以从分析企业微观演化机制入手，从而对企业群体的规模分布、进入波动、震荡现象作出解释，以多层次分析相结合的方式，来审视产业的发展演化过程。

二 新兴产业的历史沿革

回顾世界工业化发展历程，每一次的科技革命都会催生出与当时技术创新相对应的新兴产业，推动经济结构发生重大调整，带动经济社会全面变革。2010年中国提出大力培育和发展包括节能环保、新一代信息技术、生物、新能源、新材料、高端装备制造和新能源汽车在内的七大新兴产业，这是在面对当前世界经济环境日益复杂的背景下，顺应技术创新突破新要求，满足消费者需求改变，而作出的重大政策调整。同时，也应当注意到，虽然战略性新兴产业作为一个政策概念出现的时间较短，但是作为一个产业研究对象却长期受到关注。新兴产业的发展既脱胎于对传统产业的升级改造，也是高新技术产业在新技术、新经济条件下的进一步延续。这样看来，新兴产业的动态演进方向不但着眼于未来，也有其经济依据和先验基础。

（一）世界工业化演进规律指引中国新兴产业方向

伴随着现代信息技术的飞速发展，制造技术已实现高度智能化、自动化和可复制化，这使得制造企业在全球范围内进行布局成为可能。在此影响下，不但全球制造业分工格局已经形成，而且在制造企业寻求更丰富的资源、更廉价的劳动力和土地的过程中，全球制造业基地也由欧洲而美国、日本而韩国、新加坡、中国台湾而中国大陆发生了多次转移。在每次转移过程中，随着制造业发展所需的基本要素得到满足，企业的生产规模迅速扩张，工业化向着更高层次的目标发展。此时，基础资源的作用在衰减，而与资源禀赋相适应的新的产业科技指导路线逐渐形成。在此推动下，世界的工业化进程在技术方面表现出从机械化到电气化，再到信息化，直到如今的信息化和工业化相结合的新兴工业化；在部门结构方面展现出从初级消费品工业部门占主要比例，向资本品工业部门占主要比例变动。与此相协调的工业文明也经历了以高消耗、低附加值为代价的标准化、大规模、高速度、低成本的初级工业文明，向着精细化分工和精致化制造的现代工业文明转变。

而眼下，建立在互联网和新能源相结合基础上的新一轮产业革命正在酝酿之中，原先的制造业基地正在力争以更高科技含量的水准重返制造业。而作为当前世界制造基地的中国正面临着这场科技革命的考验和洗礼。在各国抢占高新技术制高点，争夺制造业高端基地的同时，中国也提出大力培育和发展新兴产业，力图巩固在世界制造业中的核心地位，努力把握下一轮科技革命所带来的发展机遇。世界工业化演进规律可总结到图2-1当中。

（二）中国工业化水平奠定新兴产业道路基础

自改革开放以来，工业革命伴随着全球化的步伐到达中国，从而开启中国工业机械化改造、重工业化改造和信息化改造。由此中国的工业革命基本完成，现代经济结构基本确立，并成为新的全球制造业基地。中国工业现代化的积累为发展新兴产业奠定了坚实基础。

从中国工业化水平和阶段来看，根据中国社会科学院工业经济研究所发布的《中国工业化进程报告（1995—2010）》测算结果，2010年全国

世界制造基地转移	欧洲 →	美国 →	日本 →	韩国 →	中国台湾 → 中国大陆
时间	18世纪中后期	1950—1960	1970—1980	1980—1990	1990年至今
产业核心科技主导路线变迁	铁路、蒸汽机、机械化	钢铁、重工业、电气化	汽车、石油、信息化	信息化和工业化相结合	低碳、绿色、可持续新型工业化
工业文明的变迁	以高消耗、低附加值为代价的标准化、大规模、高速度、低成本的初级工业文明			根基于精细化的分工和精致制造的现代工业文明	

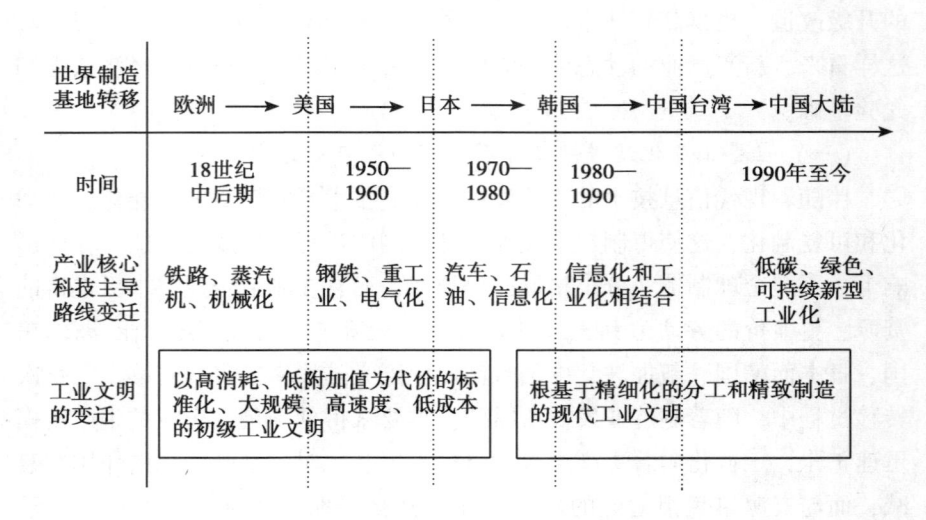

图 2-1　世界工业化演进规律示意图

人均 GDP、产业产值比、工业结构、城镇化率、产业就业比和工业化水平指数综合得分分别为 60、66、100、33、51 和 66，工业化整体水平较高。就发展速度来看，以 1995 年作为起点，在 15 年间全国整体工业化水平综合指数以年均 3.6 的速度提高，2010 年达到 66，全国和绝大部分地区处于快速工业化时期。这说明中国工业化水平即将走完工业化中期的后半段。从经济总量上看，在过去 10 年间中国经济实现了年均 10% 左右的增速，而未来 10 年中国经济仍将保持 7% 的高增速（樊纲，2014）。中国是近 30 年来全球发展最快的国家之一。2013 年人均 GDP 达到 6767 美元，2014 年国际货币基金组织按照购买力评价算法得出中国将赶超美国成为世界头号经济体。中国已经步入中等偏上收入国家行列，与世界的经济水平的差距在不断缩小。

在中国工业化进程中，制造业是拉动中国实现经济高速增长的主要动力之一。中国制造业增加值先后在 2006 年和 2009 年突破 1 万亿美元和 2 万亿美元。2006 年超过日本成为世界制造业第二大国，2008 年超过美国成为世界制造业第一大国。2013 年中国装备制造业产值规模突破 20 万亿元，占全球比重超过 1/3，稳居世界首位。

当前，中国大力培育和发展围绕新材料、新能源、生物科技等高精尖技术的新兴产业作为中国工业化的进一步延伸。虽然未来它对经济社会全局的重要性不言而喻，但是在产业发展的初期阶段却需要大量投入且风险极高。而中国工业化所取得的成就、中国经济发展所积累的财富是中国走向新兴产业发展道路的可靠保障和坚实基础。

（三）科技产业规划搭建新兴产业支撑体系

在中国提出培育和发展新兴产业政策之前，新兴产业相关行业就已经存在，并且国家以设立科技计划项目、划定高新技术产业园区等形式发动国家高技术产业战略，鼓励和扶持这些产业发展，期望获得经济长期发展的动力。

对中国高新技术产业发展影响较大的战略规划是国家科技计划。它是自20世纪80年代以来中国相继推出的一系列科学技术研究发展的整体计划，试图战略性地全面提高国家在21世纪综合科技竞争力。其中，科技攻关计划、863计划和973计划构成了国家科技计划的主体，星火计划、火炬计划等也为科技实力的提高发挥了重要作用。国家科技计划项目涉及电子信息、能源、新材料、环境保护、生物技术等多个高新技术产业领域，不但投资巨大，而且参与机构和人数众多。

回顾以往这些科技规划，可以发现中国在推动高新技术产业发展过程中，虽然时点不同，侧重点有异，方式多样，但始终围绕着通过科技项目立项、资金投入等手段来构建高新产业支撑体系的目标。所以说中国提出培育和发展新兴产业也是中国发展高新技术产业整体政策的一个延续，是在新的技术经济条件下高新技术产业发展的新阶段。

三　新兴产业的发展现状

面对第三次工业革命[①]创造的新机遇，以及欧美等发达国家重返制造业所带来的挑战，中国适时将培育和发展战略性新兴产业提高到国家战略高度，把以往一直重点扶持的新材料、新能源、信息通信技术等高新技术产业和新出现的物联网、新能源汽车、3D打印技术、智能电网等新兴产业部门相整合，划归为七大核心产业进行培育。经过近6年的发展，战略性新兴产业的政策环境得到优化，在一些关键核心技术领域取得一定突破，新兴产品市场逐渐形成，产业在经济发展中的地位和作用日益凸显。

---

① 杰里米·里夫金在其所著的《第三次工业革命——新经济模式如何改变世界》当中提出以互联网技术和可再生能源相结合为基础的第三次工业革命正在到来。

从产业政策来看，2010年10月发布的《国务院关于加快培育和发展战略性新兴产业的决定》是新兴产业发展的纲领性文件。随后，为了进一步明确战略性新兴产业发展的具体目标、重点领域和主要任务，发改委连同科技部、工信部、财政部等多个部门，编制了《"十二五"国家战略性新兴产业发展规划》，明确了产业发展路线图，提出了重点发展的七大产业和24个领域。在此基础上，国家以及各地政府从财税、金融、科技、人才等多个方面出台相应的措施，降低战略性新兴产业中的企业进入门槛，鼓励企业积极进行研发创新，拉动新兴产品市场需求，创造良好的产业发展政策环境。在技术创新方面，得益于国家对新兴产业的大力扶持，无论是研发经费投入还是创新人才队伍建设都呈现快速集聚的趋势。产学研结合、军民结合和国际交流与合作广泛开展起来，并且实施了一批自主创新技术和产品示范工程，形成了以国家高新技术产业开发区为代表的创新基地和平台，从中孵化和培养了众多优秀创新企业，为发展新兴产业奠定了坚实的技术应用和产业链整合基础。而技术创新的根本目的还是需要通过市场化来为企业创造价值。因此，创造新兴产品市场才是发展新兴产业的根本落脚点。七大新兴产业由于技术成熟度不同，市场培育也处于不同的阶段，产品市场化程度差异较大。但是经过多年发展，无论是应用示范工程的建设，还是实验性消费者的培育都已经初见成效，新兴产品的消费者认可度明显提高，特别是在新能源、新材料、生物技术等领域，新兴产品已由利基市场逐渐向主流市场扩散，产品产值和市场份额在逐年扩大。

新兴产业在政策上得到大力扶持，在技术上努力实现突破，在市场上孕育需求扩张，从而取得一定的发展成果。据统计，2013年节能环保、生物、新一代信息技术及新能源等重点产业的主营业务收入达到16.7万亿元，同比增长15.6%，高于工业总体11.2%的增速。重点产业利润总额达到7643.2亿元，同比增长20.7%，比工业总体增速高12.2%[1]。由此可见，面对复杂的国内外环境，虽然中国新兴产业在长期仍会受到关键技术缺失、市场有效需求不足、企业生存压力较大等不利因素的影响，但是产业整体已初具规模，并在推动中国产业结构转型升级中的作用已经显现，产业发展前景仍较为乐观。

---

[1] 引用数据来自《新兴产业2013年发展形势及2014年展望》，信息资源开发部，2014年4月。

第二节 新兴产业动态演进的分析框架

一 国内产业动态演进分析逻辑及相关研究归纳

关于产业动态演进，目前在国内主要从3个层面进行分析：第一，宏观层面，将经济发展与产业动态演进联系起来，认为经济发展水平与产业结构同步演进，而产业结构的变动又构成经济增长和发展的内涵，由此通过探索产业演进规律揭示产业结构在不断合理化、高级化的过程中对经济规模总量、经济效益质量、经济发展水平的作用和影响（陈晓涛，2007）。第二，中观层面，对产业演进阶段进行研判和划分，然后再讨论每个阶段外部需求变动、技术变革、政策调整与内部企业数量、规模变化的相互作用，进而分析这种内外相互作用如何推动产业顺次经历萌芽期、成长期、成熟期和衰退期的演化历程（张家伟，2007；陈艳莹、于明，2008；陈艳莹、叶良柱，2009；张国胜，2012）。第三，微观层面，将产业视为是由一系列相互关联的企业群体所构成的复杂经济系统，从而将产业动态演进现象在宏观层面上加以描述，但却在微观层面上得到解释。由此认为产业动态演进是微观机制作用的宏观现象涌现的结果，以此为基础构造描述产业动态演进运行机理的分析框架（陆瑾，2005）。产业动态演进分析的这三个层面虽然侧重点不同，却是相辅相成的，这为本书构建新兴产业动态演进分析框架奠定了基础。

基于上述三个层面的产业动态演进分析路径，国内学者选取从不同的角度进行深入探究。在企业规模及其分布特征方面，方明月等提出从分布律的视角来研究企业规模问题，并验证得到中国工业企业的总体规模分布呈现偏离齐夫定律的特征，以此为基础分析了市场、政府、企业内部等因素对企业规模分布形态的影响（方明月，2010；方明月、聂辉华，2010；杨其静、李小斌、方明月，2010；方明月、聂辉华，2008；李洪亚、史学贵、张银杰，2014）。而陈艳莹等（2013）从产业生命周期视角对企业规模分布的演化特征进行了描述和定量分析，研究得出中国制造业企业规模分布伴随着生命周期会发生特定变化。将视线转到企业规模，更多的研究将焦点放在探讨企业规模与研发创新（周黎安、罗凯，2005；吴延兵，2007；聂辉华、谭松涛、王宇锋，2008；高良谋、李宇，2009；温军、冯根福、刘志勇，2011）、融资来源（李涛、徐昕，2005；谭之博、赵岳，2012）、产业集聚（张元智、马鸣萧，2004；陆毅、李冬娅等，2010）等的关系上，而较少关注企业规模特别是初始规模与生存、成长之间的联系。

在企业生存研究方面，存在三条主线：第一，在创业研究领域解析企业生存发展的理论基础以及创业者个性特征、社会网络等在创业企业持续生存中的作用（张玉利、段海宁，2001；吴冰、王重鸣，2007）。第二，将产业动态演进通常所探讨的微观个体变化如企业进入退出、规模变动、成长扩张与持续生存联系起来，研究在产业演进过程中这些微观基础的变动特征对生存持续性的影响（盛光华，2007；王淼薇、郝前进，2012；张静、胡倩等，2013）。第三，借鉴种群生态学思想，从演化的角度将进入障碍转变为生存障碍，结合企业个体异质性特征如生产率水平、创新能力、经营绩效等，定量分析企业生存率或退出风险（吴剑锋、李自杰等，2009；黄健柏、白冰等，2010；侯杰、陆强等，2011；郝前进、金宝玲，2011；曹裕、陈晓红等，2012；逯宇铎、于娇等，2013；周明、陈科，2013；郝前进、王淼薇，2013）。按照演化理论的观点，新企业诞生是多样性的来源，而企业生存是演化选择机制发挥作用的基础。因此，企业生存研究是揭示产业动态演进的关键突破口，并且随着研究的深入必定会得到更丰富的结论。

在企业成长方面，国内文献始终没有脱离对成长影响因素的探讨，并且按照研究所属领域来划分，一部分倾向于从创业理论来研究企业成长问题，而另一部分侧重于从演化理论来揭示企业成长微观机理。在创业研究中，围绕着创业企业如何跨越"合法性门槛"障碍问题，探摸企业创新、先动行为、动态能力与企业成长的"黑箱"，试图通过调和创业导向策略实施与合法性障碍之间的矛盾来促进企业成长（杜运周、任兵等，2008；胡望斌、张玉利、牛芳，2009；李雪灵、马文杰等，2011）。其他的一些研究还分析了企业家能力、家族企业网络化成长模式、企业内部创新环境等与企业成长之间的关系（贺小刚、李新春，2005；周立新，2009；宋英华、庄越等，2011）。而将产业演进观点引入企业成长研究当中之后，新企业的"合法性障碍"被囊括在"新进入缺陷"分析当中，并通过对新进入缺陷的内涵、起因进行剖析，识别出影响企业成长绩效的关键因素，从而提出可行的克服这一缺陷的途径，帮助企业实现快速成长（韩炜、薛红志，2008；杜运周、任兵、张玉利，2009）。另一些研究着重分析不同产业演进阶段的并购类型、经济转轨期的内外因变化、信息不对称条件下的融资约束，以及服务业与制造业行业类型差异等对企业成长的影响（童纪新、孙孝科，2004；杜传忠、郭树龙，2012；赵驰、周勤、汪建，2012；吕一博、苏敬勤、傅宇，2008；王勇，2009）。从现有文献看，学者们已经对企业成长问题进行了比较深入的研究，也总结出了企业成长的阶段性特征、关键影响因素和一般规律，但是这些研究通常将企业成长视为是离散事件，并与其他企业动态行为割裂开来，从而没有真正认识到企业成长在产业演进中的复杂性和特殊性，因此有必要深入企业内部解析驱动企业成长的内在机制。

总结和梳理国内产业动态演进研究会发现这一研究领域在近10年间受到极大关注，研究方法与思路也渐趋完善。甚至有些学者还尝试构造一个描述产业动态和演化机理的分析框架，以弥补传统经济理论在解释越来越宽泛的现实问题时所出现的不足和缺陷。然而，总的来看，尽管这些研究在一定程度上实现了对中国产业演化特征和规律的探讨，但并未形成较为系统的体系和分析思路。仅有若干分析框架或者过于偏重理论抽象和数理模型构建，或者使用仿真方法模拟现实产业演进，而更多的仅进行了定性描述。因此难以深入实际，真正做到对特定产业的动态演进过程进行跟踪研究。相较国外研究，不但起步较早，而且也形成了较为成熟的产业动态演进分析思路，以至有些研究能够做到对特定产业长达数十年演进过程的跟踪观测。

但无论怎样，这些研究都极具借鉴意义。当前新兴产业正处在快速发展时期，产业演化过程中出现的诸多新问题、新现象都急需作出回答。而无论是国外较为成熟的产业动态演进分析思路，还是国内结合中国产业特殊情境所作的探讨，都能够为研究新兴产业的动态演进给予启发。

二 新兴产业的动态演进特点

将新兴产业的历史沿革、发展现状与产业动态演进理论相结合，可以总结该产业的动态演进表现出以下几个突出特点。

第一，新兴产业并非凭空出现，更不可能无端消失，其动态演进有坚实的历史基础，也有明确的目标方向。无论是伴随世界工业现代化、全球化步伐而承接全球制造基地，还是应对发达国家逐渐兴起的重返制造业，中国在工业化进程中都在极力摆脱对低廉资源、大量劳动力的依赖，试图扭转长期徘徊于产业价值链低端的局面。在历次国家发展规划当中都强调在信息、材料、生物、环保等领域实现突破，而新兴产业更是中国发展这些高新技术产业整体方针的一个延续。因此，新兴产业并非凭空出现，其动态演进过程有着坚实的前期产业发展历史作为基础。正是因为有来自前期的积累，才有一批掌握核心技术、具有一定实力的高新技术企业成为发展新兴产业的奠基石和先驱者。这些企业相互竞争，一方面推动技术创新从追求产品创新向着降低生产成本的工艺创新过渡，在这一过程中，产业中的主导设计确立起来，技术路径逐渐清晰；另一方面源于这些企业的先动优势，它们率先在市场当中分配市场份额，构筑起产业进入壁垒，形成产业结构特征基础。而以突破创新为特征的新兴产业未来将发展成为具有先导性、支柱性的产业，所以部分原有的技术路径终将被打破，产业中企业的地位也将重新排列。这些变化会集中反映在企业规模分布、企业成长分布、企业进入后表现等产业动态演进特征上。

第二，新兴产业政策构筑起"保护性空间"，培育新兴技术，庇护新企业免遭市场严苛选择而淘汰。在产业动态演进分析当中，一直在强调"利基市场"的作用。正是由于它的存在才使得选择进入利基市场的新企业能够以次优规模进入，并无须寻求快速成长，同时它也削弱了市场选择所带来的降低企业间异质性的作用。而新兴产业的特殊性在于其新兴技术范式不清晰、市场前景不明朗、进入所造成的沉没成本过高且难以收回，因此，新企业即使选择次优规模，抱着"试试看"的赌徒心态进入的动机也不足。面对这种情形，政府有必要通过各种产业政策构筑起"保护性空间"，一方面将各类利益相关者集聚在一起形成一个支持性网络，通过彼此间交换信息、知识和经验来孵化新兴技术；另一方面提振企业对进入后表现的信心，降低企业进入成本，使得它们在得到保护的"缓冲期"内有足够的时间来认识到自身能力和效率水平，从而在是否停留、是否扩张等动态行为方面作出合理判断和决策。因此，由产业政策构筑"保护性空间"的培育和发展新兴产业的关键一环。

第三，第三次工业革命开启的技术突破创新"窗口"为企业竞相进入新兴产业提供了充分理由。随着科技的发展，网络技术的运用，工业化已经迎来互联网技术和新能源相结合的第三次产业革命。世界各国都纷纷出台政策措施，谋求在新产业革命中拔得头筹。正是这种转变开启了技术创新的突破口，引来新一轮新兴产业发展高潮。因此，技术创新才是推动产业动态演进的根本动力。这种力量打破原有技术轨道，在位企业和新进入企业都回到了同一起跑线上面临新一轮的产品创新高潮。虽然在"保护性空间"的作用下，降低了企业技术创新高额投入的压力，但这也意味着企业面临相同的退出风险。无论是在位企业，还是新进入企业，谁不能跟随技术创新步伐都终将遭到淘汰。这种由技术突破创新所带来的动态变化将重新塑造市场结构和竞争格局。

第四，通过培育"实验性消费者"创造新兴产业"利基市场"是拉动新兴产品需求、转变消费观念的可行手段。新技术进入市场时都需要经历一个发展过程，这一前市场阶段以技术在被称为"保护性空间"当中发展为特征。当技术孵化过程进行得顺利时，一个真正的市场利基将在适当的时候发展起来，从而在市场当中获得生存机会。在这一过程中，有一特殊的群体起到重要作用，那就是"实验性消费者"（Malerba et al.，2007）。他们具有区别于普通消费者的偏好特性：首先，实验性消费者基于新技术而购买产品，并且不会因为是实验性产品而阻止他们购买，新产品的质量并不是他们主要考虑的因素；其次，部分实验性消费者对新产品具备专业性的知识，甚至能够参与到技术研发当中；最后，实验性消费者的概念范围较为宽泛，不但包括类似于"极客"的新技术产品痴迷者，同时也包括致力于推动新技术产品市场化的机构、组织等。而将"实验性消费者"与新技术相结合的主要渠道是通过应用示范工程。在新能源汽车、节能环保、云计算、智慧城市建设等领域的应用示范工程中，"实验性消费者"已经显现出链接技术与市场的关键纽带作用，这对于推动新兴产业技术迈向市场至关重要。

第五，追踪新兴产业当中发生的特定历史事件有助于揭示新兴产业动态演进规律。实际上，在产业整个平滑的生命周期中的某些时点上所发生的特定历史事件才是塑造产业个性、引导产业发展方向的关键。研究新兴产业动态演进起点时的企业初始规模选择就从微观上定下了产业"基调"；在演进过程中，企业群体生死变化、扩张萎缩不断塑造着产业结构形态；而由于技术创新突破、需求波动等事件所触发的产业震荡却彻底颠覆了产业原有演进轨迹，促使产业发生根本性的蜕变而走向成熟。

上述特点分别从新兴产业动态演进的历史依赖性、保护性政策设计、技术演化特征、"实验性消费者"培育和关键事件动态追踪五个方面进行了论述。从中不难看出产业动态演进研究通常所讨论的核心问题与新兴产业培育和发展的阶段性特征较为契合。产业动态演进所强调的从考察产业微观主体的演化机制和运行机理出发，来对企业群体的持续进入、退出、规模分布变化、产业生命周期性演进等宏观现象作出解释，正好符合当前新兴产业研究所关注的对产业培育和发展过程进行跟踪研究的目的。因此，从演化视角切入新兴产业研究是可行的。研究试图通过持续追踪企业进入、生存、成长等微观行为，结合产业当中发生的历史事件，从动态演进视角描述新兴产业发展规律，以深化对该产业演化特征的认识和理解。

三 新兴产业动态演进的分析框架构建

基于对国内外文献的回顾，以及对产业动态演进研究核心脉络的梳理，本研究秉承产业动态演进"以小见大"的研究逻辑特征，着重发掘在相对确定的新兴产业宏观背景下，产业演化初期的微观机制和运行机理，强调微观个体层次在内生和外在因素作用下的系统动态特征。据此，本研究尝试将新兴产业动态演进的关键点串联起来，对微观企业的规模选择、生存成长、震荡退出等动态行为进行考察，研究企业在进入时、进入后演化的机制、途径以及内外因素作用下的新特征等。

本研究认为产业动态演进的分析框架可以概括为"三个层次一条主线"，其中"三个层次"从微观到宏观是指异质性企业个体、企业群体和产业；"一条主线"是时间线，既指产业生命周期阶段性演化过程，也指企业进入前、进入时和进入后的不同时段。产业动态演进分析始终牢牢把握产业随时间的演化历程，这在产业层面表现为生命周期阶段性特征。而产业又是由不同的企业群体所构成的，按照研究需要，企业群体可以依据企业进入时机、企业规模大小、企业年龄新老甚至企业所处的市场利基来进行划分，进而通过观测这些群体中企业数量的变动、规模分布形态演变能够实现定量直观描绘产业演化特征的目的。进一步的企业个体是群体的基本组成单位，是产业动态演进的根本动力来源。异质性的企业个体在进入时将进入期望与现实产业环境条件相结合作出合适的初始规模选择，在进入后企业一方面通过学习认识到自身相对效率水平，另一方面接受市场选择考验，并在内外因的作用下合理选择成长路径，维持长期生存。当产业中的主导设计逐渐形成或者出现外部技术冲击、需求波动等的影响，产业会经历一个大范围的震荡退出过程，产业中的企业得到进一步的整合，而整个产业也步入下一个发展阶段。按照这个框架，具体到新兴产业动态演进的分析，可以首先从企业群体层面，通过非参数的核密度估计方法，描述产业中企业规模分布的形态变化，并以 Gibrat 定律作为"零假设"条件，判断企业群体规模演化特征。而后转入从微观层面对企业进入时的初始规模选择，进入后的生存、成长、绩效表现进行动态追踪，预测企业生存期望，剖析企业成长机制，测算企业生产效率。最后再次回到企业群体层面，对多数产业在动态演进过程中必定会经历的产业震荡阶段进行分析，研判触发产业震荡的关键因素，对比震荡前后企业群体数量变化、生存期望差异，从而达到宏微观相结合，对新兴产业动态演进历程进行跟踪研究的目的。此外，对产业政策保护下的新兴产业利基演化及技术创新问题进行深入分析。产业动态演进分析框架如图 2-2 所示，本书随后的章节将按照这一框架展开细致讨论。

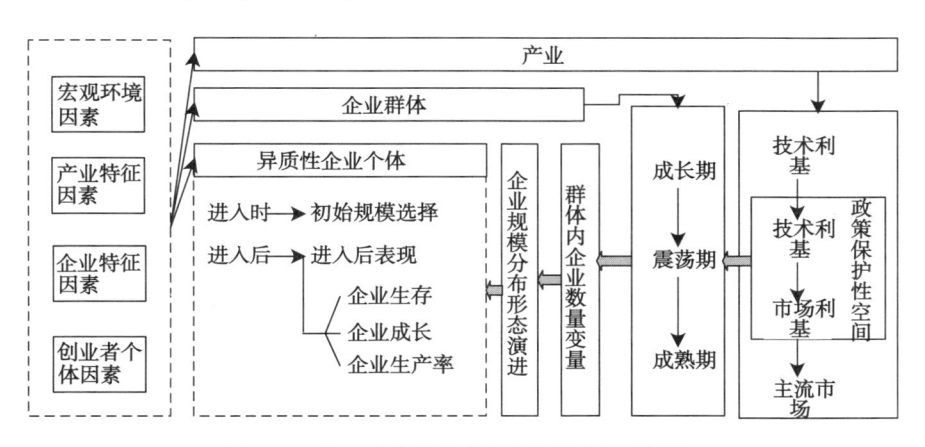

图 2-2 产业动态演进分析框架及层次示意图

第三节 新兴产业动态演进的研究数据

一 新兴产业研究常用数据来源及其缺陷

目前在产业宏观层面研究新兴产业通常使用《中国高技术产业统计年鉴》作为主要数据来源。该年鉴按照 2002 年颁布的《高技术产业统计分类目录》收集了关于我国高新技术产业生产经营、技术研发、固定资产投资等方面的数据。以《高技术产业统计分类目录》为标准，该年鉴包含核燃料加工、信息化学品制造、医药制造业、航空航天器制造、电子及通信设备制造业、电子计算机及办公设备制造业、医疗设备及仪器仪表制造业和公共软件服务 8 个主要行业。比对新兴产业行业分类，这 8 个行业可以分别划归到新能源产业、新材料产业、生物医药产业、高端装备制造产业和新一代信息技术产业当中。如此一来，虽然能够获得高技术产业和新兴产业当中处于"交集"的行业部门统计信息，但是体现新兴产业前瞻性的行业如节能环保、数控机床制造、物联网、光伏太阳能、新能源汽车等却未处于"交集"中，从而难以掌握这些相关行业发展状况的数据信息。

　　而从企业微观层面研究新兴产业较为普遍的做法是使用万得金融数据库、国泰安上市公司数据库等提供的上市公司数据。这些数据库中的指标更为全面、准确，数据更新的频率也更高。其中的概念板块列表中包括有新材料、CDM（Clean Development Mechanism，清洁发展机制）项目、新能源、智能电网、IGCC（Integrated Gasification Combined Cycle，整体煤气化联合循环发电系统）、节能环保、物联网、航天军工、3G 等行业题材。这些为了迎合新兴产业发展而出现的概念股板块涵盖了涉及新兴产业相关业务的上市公司，从行业分类上看与新兴产业匹配度较高。然而，使用上市公司数据研究新兴产业的动态演进过程也存在着不可避免的缺陷。首先，从企业成立到上市通常需要经历较长的一段时间，从而不能获得企业成立之初的相关数据信息。其次，上市公司的规模通常较大，而高技术产业当中以中小企业为主。因此会发现概念板块当中的许多上市公司主营业务并非与新兴产业直接相关，而是公司当中的某些部门、子公司或分支机构等涉及新兴产业相关领域。最后，尽管我国从 2001 年开始推行上市公司的退市制度，但是截止到 2014 年年初，因为连续亏损而退市的上市公司不足 50 家，仅占我国 A 股上市公司总数不到 2% 的比例[①]。"退市难"问题的存在使得使用上市公司数据分析企业进入、退出和生存问题就难以实现。由此可见，利用上市公司数据研究新兴产业的动态演进同样存在较多局限。

　　为了弥补使用《中国高技术产业统计年鉴》和上市公司数据研究新

---

① 相关数据来自《三因素导致上市公司退市难》，《证券日报》2014 年 4 月。

兴产业动态演进问题所存在的缺陷，同时实现与新兴产业行业分类的较精确匹配，以及获得企业微观个体数据，本研究最终确定以工业企业数据库为企业样本来源，经过行业代码筛选、主营产品匹配、异常数据剔除等多个处理步骤，最终获得研究新兴产业动态演进所需的企业样本数据。

二 使用工业企业数据库做新兴产业研究的优势

本书第三、四、五、六、七章的研究数据均来自《全部国有及规模以上非国有工业企业数据库》，简称工业企业数据库。该数据库是目前除了经济普查数据库之外，能够获得的最大的企业级数据库。库中包括企业基本情况和企业财务数据，比较全面地反映了企业行为、经营绩效乃至市场结构等方面的信息。以这些数据信息为支撑，可以进行多方面的产业组织理论相关研究。因此该数据库受到国内外学者的认可并加以开发和使用，取得了丰富的基于微观数据的研究成果。

使用工业企业数据库做新兴产业研究具有多方面的优势：首先，数据库涵盖了全国所有的国有工业企业和规模以上的非国有工业企业，因此也可以实现对新兴产业相关企业较为全面的覆盖。以巨大的样本量作为基础，是能够从中筛选到直接从事新兴产业相关业务的企业，从而降低样本选择偏差。其次，数据库指标丰富，包括企业基本情况和财务数据。因此不但能够得到关于企业经营绩效方面的信息，还可以得到涉及企业进入、位置选择、技术采纳、规模决策、扩张速度、产品出口等涉及企业行为的信息。进一步地对这些企业个体数据进行加总又能够反映出企业所处的市场结构特征。这就为研究新兴产业市场结构、企业行为和绩效提供了坚实的数据基础。最后，该数据库时间跨度长，包括从1998年到2009年11年的数据。这就使得对企业个体经营情况进行动态追踪成为可能，从而有助于反映出在产业发展历史因素作用下的新兴产业发展演化过程。

三 按照研究设计对工业企业数据库的筛选和整理

虽然工业企业数据库有诸多优点，但是要从中筛选出能够代表新兴产业的企业样本，不但要进行行业分类的匹配，样本企业的筛选，还需考虑到数据库本身存在的样本错配、指标缺失、指标异常、样本选择和测度误差等问题（聂辉华、江艇、杨汝岱，2012）。为了获得研究数据，本研究从以下几个步骤对工业企业数据库进行了调整和筛选。

步骤一，将数据库给出的"国民经济行业分类新旧类目对照表"与国家统计局在 2013 年 1 月 14 日发布的《新兴产业分类（2012）》（试行）进行比对，从中筛选出可能包含新兴产业样本企业的行业。最终确定出 17 个二位行业代码，150 个四位行业代码的行业。该步骤在 1999 年到 2009 年各个数据表中重复进行，从而获得从 1999 年到 2009 年的按行业代码筛选数据表。

步骤二，为了获得对企业个体进入退出行为、经营绩效的动态追踪，本研究将 1999 年按行业代码筛选数据表中的"开工时间（年）"指标视为企业进入年份，以此为标准筛选出开工时间从 1990 年到 1999 年的企业。然后以这些企业的"企业名称"为基础，分别在 2000 年到 2009 年的数据表中进行比对筛选，从而获得这些企业在后续年份当中的动态追踪数据信息。以同样的方式在 2000 年数据表中筛选出"开工时间"为 2000 年的企业，并以此为基础在 2001 年到 2009 年的数据表中进行比对筛选，获得 2000 年进入企业的生存和绩效变动情况数据。相同步骤也分别在 2001 年到 2009 年的数据表中展开。将全部年份筛选后的数据进行汇总，最终获得进入时间为 1990 年到 2009 年的企业个体动态追踪数据。

步骤三，将汇总后的企业个体动态追踪数据表中的"主要产品（1）"指标与《新兴产业分类（2012）》（试行）当中的"产品名称"进行近似匹配，筛选出生产新兴产业相关产品的企业。与此同时，删除数据缺失多、指标异常等的企业样本。

步骤四，工业企业数据库中的样本并非都是随机的。据统计，只有大约 8% 的企业在每年的数据表中都有登记信息。如果一个企业某年不在样本当中，可能是因为企业破产、重组、更名等原因，也可能是企业数据漏报。因此为了确定一个企业是因为破产重组而删失连续记录的数据信息，还是因为登记漏报所造成的企业数据丢失，本研究对筛选出来的样本企业逐个进行企业工商登记信息查询。

2014 年 3 月 1 日，"全国企业信用信息公示系统"[①] 正式上线。通

[①] 全国企业信用信息公示系统，网址为：http://gsxt.gdgs.gov.cn。该系统提供在工商部门登记的各类市场主体信息查询服务。可查询的信息包括企业登记信息、备案信息、行政处罚信息等。

过该系统可以使用企业名称查询到全国各个省、市、自治区登记在册的各类市场主体的相关信息。根据《中华人民共和国企业法人登记管理条例》的规定，企业登记状态有开业、吊销、注销三类。本研究设定企业登记状态为吊销和注销时，认为该企业退出产业，记录下企业退出的时间。如果企业登记状态为开业，则认为该企业仍正常经营。对于这类企业，如果在工业企业数据库当中从 1999 年到 2009 年有连续的登记信息，则认为该企业在研究期内持续生存；如果仅有企业成立后若干年的登记信息，则认为该企业出现了数据漏报的情况，企业连续记录信息出现了删失。

步骤五，将筛选出来的企业动态追踪数据进行汇总后，本研究按照新兴产业七大行业对各个企业重新进行行业划分。以原工业企业数据库当中的"行业类别"和"主要产品"指标为基础，参考《新兴产业与国家行业分类小类对应关系》的划分方法，划分出节能环保、新一代信息技术、生物、高端装备制造、新能源、新材料和新能源汽车七大产业。

经过上述 5 个主要步骤，实现了对原工业企业数据库与新兴产业在行业划分、企业主营产品之间的近似匹配。挑选出从事新兴产业相关产品生产经营的企业个体动态追踪面板数据。与此同时，利用"全国信用信息公示系统"对企业生存状态信息进行了补充，弥补了原工业企业数据库中存在的难以界定企业退出还是漏报的问题，从而获得关于企业进入、退出、持续生存、经营绩效等多方面的数据。这些数据为之后的实证研究提供了坚实的基础。

四 筛选出来的样本企业特征及初步描述统计

经过对工业企业数据库中的企业数据进行匹配、筛选、提取、汇总和重新分类，本书共获得从 1990 年到 2009 年成立的 4780 家具有新兴产业特征的企业样本，观测点 15420 个。其中成立时间在 1990 年到 1999 年的 1632 家，2000 年到 2009 年的 3148 家。从 1990 年到 2009 年 20 年的时间里，总共退出企业 1443 家，其中 1990 年到 1999 年间成立的企业退出 1098 家，2000 年到 2009 年间成立的企业退出 345 家。各个年份成立的企业个数和按照新兴产业行业分类的企业个数如表 2-1 和表 2-2 所示。

表 2-1　　　　　　　　各个年份成立的企业个数

	1990—1999	2000	2001	2002	2003	2004	2005	2006	2007	2008	2009	合计
企业个数	1632	197	314	185	280	559	316	308	467	494	28	4780
数据点个数	6378	704	1267	733	667	1895	1106	875	973	888	34	15420

表 2-2　　　　　　按照新兴产业行业分类的企业个数

行业分类	节能环保	新一代信息技术	生物	高端装备制造	新能源	新材料	新能源汽车
企业个数	743	1426	341	590	553	846	281
数据点个数	2440	4640	1108	1883	1710	2681	958

以这些数据为基础，研究了企业规模分布、进入初始规模决定因素和持续生存时间等问题，从而实现对新兴产业动态演进过程的实证分析。

第三章 新兴产业动态演进的形态特征：
企业规模分布及 Gibrat 定律检验

产业的动态演进包括从企业的进入、成长，到衰弱、退出的全过程，而企业的规模分布是以产业动态为基础的累积结果。因此最为直观的对产业动态演进进行描述的方式之一就是对企业规模分布进行描摹。当产业中的企业群发生动态变化时，通过研究和观察企业规模分布变动的历史，就能够获得关于产业动态的预测信息，揭示造成产业动态变化的原因，进而总结出怎样的企业动态中蕴含着怎样的企业规模分布特征。此外，认识和理解产业结构的演进，不但要对其经济机制进行分析，还要研究纯粹的统计效应所起的作用，所以描述新兴产业的企业规模分布是研究产业动态演进特征的基础。围绕企业规模分布，有以下几点问题值得思考：伴随着技术进步而发展起来的新兴产业有着怎样的独特产业动态演进特征？它是否与传统产业演进道路有着显著差异？存在哪些关键因素塑造着产业结构？

对于新兴产业这样一个新兴的、前瞻性的、处在频繁剧烈动态变化之中的产业来说，以企业规模分布为着手点，描述企业规模分布形态，追踪企业规模分布演化历史，并使之与传统产业相比较，是可行的初步探究新兴产业动态演进的切入点之一。

第一节 新兴产业与传统产业企业规模
分布的非参数估计

用于分析市场结构的 Gibrat 定律是首个试图从随机变动角度，来解释产业当中企业规模分布出现系统性偏态的方法（Sutton，1997）。Gibrat 定律认为企业规模和成长之间是独立的，企业规模分布随时间保持稳定状态，并且大概呈现对数正态分布的形式。然而，近期有更多的研究发现企业的动态演进过程是违背 Gibrat 定律的。

那么新兴产业的动态演进过程是否遵循 Gibrat 定律？与传统产业相比是否有显著的企业规模分布变动差异？本章使用来自新兴产业和传统产业 2004 年到 2009 年的数据，来描述在这些产业当中新成立企业存活 6 年间的企业规模分布演进，并进一步检验 Gibrat 定律是否适用于这两个产业。在此基础上，尝试用被动学习模型、主动学习模型和被动学习演进模型 3 个相互补充的产业动态观点来解释新兴产业和传统产业的企业规模分布演进特征和 Gibrat 定律实证检验结果。

一 数据和描述统计

通常用于分析企业规模分布并进行 Gibrat 检验的数据有三种类型（Lotti and Santarelli，2004）：第一种，初步假定所有企业都服从 Gibrat 定律，包括存活企业和已经退出的企业。因此在分析和检验时将所有企业都纳入其中，并设定退出企业的比例成长率为-1。第二种，初步假定只有存活企业在研究期间内符合 Gibrat 定律，因此在分析时只考虑存活企业。但是这可能造成样本选择偏误。第三种，规定 Gibrat 定律仅适用于那些在产业当中规模足够大，并能克服最小有效规模的企业。从而研究以这些企业为主要对象。

本章的研究样本来自之前筛选和整理后的工业企业数据库。考虑到数据库当中删失的数据过多，并且其中由于数据库登记遗漏的企业数远多于真正退出的企业数，因此为了避免删失数据过多所造成的偏误，本章的研究样本只选择进入产业后连续生存的企业。同时，之前的实证研究也指出（Audretsch et al.，1999），如果不将企业成长和退出视为是同质现象，那么实证研究需要仅仅针对生存企业，从而获得基于生存条件的分析结果。

在整理后的数据库中，各个年份成立的企业个数以 2004 年最多（详见第二章表 2-1），在 1895 个数据点当中，有 559 个企业。其中，从 2004 年进入 2009 年为止，连续存活的企业有 151 家，也同样是 2000 年到 2009 年数据表当中连续存活企业数量最多的。基于此，本章确定以这 151 家企业作为探究新兴产业企业规模分布并进行 Gibrat 检验的对象。

同时，为了与传统产业相比较，本章在 2004 年工业企业数据库表中，选取与新兴产业行业分类没有"交集"的二位代码为 13（农副食品加工业）、14（食品制造业）、15（饮料制造业）和 16（烟草制品业）的行业进行筛选，挑选出成立时间为 2004 年的企业。并进一步在后续年表中追踪这些企业的统计信息。最终获得 421 家在 2004 年到 2009 年间持续存活的企业。本章将这些主要进行食品制造的企业视为是传统产业的代表,并使之与新兴产业在规模分布、成长等方面进行比较。

在对企业规模的衡量中,本章选择使用员工数量作为衡量指标。这是基于以下两点原因:第一,比起产量和销售量来说,员工数量能够更精确地描述企业规模。因为产量数据可能因为转移定价受到扭曲(Stewart,1990),而销售量严重依赖中间品投入强度(Pagano and Schivardi,2003);第二,多数研究已证明,用员工数量来表示企业规模进行分析具有稳健性(Machado and Mata,2000)。

二 企业规模分布的非参数分析方法

在没有获得关于产业特征信息的条件下,使用非参数方法对产业动态演进进行描述是可行的选择。本章尝试通过分析新兴产业与传统产业2004年成立的企业,在6年的时间内,企业规模分布的收敛或发散过程,回答以下几个问题:首先,实证研究普遍得到的关于企业规模右偏分布的结论(Simon and Bonini 1958;Ijiri and Simon 1974,1977),是否对新兴产业新成立的企业也同样适用?其次,企业规模分布如何随时间和企业年龄发生演进?最后,使用非参数的核密度估计方法所得到的企业规模分布形态,能否说明新兴产业与传统产业的企业规模,向着对数正态分布趋近的速度存在显著差异?

依照长期的企业规模分布实证研究传统,本章同样使用员工人数的对数作为企业规模指标,并对数据进行对数变换降低了正偏斜程度。正偏斜会压缩分布的上端而延伸更低的尾端。以分析企业规模的对数是否趋向于正态分布为目的,本章使用一个简单的密度估计非参数方法。这一方法的优势在于不要求待估计密度函数的特定形式,密度函数直接由数据估计得到,从而以最为自然的方式获得企业规模分布形态,并与之前已知的分布作比较。为了特征化这一分布,本章使用核密度估计方法(Pagan and Ullah,1999;Lotti and Santarelli,2004)。

设 $f(x)$ 是待估的位置概率密度。在非参数方法中,不需要对 f 的具体分布作任何假定。$f(x)$ 直接由数据估计得到。因此,这一估计具有渐进性质。核密度估计量的一般方程为:

$$\hat{f}(x_0) = \frac{1}{nh} \sum_{i=1}^{n} K\left[\frac{x_i - x_0}{h}\right] \tag{3-1}$$

其中,函数 $K(\cdot)$ 是核函数,满足性质:

$$\int_{-\infty}^{\infty} K(z_i) dz = 1 \text{ 且 } z_i = \frac{x_i - x_0}{h} \tag{3-2}$$

h 表示表示在 x_0 附近领域的大小，成为"带宽"或"窗宽"。n 为样本容量大小。本章选择伊番科尼可夫核作为核函数，而选用均匀核、高斯核所得到的企业规模分布形状并没有太大改变。对于带宽的选择，所依据的标准是希望最小化均方误差，本章选择 Silverman（1986）所证明得到的最优带宽：

$$h^* = 1.3643\delta n^{-0.2}\min[s, 四分位距(x)/1.349] \tag{3-3}$$

其中，s 是样本标准差，δ 是依赖于核函数的常数。而 Stata 默认的窗宽就是最优带宽。该带宽在混合正态分布、严重偏态或者双峰分布的情况下，估计未知的密度函数具有良好表现。据此，本章估计了新兴产业和传统产业当中，自 2004 年成立的新企业 6 年的企业规模对数值的分布形态，并检验企业规模分布是否有向着正态分布收敛的趋势（具体结果见图 3-1、图 3-2）。

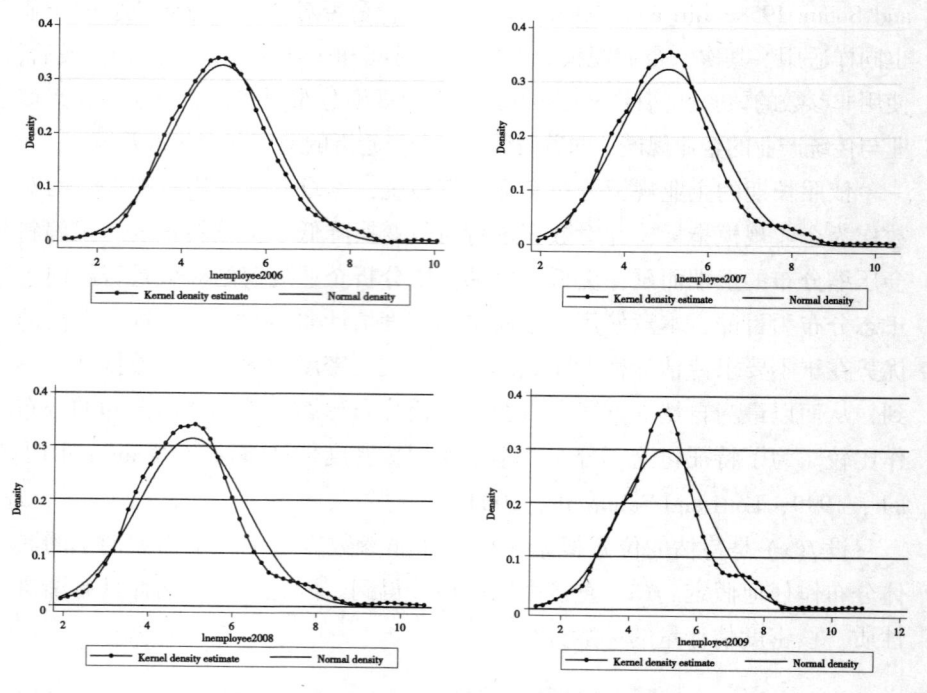

图 3-1 新兴产业企业规模分布的核密度估计

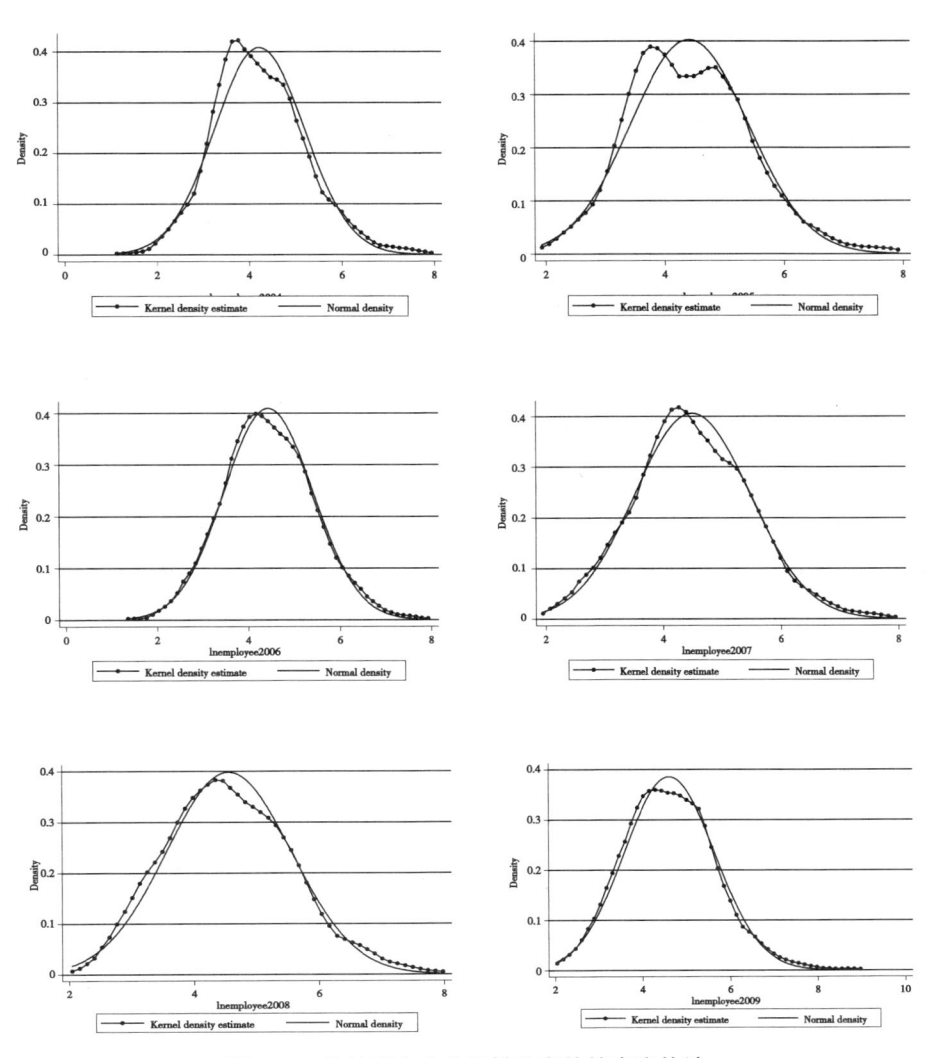

图 3-2 传统产业企业规模分布的核密度估计

此外，为了从统计意义上实证性地判定企业规模是否服从正态分布，本章也计算了各年企业规模分布的偏度和峰度。它们作为分布的第三和第四标准矩被视为是测量正态分布最好的描述性和推测性指标。在正态分布中，偏度等于 0 而峰度等于 3。通过计算样本的偏度和峰度是否与这两个值有差异是判断一组数是否服从正态分布最为自然的方法。偏度测量了分布的对称程度。如果偏度大于零，意味着分布偏向右，而如果偏度小于零，意味着分布偏向左。峰度是表示弯曲程度的指标。峰度大于 3 表示比起正态分布来说,样本分布具有肥尾特征,并且趋向于在分布的中心呈现出一个更宽的峰值。而当峰度小于 3 时,比起正态分布,样本分布呈薄尾特征。以这两个矩为标准,本章绘制新兴产业和传统产业企业规模分布图,来分析企业规模分布变动情况。

三 企业规模分布的核密度估计及正态分布检验

(一) 企业平均规模和成长率的描述统计

本章使用来自新兴产业 151 家和传统食品制造业 421 家 2004 年新成立企业的员工数作比较分析。如表 3-1 所示,从 2004 年到 2009 年间,新兴产业的企业平均规模持续上升,而企业规模的标准误差也逐渐增加。这表明产业当中,企业之间规模的差异随着企业年龄增长而拉大。从成长率方面来看,在企业成立之初平均成长率较高,而随后出现逐年下降,成长率的标准误差也呈现先高后递减的特征。

表 3-1   新兴产业企业规模和成长率的描述统计

	2004	2005	2006	2007	2008	2009
企业平均规模	194.50	288.86	388.83	488.94	548.42	620.60
企业规模标准误差	23.71	65.17	111.73	165.22	192.23	261.04
平均成长率	—	0.541	0.291	0.154	0.076	0.084
成长率标准误差	—	0.145	0.052	0.046	0.033	0.046

从传统产业方面来看 (表 3-2),企业的平均规模也是逐渐增大的,但是企业平均规模的大小和增幅都低于新兴产业。而企业规模的标准误差虽然逐年增大,但是标准误差的数值也明显地小于新兴产业。这说明,随时间传统产业企业间的规模差距明显小于新兴产业。在成长率方面,传统产业也表现出在企业成立初期成长速度较快,但是与新兴产业所不同的是,在后续年份传统产业中的企业同样保持一个较为稳定的成长率增幅。而成长率标准误差的变动与平均成长率变动较为一致。

表 3-2   传统产业企业规模和成长率的描述统计

	2004	2005	2006	2007	2008	2009
企业平均规模	119.09	144.43	140.30	150.19	164.71	187.58

续表

	2004	2005	2006	2007	2008	2009
企业规模标准误差	9.60	11.26	9.44	10.37	11.61	18.71
平均成长率	—	0.512	0.136	0.157	0.218	0.1755
成长率标准误差	—	0.075	0.029	0.032	0.039	0.037

从企业规模和成长率的初步描述统计来看，新兴产业与传统产业之间的差异还是较为明显的。首先，两个产业的企业平均规模都随时间逐渐递增，而新兴产业无论是初始规模还是之后每年的规模扩张都要高于传统产业。其次，随着企业年龄的增长，两个产业企业规模之间的差异逐渐拉大，并且新兴产业企业间的差异明显要高于传统产业。最后，在企业进入初期，两个产业的平均成长率都达到50%以上，但是随后新兴产业的成长率呈现下降趋势，而传统产业仍然保持增长态势。这表明新兴产业与传统产业不但在产业特征方面存在差异，在企业进入后的行为表现上也有各自特点，因此需要深入探究产生这些差异的原因。

（二）实证分析结果

产业结构和技术特性的不同通常造成企业规模分布随时间演进的路径及方向不同。通过对新兴产业和传统产业新进入企业的规模分布核密度估计可以发现，两个产业企业规模分布演进存在较大差异。

图3-1当中的4张图反映的是新兴产业2004年新进入企业在6年当中的规模分布演进形态。在进入初始阶段，新兴产业的企业规模很快表现出遵从对数正态分布的形态。然而随着企业年龄的增长，企业规模分布逐渐表现出偏离正态分布的倾向，最终呈现尖峰肥尾的分布特征。这表明随时间增长，新兴产业企业规模的分布值在均值附近的较少，而落在均值两端，特别是右端的较多。该分布特征意味着随产业演进，新兴产业当中企业间的规模差距逐渐拉大，且规模较大的企业占绝大多数。

图3-2的6张图反映的是传统食品制造业2004年新进入企业在6年当中的规模分布演进形态。从图中可以看出，传统产业表现出与新兴产业截然相反的企业规模分布演进形态特征。在企业进入的初期阶段，企业规模分布显著偏离正态分布，甚至表现出双峰分布的形态特征。然而，随着企业年龄的增长，企业整体的规模分布表现出较为明显的向着正态分布趋近的现象。到2009年为止，企业规模分布基本呈现右偏正态分布的形态。

这说明传统食品制造业会随时间趋向 Gibrat 演进方式。其中的原因既可能是市场选择效应发挥作用，也可能是因为产业特性决定了企业可以通过利基市场获得生存从而无须快速成长以达到最小有效规模。这就导致企业规模分布逐渐拟合为正态分布形式。

为了评估新兴产业和传统产业的企业规模分布是否趋近于正态分布，本章首先计算在观测期内，两个产业各年的企业规模样本的偏度和峰度值。然后报告三种正态分布检验结果，分别为 Kolmogorov-Smimov 检验、Shapiro-Wilk 检验和 D'Agostino 检验。具体检验结果如表 3-3 和表 3-4 所示。

总体而言，正态分布检验结果与企业规模分布的核密度估计结果较为一致，即在企业成长的幼年阶段，新兴产业企业规模的对数逐渐偏离正态分布，而传统食品制造业的企业规模对数逐渐趋近正态分布。

在表 3-3 当中，新兴产业企业规模分布的偏度逐渐增大，而且向着大于零的方向递增，这说明企业规模分布逐渐右偏。而峰度值也随时间逐渐大于 3，这意味着企业规模分布愈发呈现肥尾特征。从正态分布的检验结果来看，从 2004 年到 2009 年，Kolmogorov-Smimov 检验虽然没有拒绝正态分布假设，但是 P 值的显著性逐年降低。Shapiro-Wilk 检验和 D'Agostino 检验的结果较为一致。在企业进入初期不拒绝正态分布假设，但随后几年强烈拒绝正态分布假设。因此，新兴产业企业规模分布在初始时期服从正态分布，但随后逐渐偏离正态分布并呈现向右偏的尖峰肥尾特征。

表 3-3　　　　　　　新兴产业企业规模的正态分布检验

	2004	2005	2006	2007	2008	2009
偏度	0.0114	0.3224	0.5280	0.8272	0.8670	0.7001
峰度	3.3265	4.1570	4.1645	4.6978	4.7973	4.8095
Kolmogorov-Smimov	0.0463 (0.884)	0.0576 (0.662)	0.0599 (0.613)	0.0707 (0.397)	0.0755 (0.318)	0.0887 (0.159)
Shapiro-Wilk	0.9919 (0.555)	0.9808 (0.033)	0.9811 (0.036)	0.9625 (0.0004)	0.9590 (0.0001)	0.9652 (0.0007)
D'Agostino	1.08 (0.5822)	7.6 (0.0224)	10.77 (0.005)	18.92 (0.0001)	20.18 (0.0000)	16.77 (0.0002)

注：括号当中的是 P 值。

在表 3-4 当中，传统食品制造业企业规模分布的偏度值自企业成立初期就大于零,从而呈现右偏形态,但是随着企业年龄增长,偏度值却表现出递减的变动趋势,并逐渐向零收敛。峰度值在初期大于3,而后逐年下降。这些变动特点说明传统产业的偏度和峰度逐渐向正态分布收敛。而从3个正态分布检验结果来看,Kolmogorov-Smirnov 检验在 2004 年和 2005 年企业成立初期拒绝了正态分布假设,随后几年接受正态分布假设。Shapiro-Wilk 检验和 D'Agostino 检验也同样在企业成立的初期强烈拒绝正态分布假设,此后 2006 年和 2007 年逐渐趋向接受正态分布假设,而 2008 年和 2009 年又拒绝正态分布假设。但是总的来说,传统产业的企业规模分布演进有向着正态分布收敛的趋势。

表 3-4 传统产业企业规模的正态分布检验

	2004	2005	2006	2007	2008	2009
偏度	0.4514	0.4097	0.2005	0.2200	0.3110	0.3714
峰度	3.4472	3.1624	3.0361	3.0287	2.8994	3.3439
Kolmogorov-Smirnov	0.0613 (0.075)	0.0643 (0.054)	0.0371 (0.582)	0.0443 (0.357)	0.0358 (0.629)	0.0341 (0.691)
Shapiro-Wilk	0.9863 (0.001)	0.9815 (0.000)	0.9968 (0.5845)	0.9944 (0.1249)	0.9912 (0.0127)	0.9901 (0.0062)
D'Agostino	14.51 (0.001)	10.85 (0.004)	2.98 (0.2257)	3.53 (0.1713)	6.66 (0.0357)	10.47 (0.0053)

注:括号当中的是 P 值。

第二节 新兴产业与传统产业企业规模分布形态差异的解析

一 企业规模分布的相关理论

目前有 3 个主要的理论可以用来解释新进入企业规模分布演进的产业异质性问题(Lotti and Santarelli, 2004)。这 3 个理论分别为 Jovanovic (1982) 提出的被动学习理论、Ericson and Pakes (1995) 提出的主动学习理论和 Audretsch (1995, 2002) 提出的基于演进观点的被动学习理论。这 3 个理论从企业学习视角探讨了在不同产业环境条件下,企业制定进入、退出、扩张和产能的决策以及自选择机制发挥作用的过程,而这些企业在市场当中的行为又会影响到企业群体在产业当中规模分布的长期演进形态。

  这 3 个理论的共同前提假设是认为新进入企业不确定其效率的相对水平，当且仅当它们进入市场之后才通过学习逐渐认识到它们持续生存和成长的可能性。这意味着这些理论首先允许企业间存在异质性；其次，不确定性和某些独立发生的个别事件可能是异质性的来源；最后，产业当中存在进入和退出。这 3 个关于企业和产业动态演进的理论给新进入企业决策和选择机制赋予了不确定性作用的新条件，从而解释了新进入企业群体规模分布随时间演进的原因。

  在被动学习模型中，产业整体规模较小，产业当中的产品具有同质性，并且产品需求的时间路径是确定已知的，而产品价格保持不变。在这一竞争环境中，企业最初设定为具有一些不确定的、随时间不变的特征（如效率系数不确定或不变），每个企业的平均成本是真实成本的替代值。在这样的前提假设下，在每个时期每个企业需要决定是否退出、保持不变的规模、增加规模或是降低产能。正是因为这一独特的选择过程，在模型中最有效率的企业存活并成长，而其他企业则萎缩并退出市场。同时，在小型产业规模和产品同质化的假设下，企业群不存在通过寻求不同路径的利基策略达到对数正态分布的空间。此外，当具有次优规模的新企业发现它的真实成本较低时，它会通过加速成长尽快调整其规模。因此，在这一理论观点下，可以观测到企业规模分布的演进是一个严格单调的收敛过程，而在这一过程中，存活企业规模分布的随机性逐期递增。

  在主动学习模型中，假设企业所作出的决策是为了在现有信息条件下，最大化未来净现金流的期望贴现值。因此，假设企业知道自身及其竞争对手的特征，同时也能够以现有产业结构为条件，预测未来产业结构的分布情况。Jovanovic 模型中关于小型产业规模和产品同质性的假设在 Ericson and Pakes 模型中得到放松。在这一模型中，新进入企业既可以通过调整其规模达到产业核心产出的最小有效规模水平，又可以选择或发现一个利基。在利基中，即使企业成长率不高，但是仍有较高的存活可能性。积极学习模型能够用来解释"进入错误（entry mistakes）"，即事实上，在每个时期每个产业当中都有超过市场可承受数量的企业进入。依据积极学习模型的观点，这一错误的发生是因为观察到竞争对手所作出的进入决策相对滞后，或者仅仅是因为进入投资需要时间。在有类似动态的产业中，企业规模收敛到正态分布是耗时的过程，并最终引发非单调性的演进形态。

Audretsch 拓展了被动学习理论，在其中引入了演进观点，着重强调产业间新诞生企业成活可能性的差异。Audretsch 认为无论是新成立的企业还是在位的大型企业都会贡献于经济发展，但是这不一定发生在所有产业、所有时间当中。为了解释新进入企业在规模分布演进方面的产业异质性问题，Audretsch 区分出了两种成长体制：创业体制（entrepreneurial regime）和常规体制（routinized regime）。创业体制更适合创新进入而不适合已建立起来的企业进行创新活动，而常规体制具有相反的条件。用成长体制分类方法所得的结果表明，在一些产业当中，小型企业更具创新优势，这与创业体制相一致；而在另一些产业当中，大型企业却展现出创新优势，这又与常规体制相一致（Audretsch and Fritsch，2002）。因此，产业特征，例如规模经济和创新能力禀赋显著地影响进入、退出和新成立企业成活的可能性。以产业规模效应为例，在这一观点中，产业和企业特定因素将影响企业规模分布向对数正态分布的收敛速度。在小型企业具有创新优势的产业当中，这一收敛速度较快，而在在位企业具有创新优势的产业当中，这一收敛速度较慢。

这 3 个理论从企业通过学习解决不确定性角度出发，Jovanovic 的被动学习理论假设企业是在进入后逐渐习得其效率水平高低和成活可能性大小，从而制定相应的进入、退出、扩张决策，致使企业规模分布单调性演进。而 Ericson and Pakes 的主动学习理论中，企业已知自身和竞争对手特征，但是因为决策和投资时滞问题会造成企业规模分布非单调性演进。Audretsch 在 Jovanovic 的理论之上加入了动态观点，区分出两种成长机制。在此基础上，将这两种不同机制与产业特征相结合解释了企业规模分布会表现出行业异质性的原因。这 3 个互补的产业动态理论是分析不同产业企业规模分布异质性的基础。

二 造成企业规模分布差异的原因分析

使用非参数的方法对新兴产业和传统食品制造业的企业规模分布进行拟合，发现在观测期内新兴产业的企业规模分布特征逐渐偏离正态分布，而传统产业的却向着正态分布趋近。不同的企业规模分布演进路径背后隐藏着不同的经济作用机制有待发掘和探讨。

对于新兴产业和传统产业的企业规模分布核密度估计和正态分布检验

的结果表明，两个产业间企业规模分布的异质性较为明显。新兴产业企业规模分布的演进较为符合 Audretsch（1995，2002）所提出的基于演进观点的被动学习理论。与传统产业相比，新兴产业技术创新要求高，市场不确定性较大，并且具有相对较高的最小有效规模水平。在产业当中，企业的成长体制更符合创业体制所描绘的特征。具体来说，由于新兴产业未来巨大的发展潜力会吸引更多的潜在进入企业。然而面对新兴产业所存在的技术路线不清晰、市场需求不确定等问题，企业只能通过学习逐渐认识到自身效率水平、成本高低和成长可能性，以及产业的市场规模、竞争程度、需求状况等特征。产业当中所出现的大量中小型创新企业虽然比起已成立的大型企业具有创新优势，但是面对较高的最小有效规模水平，仍会有大量企业难以获得成长空间而遭到排挤。只有那些高效率、低成本的企业能迅速崛起并成活下来。随着产业的动态演进，企业间竞争的持续升级，产业状况也逐渐变得明晰。在这一过程中，企业间的势力产生差距，市场机会得到重新分配，企业间的不同地位得到重新确立，企业群体的规模分布不断调整。正因如此，可以发现在新兴产业当中，企业规模的偏度和峰度都沿着企业数量变动的反方向移动。在新企业进入初期，企业规模快速形成正态分布形态，随后企业间的异质性逐渐增加，呈现高度右偏分布且出现肥尾现象的特征。这表明新进入企业群体当中，有一部分企业快速成长，企业规模分布在很大程度上受到这些大规模企业的影响，即使它们仅占所有企业的一小部分。而那些没有能够快速成长的企业或者进一步衰退，或者"躲入"利基市场当中，在产业边缘寻求生存空间。

由以上分析可以看出，新兴产业企业规模分布逐渐偏离正态分布的原因是随着企业间异质性的增加，大型企业逐渐占据优势地位，主导市场，而小型企业衰退或进入利基市场寻求生存。这种企业间规模的分化造成企业规模分布形态呈现尖峰肥尾的特征。

相对的，传统食品制造产业企业规模分布的演进更为符合 Ericson and Pakes 所提出的主动学习理论。食品制造业是典型的完全竞争产业，技术水平低，市场集中度低，并且以中小企业为主，产品同质化严重。但是这也意味着企业进入的沉没成本很低。按照主动学习理论观点，在这样的产业条件下，小型企业没有必要快速成长以获得更高生存可能性。又因为产业规模巨大，市场空间广阔，一个细分的次级市场当中可能仅存在几个小型企业。这些企业以很小的初始规模起步就可能达到次级市场所要求的最小有效规模产出水平,企业没有必要快速调整规模而是逐渐积累成长能力。因此企业规模分布需要经历若干期的调整才呈现正态分布的特点。在本章的食品制造业中,在企业刚成立的头两年规模分布严重偏离正态分布形式,随后在调整中逐渐显现出向正态分布收敛的趋势。

总的来说,企业规模分布是对产业动态演进过程所进行的初步探讨。同时,它也是深入探究市场结构、进入退出、企业持续生存等产业动态演化问题的起点。在不同产业的演进过程中,市场选择机制和企业学习过程发挥着重要作用。然而,无论这种机制作用的程度深浅或持续时间的长短怎样,一般来说,企业规模分布收敛于极限分布仅是时间问题(Lotti and Santarelli,2004)。

为了研究企业规模分布,本章选择新兴产业与传统食品制造业相比较。这两个产业在最小有效规模水平、技术特征、沉没成本等方面具有显著差异,而不同的产业特征将会造成不同的企业规模向着正态分布演进的方式。本章以2004年成立的企业为样本,观测它们在6年时间内的企业规模分布演进形态。研究结果表明,在具有技术先进性的新兴产业当中,在创业机制的作用下,新成立的创新型企业快速加大投资,提高效率水平,整体企业规模分布迅速向正态分布形态凝结,然而,随着产业当竞争程度的加大,企业间的规模差距逐渐拉大,整体企业规模分布逐渐呈现尖峰肥尾的特征。而在传统产业当中,企业的选择和学习过程较慢,并且较小规模的初始投资就可能达到最小有效规模水平,从而企业无须通过快速成长来提高成活可能性。这就使得企业规模分布在调整中逐渐向着正态分布收敛。

第三节 新兴产业与传统产业的 Gibrat 定律检验

与企业规模分布相对应的重要理论是 Gibrat 定律。Simon and Bonini(1958)指出如果将 Gibrat 所提出的比例效应法则与随机过程的转移矩阵相结合,那么这一过程的稳定状态分布形态将是高度偏态的分布。虽然过去了近60年的时间,但是在如今该研究结论仍有效。特别是包含有大量中小型企业和少量大型企业的产业部门,仍呈现对数正态的企业规模分布形态。因此,Gibrat 定律和观测到的不同产业的企业规模分布具有理论上的一致性。

然而，对于 Gibrat 定律的实证检验却常常得到有争议的结论。早期针对大型成熟企业样本的检验倾向于接受 Gibrat 定律，而近期以小型企业为样本，采取更复杂的计量技术以及更全面的指标所得到的检验结果倾向于拒绝 Gibrat 定律。那么新兴产业和传统产业的企业规模与成长之间存在怎样的关系？企业的成长是否会随时间趋向于 Gibrat 定律所描述的演进方式？为了回答这些问题，本章仍以新兴产业和传统产业 2004 年新成立的企业作为研究样本，在这两个产业当中，对描述企业规模和成长之间关系的 Gibrat 定律进行检验。

一 模型及检验方法

依据 Chesher（1979）的研究以及 Gibrat 定律研究传统，所要检验的核心关系是原始的 Gibrat 定律对数变换，具体形式如下：

$$\log S_{it} = \beta_0 + \beta_1 \log S_{it-1} + \varepsilon_{it} \tag{3-4}$$

在等式（3-4）当中，S_{it} 表示企业 i 在第 t 年的规模，S_{it-1} 表示企业 i 在前一期的规模，企业规模用员工数来衡量。如果 $\beta_1 = 1$，那么企业成长率与初始规模独立分布，Gibrat 定律生效；如果 $\beta_1 > 1$，那么较大规模的企业比起中小企业来说，具有系统性的更高的成长率；如果 $\beta_1 < 1$，则会出现相反的情况。这也就意味着，如果估计得到 $\beta_1 = 1$，那么企业成长率与初始规模服从 Gibrat 定律，其他情况违背 Gibrat 定律。

对于 Gibrat 定律的检验，Lotti、Santarelli and Vivarelli（2009）指出样本的选择对检验结果有很大的影响。之前的多数研究或者选择一个大型成熟企业的子样本作为调查对象，或者是一组已经存在了一段时间的企业群体。前一种样本类型中，受调查的企业已经经历了市场的选择过程，并成为产业的核心。以它们为研究对象会得到倾向于接受 Gibrat 定律的结论。而后一种样本类型中，使用给定的成熟企业群观测一段时间来检验该定律。在这期间，为了生存而快速成长的小型企业的作用被放大了，从而会得到倾向于拒绝 Gibrat 定律的结论。Lotti、Santarelli and Vivarelli 认为比较好的方式是追踪一个产业当中一组初始存在的企业群体，即新进入企业群每年的规模变动情况，来检验在给定的观测期内是否会拒绝 Gibrat 定律，从而真正揭示出企业是否会随时间向着 Gibrat 定律所描述的规模—成长关系趋近。同时，本章已经指出如果不将企业成长和退出视为是同质现象，那么实证研究需要仅仅针对生存企业。因此本章仍沿用 2004 年成立的企业群体作为研究对象。在估计方法上，本章选择分位数回归方法。当研究对象存在误差项偏离标准正态和同方差假设时，分位数回归方法可以得到稳健的估计结果。

通过 Gibrat 检验，本章试图探究三方面的问题：第一，对于新兴产业和传统产业的新诞生企业来说，企业规模和成长之间的关系是怎样的？两个产业间是否存在差异？第二，随时间增长，这两个产业的企业是否会趋近 Gibrat 的成长方式？第三，企业学习和市场选择在产业动态演进过程中扮演着怎样的角色？

如果第一个问题研究得出企业规模和成长之间是具有相关关系的，那么 Gibrat 定律将得到证实。而对于第二和第三个问题的回答将揭示出在新兴产业和传统产业中的企业生命周期早期阶段，市场选择机制和企业学习如何发挥作用，从而不但影响到企业规模分布的形态，还会影响到企业的成长和规模扩张。

二 Gibrat 定律检验结果

根据等式（3-4），本章研究了新兴产业和传统产业整个研究期以及研究期内各年间，在不同分位数上企业规模对企业成长的影响。本章选择的分位数分别为 $\theta[0.10]$、$\theta[0.25]$、$\theta[0.50]$、$\theta[0.75]$、$\theta[0.90]$。估计结果分别呈现在表 3-5 和表 3-6 当中。在每个表中，首先对六年整体做估计（2004—2009），并报告验证 Gibrat 定律是否有效的 Wald 检验（原假设为 $\beta_1 = 1$，Gibrat 定律有效）以及虚拟判定系数值。然后再在年与年之间做估计，以检验随时间两个产业向着 Gibrat 定律收敛的路径。

在新兴产业当中（表 3-5 所示），就整个观测期来看（2004—2009）对于 β_1 的分位数估计值显著区别于零，但也显著小于 1，并且仅在第 0.9 分位数上 Wald 的检验才接受 $\beta_1 = 1$ 的原假设。这表明在整个研究期内，比起大型企业来说，小型企业成长速度更快。然而，从各年的估计结果来看，仅在企业成立后的第一年高分位数当中 β_1 显著小于 1，随后的各年 β_1 几乎单调趋近于 1，Wald 检验不能拒绝 Gibrat 定律。由此可见，在新兴产业当中，小型企业一旦进入就快速成长，以达到能够生存下来的有效规模。而当企业成长的规模足够大以至于能够存活下来后，企业的行为就表现得与大型进入企业相似。由此可见，就整体而言，新兴产业的新诞生企业在进入后快速成长并调整规模，产业动态表现出显著地向着 Gibrat 演进方式趋近。

表 3-5　　　新兴产业企业规模对成长影响的分位数回归结果

年份	分位数	β_0	β_1	Wald 检验	Pseudo R^2
2004—2009	$\theta[0.10]$	0.9314	0.6548***	3.23*	0.1894
	$\theta[0.25]$	1.1053*	0.7273***	10.69**	0.2739
	$\theta[0.50]$	1.7251**	0.6870***	10.49**	0.2485
	$\theta[0.75]$	1.9564**	0.7933***	5.27**	0.2750
	$\theta[0.90]$	1.7485**	0.9596***	0.05	0.3669
2004—2005	$\theta[0.10]$	0.0570	0.9004***	1.19	0.4996
	$\theta[0.25]$	0.0371	0.9845***	0.27	0.5731
	$\theta[0.50]$	0.1512	0.9896***	0.16	0.5861
	$\theta[0.75]$	1.0719***	0.8577***	8.38**	0.5206
	$\theta[0.90]$	1.4707***	0.8573***	2.42*	0.4323
2005—2006	$\theta[0.10]$	−0.0691	0.9761***	0.29	0.6078
	$\theta[0.25]$	0.0213	0.9943***	0.09	0.6996
	$\theta[0.50]$	0.1968	0.9818***	0.4	0.7016
	$\theta[0.75]$	0.3071	1.0052***	0.01	0.6752
	$\theta[0.90]$	0.8498	0.9495***	2.52	0.6696
2006—2007	$\theta[0.10]$	0.1295	0.9294***	2.16	0.6794
	$\theta[0.25]$	0.0118	0.9861***	0.18	0.7489
	$\theta[0.50]$	0.1110	0.9824***	0.59	0.7625
	$\theta[0.75]$	0.4058***	0.9619***	2.91*	0.7452
	$\theta[0.90]$	0.5067**	0.9875***	0.06	0.7341
2007—2008	$\theta[0.10]$	−0.1480	0.9723***	0.17	0.6496
	$\theta[0.25]$	−0.1065	1.0082***	0.12	0.7414
	$\theta[0.50]$	0	1.0000***	0.00	0.7903
	$\theta[0.75]$	0.1403	0.9974***	0.01	0.7797
	$\theta[0.90]$	0.4561*	0.9823***	0.15	0.7660
2008—2009	$\theta[0.10]$	−0.8333**	1.0609***	0.92	0.5439
	$\theta[0.25]$	−0.0955	0.9805***	0.39	0.6510
	$\theta[0.50]$	0.0054	0.9987***	0.02	0.7072
	$\theta[0.75]$	0.3043	0.9633***	0.73	0.6952
	$\theta[0.90]$	0.5420	0.9813***	0.04	0.6726

注：*、**、*** 分别表示在 10%、5% 和 1% 的显著性水平下显著。

在传统产业当中（表3-6），从整个观测期来看，β_1的分位数估计值显著区别于零，但是同样也显著小于1。与新兴产业所不同的是，在整个观测期各个分位数上的估计值都显著小于1，并且Wald检验也拒绝Gibrat定律。该结论表明传统食品制造业与新兴产业相类似，小型企业的成长速度要快于大型企业。从各年的估计结果来看，在2004年到2005年和2005年到2006年两个时段当中，各分位数上估计得到的β_1值尽管略小于1，但是Wald检验基本上都拒绝了Gibrat定律。此外，相比新兴产业仅在2007年到2008年时段的中位数上出现β_1值等于1的估计结果，在传统产业的2006年到2007年，2007年到2008年和2008年到2009年的3个时段当中，中位数上的β_1值都等于1，但是向着高、低分位数方向估计得到的β_1值逐渐减小，且都小于1，因此，只能拒绝Gibrat定律，认为小型企业成长速度快于大型企业。总的来说，传统产业表现出缓慢地向着Gibrat定律演进方式趋近的特征。

通过对新兴产业和传统产业的企业规模和成长之间的Gibrat定律进行检验，发现两个产业都有向着Gibrat定律所提出比例效应产业演进方式趋近，但是趋近的速度和路径有着显著差别。

新兴产业当中的新企业在进入后快速成长以获得更高生存可能性，因此在进入后很短的时间内就表现出趋近Gibrat定律所描述的产业演进方式。然而，对传统食品产业的研究却得出差别很大的结论。之前的研究得出食品制造业中的新成立企业群体在一开始就表现出接受Gibrat定律的演进方式，并指出在其中影响企业成长的产业特定因素发挥作用，并且企业间是策略独立的（Lotti，Santarelli and Vivarelli，2003；Sutton，1997，1998）。但是本章使用中国食品制造业的企业群进行检验却得到几乎相反的结论。研究得出在传统食品业当中的存活企业，从整体上看拒绝Gibrat定律，在年与年的检验中，表现出逐渐向着Gibrat定律趋近的产业演进特征，那么这也意味着企业间的策略是相互依存而非独立的。本章认为之所以出现这种产业演进方式是因为本章所选择的研究样本仅为存活企业，因此在产业演进的过程中，企业的学习效应发挥作用，而市场的选择作用却没有得到充分体现。从而表现出在新兴产业当中企业快速成长趋近Gibrat定律，而传统食品业不但企业间成长速度差异大，而且为了提高存活可能性，企业间会通过策略相依来获得生存空间。

表 3-6　　　传统产业企业规模与成长影响的分位回归结果

年份	分位数	β_0	β_1	Wald 检验	Pseudo R^2
2004—2009	$\theta[0.10]$	0.5656*	0.7543***	9.23**	0.2648
	$\theta[0.25]$	0.8561***	0.7771***	19.53***	0.3089
	$\theta[0.50]$	1.3770***	0.7525***	76.98***	0.3125
	$\theta[0.75]$	2.0313***	0.7192***	34.50***	0.2604
	$\theta[0.90]$	2.9424***	0.6234***	22.94***	0.2674
2004—2005	$\theta[0.10]$	0.5141***	0.7856***	25.14***	0.4044
	$\theta[0.25]$	0.2664***	0.9217***	9.52**	0.4877
	$\theta[0.50]$	0.3424***	0.9365***	18.1***	0.5055
	$\theta[0.75]$	1.2049***	0.8291***	49.36***	0.4383
	$\theta[0.90]$	1.9415***	0.7491***	12.55***	0.3832
2005—2006	$\theta[0.10]$	0.2837*	0.8456***	12.42***	0.4859
	$\theta[0.25]$	0.1845*	0.9362***	5.02**	0.6024
	$\theta[0.50]$	0.0990	0.9799***	2.58	0.6614
	$\theta[0.75]$	0.4950***	0.9234***	28.75***	0.6156
	$\theta[0.90]$	1.2551***	0.8347***	12.09***	0.5572
2006—2007	$\theta[0.10]$	-0.0449	0.9524***	1.32	0.6517
	$\theta[0.25]$	0.0678*	0.9727***	9.19**	0.7148
	$\theta[0.50]$	0	1***	0	0.7327
	$\theta[0.75]$	0.3937**	0.9378***	6.4*	0.6542
	$\theta[0.90]$	1.0146***	0.8720***	13.95***	0.5416
2007—2008	$\theta[0.10]$	0.3968*	0.8133***	20.72***	0.4650
	$\theta[0.25]$	0.1386**	0.9504***	10.04**	0.5812
	$\theta[0.50]$	0	1***	0	0.6301
	$\theta[0.75]$	0.4880***	0.9396***	4.2*	0.5537
	$\theta[0.90]$	1.4785***	0.8109***	24.5***	0.4798
2008—2009	$\theta[0.10]$	0.0900	0.9075***	1.92	0.5284
	$\theta[0.25]$	0.0843*	0.9719***	3.4*	0.6558
	$\theta[0.50]$	0	1***	0	0.7020
	$\theta[0.75]$	0.3449***	0.9513***	8.21**	0.5217
	$\theta[0.90]$	1.1340***	0.8631***	8.15**	0.5349

注：*、**、***分别表示在10%、5%和1%的显著性水平下显著。

第四节 本章小结

在一个产业当中的特定时期内,企业规模按照一个给定比例变化的概率对于所有企业是相同的(Mansfield,1962)。这就是 Gibrat 提出的比例效应定律也称为 Gibrat 定律。有大量的研究实证性检验了 Gibrat 定律的有效性,以揭示不同产业动态演进的内在规律。

沿着这一研究传统,本章在没有引入其他作用因素的前提下,以最为自然的方式描述了新兴产业和传统产业在企业成立的初期阶段,企业规模分布的演进形态,并检验了企业规模和成长之间的关系,即进行 Gibrat 定律检验。研究结果表明,无论是企业规模分布形态还是 Gibrat 趋近方式,新兴产业和传统产业各具特点且差异较大。

在企业生命周期的早期阶段,企业的学习和市场的选择对于企业行为和产业演进起着关键作用。并且随着时间增长,一旦学习和市场选择充分发挥作用,Gibrat 定律可以被用来描述在产业长期动态演进过程中发生了什么(Lotti et al.,2009)。本章以 2004 年进入新兴产业的企业为样本,追踪观测其 6 年的规模分布演进形态,发现新兴产业的企业规模分布在企业成立后的短时间内聚合成正态分布形式,但是随时间又逐渐偏离正态分布最终出现尖峰肥尾的特征。在 Gibrat 检验中,新兴产业的企业呈现快速向着 Gibrat 定律所描述的演进方式趋近。在企业成立初期,小型企业的成长速度快于大型企业。当小型企业规模达到能够存活下来的水平后,这些企业的行为与大型进入企业无差别,从而 Gibrat 检验结果趋近于接受企业规模和成长独立的假设。

新兴产业企业规模分布和 Gibrat 检验结果表明新兴产业当中新成立企业表现出更偏向动态的被动学习特征。虽然面对新兴产业高度的技术和市场不确定性以及进入所产生的沉没成本,但是因为产业所表现出来的创业成长体制特征,又非常适合创新型中小企业进入。因此有大量具备技术创新能力禀赋的中小企业选择一个次优规模进入新兴产业。进入后,企业一方面以贝叶斯的方式进行小规模的投资作为试探。这既是因为这些新进入企业比起大型企业或在位企业来说有相对较低的效率和较高的退出可能性;又是由于进入成本是沉没的,因此适合这些企业最优的投资方式就是渐进式的小规模投资。然而,另一方面新进入企业为了寻求更高的存活可能性，它们需要快速学习以解决不确定性。两方面的作用相互叠加，就表现出小型企业在成立后，经历一个快速的成长阶段。当然，在这一过程中，市场的选择机制也发挥作用。有效率的企业快速成长，无效率的企业遭到淘汰退出。市场份额在不同的企业间重新分配，势力强的企业占据市场主导地位，而势力弱的企业进入利基市场寻求生存空间。当企业年龄和规模达到一个最小的临界值时，反映企业规模和成长之间关系的 Gibrat 定律倾向于得到接受。

对比新兴产业，以中国食品生产作为传统产业的代表进行研究，得出与新兴产业和国外针对相同产业的研究差异很大的结论。从 2004 年到 2009 年的观测期内，传统食品生产的企业规模分布表现出较为缓慢的、渐进式的向着正态分布收敛。在 Gibrat 检验当中，在整个观测期内几乎都拒绝了 Gibrat 定律。而具体到年与年的演进过程，也会发现企业规模和成长之间的关系虽具有向着 Gibrat 定律趋近的态势，但在各分位数上，表现出处在中位数上的企业接受 Gibrat 定律，而这种接受程度向着低分位数和高分位数两个方向递减。这说明在传统产业当中，处于低位数和高分位数上的企业成长率更不独立于规模。

根据以上研究结论，传统产业表现出更多的主动学习演进特点。在完全竞争、产品同质化程度高、技术水平低、市场集中程度低的传统产业中，企业进入的沉没成本也较低。因此新成立的企业在面对较低市场不确定的条件下，没有必要快速成长以获得更高的存活率，相反，企业只要进行小规模的投资就能达到最小有效规模水平。因此观测到企业规模分布是渐进缓慢的调整过程。然而，在研究期内拒绝 Gibrat 定律是与之前研究相反的。究其原因，本研究认为在传统产业当中，虽然企业面对较低的不确定性和较高的存活可能性，但是企业间仍存在竞争。正如 Sutton（1997，1998）描述的那样，在任何产业中，都包含着多种产品类别，其中有一些是完全相近的，而另一些是不完全相同的。因此在每个产业当中，这种相互独立和相互依赖的效应决定着企业进入后的成长方式。在传统食品生产当中，企业数量众多，产品同质程度高，虽然不见得都是完全相近的产品，但也不是完全不同的产品，企业之间仍是策略相依的。所以在传统产业的新企业群体中向着 Gibrat 定律趋近的速度较慢，且出现了反复，并在企业生命周期初期表现出企业规模和成长不符合比例效应定律。此外，需要注意的是，本研究所选择的研究样本只针对存活企业，而没有考虑企业退出问题，这就弱化了市场选择机制对产业演进的影响。如果加入退出或产业震荡效应，无效率的企业遭到淘汰，可能会发现企业演进趋向 Gibrat 定律。

总之，在未进引入其他因素的前提下，本章对新兴产业和传统产业新企业群体成立初期的动态演进进行分析，得出产业间的演进过程存在较大差异。无论是企业规模分布还是规模与成长之间的关系，不但与企业所处的生命周期有关，还与特定产业特征、企业行为决策相关。对产业动态演进进行初步描述性分析是深入研究产业发展变化，揭示产业动态演进规律的前提和基础。

第四章 新兴产业动态演进的起点：
企业初始规模选择

对于企业诞生、新竞争者进入的决定因素及其所造成的后果进行研究，扩大了我们对于企业进入的认识（Geroski，1991）。并且相关的实证研究已经得到了一些"典型因素"：第一，每年在一个经济体当中都会出现大量的新企业；第二，新企业的规模通常都较小；第三，仅有一小部分的新进入企业能够设法在头几年当中存活下去。对于这一点在许多研究当中得到证实，并且已经建立起了一个关于企业初始规模和生存可能性之间的清晰关系（Mata and Portugal，1994；Audretsch and Mahmood，1994；Dunne et al.，1989）；第四，企业规模和企业成长之间的确定关系已在Evans（1987）和 Hall（1987）的研究当中得到证实，并且发现该研究结论对于新企业也成立（Dunne et al.，1989）。

尽管这些研究新企业诞生和进入的文献也发现新企业的初始规模在企业进入后的表现方面起着关键作用，但是对于企业初始规模选择的研究却被忽略了。事实上，无论从产业方面还是从企业方面来考虑都应当关注企业初始规模的重要性。从产业角度来看，任何一个产业都具有一定的进入门槛，达到一定的规模要求是企业顺利进入一个产业的前提；从企业角度来看，并非进入的初始规模越大越好。企业的初始规模选择与产业特征和企业自身因素有着密切关系。不同的产业在规模经济效应、沉没成本高低、市场容量大小、进入退出频率等方面存在差异，而不同的潜在进入者在资金筹措能力、技术研发能力和管理水平等方面也不相同，因此综合考虑到企业的异质性及其所面对的产业特征，就可得出在一个特定产业当中并不存在一个普适的企业进入初始规模，尤其是对于新兴产业这种具有较高技术和市场不确定的产业来说更是如此。理性且合适的企业初始规模选择一方面要能够保证企业或通过利用规模经济效应或进入利基立足于产业当中，获得生存机会；而另一方面又能够最大程度地避免或减少由于企业失败而造成的沉没成本损失。新兴产业当中企业初始规模有着怎样的分布特征？什么因素决定着企业对初始规模的选择？这是本章重点讨论的问题。

第一节 新进入企业初始规模分布特征

一 新兴产业企业初始规模基本概况及变动趋势

本章使用个体企业作为观测单位，来探讨企业初始规模的决定因素。研究数据来源于之前从工业企业数据库中筛选和整理出来的新兴产业企业数据。以 2000 年到 2009 年为观测期，从数据库中筛选出每年新成立的企业及其员工数量。在企业初始规模的研究中（Mata and Machado，1996；Görg、Strobl and Ruane，2000）通常选择员工数量作为衡量企业规模大小的指标，因此，本章也沿用员工数量来表示企业初始规模。表 4-1 汇总了在研究期内各年的新进入企业初始规模的情况，从中可以看出，在 2000 年到 2008 年之间，新进入企业数量呈现波动递增的变动趋势，新进入企业规模合计较大，平均达到 48396 人，平均增长率为 11.5%。然而，从企业初始规模的平均值来看却逐渐递减。

表 4-1　　　　　　研究期内各年新进入企业初始规模合计

	2000	2001	2002	2003	2004	2005	2006	2007	2008	2009
新进入企业数量（个）	197	314	185	280	559	316	308	467	494	28
企业初始规模合计（人）	48933	58544	34840	34565	81504	47365	52885	66514	54748	4062
企业初始规模均值	248	186	188	123	146	150	172	142	110	145

以 2000 年新进入企业数量和企业初始规模为基期，绘制进入企业数量和初始规模变动图形可以看出（图 4-1）新进入企业的数量和初始规模都呈现波动型的增长，从拟合的趋势线也可以看出这两个变量在研究期内都向上倾斜。但是，从企业初始规模的均值来看，其变动趋势呈现向下倾斜的形态。这说明随着新兴产业的发展，新进入企业的数量逐渐增多，但是初始规模却逐渐递减[①]。

---

① 在新企业数量和初始规模变动的分析当中，省略了 2009 年的数据。这是因为这两个指标的 2009 年数据与其他年份差异过大，如果将其加入会使得这两个指标的变动趋势无规律。

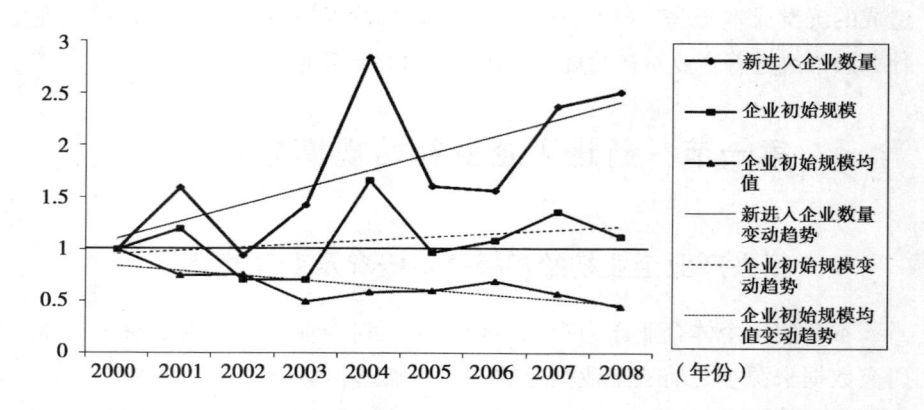

图 4-1　新进入企业数量及初始规模的变动情况（以 2000 年为基期）

二　企业初始规模原始值与对数值的分布特征对比分析

为了更进一步认识和了解新兴产业企业初始规模的分布特征，本章使用软件 Eviews7.2 计算了新兴产业企业初始规模的分布特征值并绘制了相应的核密度估计图和分位数图形。

以企业员工数量的原始值来表示企业初始规模可以看出（表 4-2）：在新兴产业当中，企业的平均初始规模较大，达到 165 人。与此同时企业间规模的差异也很大，不但规模的标准差达到 308.485，而且在各分位数上企业员工数量也有较大差距。在中位数上的员工数量为 75 人，以此为中心在 0.1 分位数上的员工数仅为 22 人，而对称的在 0.9 分位数上的员工数却达到 355 人。从偏度和峰度来看，新兴产业企业初始规模的原始值严重偏离正态分布，呈现出高度不对称性。

表 4-2　　　　　新兴产业企业初始规模原始单位分布特征值

原始单位	企业总数	均值	偏度	峰度	标准差	第 0.1 分位数	第 0.25 分位数	第 0.5 分位数	第 0.75 分位数	第 0.9 分位数
企业初始规模	3148	164.668	6.052	52.163	308.485	22	40	75	157	354.6

对企业初始规模的原始值进行对数变换可以使分布变得更为对称。经过变换后的企业初始规模对数单位分布特征如表 4-3 所示。可以看出对数变换后各个分位数上企业初始规模的对数值差异降低，标准差减小。而从偏度和峰度来看，企业初始规模对数的偏度值为 0.291 大于 0，峰度值

为 3.730 大于 3，因此在新兴产业中，新进入企业群的初始规模分布偏离对数正态分布。

表 4-3　　　　　　新兴产业企业初始规模对数单位分布特征值

对数单位	企业总数	均值	偏度	峰度	标准差	第 0.1 分位数	第 0.25 分位数	第 0.5 分位数	第 0.75 分位数	第 0.9 分位数
企业初始规模	3148	4.407	0.291	3.730	1.130	3.091	3.689	4.317	5.064	5.874

绘制新兴产业企业初始规模原始单位和对数单位的核密度图形（图4-2），可以更为直观地看出企业初始规模的原始值分布呈现出高度的不对称性。从整体而言，企业初始规模员工数主要分布在从 0 到 1000 人以内，其中初始规模在 100 人以内的企业占绝大多数。但是由于存在数值较高的离群值导致企业初始规模表现出高度偏态的重尾分布特征。在对企业初始规模进行对数变换后，改变了原始分布形态，表现出更接近对数正态的尖峰肥尾分布特征。

a. 原始值的企业初始规模分布　　　　b. 对数值的企业初始规模分布

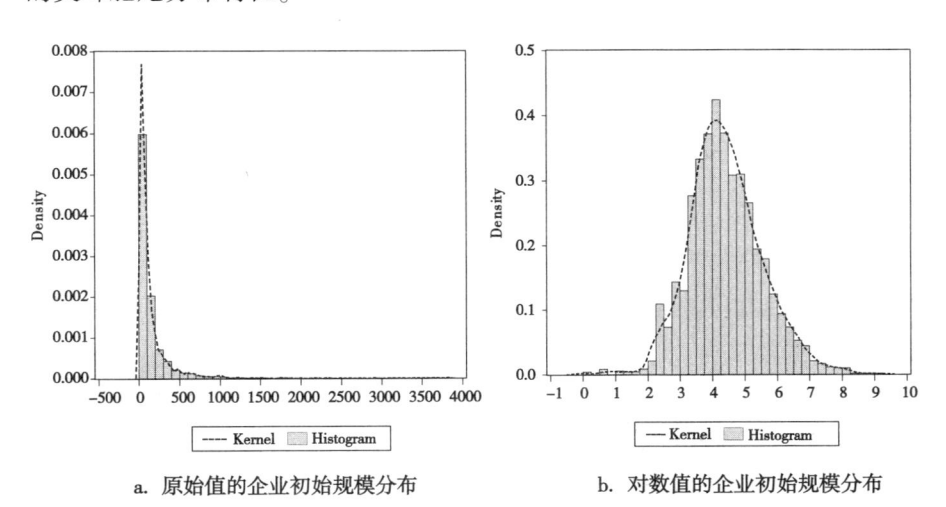

图 4-2　新兴产业企业初始规模原始单位和对数单位的分布核密度估计

图 4-3 描述了新兴产业企业初始规模原始值和对数值的分位数分布特征。从图 4-3a 中可以看出，在纵向上，企业初始规模的数据点在 1000 以内较为密集，而在 1000 以上数据点分布逐渐变得稀疏；在横向上，与低分位数区间相比，在高分位数区间数据点分布较为密集，并且随着分位数趋向于 1 而逐渐变为稀疏的若干数据点。在图 4-3b 中，经过对数变换

的企业初始规模的数据点在高分位数和高数值区间较为密集，而在低分位数和低数值区间较为疏松。

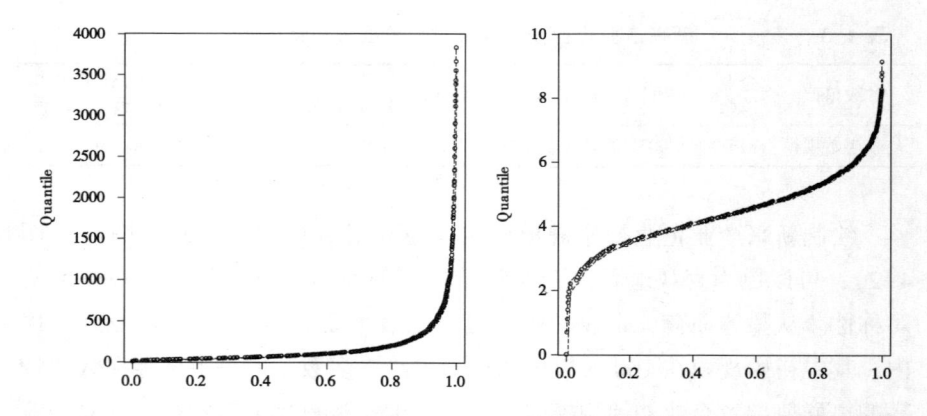

a. 原始值的企业初始规模经验分位数函数　　b. 对数值的企业初始规模经验分位数函数

图 4-3　新兴产业企业初始规模原始单位和对数单位的经验分位数函数

三　企业初始规模分布特征研究结论

通过对新兴产业企业初始规模分布特征值的计算和分布形态的描绘，可以得到以下结论。

首先，在新兴产业当中，典型的新进入企业的初始规模都较小。在表4-2当中，计算得到的从十分位到九十分位数上的企业规模从 22 人变动到 355 人。中位数以下的员工数量不超过 100 人。但是这并不意味着所有的新进入企业的规模都很小，最大的进入企业员工数量超过 3000 人，达到 3831 人。这些初始规模极大的企业多是通过转股、转制、重组而成立的集团性质的新公司。

其次，新进入企业的规模分布是高度偏态的。无论是企业初始规模的原始值还是对数值都是如此。并且对企业初始规模进行正态分布的 JB 检验，得到原始值的卡方值非常大为 3.1×10^5，强烈拒绝正态分布的原假设，而经过对数变换后的卡方值为 74.46，同样拒绝正态假设。

最后，通过基于分位数的位置可以研究更多非分布中心的位置概念，即可以检验企业初始规模中的低尾位置和上尾位置。对于对称分布而言，尺度通过标准差测量得到，但是对于企业初始规模这种重尾分布来说，标准差的解释力就十分有限。因此需要放弃使用标准差来捕捉分布的离散程度，而使用选定分位数值下的分位差尺度测量方法（quantile-based scale measure，QSC）：

$$QSC^{(p)} = Q^{(1-p)} - Q^{(p)} \text{ 对于 } p < 0.5 \quad (4-1)$$

其中 p 为分位数，而 $Q^{(p)}$ 为分位数函数。有等式（4-1）可以得到任何中间部分的 $100(1-2p)\%$ 分布。例如当 $p=0.1$ 时，可以得到企业初始规模在中间位置80%的分布，而相应的分位差为333。

对于偏态而言，它的存在表明企业初始规模中位数以下的分布和中位数以上的分布出现了不平衡。尽管可以计算得到偏度和峰度值，但是通过分位数函数来表达更为直观。在图4-3当中，图4-3a是企业初始规模原始值的分位数函数，可以看出函数图像围绕中位数的分布是不对称的；图4-3b是经过对数变换的分位数函数，其图像基本上是围绕中位数对称分布。但是在两个图中，在不同分位数上企业初始规模的数据点分布的疏密程度存在差异。分布的偏态同样可以使用分位差偏态测量（quantile-based skewness，QSK）进行量化，即：

$$QSK^{(p)} = (Q^{(1-p)} - Q^{(0.5)})/(Q^{(0.5)} - Q^{(p)}) - 1 \text{ 对于 } p < 0.5$$
$$(4-2)$$

新兴产业企业初始规模在0.1分位数上 $QSK^{(0.1)} = 4.283$，在0.25分位数上 $QSK^{(0.25)} = 1.343$，均大于0，因此企业初始规模呈右偏分布特征。分位差偏态测量方法更为简单明了，并且也拓展了对分布偏态变化的测量。

综上所述，在新兴产业当中，企业初始规模的分布呈现出偏态，并且存在离群值。在这种情况下，使用均值和标准差来描述企业初始规模分布特征不是最佳方法，需要通过分位数、分位数函数及其特性来深入挖掘企业初始规模的分布特征。同时，也正是因为企业初始规模的分布是不对称的偏态分布，所以在研究企业初始规模的决定因素时，使用传统的条件均值模型存在先天的局限性。而分位数回归模型能够将研究关注点扩展到非中心位置，因此具有更大的应用潜力和更强的解释力。

第二节　新兴产业特征对新企业初始规模选择的影响

一　产业规模经济特性、进入障碍与企业初始规模选择

企业进入是为了提升效率、抑制超额利润，从而实现长期均衡和约束

机制（Geroski, 1991, 1995; Siegfried and Evans, 1994）。因此，除了要认识到产业行为的静态特征，也需要对产业结构的动态变化予以明确的解释（Resende, 2007）。近些年来，出现了一系列研究确定出了一组影响企业进入、退出和新成立企业表现的因素。随着这些研究的逐渐深入，关于产业特有演进方式的证据（Dunne et al., 1989; Resende, 2007）大量出现，这使得之前被广为接受的产业内部规律（Bresnahan, 1989; Schmalensee, 1989）越来越受到质疑。事实上，在一个产业当中创建新企业的创业者具有不同的能力、动机（Lafuente and Salas, 1989）和资金实力（Evans and Jovanovic, 1989）。正是由于这种差异的存在，各种产业特征协变量的影响也将在不同企业间产生差异。因此摒弃固化规律的束缚，探讨产业异质性问题成为产业动态研究的核心（Dosi et al., 1997）。在相关的实证研究文献当中，一些关于产业动态演进的典型方式和作用因素的重要性逐渐凸显出来，并成为研究新企业初始规模决定因素的重要驱动力。

产业的动态演化始于企业选择一个合适的初始规模进入产业当中进行生产经营，而产业间新进入企业所选择的初始规模具有差异。造成这种差异的原因除了技术因素外，规模经济起着重要作用。产业当中规模经济的程度通过影响企业初始规模的选择而塑造着企业规模的分布形态。这种影响表现在三个方面（Mata and Machado, 1996）：第一，完全的规模效应。尽管受到资金约束许多企业在成立之初的规模小于最小有效规模，但是相比最小有效规模较小的产业，那些进入最小有效规模较大产业的企业规模也会更大。第二，相对的规模效应。如果新企业决定在最小有效规模上开展经营活动，那么企业要想成功进入必须付出比在位企业更大的代价，从而与市场规模相关的最小有效规模也越大。由于这一效应的存在，在给定的最小有效规模的条件下，市场规模越大，新进入企业初始规模也越大。第三，新进入企业的成本劣势。即使在具有相似最小规模水平的产业当中，企业所需接近最小有效规模水平的进入要求也具有很大差异，这源于小于最小有效规模水平企业的成本劣势。在这种情况下，小型企业可以通过发掘利基市场来获得生存机会，而不需要利用规模经济效应。基于以上三个方面，规模经济对企业初始规模的影响可以细分为最小有效规模、市场规模、次优规模、产业成长、企业进入退出率等。

在起始时间点上所作出的规模选择仅是企业一系列决策的第一步，并且企业在诞生时所作出的决策并不独立于企业家对进入后的期望。对于多数国家制造业的实证研究指出，新进入企业的平均规模低于在位企业的平均规模。这一实证证据表明新进入企业群的规模分布会比市场结构更为偏态，并且尽管在不同的产业间总进入率和进入障碍存在差异，但是新企业群体当中中小企业存在的数量对于任何产业的演进都十分重要（Acs et al.，1996）。在企业生命周期起始阶段，中小企业的生存率低于企业群体的平均生存率，并且在很长一段时间，企业规模的分布也不会收敛（Geroski et al.，2003）。在这一演进过程中，进入障碍不仅会影响企业的进入退出率，同时它也决定着新企业群体的规模分布状况和新进入企业朝着不同长期均衡规模的成长路径（Arauzo-Carod and Agustí Segarra-Blasco，2005）。因此，在每个产业当中，特定的进入退出障碍决定着一个特定的企业规模分布。产业动态文献将影响新企业群体初始规模的进入障碍划分为技术性障碍（规模经济、市场势力、资本需求量、研发强度、广告）和市场性障碍（需求增长、对外开放程度、退出风险），并作为重要的研究主题之一。

在企业进入后，企业一方面验证所选择的初始规模是否合适，另一方面需要作出扩张或退出决策。因为存在失败退出的风险，企业通常在进入时会选择一个相对较小的初始规模，随后再进行扩张。但是如果企业面临着一个较高的失败风险或者遭受失败，那么进入成本在很大程度上是不能收回的，即它们大部分是沉没的（Cabral，1995）。在这种情况下，如果产业处在快速成长阶段，新进入企业可能会选择跳过一些步骤，以一个较大的初始规模起步，从而节约调整成本，获得较高生存期望。

综上所述，企业进入和退出时市场经济中的重要现象：实证经验告诉我们在许多不同的产业当中，有大量企业以相对较小的规模进入，但是其中的许多企业在进入后的短时间内就退出。这种现象引发两方面的思考：一是为什么在产业当中即使具有规模经济效应并对资本有较高要求也没有阻止大量企业进入，并在相对较小的规模上展开经营活动？二是为什么大量企业进入的同时，伴随着短时间内大量企业退出？按照传统观点，期望收益吸引着新企业进入，相反，进入障碍使得进入变得困难（Orr，1974）。而按照产业动态演进观点，规模经济的作用仅仅降低了产业当中新企业所面临的成功可能性而不会阻碍企业进入（Audretsch，1991），同时，比起进入障碍来说，进入企业所面临的最大障碍更多的来自流动性障碍（Geroski，1991）。据此，本章主要探讨新兴产业当中，产业特征因素对企业初始规模选择的影响，也就是以规模经济为主的进入障碍、企业进入退出和企业规模异质性之间的关系。

二 新兴产业中新企业初始规模的决定因素

在上文的分析中已经得知新兴产业企业初始规模的分布呈现高度偏态的特征，企业间的规模差异较大，而产业特征因素在新企业初始规模选择当中起着关键作用，甚至塑造着企业初始规模的分布形态。依据之前对于企业初始规模决定因素的研究（Mata and Machado, 1996; Audretsch、Santarelli and Vivarelli, 1999; Görg、Strobl and Ruane, 2000; Görg and Strobl, 2002; Arauzo-Carod and Agustí Segarra-Blasco, 2005; Resende, 2007），本章选取以下指标来研究在新兴产业当中，影响企业初始规模选择的关键因素。

最小有效规模。最小有效规模是反映规模经济效应重要性的关键指标。相关研究已经表明在最小有效规模较高的产业当中，新进入企业为了获得竞争力，倾向于以一个较高的初始规模进入该产业，而进入后企业的存活率通常也较高（Audretsch, 1995）。在本章当中，使用企业员工中位数的对数来测量最小有效规模（Sutton, 1991），并期望企业初始规模与最小有效规模之间呈正相关关系。

产业规模。产业规模指标不但承接规模经济效应带来的影响，同时也反映出产业当中企业间的相互依赖程度以及当前市场的吸引力。通常来讲，在给定最小有效规模的情况下，产业规模越大，新进入者的规模也越大，因此与小规模产业相比，在规模较大的产业当中新进入企业受到在位企业抵抗的可能性较低。同时，产业规模较大也意味着更高的市场潜力，从而允许新进入企业设定一个相对较大的产出规模。据此预测产业规模与企业初始规模之间具有正相关关系。

次优规模。次优规模指标给出了关于产业成本劣势的间接测量。在实际当中，有许多新进入企业会选择在次优规模上开展经营活动。在其他条件都相等的情况下，在次优规模上开展经营的企业占比越高，这些企业所需面对的成本劣势越低，因此新进入企业会选择一个较低的初始规模。但是也有研究指出，如果产业具有柔性的生产技术、空白的市场利基、较低的工资以及其他相关因素，这意味着产业本身的成本劣势就较低，那么新企业受到成本劣势的影响就较小，即使以次优规模进入也会有较高的生存率（Sutton, 1997; Fotopoulos and Spence, 1998）。次优规模与企业初始规模之间的关系需要进一步验证。

产业扰动。产业当中大范围地同时出现进入和退出可被视为是低沉没成本的表现，而产业扰动（turbulence）给出了间接测量沉没成本的方法。产业当中有进入发生即可能是因为市场规模扩张，企业受到吸引来开发新创造出的获利机会，也可能是因为沉没成本较低，进入相对容易，从而新企业替代了在位企业。相反，退出可能是市场萎缩的信号，或者也同样是因为沉没成本较低，企业不用担心退出而造成过大的投资损失。因此，仅当同时出现进入和退出，才可视为是产业存在沉没成本的证据。据此，产业扰动由进入和退出企业员工所占比例的乘积来测量，以此表示同时发生进入和退出的程度。在高扰动的产业环境中，企业倾向于以较大的初始规模水平进入，以充分利用存在的规模经济效应。

产业成长。产业成长指标一方面体现出产业的动态性，而另一方面可以反映出一个产业所处的发展阶段是增长还是衰退。在快速成长的产业中，在位企业不能有效抵御进入，从而企业生存的可能性高于成长缓慢或衰退的产业。这意味着企业在快速成长的产业中会以一个更大的规模进入，以此来获得更高的成活可能性。

市场集中度。作为反映市场局部集中的指标——市场集中度不但是决定市场结构的主要因素，也体现出市场竞争的程度。在高度集中的市场当中，小型进入企业更具发现市场利基的能力，而在较低集中度的市场当中，在位企业对新进入企业的反应更为强烈。并且当规模经济对一个产业很重要时，集中度指标会很高。根据这些特点，预测市场集中度对新进入企业初始规模选择有负向影响。

价格成本边际。价格成本边际反映了在位企业的市场势力和潜在进入企业的期望收益。价格成本边际对企业初始规模选择所带来的影响是不确定的。如果在位企业在长期能获得超额利润，那么它们将制造技术性或策略性障碍以阻止新企业进入。然而，如果价格成本边际很高，会激励潜在进入企业克服障碍进入产业，这意味着新企业需要选择一个较大的初始规模。此外，一般认为规模更大的企业对价格成本边际更为敏感，而中小企业对市场的变化更为敏感。在复杂的产业动态演进过程中，进入率很难通过常规的对收益率进行测量来解释（Geroski, 1995），因此价格成本边际是较好的反映市场对新进入企业吸引程度的指标。

总退出率。在给定企业进入和退出高度相关的条件下,总退出率可以作为反映市场当中企业流动的替代指标(Geroski,1995)。当一个企业退出市场,则出现了可利用的资本或人力资源,以及一个未被占有的利基。如果产业中的总退出率较高,那么进入会增加,特别是小型企业大量进入。

上述 8 个变量既反映了产业对潜在进入企业的吸引力,也体现出产业的进入难度和障碍。然而,在假设产业进入障碍因素不独立于企业初始规模选择的前提下,本章并非关注企业进入本身,而是将研究焦点放在企业对初始规模的选择上。同时,又因为企业间异质性的存在,产业特征因素对企业规模选择的作用将更为复杂,因此需要选取合适的估计技术手段,将这种异质性考虑进去的同时,揭示出这些产业特征因素如何影响不同企业初始规模的选择。

三 计量模型的设定

理论研究已经给出了大量关于新企业进入制造业机制的理论模型。其中源自 Orr(1974)的传统研究指出期望收益吸引着新企业进入,而进入障碍又使得进入较为困难。按照这一观点,诱导企业进入的主要吸引力来自产业的长期超额利润。与此同时,新企业的进入也通过增加市场竞争削弱在位企业的势力,从而引发对低效率企业的替代过程(Geroski,1989)。这表明企业的进入和退出是紧密联系的现象。

然而,不同于传统静态方法,产业动态对企业进入退出的分析包括四个观点:第一,创造性毁灭。由演进和产品生命周期模型所提出的创新过程(Audretsch,1995)引起企业的进入和退出。第二,干中学。企业进入后学习型经济的产生(Jovanovic,1982;Ericson and Pakes,1995)。第三,局内人和局外人。对于一项创新的未来收益,经济行为人在期望和信息方面具有不对称性(Audretsch and Acs,1991),从而影响到企业进入退出决策。第四,体现型技术(Embodied technology)[1]。持续的体现型技术进步表明更有效的资本资产结合方式,从而导致低效企业停止生产,引

---

[1] 技术按照引进结构分为体现型技术(embodied technology)和非体现型技术(disembodied technology)。体现型技术附着于资本投入要素,体现型技术包括资本品的发明,是资本品在质量上的提高或改进。而非体现型技术与资源的优化配置和效率改进等相关。

起退出率上升。之后，随着具有新技术的进入企业开始运作，带来产量和生产率的提升（Campbell，1997）。依据这些观点，产业当中企业进入和退出的发生源自企业在技术水平、组织体系和信息可获性方面的不对称性。尽管产业特征对于所有企业是确定的，但是进入障碍和产业的吸引力对于具有不同初始规模的企业来说是不同的。因此，本章关注产业特征因素对企业初始规模选择的影响而非进入行为本身。根据以上指标的选取及之前学者们（如 Mata and Machado，1996 等）的研究经验，本章构建如下反映企业初始规模和产业特征因素关系的计量模型：

$$S_{it} = \beta_0 + \beta_1 MES_{jt} + \beta_2 IND_{jt} + \beta_3 SUB_{jt} + \beta_4 TUR_{jt} + \beta_5 GRO_{jt} + \beta_6 MC_{jt} + \beta_7 PCM_{jt} + \beta_8 GER_{jt} + \varepsilon_i \quad (4-3)$$

在模型（4-3）当中，S_{it} 表示在 t 时间进入企业 i 的初始规模，该变量由企业员工数测量得到。MES_{jt} 表示产业 j 的最小有效规模，由产业当中企业员工数的中位数取对数来测量（Sutton，1991）。IND_{jt} 是产业规模，有产业员工数合计取对数来计算得到。SUB_{jt} 表示次优规模，反映出市场当中存在利基从而允许次优规模企业进入。它用进入企业员工数与在位企业员工数的比率来测量。TUR_{jt} 表示产业 j 当中的扰动，该变量通过进入和退出产业 j 的企业员工数占员工总数比例的乘积计算得到[①]。GRO_{jt} 是产业 j 的成长率，用产业在观测期内员工数的自然对数差分来测量。MC_{jt} 表示产业 j 的市场集中度，由产业 j 当中销售额排名前十的企业所占市场份额计算得到。PCM_{jt} 是价格成本边际，它通过销售额减去中间品投入加上应付工资额，然后再除以销售额的比率来测量。GER_{jt} 表示总退出率，它是反映企业流动的替代指标，该指标由退出企业数占企业总数的比例计算得到。将模型（4-3）当中的变量及其定义汇总到表 4-4。

表 4-4　　　　　企业初始规模决定因素变量及其定义

变量名	符号	变量定义及测算
最小有效规模	MES_{jt}	企业员工数的中位数取对数

[①] 对于产业扰动传统的测量方法（Beesley and Hamilton，1984）是将进入和退出员工占比相加得到。在这种测量方法中，如果进入或退出当中的一个很重要，将会得到较高的测量值。然而 Mata and Machado（1996）指出，将进入和退出员工占比相乘仅在进入和退出同等重要的条件下才会得到一个较高的测量值，这样更能体现出波动对进入和退出两方面的影响。

续表

变量名	符号	变量定义及测算
产业规模	IND_{jt}	产业当中员工数合计取对数
次优规模	SUB_{jt}	进入企业规模/在位企业规模
产业扰动	TUR_{jt}	进入和退出企业员工所占比例的乘积
产业成长	GRO_{jt}	员工数的自然对数差分
市场集中度	MC_{jt}	销售额排名前十的企业所占市场份额
价格成本边际	PCM_{jt}	(销售额−中间品投入+应付工资)/销售额
总退出率	GER_{jt}	退出企业数/企业总数

第三节 计量估计方法

一 分位数估计方法简介

本章对计量模型（4-3）的估计使用由 Koenker and Bassett（1978，1982）所提出的分位数回归（the Regression Quantiles，RQ）方法。分位数回归能够量化分析模型（4-3）所确定的自变量在应变量 S 的条件分布的不同点上的影响。假设变量 S 的分布函数 F 是连续的，且第 θ 条件分位数 ψ_θ 的值满足 $P(E < \psi_\theta) = F(\psi_\theta) = \theta$。随着自变量的变化，线性回归模型描述了因变量条件均值的变化，而分位数回归模型则强调条件分位数的变化。由于所有分位数都是可用的，所以对任何预先决定的分布位置进行建模都是可以实现的。因此，分位数回归方法更适合分析具有不对称、不平等、高度偏态分布现象的研究问题。

Koenker and Bassett（1978，1982）指出，对于线性模型 $y_t = x'_t \beta + e_t$ 第 θ 条件分位数的解可以通过计算以下最小值获得：

$$\min_{\beta} \Big[\sum_{\{t \mid y_t \geqslant x'_t\beta\}} \theta | y_t - x'_t\beta | + \sum_{\{t \mid y_t \geqslant x'_t\beta\}} (1 - \theta) | y_t - x'_t\beta | \Big] \quad (4-4)$$

其中 β 依据估计的分位数不同而产生变化。（4-5）式通常表示为如下形式：

$$\min_{\beta} \sum_{t} \rho_\theta(y_t - x'_t\beta) \quad (4-5)$$

其中，$\rho_\theta(\varepsilon) = \begin{cases} \theta\varepsilon, & \varepsilon \geqslant 0 \\ (\theta - 1)\varepsilon, & \varepsilon < 0 \end{cases}$

在本章当中 y_t 表示企业初始规模,对于自变量 x'_t 来说,θ 是 y_t 条件分布的第 θ 个分位数,并假设第 θ 个分位数与 x'_t 呈线性关系。设 j = 1,2,…,7 为新兴产业 7 个子行业,计量模型(4-3)也可以表示为:

$$Q_{yjt}(\theta|x) = x_{jt}\beta(\theta) \tag{4-6}$$

其中 $Q_{yjt}(\cdot)$ 是分位数函数,$\beta(\theta)$ 是能够 θ 在(0,1)上取不同的分位数值而估计得到的未知系数向量。在本研究当中,θ 分别选取 0.1,0.25,0.5,0.75 和 0.9。

二 分位数估计方法的优势分析

在研究企业初始规模决定因素时,使用分位数估计方法比普通最小二乘法有许多优势。

首先,分位数回归的第一个优势是能够在应变量条件分布的不同分位数上估计不同的斜率系数。在研究产业协变量对进入者初始规模影响时,分位数回归方法能够提供关于企业初始规模整个条件分布的情况。它通过对新企业初始规模分布不同分位数点上的"快照",提供更多的信息,从而可以获得更为丰富的结论。例如,不同初始规模的新进入企业将受到最小有效规模不同的影响。通过分位数回归方法,这将反映在企业初始规模条件分布的高低分位数上最小有效规模的系数当中。

其次,如果忽视了异质性的存在,那么应变量将不会在企业间恒等分布。在具有独立误差分布的回归模型当中,条件分位数方程包含一系列平行的超平面,因此协变量的估计系数基本上在被估计的分位数上是不变的。例如,考虑一个简单的回归模型:$y_t = \alpha + \beta x_i + e_i$,其中 e_i 是独立同分布的,那么 $Q_y(\theta|x) = [\alpha + Q_e(\theta)] + \beta_x$。这意味着分位数回归线仅在常数项上产生差异,并且也平行于均值回归线。在这种情况下,对于条件均值或中位数的估计也不会丢失很多信息。然而,数据并不总是确定分布的,很多时候需要研究不同分位数上所估计的斜率系数差异。分位数回归能够实现对不同分位数上斜率系数的估计。该系数测量了在应变量条件分布给定分位数上各个协变量的边际效应。

此外,在最小二乘估计当中,估计值受到离群值影响较大,并且对于残差轻微偏离正态分布也十分敏感。而分位数回归方法不受离群值的影响,因此具有稳健性。此外,如果认为企业规模分布大概是对数正态的话,在企业规模文献当中通常的做法是对应变量进行对数变换。然而,如果企业初始规模的分布并不是对数正态时，对因变量仅进行线性等变换，使用普通最小二乘估计方法并不是最优的。相反，分位数的一个基本性质就是单调同变性（monotone equivariance），如果对一个随机变量进行单调线性或非线性的变换，分位数可以通过分位数函数进行同样的变换，从而保证估计的有效性。

鉴于分位数回归的优势和新进入企业初始规模分布特点，许多学者将该方法应用于企业初始规模选择研究。Mata and Machado（1996）指出使用分位数估计方法能够在不同分位数上给新企业规模的条件分布进行"快照"，从而揭示出企业以小型或大型规模进入有着怎样的不同。按照同样的方法，Görg、Strobl and Ruane（2000）研究了爱尔兰制造业企业初始规模的决定因素并与 Mata and Machado（1996）的研究进行了比较。Görg and Strobl（2002）进一步地研究了跨国企业初期规模的决定因素。此外 Arauzo-Carod and Agustí Segarra-Blasco（2005）对西班牙制造业、Resende（2007）对巴西制造业采用同样的方法进行了类似的研究。

通过本章对新兴产业企业初始规模分布特征的分析可以看出，企业初始规模并不服从正态分布，进行对数变换也拒绝了正态假设。因此在本章当中使用最小二乘估计是不合适的，同样应当选用分位数回归方法。

第四节　实证分析结果

一　新兴产业特征指标的初步计算结果及分析

根据本章整理筛选到的新兴产业样本企业数据，按照企业初始规模决定因素变量的定义，计算在 2000 年到 2009 年观测期内各行业企业初始规模决定因素变量的均值如表 4-5 所示。

在新兴产业七大行业当中，最小有效规模值较大的是新一代信息技术产业、新能源汽车产业和高端装备制造产业。这 3 个产业所具有的共同特点是它们都建立在传统产业基础之上，是对通信产业、装备制造业和汽车产业的升级改造。并且进入这 3 个产业的企业在前期都需要进行较大规模的固定资产投入，如网络基础设施的建设、生产线的投资等，因此新进入企业需要达到一个较高的最小有效规模水平才能在产业当中获得生存机会。

表 4-5　新兴产业各行业企业初始规模决定因素指标初步计算结果

变量	节能环保产业	新一代信息技术产业	生物技术产业	高端装备制造产业	新能源产业	新材料产业	新能源汽车产业
最小有效规模	89	132	82	99	85	87	118
产业规模	39191	189643	12654	39691	44586	46767	24702
次优规模	0.1664	0.1881	0.2624	0.2321	0.1881	0.1633	0.4072
产业扰动	0.0098	0.0089	0.0087	0.0108	0.0075	0.0095	0.0096
产业成长	0.0002	0.1015	-0.0488	-0.0143	0.1764	-0.1214	0.1804
市场集中度	0.4290	0.6217	0.6094	0.4932	0.6512	0.5699	0.5909
价格成本边际	0.2346	0.2227	0.3471	0.3721	0.3434	0.2068	0.2499
总退出率	0.0961	0.0719	0.0953	0.0819	0.0601	0.1080	0.0705

产业规模反映出产业的吸引力。经计算，产业规模最大的为新一代信息技术产业，其次是新材料产业和新能源产业。随着各行业信息化改造步伐的加快，新一代信息技术已经渗透到各个领域，信息技术产业仍是极具发展潜力的新兴产业。而材料作为支撑工业生产和技术的物质基础，新材料与许多高新技术产业都有着千丝万缕的联系，新材料产业也被公认为是最重要、发展最快的新兴产业之一，因此产业规模扩张迅速，新材料产品需求旺盛，产业吸引力巨大。在新能源产业方面，相对于传统能源，以太阳能、风能、生物质能等为代表的新能源污染小、储量大、可再生，对于解决当今世界环境污染问题和资源枯竭问题具有重要意义。我国新能源产业在政府的大力扶持下取得显著发展，技术水平有了很大的提高，产业化已初具规模，产业发展潜力大。

次优规模间接反映出产业中的成本劣势。如果在一个产业当中，在次优规模上经营的企业比例越高，那么这些企业所具有的成本劣势越低。在新兴产业当中，新能源汽车产业、生物技术产业和高端装备制造产业的次优规模值较大，这一方面说明在这些产业当中企业所具有的成本劣势较低，从而能够在低于最小有效规模的次优规模上开展经营活动；另一方面也表明在这些产业当中存在市场利基，例如新能源汽车产业当中的混合动力汽车、纯电动汽车，生物技术产业当中的生物医药、生物农业，高端装备制造产业当中的数控机床、航空装备制造等都可视为是市场利基。对此，企业可以依据自身优势，采用柔性生产技术开拓利基市场，从而以次优规模水平生存下来。

产业扰动间接地测量了产业沉没成本的高低。当以进入、退出率乘积的形式来测量产业扰动值时，仅在进入和退出同等重要的条件下才会获得一个较高的测量值。在新兴产业当中，除了高端装备产业的扰动值较大之外，其他各个产业的扰动值都较小，并且该数值在产业间的差异也较小。这一方面说明新兴产业各行业并没有表现出低沉没成本的特点，而另一方面也体现出在各行业中，进入和退出并非同等重要。按照新兴产业当前所处的成长阶段，可以粗略地判定产业当中进入的发生要强于退出，因此计算得到的扰动值普遍较小。

产业成长反映出一个产业是处于增长期还是衰退期。在新兴产业整体处于快速发展的背景下，新能源汽车产业、新能源产业、新一代信息技术产业和节能环保产业的成长率均值为正，产业处于较快的增长阶段。而生物技术产业、高端装备制造产业和新材料产业的成长率均值为负，表明这些行业成长速度放缓。

市场集中度体现了市场的竞争和垄断程度，是市场势力的重要量化指标。用行业集中率（CR10）来计算新兴产业的市场集中度得出新能源产业的市场集中度最高，随后依次是新一代信息技术产业、生物技术产业、新能源汽车产业、新材料产业、高端装备制造产业和节能环保产业。新能源产业是新兴产业当中发展速度最快，路线图最为清晰的产业之一。在风电、光伏、核电等领域相继出现一批龙头企业，如金风科技、英利、晶澳太阳能等，这些企业占据着绝大多数市场份额，产业集中度相对也较高。节能环保产业的市场集中度最低，这反映了当前我国尽管有数量众多的环保企业，但是缺乏集研发、设计、工程总承包、设备制造、运营服务于一体的大型龙头企业。产业依然以中小企业为主，企业示范带头作用不强，属于小规模生产经营，产品档次低、利润薄，发展后劲不足。产业未来发展需要推动产业市场集中度上升到垄断竞争并存的最佳配置点，进而促使节能环保产业再上一个新台阶。

价格成本边际测量了产业对潜在进入企业的吸引力。经计算，新兴产业各行业的价格成本边际在 0.2 到 0.37 之间，产业间的差距不是很大。其中高端装备制造产业、生物技术产业和新能源产业的价格成本边际超过 0.3，而新能源汽车产业、节能环保产业、新一代信息技术产业和新材料产业的价格成本边际在 0.2 以上。因此，从整体上看，新兴产业对于潜在进入企业有较大的吸引力，尽管新进入企业可能会遭受在位企业较强的抵御。

总退出率反映了产业中企业的流动性。在新兴产业当中，各行业的总退出率普遍较低。结合新兴产业发展实际，出现这种情况并非因为退出企业少，从而可利用的资源和空缺下来的利基少，而是因为产业处于快速成长阶段，不需要大量企业退出来提供可用资源和利基，产业自身就会产生大量需求，吸引各类资源向产业集聚。因此产业总体进入旺盛，并且远超于产业当中发生退出的程度。

通过对新兴产业特征因素指标的计算，可以从产业规模效应、进入障碍、产业吸引力、市场结构等多个角度对新兴产业特征进行定量分析，从而为研究新企业初始规模选择，进而揭示产业动态演化规律奠定基础。

二 新兴产业企业初始规模决定因素的分位数回归结果

为了分析新兴产业企业初始规模与产业特征因素之间的关系，本章使用整理筛选得到的新兴产业从 2000 年到 2009 年的企业样本数据以及计算得到的企业初始规模决定因素指标数值，对计量模型（4-3）进行估计，结果呈现在表 4-6 当中。表中最左边的一列给出了 OLS 回归结果，右边给出了分位数回归结果。上文已经说明对于具有异质性的企业初始规模进行研究分位数回归是最合适的方法，而 OLS 回归结果作为比较和参考的对象。

对比 OLS 回归和分位数回归结果会发现两者之间是存在差异的。OLS 回归基于数据的中心趋势（均值），估计得到最小有效规模、产业规模和次优规模对企业初始规模有显著的正向影响，而总退出率呈现显著的负向影响。产业扰动和价格成本边际对企业初始规模有正向影响但不显著，产业成长和市场集中度表现出负向影响也不显著。然而，在分位数回归当中，在不同的分位数上产业特征因素对企业初始规模影响的方向和显著性都存在差异。据此可以预计产业特征变量对大型企业和小型企业的解释力存在不同，某些被检测变量对大型企业的影响可能要比小型企业显著，反之则反。因此需要采用特定的分析方法来探索企业规模异质性所造成的差异。

具体来看，最小有效规模无论在 OLS 回归中还是分位数回归中都呈显著的正向影响，并且在分位数回归中随着分为点上升这种效应也逐渐增加。这表明在新兴产业当中，最小有效规模在一定程度上形成了进入障碍，新进入企业需要选择一个相对较大的初始规模来获得竞争力，从而提高生存可能性。

表 4-6　　　　　　新兴产业企业初始规模分位数回归结果

分位数 变量	OLS	0.1	0.25	0.5 （中位数）	0.75	0.9
最小有效规模 （MES）	160.989*** (28.895)	19.323*** (3.719)	27.322*** (4.766)	72.989*** (7.005)	157.072*** (18.494)	360.866*** (60.613)
产业规模 （IND）	32.600*** (8.574)	−0.806 (1.301)	0.412 (1.617)	4.633† (2.393)	26.439*** (7.070)	81.515*** (16.17)
次优规模 （SUB）	159.584*** (28.094)	5.419 (4.075)	16.463*** (4.871)	46.234*** (10.105)	199.328*** (40.669)	455.784*** (93.436)
产业扰动 （TUR）	1163.972 (805.453)	210.794 (152.154)	272.194† (147.448)	390.022† (219.667)	666.150 (711.838)	2997.516† (1660.348)
产业成长 （GRO）	−6.218 (20.429)	1.568 (2.343)	−2.756 (2.714)	−11.533† (6.387)	−7.426 (18.908)	−11.472 (48.672)
市场集中度 （MC）	−42.725 (45.906)	−1.857 (5.783)	2.614 (6.041)	−16.816 (10.819)	−25.445 (24.464)	−48.807 (61.824)
价格成本边际 （PCM）	36.896 (55.635)	1.886 (6.818)	2.738 (7.526)	−15.355 (12.639)	−42.274 (31.638)	35.438 (93.551)
总退出率 （GER）	242.042† (137.451)	−31.872 (21.272)	9.112 (27.554)	48.974 (41.955)	264.968* (113.952)	436.306 (34.212)
常数项	−983.469*** (109.513)	−57.218*** (13.186)	−97.882*** (19.882)	−311.656*** (33.955)	−888.710*** (115.164)	−2338.101*** (234.623)
R^2/伪 R^2	0.043	0.005	0.008	0.018	0.036	0.070
观测数量	2939	2939	2939	2939	2939	2939

注：括号当中的是标准误，*** 表示 $p<0.001$，** 表示 $p<0.01$，* 表示 $p<0.05$，† 表示 $p<0.1$。

产业规模在 OLS 回归中对企业初始规模有显著的正向影响，而在分位数回归中却在不同分位点上产生差异。在 0.1 分位数上产业规模系数为负，在 0.25 分位数上为正，但是两者都不显著。然而随着分位数上升，产业规模系数不但显著性增加，而且数值也成倍增大。产业规模影响力沿着分位数增强的变动趋势充分印证了新兴产业市场潜力大、吸引力强的特征。对此，新企业更倾向于选择一个更高的初始规模进入该产业，从而在降低遭受在位企业抵御可能性的同时，争夺更大的市场份额。

尽管 OLS 回归得出次优规模对企业初始规模有显著的正向影响，但是分位数回归仍得出不同的结论。在 0.1 分位数上次优规模所带来的影响为正向不显著，而在 0.25 到 0.9 分位数上这种影响显著为正。并且这一个结果同样说明在更高分位数上的企业对次优规模所带来的影响也更为敏感。然而对于次优规模对企业初始规模是正向还是负向影响，学者们持不同的观点。一些学者（Mata，1996；Mata and Machado，1996；Görg、Strobl and Ruane，2000；Görg and Strobl，2002）认为次优规模对企业初始规模有负向的、递增的影响。这意味着存在大量的次优规模企业在市场利基中开展经营活动。也就是说，如果有很大比例的企业在次优规模下经营，那么这些企业的成本劣势将相对较小，从而新进入企业也会选择一个更小的初始规模。然而，本章的研究结论却证明了相反的观点，即这一变量的数值越高，那么表明进入企业可以选择一个更为理想的初始规模（Arauzo-Carod and Agustí Segarra-Blasco，2005）。从而在新兴产业当中，次优规模对企业初始规模有正向的影响，并且这一影响随着分位数上升而增加。

产业扰动在 OLS 回归中不显著，然而在分位数回归中的 0.25、0.5 和 0.9 分位上显著且呈现正向的递增变动趋势。这表明新兴产业中的产业扰动对于更大初始规模的企业影响也越大。尽管本章计算得到的产业扰动较低，但是其对大型新进入企业的初始规模决策影响更大，相反，对小型新进入企业的影响却不显著。

产业成长除了在 0.5 分位数上显著之外，在其他分位数上以及 OLS 回归结果都不显著，这与之前研究所指出的"在快速成长的产业当中企业会选择一个较大的初始规模进入"相悖。究其原因本章认为虽然新兴产业处于快速成长期，然而无论是产业技术还是产业市场前景都具有极大的不确定性，对此新企业考虑到一旦进入失败，大量沉没成本难以收回，因此尽管产业成长快，但是新企业仍谨慎作出投资决策，以较小的初始规模进入该产业。

总退出率在 OLS 回归中以及 0.75 分位数上显著，在其他分位数当中不显著。由此可得，新兴产业中退出企业所让出的资源和空缺下来的市场利基并没有成为新企业在选择初始规模时所考虑的主要因素，产业本身就为新企业提供了广阔的市场和可利用的资源。

其余的两个变量——反映市场结构的市场集中度和反映产业吸引力的价格成本边际无论是在 OLS 回归中还是在分为数回归当中都不显著。这说明无论是由于市场集中度所造成的障碍，还是价格成本边际所反映的吸引力都只作用于企业进入决策,而非企业作出初始规模选择的关键考虑因素。

相比 OLS 回归结果,在分位数回归当中,在企业初始规模分布的不同分位数点上,产业特征因素变量所带来影响的差异性,清晰地显示在对这些协变量系数的估计当中。这表现在,首先,从估计系数的显著性上看,除了最小有效规模在各个分位数上的系数都显著之外,其他变量在高分位数上显著,反映出这些变量对企业初始规模所带来的影响是确定的;而在低分位数上不显著。其次,沿着企业初始规模分布向上移动,最小有效规模、产业规模、次优规模、产业扰动、市场集中度和总退出率的估计系数的绝对量都是单调递增的,变量的重要性逐渐提高,这揭示出在新兴产业当中,产业特征因素协变量对于大型新企业的初始规模决策有着重要意义。

总之,在新兴产业这种不确定性较高的产业当中开创一个新企业是具有风险的。在进入之前,企业难以全面掌握产业状况和企业生存前景,仅当企业进入之后,企业真实的绩效表现才会慢慢显现出来。因此,企业进入新兴产业需要充分考虑到产业特征因素对初始规模选择的影响。在规模经济较高的条件下,新企业可以选择一个较高的初始规模;而在沉没成本较高的条件下,新企业可以选择进入利基市场来避开主流市场沉没成本高所带来的风险,或者也可以谨慎选择进入一个较小的初始规模。

三 对分位数回归估计结果的图像化解释

使用分位数估计方法可以得到多组分位数系数。这一方面体现出分位数估计方法的优势,即众多的参数估计值可以捕捉到企业初始规模分布形状复杂而细微的变化;但另一方面也正因为估计值众多,导致解释系数估计值集合的复杂问题。对此,从分位数估计值的图像视角,绘制被估计的分位数系数随着分位数的变化情况,对于突出这些系数的变动趋势,简化解释难度是十分有价值的。

特定协变量的分位数估计系数反映了协变量的单位变化对因变量的分位数的影响。通过图像来检验系数,可以凸显影响形状变化的效应。图 4-4 当中描绘了各变量系数和置信封闭间(confidence envelope),y 轴表示预测变量的效应 $\hat{\beta}$,x 轴表示各个分位数 p。在 9 幅小图中,除了常数项,最小有效规模、产业规模、次优规模、产业扰动和总退出率的系数形成一条向上倾斜的曲线,而产业集中度、产业成长和价格成本边际的系数形成了一条近似的水行线。

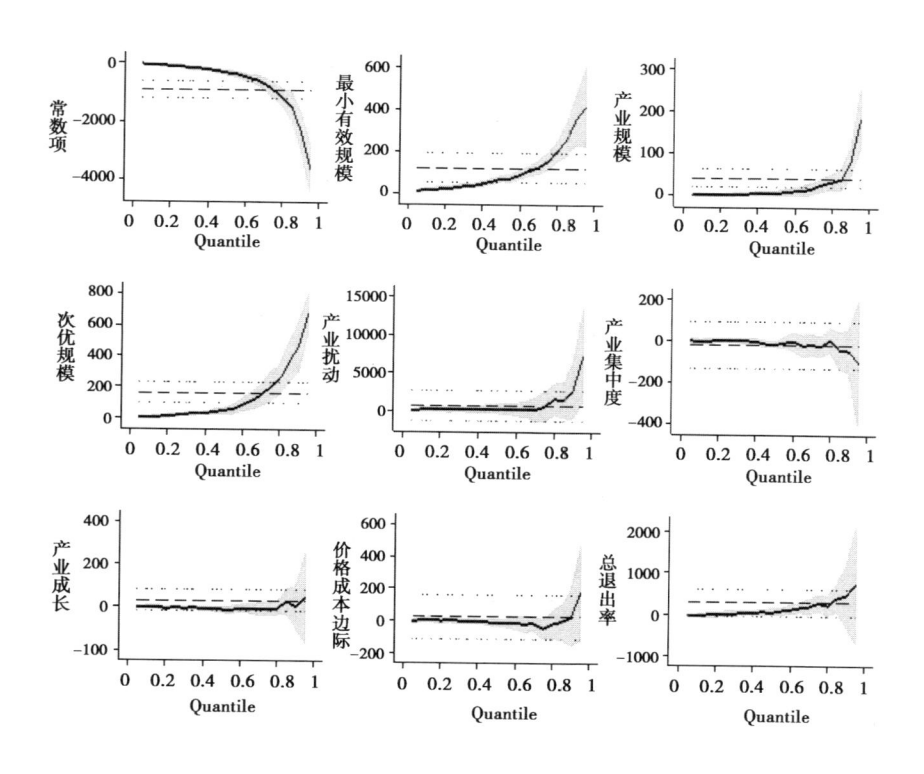

图 4-4 产业特征因素对企业初始规模影响效应的图像

各条向上倾斜的曲线均在水平零直线之上,这表明相应协变量的单位增加效应对于所有分位数数值都是正向的,并且还随着分位数的增加而稳定上升。同时,又因为各条曲线中位数处的中位数系数都是正的,这意味着各协变量的增长使得企业初始规模分布的位置向右移动,而且扩大了企业规模分布的尺度。此外,如果图中阴影部分没有穿过零值,那么这个协变量的效应在特定分位数上是显著的。据此,最小有效规模、产业规模的 $p>0.25$、次优规模的 $p>0.1$、产业扰动的 $p>0.1$ 没有穿过零值,从而带来的影响是显著的;而总退出率、产业规模的 $p<0.25$、次优规模的 $p<0.1$、产业扰动的 $p<0.1$ 的封闭间穿过了零值,从而带来的影响是不显著的。

产业集中度、产业成长和价格成本边际的系数除了在高分位数上略微上翘,其他部分呈水平线,这说明这些协变量的系数不随着分位数变化,而协变量的变化只会引起位置的变化。并且,产业成长的直线在水平零直线以下,表明存在负向的变化;而其他变量的线在水平零直线上下波动,因而变化方向不确定。此外,这些协变量的置信封闭间均穿过了零值,因此变量所造成的影响不显著。由此可见,图像化提供了关于预测变量的变化时如何产生形状变化的直观解释。

四 分位数回归结果的斜率相等检验和对称性检验

(一) 斜率相等检验

为了更精确地验证在不同分位数上产业特征因素是否会对企业初始规模产生不同的影响,需要对模型(4-3)进行斜率相等检验。在 $\beta_{(0.1)} = \beta_{(0.25)}$, $\beta_{(0.25)} = \beta_{(0.5)}$, $\beta_{(0.5)} = \beta_{(0.75)}$ 和 $\beta_{(0.75)} = \beta_{(0.9)}$ 的零假设下,检验结果如表4-7所示。

表 4-7 分位数系数斜率相等检验结果

分位数 变量	0.25—0.1	0.5—0.25	0.75—0.5	0.9—0.75
最小有效规模	-7.100[†] (4.262)	-45.667[***] (6.015)	-84.083[***] (17.342)	-203.794[***] (53.427)
产业规模	-1.218 (1.356)	-4.222[*] (2.014)	-21.806[***] (6.147)	-55.076[***] (13.894)
次优规模	-11.044[**] (4.537)	-29.772[***] (8.799)	-153.094[***] (35.324)	-256.456[***] (72.578)
产业扰动	-61.400 (111.984)	-117.828 (181.950)	-276.128 (612.437)	-2331.366 (1451.795)
产业成长	4.325 (2.685)	8.776 (5.371)	-4.106 (15.472)	4.045 (41.999)
产业集中度	-4.471 (5.303)	19.431[*] (9.004)	8.628 (20.888)	23.362 (52.500)
价格成本边际	-0.852 (6.502)	18.093[†] (9.375)	26.919 (27.374)	-77.712 (83.206)
总退出率	-40.984[*] (21.068)	-39.863 (32.784)	-215.994[*] (94.127)	-171.337 (306.096)
总体 Wald 检验	卡方值 331.175[***]			

注:括号当中的是标准误,*** 表示 $p<0.001$,** 表示 $p<0.01$,* 表示 $p<0.05$,† 表示 $p<0.1$。

检验结果表明,最小有效规模和次优规模在比较的不同分位数组上具有显著差异;产业规模在低分位数组上差异不显著,而在高分位数组差异显著;市场集中度、价格成本边际和总退出率仅在个别相比较的分位数组上有显著差异,在其他分位数组上不显著;产业扰动和产业成长在任何比较的分位数组上都不能拒绝原假设。这意味着对于斜率显著不相等的变量来说,相同条件的不同分位数回归的被解释变量拟合值的分布也是不同的。

(二) 对称性检验

新兴产业企业初始规模决定因素的分位数系数对称性检验结果如表 4-8 所示。在原假设 $H_0: \beta_{(0.25)} + \beta_{(0.75)} = 2\beta_{(0.5)}$ 和 $\beta_{(0.1)} + \beta_{(0.9)} = 2\beta_{(0.5)}$ 下,最小有效规模、产业规模、次优规模和总退出率的(0.25,0.75)分位数组上,分位数回归的系数估计量不是关于中位数对称的;产业扰动、产业成长、产业集中度、价格成本边际所得的对称性检验结果不显著,而这些变量本身的估计量也是不显著的。

表 4-8　　　　　　　　分位数系数对称性检验结果

变量 \ 分位数	0.1, 0.9	0.25, 0.75
最小有效规模	234.210*** (59.456)	38.416* (18.744)
产业规模	71.442*** (15.367)	17.584** (6.252)
次优规模	368.735*** (89.028)	123.322*** (33.023)
产业扰动	2428.267 (1613.912)	158.301 (601.811)
产业成长	13.162 (45.780)	12.883 (14.625)
产业集中度	−17.031 (56.643)	10.802 (21.493)
价格成本边际	68.033 (87.402)	−8.826 (27.854)
总退出率	306.485 (314.046)	176.132† (93.316)
常数项	−1772.008*** (216.297)	−363.280*** (95.342)
总体	卡方值	
Wald 检验	291.266***	

注:括号当中的是标准误,*** 表示 $p<0.001$,** 表示 $p<0.01$,* 表示 $p<0.05$,† 表示 $p<0.1$。

第五节　本章小结

已有研究发现企业初始规模对企业进入后表现以及企业生存期望有着重要影响，但是针对企业初始规模决定因素的研究却并未受到足够重视。特别是在中国提出大力培育和发展新兴产业以来，更多的研究将注意力投放到如何鼓励企业进入、促进企业规模做大、帮助企业快速成长等方面上，而很少注意到产业特征因素对企业进入时初始规模决策的影响。

本章使用分位数回归方法，以来自新兴产业从 2000 年到 2009 年的企业为样本，在考虑企业异质性的基础上，分析了新企业初始规模分布的不同分位数上，产业特征因素对企业初始规模选择的影响。研究结果表明，在新兴产业当中，新企业初始规模的决定因素对于小型企业和大型企业的重要性不同。除了最小有效规模之外，其他产业特征因素对于最小的新企业不产生显著影响；而对于最大型的新企业来说，研究结论较为明确。最小有效规模、产业规模、次优规模和产业扰动都对企业初始规模有显著影响。这表明新企业以较大规模进入会出现在规模经济效应相对重要或者沉没成本较低的产业部门当中，而小型企业不受产业特征因素影响，会出现在任何产业部门中。同时，成本劣势、产业规模是大型企业作出初始规模选择的重要决定因素。由此可见，即便是面对相同的新兴产业特征，企业仍会根据自身状况选择不同的、符合自身条件的初始规模，从而使得产业特征因素所带来的影响在企业间产生差异。

企业初始规模选择作为产业动态演进的微观基础，不但以偏态的企业初始规模分布展现了产业结构特征，而且在一定程度上也决定了企业群体在进入后的生存状态以及成长扩张的差异化表现。基于本节分析，更进一步的研究将着重讨论企业规模对企业进入后表现和企业生存可能性的影响。

第五章 新兴产业动态演进的微观机制之一：企业进入后的生存

新建立的企业在创造新就业岗位、搞活经济、推动经济增长方面发挥着重要作用（Birch，1979）。正是因为这些优势，公共政策从促进企业创立角度进行设计，通过补贴鼓励这些企业。而从另一方面来讲，每年又有大量企业死亡，特别是年轻企业，其中所蕴含的经济和社会后果意味着有必要对新企业进入后的生存进行研究（Huyghebaert et al.，2000）。

上文中，已经通过非参数的核密度估计拟合了新兴产业的企业规模分布变动情况，并且使用分位数估计方法分析了产业特征因素对企业初始规模选择的影响。研究得出不但企业规模分布的演进形态明显地区别于传统产业，而且产业特征因素对不同企业选择初始规模的重要性不同。在此基础上，一个自然的研究拓展就是探讨企业进入后的表现，而其中企业群体的生存、死亡、扩张和萎缩更是产业动态演进的实质。因此，本章先从基本的描摹新兴产业企业生存函数特征入手，进而使用事件史分析方法对企业生存状况进行动态追踪，在此基础上，采用半参数的 Cox 风险模型来拟合企业自身性质、企业特征因素和产业特征因素对企业持续生存的影响，从而更深入地了解和掌握新兴产业企业生存的状况及其关键决定因素。

第一节 企业生存的产业动态演进解析视角

一 企业进入和生存的静态均衡与动态演进观点对比

有大量的产业组织研究从关注企业的进入、生存、成长和退出入手，探讨关于支配产业结构动态演进的基础问题（Geroski，1995；Caves，1998），这包括：决定企业进入和退出因素的定量影响是怎样的？市场条件的变化对企业生存和成长会产生怎样的影响？是什么决定产业规模结构的变动程度？从进入的决定因素和进入对市场绩效的影响当中能学习到什么？

围绕着这些问题，传统产业组织理论认为超额利润导致新企业进入产业，随后在一系列包括需求变动、进入障碍、规模经济等反映市场性质的变量作用下向着均衡调整，利润率和价格水平回归到它们长期竞争水平。依据这一观点，在特定时间段内企业生存的可能性是包含市场性质和企业个体性质向量的函数（Agrawal and Gort，1996）。因此，进入可被视为是一种机制，通过该机制偏离长期均衡水平的利润率和价格得以修正（Mueller，1990）。

然而，随着追踪企业生存状况的大量纵贯数据库的建立，研究者运用实证分析方法得出有悖于传统产业组织观点的结论（Geroski and Schwalbach，1991）。实证研究表明不但新进入企业在企业总数当中占有很大比例，而且产业特定结构因素如规模经济特性对进入造成的阻碍作用是不确定的，甚至即使这些新进入企业存在成本劣势，也并不能有效阻止它们进入。此外，研究还发现进入对市场绩效仅产生微弱的影响（Geroski，1991）。

如何调和企业进入过程相关理论、进入对经济绩效微弱影响和产业结构特征之间模糊不清的联系和矛盾？基于对企业进入的实证观测，实际上生产技术和产品在或多或少地随时间演进，而这一演进过程可被视为是一个搜寻过程，新企业通常在其中作为引入新生产技术或产品的载体（Audretsch，1995；Geroski，1995；Agarwal，1998；Agarwal and Audretsch，1999）。因此，进入不仅是使得市场中的价格回归正常的机制，也是促进产品和生产流程达到标准规范的机制（Geroski，1995）。此外，Audretsch（1995）研究发现相比净进入来说，进入和退出的总流量更为重要，它反映出进入流当中一大部分直接与搜寻过程相关，而非普遍认为的与市场当中的竞争者数量有关。也就是说，进入体现出市场当中产量的增加进而推动利润率和价格回归均衡的作用并不重要，相反，更值得注意的是进入所带来的不均衡影响。至少在有些情况下，进入所代表的是市场当中经济行为人的改变。从这一角度来看，进入是市场进行自我重构的方式之一，与进入相联系的市场动态表现出与产品或企业总体规模变化的联系较少，而与产品或企业总体特征变化联系较为紧密（Geroski，1991）。

以制造业为主体的新兴产业一方面体现出制造业当中出现的新的市场

增长点,从而吸引新企业的进入。而另一方面这些新进入企业或具备革新能力,或拥有新兴技术,从而不但能够推动传统制造业升级改造,而且还会催生出新兴产业。因此,研究新兴产业的动态演进,并非关注新企业进入对超额利润的侵蚀,从而推动产业实现长期均衡,而是将焦点放在新企业的创新性上,以及由此带来的产业技术轨道的跃迁,破坏性创新对产品或生产工艺的颠覆等非均衡的影响。另外,从新兴产业演进特点来看,在产业环境变革和技术创新的驱动下,新兴产业的演化经历了不可逆的竞争动态、组织多样性和结构的转变。这一个演进过程改变了产业竞争优势基础,特别是与新兴企业进入和生存相关的知识和竞争优势来源。因此,从产业动态演进的观点来分析新兴产业的企业生存问题更为合适和恰当。

综上所述,对进入过程的研究得出的是企业及其进入过程发生了什么,体现出进入过程本身的重要性,然而为了揭示市场的选择过程,反映企业生存状况的差异性还需要探究企业进入后的表现。因此,确切地认识到产业当中新企业的建立过程及其对产业的影响需要重点关注企业进入过程本身及其进入后的表现(Audretsch and Mata,1995)。

二 新兴产业中影响企业进入后生存的因素分析

企业的进入过程固然重要,也受到广泛研究和关注,然而本章将研究焦点向后拓展,探讨企业进入后发生了什么,即企业进入后表现(post entry performance),这具体体现在新企业进入后的成长和生存方面。

依据 Jovanovic(1982)所提出的噪声选择模型(noisy selection model),新企业对它们进入后的表现没有预期,因此可以假定企业生存的可能性在企业间是随机分布的。而无论是现有文献(如 Sutton,1995)对企业规模分布的研究,还是本章对新兴产业和传统产业企业规模分布的对比研究都观察到每个产业当中都包含大量的、相互独立的次级市场,从而产生企业规模分布的差异。因此,对企业进入后表现进行研究所需解决的核心问题并不是描述在每个市场当中通常会发生什么,而是不同市场当中所出现的各种不同的演化方式(Sutton,1995;Santarelli,1998)。

针对不同国家和不同产业的实证研究得出企业进入后的表现会受到来自企业或产业特定性质的塑造(Dixit,1989;Hopenhayn,1992)。从企业内部因素来看,与产业动态的学习模型(Jovanovic,1982;Ericson and Pakes,1995)所进行的预测相一致,许多研究发现规模更大、年龄更大的企业有更低的退出风险。然而，规模和年龄与企业生存的作用并非总是一致的，实证研究得出规模对企业生存存在单调非线性的影响（Mata and Portugal，1994；Esteve-Pérez，Sanchis-Llopis and Sanchis-Llopis，2004），而年龄的影响会呈现倒 U 形状（Harhoff，1998；Honjo，2000；Agarwal and Gort，2002；Esteve and Mañez，2007）。此外，规模年龄的交互影响也在不同企业和产业间产生差异（Hannan et al.，1988；Disney et al.，2003）。其他的企业特征因素，如研发投入（Kimura and Fujii，2003；Cefis and Marili，2005）、企业所有权性质（Agarwal and Gort，2002；Disney，2003；Görg and Strobl，2003；Esteve et al.，2004）、生产效率（Esteve and Mañez，2007）、财务结构（López-García and Puente，2006）等也会对企业生存产生影响。

在产业特征因素中，例如技术、规模经济和产业成长等，在控制了关键企业内部因素如规模和年龄后也常常用来解释企业间生存率的差异。首先，在高新技术产业当中的企业比其他产业中的企业有更低的生存可能性（Agarwal and Audretsch，2001），这可能是因为在高技术产业当中，企业的初始资源禀赋很快会退化，从而导致高退出风险（Agarwal and Gort，2002）。其次，如果企业进入具有较低最小有效规模的产业中，其生存可能性更大（Tveterås and Eide，2000；Strotmann，2006）。另据实证研究观察，企业通常会选择以次优规模进入产业。如果该产业最小有效规模也较低，那么将有利于企业成长到能够与在位企业进行竞争的规模水平（Mata and Portugal，1994）。然而，也有研究发现，这一效应在高新技术产业或在位企业的子公司当中并不明显（Audretsch and Mahmood，1991，1994）。最后，相比衰退产业，通常来讲处于成长阶段产业中的企业生存期望更高（Audretsch and Mahmood，1994，1995；Segarra and Callejón，2002）。然而，得到这一结论不但需要控制产业扰动、规模、集中度等因素（Tveterås and Eide，2000；López-García and Puente，2006），而且当产业到达成熟阶段企业的退出风险可能会增高（Disney et al.，2003；Cefis and Marsili，2005）。此外，即使在成长阶段的产业中，企业进入时机的差异也会造成不同的生存可能性（Agarwal et al.，2002）。

由此可见，分析企业进入后表现，特别是对企业生存的研究，最终目的还是来探究企业生存的决定因素（Manjón-Antolín，2008）。本书在前两章已经分别对企业规模分布特征和初始规模决定因素进行了研究，得出不但战略性新产业企业规模分布状况明显区别于传统产业,而且产业规模、产业扰动等产业特征因素也对企业不同初始规模选择产生差异化的影响。如果将企业规模分布特征作为新兴产业动态演进的宏观基础和表象,将企业初始规模视为产业动态演进的微观起点,那么作为产业动态演进的微观机制——企业进入后表现会呈现怎样的特征? 有哪些因素决定着企业进入后的生存状态? 为了回答这一问题,本章从工业企业数据库中筛选整理了从 1990 年到 2009 年具有代表性的新兴产业企业样本,确定研究观测期为 1999 年到 2009 年,使用 Cox 风险模型来探究企业内外因素对企业生存所产生的影响,尝试揭示新兴产业企业生存状况和产业动态演进规律。

第二节　企业生存数据整理及初步分析

一　企业生存的研究方法

在研究方法选取上本章使用事件史分析方法。该方法能够运用离散状态、连续时间的随机模型来分析纵贯性数据 (Mayer et al., 1990),进而研究事件发生的方式及其相关因素。从持续时间分析的角度看,如果把企业退出作为一个风险事件的话,企业在观测期内就一直面临着这种风险,这一风险的概率受到产业环境和企业个体特质的影响而产生差异。这种方法不仅考虑风险事件发生的可能性,也考虑事件发生的时间,同时允许截取数据的存在 (杜本峰,2008)。事件史分析的一大优势就是它可以处理存在截取数据的删失问题。在事件史分析中,即使删失观测不完整,无法得知观测个体的确切生存时间,事件史仍然可以利用直到失去追踪观测这段删失观测个体的时间信息,而不是抛弃删失观测个体,从而可以最大限度地利用调查或统计信息,避免分析结果出现系统性偏差。而一般的参数分析方法对截取数据的处理通常采用舍弃、赋值或二分法,这不但会造成由于截取数据信息缺失而使得分析有偏,还带有很大的任意性。在企业生存研究中,数据截取问题是无法回避的,因而用事件史分析研究企业生存问题更为合适。另外,据 Manjón-Antolín and Arauzo-Carod (2008) 的统计,从 1991 年到 2007 年的 17 年里,有 26 篇研究企业生存问题的文献都使用了事件史分析方法,从而使其成为研究该问题的主流方法。

二 样本与数据处理

本章的研究数据样本来源于中国工业企业数据库,并确定事件观测期从 1999 年到 2009 年。为了得到事件史分析所需的数据样本,我们对中国工业企业数据库进行了一系列的筛选和调整。

首先,从数据库中筛选出与新兴产业相关的企业样本。本章依照《新兴产业分类(2012)》(试行)对中国工业企业数据库当中的四位行业代码进行近似匹配,从中筛选出如生物生化制品制造、航空航天及其他专用设备制造、合成材料制造等 150 个相关行业。然后,以数据表中的"开工时间(年)"为筛选对象,选择筛选条件为开工时间在 1990 年到 2009 年的企业。该步骤在工业企业数据库中 1999 年到 2009 年的数据表中重复进行。接下来,按照《新兴产业分类(2012)》所列出的各行业"产品名称"对中国工业企业数据库中的"主要产品 1"进行对比筛选,最终确定出中国工业企业数据库中与战略性产业相关的企业样本。这些样本企业中的绝大多数都是中小企业。

其次,事件史分析数据结构构建。事件史数据至少需要包括两方面的信息,一是观测个体在研究过程中开始的时间;二是需要提供事件发生的信息。为了达到这两点要求,本章设定发生"事件"为样本企业在观察期内退出新兴产业,并定义"企业生存时间"为某一企业从进入新兴产业到退出该产业所经历的时间。在这期间没有间隔并认为退出的企业不会再在观测期内进入该产业,即假定没有重复事件发生。企业生存时间以年数为单位进行计量。同时,本章限定企业生存的研究观测期为 1999 年到 2009 年。在这一观测期间内有的企业删失,还有的企业发生事件,即退出了该产业。

最后,删失数据的处理及发生"退出"事件的确定。本章研究存在两种删失情况:一是在 2009 年观测期结束时,还有观测个体未发生事件;二是在观测期间,观测个体丢失。而确定观测个体是否发生退出事件是本章研究的关键。对此,我们对初步确定出来的进入观测期的企业进行了逐个跟踪研究。如果在观测期内中国工业企业数据库对某个企业有连续的记录,则认为在这期间该企业未发生事件,则将状态变量赋值为"0",记录下生存时间;如果在观测期内企业仅在中国工业企业数据库当中连续地出现了若干年,则认为企业出现了删失情况。对于这些企业，我们按照企业在数据库当中登记的工商登记注册号和归属地等信息在"全国信用信息公示系统"中进行企业注册信息查询。如果显示企业"已注销"，则认为企业退出该产业，并将状态变量赋值为"1"，记录下企业退出的时间点及生存时间；如果查询显示企业仍"开业"，则确定该企业是从数据库中丢失，将企业状态变量赋值为"0"，记录下企业删失的时间点及生存时间。但是并不是所有的企业都能查找到企业注册信息，为此只能通过互联网对各个企业的公开信息进行搜索，如果企业仍发布招聘信息或企业网站仍正常运行，则认为该企业还在经营，从而认为企业是从数据库记录中删失。对于那些无法查证生存状态信息的企业进行删除。经过对各个企业生存状况信息的跟踪收集，最终获得4780家企业样本。

三 企业生存状况的初步描述统计特征

表5-1给出了新兴产业按年份和按行业的企业生存状况初步描述统计结果。表5-1第一列数据是成立时间为1990年到1998年之间的企业，在1990年到1998年的观测期内共有企业数1412家，其间退出企业1001家。其余各列是对应年份中进入企业数和退出企业数。从1999年到2009年，共有新进入企业数3368家，其间退出企业432家。在整个观测期内共有企业4780家，其中退出企业总数为1433家。

表5-1　　　　　　　　各年份企业进入退出状况

	1990—1998	1999	2000	2001	2002	2003	2004	2005	2006	2007	2008	2009	合计
新进入企业数	1412	240	213	322	207	262	555	320	304	427	491	27	4780
退出企业数	1001	87	41	84	32	21	83	44	31	9	0	0	1433

图5-1呈现了企业进入和退出数量随时间的变动情况。除了2009年进入的企业数最少，其他年份的企业进入数表现出波动递增的变动趋势。而退出企业数在1999年到2004年之间较高，随后逐年趋于下降。

图5-2给出了分行业企业进入退出情况的对比图。从图中可以看出，在研究期内新一代信息技术产业的企业进入数最高，达到1426家，其次是新材料产业、节能环保产业。进入企业数最少的是新能源汽车产

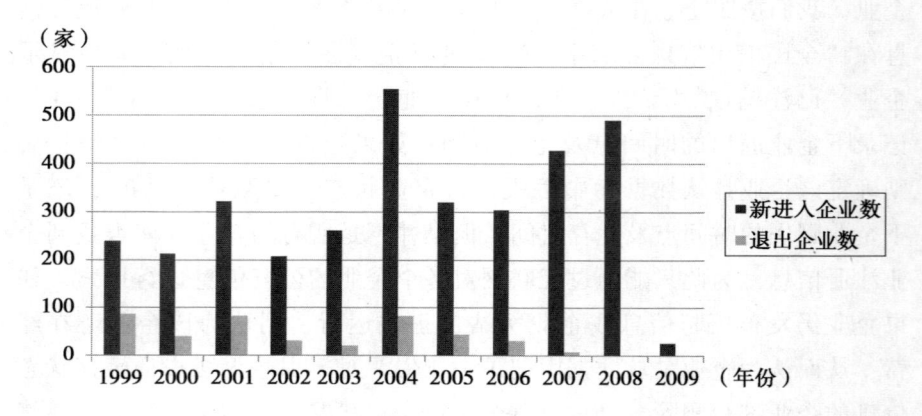

图 5-1　分年份企业进入退出变动

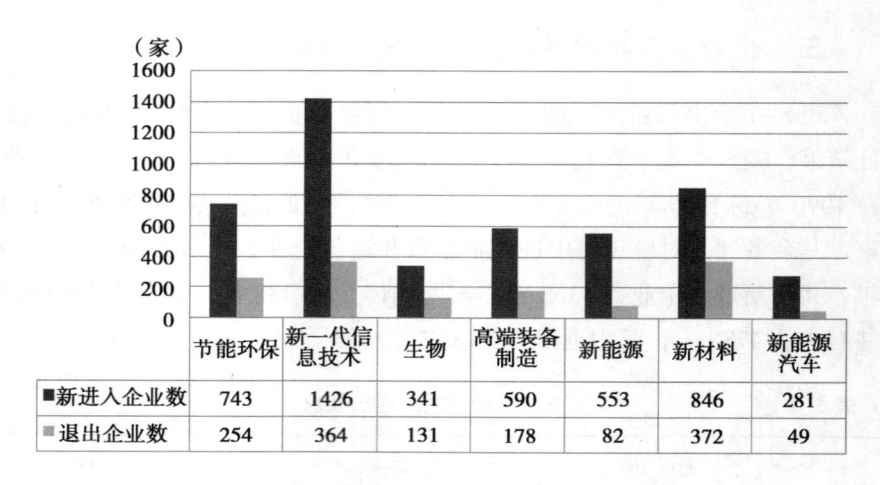

	节能环保	新一代信息技术	生物	高端装备制造	新能源	新材料	新能源汽车
新进入企业数	743	1426	341	590	553	846	281
退出企业数	254	364	131	178	82	372	49

图 5-2　分行业企业进入退出对比

业。从退出企业数来看，在一定程度上与进入企业数相关，企业进入数较高的新材料产业，退出企业数最高，其次是新一代信息技术产业。而进入数量低的新能源汽车产业，退出的企业数也最少。总体而言，在 11 年的观测期间里，约有 1/3 的企业发生了退出，而剩下的企业当中存在持续生存的企业，也有从数据库中删失的企业。本章利用对这些企业生存状况的动态追踪信息，来定量分析影响新兴产业企业生存的内外因素。

第三节　新兴产业企业生存的 KM 估计

一　总体 KM 生存估计

事件史分析中通常使用生存函数（生存率）或危险函数（危险率）来描述观测个体生存时间的分布特征（陈勇兵、李燕、周世民，2012）。而生命表方法、乘积限（Kaplan-Meier，KM）估计法等生存函数、危险函数的非参数估计方法不需要依赖任何假设，特别适合探索性分析。本章构建了新兴产业企业退出的生存函数，估计企业生存持续时间的分布特征。令 T 表示观测企业在新兴产业当中的生存时间，取值为 t＝1，2，3，…，10，11；δ 表示 0，1 随机变量，如果企业在观测期内发生了事件，则 δ＝1；如果在研究观测期结束，生存时间是删失的，则 δ＝0。相应的生存函数 $S_i(t)$ 表示企业 i 在新兴产业当中生存持续时间超过 t 年的概率，即：

$$S_i(t) = \Pr(T \geq t) = P \tag{5-1}$$

按照 KM 估计方法，构建初始区间，区间的起始时间为 $\gamma_0 = 0$，将本章的 11 个时间点从小到大排列：

$$\gamma_1 < \gamma_2 < \cdots < \gamma_{11}$$

令 G_l 表示在时间 γ_l 发生事件的观测对象数量，l＝1，2，…，11；G_l 表示在区间 $[\gamma_{l-1}, \gamma_l]$ 结束的删失观测对象数目；N_l 表示在时间 γ_l 风险集中观测对象的数目。由 KM 估计法给出的生存函数的非参数估计表示为：

$$\hat{S}(t) = \prod_{l:\gamma_l < t} \left(1 - \frac{G_l}{N_l}\right) \tag{5-2}$$

基于 KM 估计方法，本章对新兴产业当中企业的生存函数做了总体估计和分研发行为变量的分层估计。企业总体生存函数的 KM 估计结果如表 5-2 所示。按照成立年份企业群体被划分为成立时间在 1999 年之前的企业和成立时间在 1999 年之后的企业两个大组。成立时间在 1999 年之前的总共有 1406 家企业进入观测。在 11 年的观测期间内，企业总体生存率随时间而下降。经过前三期，企业的生存率将下降到 48.52％，说明大约有一半的企业退出了新兴产业。到第 7 期，企业群体的生存率又进一步下降到 25.47％，仅有约 1/4 的企业还能维持生存。随后几期的企业生存率保

表 5-2　　　　　　　　　　观测企业生存函数 KM 估计

时间	起始企业总数	退出企业数	净删失企业数	生存函数	标准误	95%置信区间	
成立时间在 1999 年之前的企业群体							
1	1406	337	54	0.7603	0.0114	0.7371	0.7818
2	1015	256	43	0.5685	0.0134	0.5418	0.5944
3	716	105	16	0.4852	0.0137	0.4581	0.5117
4	595	109	26	0.3963	0.0136	0.3696	0.4228
5	460	116	32	0.2964	0.0129	0.2712	0.3219
6	312	27	15	0.2707	0.0127	0.2461	0.2959
7	270	16	17	0.2547	0.0126	0.2303	0.2796
8	237	6	16	0.2482	0.0125	0.224	0.2731
9	215	23	38	0.2217	0.0124	0.1979	0.2463
10	154	3	42	0.2173	0.0124	0.1936	0.242
11	109	0	109	0.2173	0.0124	0.1936	0.242
成立时间在 1999 年之后的企业群体							
1	3374	13	915	0.9961	0.0011	0.9934	0.9978
2	2446	151	738	0.9347	0.0049	0.9242	0.9437
3	1557	129	434	0.8572	0.008	0.8408	0.872
4	994	77	261	0.7908	0.0103	0.7697	0.8102
5	656	36	219	0.7474	0.012	0.7229	0.7701
6	401	13	176	0.7232	0.0134	0.6959	0.7484
7	212	9	76	0.6925	0.0163	0.6593	0.7231
8	127	2	41	0.6816	0.0177	0.6454	0.7149
9	84	5	52	0.641	0.0242	0.5913	0.6863
10	27	0	15	0.641	0.0242	0.5913	0.6863
11	12	0	12	0.641	0.0242	0.5913	0.6863

持平稳，基本维持在 20%。总体看来，成立时间较早的新兴产业的企业生存率，在观测期内下降得还是比较迅速的，从观测期初的 76.03% 下降到观测期末的 21.73%。但是，生存率整体变动呈现前半期加速下降，后半期减速趋稳的特征。在观测期内成立的企业共有 3374 家，企业整体生存率高于早期成立的企业。在成立一年后就退出的企业仅为 13 家，随后退出企业数量呈现先递增后递减的变动特点。经过四期的观测，企业生存

率仍为 79.08%，到了第 8 期也仅下降的 10%，随后生存率稳定在 64.1%。由此可见，在观测期内成立的企业生存率虽然在下降，但是下降的速度和幅度都较小，整体表现出较好的生存状况。两组企业群体对比来看，早期企业群体的生存率低于后期企业群体是必然的，新成立的企业快速补充和替代不能跟随产业发展步伐的落后企业是新兴产业早期发展的阶段性特征。

从总体企业生存 KM 估计图上看（图 5-3），早期企业生存率随观测时间递减的趋势比后期企业更为明显。在早期企业的 KM 生存曲线图中，在第 5 期之前企业生存率下降的较快，第 5 期之后的图像较为平缓，企业生存率下降速度略微降低。而后期企业的 KM 生存曲线图整体呈现平稳下降的趋势。总体而言，两条 KM 生存曲线图形态一致，它们之间的差距是企业年龄。

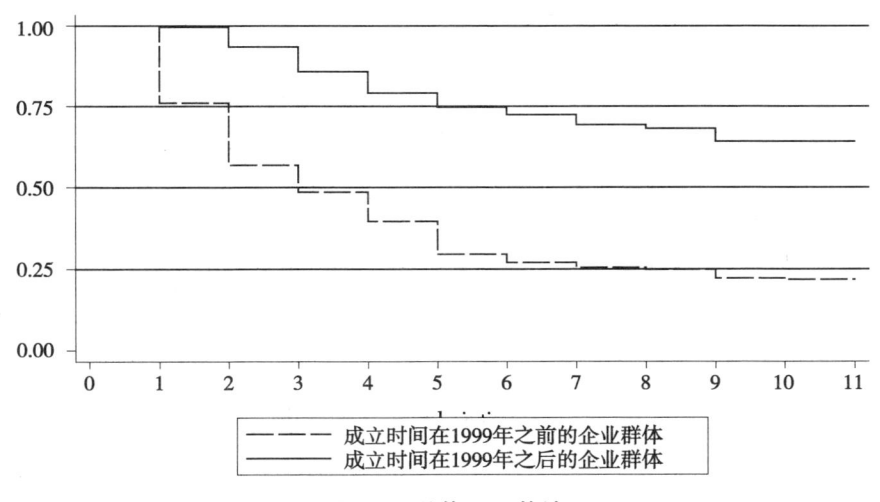

图 5-3　总体 KM 估计

虽然新兴产业总体生存率下降较为明显，特别是成立时间在 1990 年到 1999 年之间的企业，但是分行业来看，七大新兴产业细分行业的企业生存率存在明显差异（如表 5-3 所示）。节能环保产业中企业生存率的变动与产业总体较为相似，生存超过 1 期的企业有 90.85%，在第 5 期企业生存率下降到 51.63%，到第 10 期生存率稳定在 42.27%。新一代信息技术产业中进入观测期的企业数最多，达到 1426 家，在 11 年的观测期间，企业生存率从 94.81% 下降到 47.88%。生物产业进入观测的企业数较少，并且企业生存率下降较快。进入观测 1 年就有 10.56% 的企业退出，在第 6 期企业生存率已经下降到 43.36%，接近新兴产业总体 11 年的生存率水平。在观测结束时，企业生存率已经下降到 37.83%。高端装备制造产业进入观测的 590 家企业的生存率变动也表现出与新兴产业总体较为一致的变动情况。新能源产业虽然在 2011 年进入了产业震荡调整期，但是在本章选定的研究观测期内正是该产业实现狂飙式增长的时期，这反映在企业生存上也表现出高于其他产业的生存率变动。在观测期内，企业生存率从 98.92% 下降到 62.46%，仅下降了 36.46%，超过一半的企业能够生存 10 年以上。新材料产业进入观测的企业数仅次于新一代信息技术产业，达到 846 家，然而企业的生存状况并不理想。在前四年的观测期中就有接近一半的企业发生了退出，到了观测期结束，企业生存率下降到 28.39%，是七大新兴产业中最低的。由此可见，新材料产业尽管对企业具有吸引力，但是企业进入后的生存状况并不乐观。新能源汽车产业是出现时间较晚，根植于传统汽车产业之上代表未来产业转型方向的高新技术产业。虽然在样本企业中进行新能源汽车整车生产的企业数极少，但是有大量从事于新能源汽车相关配件生产的企业，如高能锂电池制造、自动充放电装置制造等。经过对这些企业生存状况的追踪观测，会发现企业整体生存率较高，在观测期内企业生存率仅从 99.64% 下降到 62.23%，优于其他产业的企业生存情况。这一方面说明新能源汽车产业市场潜力较大，有良好的发展前景；另一方面也是因为新能源汽车产业还未实现从传统汽车产业中剥离，产业的发展在很大程度上需要依靠汽车业的支撑。相关的企业也并未独立制造新能源汽车及其相关配件，主要的业务和产品还是服务于传统汽车制造。

表 5-3　　　　　　　分行业观测企业生存函数的 KM 估计

时间	起始企业总数	退出企业数	净删失企业数	生存函数	标准误	95%置信区间	
节能环保产业							
1	743	68	114	0.9085	0.0106	0.8854	0.9271
2	561	80	132	0.7789	0.0162	0.7452	0.8088
3	349	34	68	0.703	0.0191	0.6637	0.7387
4	247	42	40	0.5835	0.0231	0.5367	0.6273
5	165	19	35	0.5163	0.0251	0.4661	0.5642

续表

时间	起始企业总数	退出企业数	净删失企业数	生存函数	标准误	95%置信区间	
6	111	6	30	0.4884	0.0262	0.4361	0.5385
7	75	3	7	0.4689	0.0275	0.4142	0.5216
8	65	0	10	0.4689	0.0275	0.4142	0.5216
9	55	4	15	0.4348	0.0303	0.3748	0.4931
10	36	1	7	0.4227	0.0318	0.3599	0.484
11	28	0	28	0.4227	0.0318	0.3599	0.484
新一代信息技术产业								
1	1426	74	336	0.9481	0.0059	0.9353	0.9585
2	1016	108	186	0.8473	0.0106	0.8253	0.8668
3	722	71	161	0.764	0.0134	0.7365	0.789
4	490	47	108	0.6907	0.0158	0.6586	0.7205
5	335	37	84	0.6144	0.0184	0.5773	0.6493
6	214	9	61	0.5886	0.0195	0.5493	0.6257
7	144	3	31	0.5763	0.0203	0.5354	0.6151
8	110	2	21	0.5658	0.0213	0.523	0.6064
9	87	12	21	0.4878	0.0278	0.4322	0.541
10	54	1	20	0.4788	0.0287	0.4214	0.5338
11	33	0	33	0.4788	0.0287	0.4214	0.5338
生物产业								
1	341	36	67	0.8944	0.0166	0.8567	0.9227
2	238	41	51	0.7403	0.0259	0.6855	0.7871
3	146	14	21	0.6694	0.0295	0.6078	0.7235
4	111	17	12	0.5668	0.0339	0.4976	0.6302
5	82	18	14	0.4424	0.037	0.3689	0.5133
6	50	1	12	0.4336	0.0373	0.3596	0.5052
7	37	2	3	0.4101	0.0388	0.3337	0.4849
8	32	0	4	0.4101	0.0388	0.3337	0.4849
9	28	1	4	0.3955	0.0401	0.3169	0.473
10	23	1	6	0.3783	0.0419	0.2966	0.4595
11	16	0	16	0.3783	0.0419	0.2966	0.4595

续表

时间	起始企业总数	退出企业数	净删失企业数	生存函数	标准误	95%置信区间	
高端装备制造产业							
1	590	45	123	0.9237	0.0109	0.8992	0.9425
2	422	48	107	0.8187	0.0173	0.782	0.8498
3	267	27	48	0.7359	0.0216	0.6906	0.7756
4	192	23	29	0.6477	0.0257	0.5948	0.6955
5	140	23	24	0.5413	0.0295	0.4816	0.5971
6	93	3	26	0.5238	0.0303	0.4629	0.5812
7	64	4	19	0.4911	0.0325	0.426	0.5529
8	41	1	6	0.4791	0.0338	0.4114	0.5436
9	34	4	11	0.4228	0.0399	0.3439	0.4993
10	19	0	4	0.4228	0.0399	0.3439	0.4993
11	15	0	15	0.4228	0.0399	0.3439	0.4993
新能源产业							
1	553	6	137	0.9892	0.0044	0.976	0.9951
2	410	24	141	0.9312	0.0122	0.9029	0.9515
3	245	20	61	0.8552	0.0198	0.8114	0.8895
4	164	14	37	0.7822	0.026	0.726	0.8283
5	113	10	18	0.713	0.0316	0.6458	0.7697
6	85	4	28	0.6794	0.0343	0.6071	0.7414
7	53	3	11	0.641	0.0389	0.5594	0.7114
8	39	1	7	0.6246	0.0412	0.5382	0.6993
9	31	0	19	0.6246	0.0412	0.5382	0.6993
10	12	0	6	0.6246	0.0412	0.5382	0.6993
11	6	0	6	0.6246	0.0412	0.5382	0.6993
新材料产业							
1	846	120	142	0.8582	0.012	0.8328	0.88
2	584	88	115	0.7288	0.0163	0.6954	0.7593
3	381	54	50	0.6255	0.0191	0.5869	0.6617
4	277	38	42	0.5397	0.0209	0.4978	0.5798
5	197	39	34	0.4329	0.0227	0.388	0.4769
6	124	14	24	0.384	0.0236	0.3377	0.4301

续表

时间	起始企业总数	退出企业数	净删失企业数	生存函数	标准误	95%置信区间	
7	86	8	15	0.3483	0.0246	0.3004	0.3965
8	63	4	5	0.3262	0.0254	0.277	0.3762
9	54	7	16	0.2839	0.0267	0.2329	0.3369
10	31	0	10	0.2839	0.0267	0.2329	0.3369
11	21	0	21	0.2839	0.0267	0.2329	0.3369
新能源汽车产业							
1	281	1	50	0.9964	0.0036	0.975	0.9995
2	230	18	49	0.9185	0.0179	0.8751	0.9472
3	163	14	41	0.8396	0.026	0.7808	0.8837
4	108	5	19	0.8007	0.03	0.7339	0.8524
5	84	6	42	0.7435	0.0358	0.6652	0.8062
6	36	3	10	0.6816	0.0475	0.5785	0.7645
7	23	2	7	0.6223	0.059	0.4957	0.7257
8	14	0	4	0.6223	0.059	0.4957	0.7257
9	10	0	4	0.6223	0.059	0.4957	0.7257
10	6	0	4	0.6223	0.059	0.4957	0.7257
11	2	0	2	0.6223	0.059	0.4957	0.7257

图 5-4 显示了新兴产业分行业企业生存的变动情况。从图中可以直观地看出七大分行业企业生存的排序。在观测期内，生存曲线最高的是新能源汽车产业和新能源产业，接下来是新一代信息技术产业。其次是高端装备制造产业和节能环保产业。排在最后的是生物产业和新材料产业。

为了检验不同行业之间的生存持续时间（生存函数）是否有显著的不同，本章进行了 KM 估计的对数秩（Log-Rank）检验，检验结果显示对数秩统计量的值为 162.74，其 P 值为 0.0000，表明拒绝原假设，即新兴产业不同行业在生存持续时间方面具有显著差别。

二 基于企业所有权性质分层的 KM 生存估计

企业所有权性质在企业生存当中起着重要作用（Heiss and Koke，2004），在新兴产业当中也不例外。对此本章按照工业企业数据库中的"企业登记注册类型"来对企业进行归类。其中国有企业、国有联营企业，国有联营企业和国有独资公司划归为国有企业分类；私营企业、私营

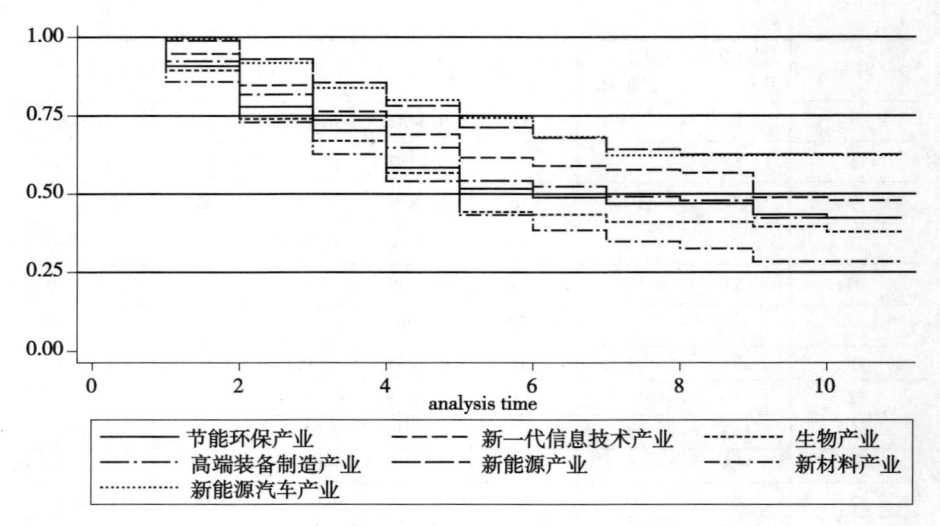

图 5-4　分行业 KM 估计

独资企业、私营合伙企业、私营有限责任公司、私营股份有限公司划归为私有企业分类；外商投资企业、港澳台投资企业划归为外资企业；剩余的企业类型划归为其他类型企业分类。按照这一分类标准，对新兴产业企业生存的 KM 估计进行分层，结果如表 5-4 所示。

在表 5-4 当中，除了其他类型企业，进入观测的私营企业数量最多，其次是外资企业，最后是国有企业。从企业生存状况来看，私营企业虽然进入企业数多，但是企业生存率最高。经过 11 年的观测，仍有一半以上的企业持续生存。其次是外资企业和其他类型企业的生存状况基本与产业总体企业生存状况相一致。生存率最低的反而是国有企业，在观测期内企业生存率从 79.47% 下降到 20.26%，国有企业"光环"并没有带来良好的企业生存表现。出现这种情况的原因也可能是在观测期内有部分国有企业进行了改制而变换了企业性质，这就造成企业登记信息的变化，因而分析得出国有企业整体的生存率较低。

表 5-4　基于企业所有权性质分层的生存函数 KM 估计

时间	起始企业总数	退出企业数	净删失企业数	生存函数	标准误	95%置信区间	
国有企业							
1	341	70	60	0.7947	0.0219	0.7478	0.8339

续表

时间	起始企业总数	退出企业数	净删失企业数	生存函数	标准误	95%置信区间	
2	211	43	39	0.6328	0.0281	0.5749	0.6849
3	129	20	17	0.5347	0.0311	0.4717	0.5935
4	92	19	10	0.4242	0.0335	0.3581	0.4887
5	63	17	9	0.3098	0.0341	0.2445	0.3772
6	37	5	4	0.2679	0.0342	0.2034	0.3365
7	28	4	7	0.2296	0.0343	0.1662	0.2994
8	17	2	3	0.2026	0.0352	0.1387	0.2752
9	12	0	3	0.2026	0.0352	0.1387	0.2752
10	9	0	3	0.2026	0.0352	0.1387	0.2752
11	6	0	6	0.2026	0.0352	0.1387	0.2752
私营企业								
1	1496	43	346	0.9713	0.0043	0.9614	0.9786
2	1107	88	359	0.8940	0.0088	0.8753	0.9101
3	660	60	192	0.8128	0.0128	0.7861	0.8365
4	408	44	103	0.7251	0.0169	0.6903	0.7567
5	261	21	79	0.6668	0.0198	0.6263	0.7039
6	161	6	61	0.6419	0.0215	0.5981	0.6823
7	94	5	31	0.6078	0.0252	0.5564	0.6551
8	58	0	15	0.6078	0.0252	0.5564	0.6551
9	43	5	21	0.5371	0.0371	0.4617	0.6066
10	17	0	6	0.5371	0.0371	0.4617	0.6066
11	11	0	11	0.5371	0.0371	0.4617	0.6066
外资企业								
1	998	85	152	0.9148	0.0088	0.8957	0.9306
2	761	108	109	0.7850	0.0138	0.7564	0.8107
3	544	43	83	0.7229	0.0156	0.6909	0.7523
4	418	38	49	0.6572	0.0175	0.6217	0.6903
5	331	45	50	0.5679	0.0195	0.5286	0.6051
6	236	13	44	0.5366	0.0203	0.4960	0.5754
7	179	5	21	0.5216	0.0208	0.4800	0.5615
8	153	3	19	0.5114	0.0212	0.4690	0.5521

续表

时间	起始企业总数	退出企业数	净删失企业数	生存函数	标准误	95%置信区间	
9	131	16	27	0.4489	0.0237	0.402	0.4946
10	88	1	28	0.4438	0.0240	0.3964	0.4901
11	59	0	59	0.4438	0.0240	0.3964	0.4901
其他类型企业							
1	1945	152	411	0.9219	0.0061	0.9090	0.9329
2	1382	168	274	0.8098	0.0097	0.7899	0.8280
3	940	111	158	0.7142	0.0121	0.6897	0.7371
4	671	85	125	0.6237	0.0140	0.5956	0.6504
5	461	69	113	0.5303	0.0158	0.4989	0.5607
6	279	16	82	0.4999	0.0166	0.4670	0.5320
7	181	11	34	0.4695	0.0179	0.4340	0.5042
8	136	3	20	0.4592	0.0185	0.4225	0.4950
9	113	7	39	0.4307	0.0202	0.3908	0.4700
10	67	2	20	0.4179	0.0216	0.3753	0.4598
11	45	0	45	0.4179	0.0216	0.3753	0.4598

图5-5展示了基于企业所有权性质分层的企业生存KM估计。从图中可以看出私营企业的生存曲线最高，其次是外资企业和其他类型企业，生存曲线最低的是国有企业。另外，企业生存函数KM估计的对数秩检验卡方统计量值为163.9，P值为0.0000，显著拒绝原假设，即不同所有权性质企业的生存持续时间之间存在显著差异。

三　基于企业规模分层的KM估计

企业规模也是企业生存研究重点考量的一个因素（Dunne and Hughes, 1994；Audretsch et al., 2000；Segarra and Callejon, 2002），因此本章不但研究企业规模具体大小对企业生存的影响，也引入企业规模的虚拟变量来考察不同规模企业分组之间生存状况的差异。研究指出企业规模之所以对企业生存有重要影响，一个可能的解释是因为有实证证据表明流动性约束随着企业规模增长而下降。特别是研究发现企业的研发投入主要来自企业内部，而新诞生的企业缺少这些资金储备（Jensen, Webster and Buddelmeyer, 2006）。对于以突破性技术创新为特征的新兴产业，新诞生的企业受到的资金约束更高，因此企业生存必定受自身规模水平的影响。

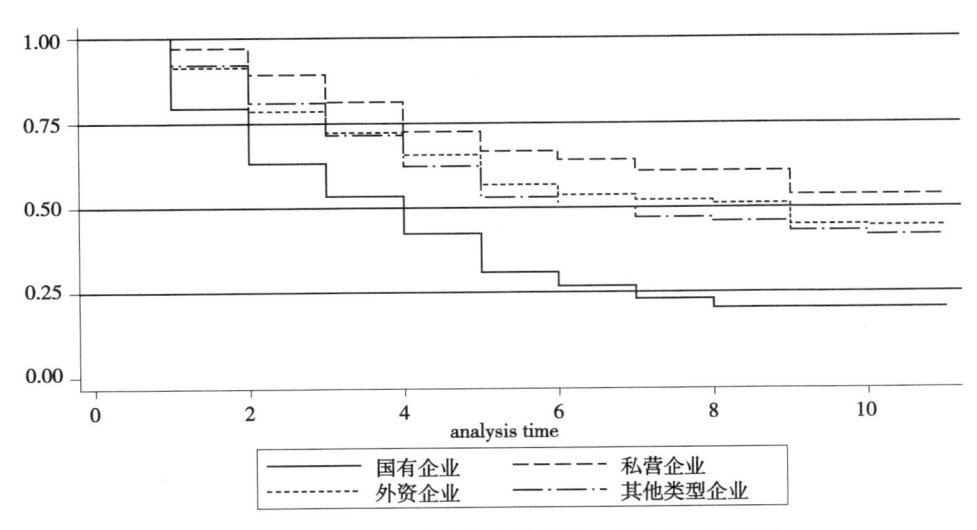

图 5-5　基于企业所有权性质分层的企业生存 KM 估计

多数研究使用员工数来衡量企业规模，本章也不例外。根据中国工业和信息化部、国家统计局、国家发展和改革委员会、财政部联合发布的《关于印发中小企业划型标准规定的通知》（工信部联企业〔2011〕300号），在工业部门中，"从业人员 1000 人以下或营业收入 4 亿元以下的为中小微型企业，其中从业人员 300 人及以上，且营业收入 2000 万元及以上的为中型企业"的规定，本章划定企业员工数在 300 人以下的为小型企业，在 300 人到 1000 人之间的为中型企业，1000 人以上的为大型企业。按照这一标准对企业生存函数进行分层 KM 估计，所得结果如表 5-5 所示。从表中可以看出，每种类型中的企业数量差异较大。其中小型企业数量最多，为 4118 家，其次是中型企业 550 家，最少的是大型企业 112 家。从企业生存状况来看，仍是大型企业生存率较高，其次是中型企业，排在最后的是小型企业。因此，就整体而言，企业规模似乎与企业生存率呈正相关关系，企业规模越大，生存率越高。

表 5-5　基于企业规模分层的生存函数 KM 估计

时间	起始企业总数	退出企业数	净删失企业数	生存函数	标准误	95%置信区间	
小型企业							
1	4118	306	941	0.9257	0.0041	0.9173	0.9333

续表

时间	起始企业总数	退出企业数	净删失企业数	生存函数	标准误	95%置信区间	
2	2871	358	705	0.8103	0.0067	0.7967	0.8231
3	1808	196	392	0.7224	0.0084	0.7055	0.7386
4	1220	145	224	0.6366	0.01	0.6166	0.6558
5	851	122	170	0.5453	0.0115	0.5225	0.5675
6	559	38	173	0.5082	0.0122	0.4841	0.5318
7	348	20	76	0.479	0.0131	0.4531	0.5045
8	252	7	42	0.4657	0.0137	0.4387	0.4923
9	203	18	66	0.4244	0.0155	0.3938	0.4547
10	119	2	33	0.4173	0.0161	0.3856	0.4486
11	84	0	84	0.4173	0.0161	0.3856	0.4486
中型企业							
1	550	39	42	0.9291	0.0109	0.9042	0.9477
2	469	41	73	0.8479	0.0157	0.8141	0.876
3	355	29	45	0.7786	0.019	0.7387	0.8132
4	281	37	48	0.6761	0.0228	0.6292	0.7184
5	196	24	53	0.5933	0.0255	0.5415	0.6413
6	119	1	22	0.5883	0.0258	0.536	0.6368
7	96	4	11	0.5638	0.0274	0.5082	0.6156
8	81	1	12	0.5568	0.028	0.5002	0.6097
9	68	7	19	0.4995	0.0324	0.4344	0.5611
10	42	1	14	0.4876	0.0338	0.42	0.5518
11	27	0	27	0.4876	0.0338	0.42	0.5518
大型企业							
1	112	5	-14	0.9554	0.0195	0.8961	0.9812
2	121	8	3	0.8922	0.0282	0.8216	0.9359
3	110	9	13	0.8192	0.0349	0.7386	0.877
4	88	4	15	0.782	0.0379	0.6963	0.8461
5	69	6	28	0.714	0.0436	0.6183	0.7897
6	35	1	-4	0.6936	0.0469	0.5912	0.7751
7	38	1	6	0.6753	0.0491	0.5687	0.761
8	31	0	3	0.6753	0.0491	0.5687	0.761
9	28	3	5	0.603	0.059	0.4776	0.7073
10	20	0	10	0.603	0.059	0.4776	0.7073
11	10	0	10	0.603	0.059	0.4776	0.7073

从基于企业规模分层的企业生存 KM 估计图 5-6 中的三条曲线高低排序也表明了相应企业类型组的生存状况。相应的 KM 估计对数秩检验所得统计量为 173，P 值为 0.0002，也同样拒绝原假设，不同企业规模类型分组间的企业生存持续时间存在着显著差异。

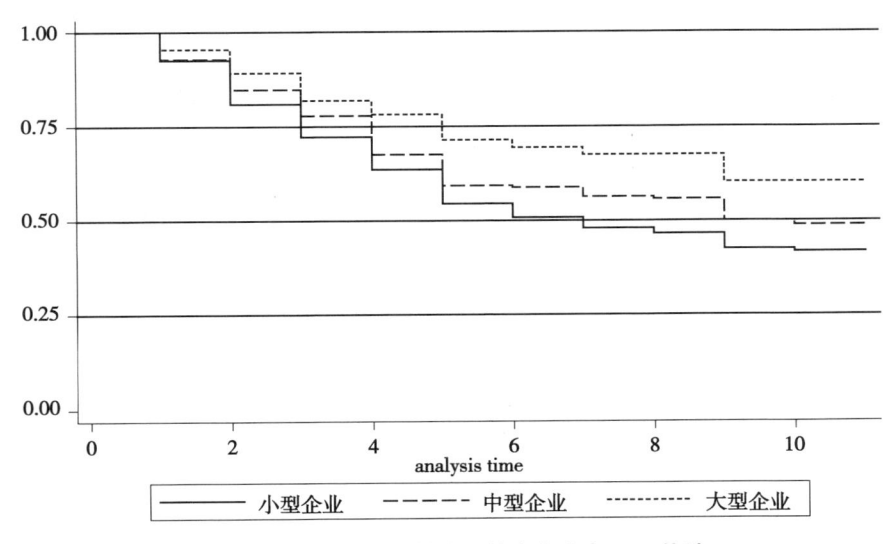

图 5-6 基于企业规模分层的企业生存 KM 估计

第四节 新兴产业企业生存的事件史分析

通过对新兴产业企业生存持续时间的分布和生存函数的 KM 估计，可以对企业的生存状况有一个初步的、探索性的认识和了解。然而本章更关注于"退出"事件的发生会受到什么样的企业内外部因素影响。为此，基于对企业生存研究的总结，本章确定出影响企业生存的关键内外部因素，并运用事件史分析方法构建对企业生存进行动态追踪的纵贯数据，定量分析新兴产业企业生存状况。

一 企业生存影响因素的确定

企业生存受到一系列因素的影响。根据之前所做的理论回顾和实证研究总结，这些因素大体上可划分为与企业特征相关的内部因素和与企业经营环境相关的外部因素。内部因素又可以进一步分为企业自身性质因素和代表企业经营绩效的因素。

与企业自身性质相关的因素主要是指企业规模、企业成长和企业年龄，这3个变量通常也作为控制变量出现。本章选择企业进入后的规模而非企业初始规模，这是因为有研究（Mata, Portugal and Guimaraes, 1995）指出比起进入时期的初始规模，企业进入后的规模是一个更好的企业失败预测变量。企业规模用企业在各年员工数的对数来衡量，可以预计企业规模与持续生存之间存在正相关关系。企业成长不但与企业生存一样能够反映企业进入后的表现，而且企业成长也关系到企业生存的可能性。按照之前的研究（Mata, Portugal et al., 1995），在给定企业当前规模的条件下，以小规模进入的企业为了获得更好的生存机会可能选择快速成长。因此预计企业成长会提高企业生存可能性。在本章当中，企业成长是由企业员工数对数差计算得到。而对"进入缺陷"（liability of newness）假设①进行实证检验的研究发现企业退出风险随着企业年龄增长而单调下降（Freeman, Carroll et al., 1983; Brüderl, Preisendörfer et al., 1992），但是也有些研究发现企业退出风险与年龄之间存在倒 U 形关系，并证明了"进入缺陷"假设是成立的（Brüderl and Preisendörfer, 1990; Bayus and Agarwal, 2007）。为了检验在新兴产业当中，企业年龄与企业生存之间的关系，本章也设定企业年龄变量和企业年龄的平方变量。企业年龄以年数为单位，从企业成立年份开始计算直至相应的各观测期。此外，企业规模、成长和年龄3个变量之间具有密切联系，并且企业规模—年龄、规模—成长、成长—年龄对不同产业、不同企业的影响具有差异（Hannan et al., 1988; Disney et al., 2003; López-García and Puente, 2006），因此本章也引入这3个变量之间的交互项来分析它们对企业生存的作用。

与企业经营绩效相关的因素包括资本—劳动率、营业盈余率、价值增加值率、工资率，以及反映偿债能力的指标等。资本—劳动率代表了生产效率，提高生产效率会给企业带来更高的生存期望。该指标由固定资产除以企业员工数计算得到。营业盈余率反映企业经营绩效水平，该指标由营业盈余除以总资产获得，其中营业盈余等于营业利润加生产补贴再减去支

---

① "进入缺陷"假设认为比起"年老"企业来说，"年轻"企业有更高的失败风险（Stinchcombe, 1965）。年轻企业缺乏足够的资源，并且没有与其他企业、外部供应商和消费者建立起稳定的关系，因此失败可能性更大。

付的工资和福利。可以预计企业营业盈余率的提高会给企业带来更好的生存期望。价值增加值率用销售总额减去采购成本再除以销售总额。在控制了企业营业盈余率的情况下，该指标对企业生存的影响不确定，需要进行验证。而由总工资除以运营成本计算得到的工资率预计会提高企业退出风险，这是因为沉重的工资支付是企业生存的一个负担。除了企业经营绩效水平和运营成本高低对企业生存具有影响外，在企业生存的早期阶段，其财务结构也决定着企业生存期望（López-García and Puente，2006）。根据指标数据的可获得性，本章设定长期负债与总负债之比和实收资本对数两个指标来反映企业的财务结构和偿债能力。除此之外，在企业生存的 KM 估计中，已经指出企业所有权性质和企业规模的差异会造成企业群体间生存率的不同，对此在企业生存风险的因素分析当中也引入相应的企业所有权性质虚拟变量和企业规模虚拟变量。变量分类标准与 KM 估计相同，差别在于企业所有权性质中以其他类型企业作为参照组，而在企业规模中以大型企业作为参照组。还有研究（Lewis and Richardson，2001）指出企业的全球化是提高效率的重要途径。一系列的全球化进程，例如出口活动、外商直接投资和外包等会加速企业结构和企业间相互关系的有效重组，从而提高企业绩效（Kimura and Fujii，2003）。因此本章也引入企业出口活动虚拟变量。只要在观测期内报告"出口交货值"的企业，本章就认为该企业具有出口活动，设为1，其他的设为0。

与产业性质相关的企业生存影响因素包括反映产业规模经济程度的最小有效规模和资本强度，表示产业发展前景的产业成长和产业规模以及体现产业市场结构的市场集中度。其中，最小有效规模应当对企业退出风险产生正向影响，因为很少有企业以少于最小有效规模水平的产量进行生产经营（Audretsch，1991）。在本章中，最小有效规模是各个产业员工数的均值。资本强度展现了产业的规模经济程度（Acs and Audretsch，1990；Evans and Siegfried，1992）。无论企业选择任何大小的初始规模，产业资本强度的提高将增大企业的相对成本劣势，从而使得新进入企业面临更高的退出风险（Audretsch and Mahmood，1995）。因此，可以预计产业资本强度与企业退出风险呈正相关关系。然而，也有研究（Agarwal and Gort，2002）发现产业的资本强度也代表了退出障碍，并与企业退出风险呈负相关关系。由此可见，各个研究得出的资本强度对企业生存的影响结论并不一致，需要进一步验证。因此，本章仍延续之前的研究使用各产业总资本除以员工总数来计算产业资本强度。产业成长由各产业员工总数自然对数差计算而来。可以预测，如果产业成长，那么企业的潜在成长空间也提高，这可能会降低企业退出风险。产业规模是各产业销售额的总和，预计对企业生存产生与产业成长相似的作用。最后，市场集中度反映了产业的竞争程度。较高的市场集中度既为企业提供了以次级规模进入并在利基市场当中生存的机会，也提高了在位企业对新进入企业进行并购的可能性（López-García and Puente，2006）。在本章当中市场集中度是各产业当中销售额排名前十的企业销售额总和除以产业总销售额计算得到的。企业生存的内部因素和外部因素指标及其定义总结在表5-6当中。

表5-6　　　　　　　　企业生存研究协变量定义

变量名	符号表示	变量定义
企业规模	FS	企业员工数取自然对数
企业成长	FG	研究期内企业员工数自然对数差
企业年龄	FA	从企业成立年份开始计算年数
资本—劳动率	CLR	企业固定资产/员工数
营业盈余率	OSR	（营业利润+生产性补贴-支付的工资和福利费）/总资产
价值增加值率	VAR	（销售总额-采购成本）/销售总额
工资率	WAR	企业支付的总工资/运营成本
负债能力	DEL	企业长期负债/总负债
实收资本	PAC	企业实收资本取自然对数
出口	EXP	报告出口交货值类型企业的赋值为"1"，其他为"0"
国有企业	STA	定义为国有企业类型的赋值为"1"，其他为"0"
私营企业	PRI	定义为私营企业类型的赋值为"1"，其他为"0"
外资企业	FOR	定义为外资企业类型的赋值为"1"，其他为"0"
小型企业	SMS	划分为小型企业类型的赋值为"1"，其他为"0"
中型企业	MID	划分为中型企业类型的赋值为"1"，其他为"0"
最小有效规模	MES	产业员工数均值
资本强度	CAI	产业总资本/员工总数
产业成长	ING	产业员工总数自然对数差
产业规模	INS	产业销售总额
市场集中度	CON	企业销售额排名前十的总和/产业销售总额

总之，本章对于企业生存影响因素的选择是基于之前相关的实证研究，而非来自周密的理论模型推导。由于企业微观行为的复杂性，当前研究并不能清晰表达变量间的因果关系，例如，尽管难以构建一个联立方程，或在微观数据集中寻找到合适的工具变量，但是一些解释变量确实与其他变量之间存在因果关系（Kimura and Fujii, 2003）。从这一方面来看，本章与多数企业生存研究一样，是探索性的初步估计，试图通过多种模型形式的构建、对关键变量的控制来寻找到企业内外因素与企业生存之间的统计联系。

二 新兴产业总体企业生存研究

（一）企业生存研究的 *Cox* 风险模型方法

尽管生存分析起源于医学研究领域，但是这一分析方法在经济学、工程学和社会学当中得到越来越多的运用（Hosmer and Lemeshow, 2011）。生存分析方法及能够控制观测事件的发生，也能控制事件发生的时机。因此，这一方法可以同时考虑企业退出风险随时间的演化及其决定因素（Esteve et al., 2004）。相比传统的横截面分析方法如 *Logit* 和 *probit* 仅能检验在观测期内事件发生的无条件平均可能性。此外，生存分析方法更适用于解决具有右删失问题的数据，并能更为容易地处理时变变量。这些优势决定了该方法在企业生存研究中的广泛应用，特别是 *Cox* 风险模型成为构建企业生存计量模型的基础。

在 *Cox* 风险模型中，风险函数 $h(t)$ 给出的是观测个体已生存时间 t 后，单位时间发生事件的瞬时可能性。在本章的研究过程中，风险函数是在某一年企业退出的可能性。风险函数的基本形式如下：

$$h(t) = \lim_{\Delta t \to 0} \frac{\Pr(t \leq T \leq t + \Delta t \mid T \geq t)}{\Delta t} = \lim_{\Delta t \to 0} \frac{1}{\Delta t} P \quad (5-3)$$

如果以 $h(t)$ 表示累计风险函数，那么风险函数与生存函数 $S(t)$ 存在 $1-h(t) = S(t)$ 的关系。在本章研究中我们使用 *Cox* 风险模型，这是因为 *Cox* 风险模型是最为简单和稳健的回归模型，它不需要对事件发生分布的性质和形状做任何假设。如果用 $h_0(t)$ 表示基准风险函数，则模型基本形式为：

$$h(t, X) = h_0(t) e^{[\beta_1 X_1 + \beta_2 X_2 + \cdots + \beta_p X_p]} = h_0(t) e^{\sum_{i=1}^{p} \beta_i X_i} \quad (5-4)$$

将式（5-4）两边取对数，可得如下表达式：

$$\log h(t, X) = \log h_0(t) + [\beta_1 X_1 + \beta_2 X_2 + \cdots + \beta_p X_p] \quad (5-5)$$

其中 $X = (X_1, X_2, \cdots, X_p)$ 是协变量的集合，并通过 Cox 风险模型的偏最大似然（partial maximum likelihood）估计来得到系数 β_1、β_2、$\cdots$、β_p 的具体取值，从而确定这些协变量对企业退出风险的影响。

（二）模型设定及比例风险假设检验

对新兴产业企业生存进行研究，基本模型设定为：

$$h(t, X) = h_0(t) \exp\left(\sum_{i=1}^{p} \beta_i X_i\right) \quad (5-6)$$

根据研究设计，等式（5-6）中的协变量 X_i 分别表示以下四组变量，从而构成不同的模型形式。

第一，企业自身性质因素影响企业退出风险的 Cox 模型，X_i 分别为 FS_{ij} 企业规模、FG_{ij} 企业成长和 FA_{ij} 企业年龄。

第二，包括企业自身性质及其交互项、企业决定因素的企业生存风险模型。X_i 分别为 FS_{ij} 企业规模、FG_{ij} 企业成长和 FA_{ij} 企业年龄，FA_{ij}^2 企业年龄的平方项，$FS_{ij} \times FG_{ij}$ 企业规模与企业成长的交互项，$FG_{ij} \times FA_{ij}$ 企业成长和企业年龄的交互项，$FS_{ij} \times FA_{ij}$ 企业规模和企业年龄的交互项，CLR_{ij} 资本—劳动率、OSR_{ij} 营业盈余率、VAR_{ij} 价值增加值率、WAR_{ij} 工资率、DEL_{ij} 负债能力、PAC_{ij} 实收资本、EXP_{ij} 出口虚拟变量，以及反映企业性质的虚拟变量分别为 STA_{ij} 国有企业、PRI_{ij} 私营企业、FOR_{ij} 外资企业，反映企业规模的 SMS_{ij} 小型企业、MID_{ij} 中型企业。

第三，包括企业自身性质与产业决定因素的企业生存风险模型。X_i 分别表示企业自身性质变量 FS_{ij} 企业规模、FG_{ij} 企业成长和 FA_{ij} 企业年龄，以及产业决定因素变量 MES_{ij} 最小有效规模、CAI_{ij} 资本强度、ING_{ij} 产业成长、INS_{ij} 产业规模、CON_{ij} 市场集中度。

第四，包括企业自身性质变量、企业决定因素和产业决定因素的企业生存风险模型。X_i 分别为企业自身性质变量 FS_{ij} 企业规模、FG_{ij} 企业成长和 FA_{ij} 企业年龄，企业决定因素 CLR_{ij} 资本—劳动率、OSR_{ij} 营业盈余率、VAR_{ij} 价值增加值率、WAR_{ij} 工资率、DEL_{ij} 负债能力、PAC_{ij} 实收资本，产业决定因素 MES_{ij} 最小有效规模、CAI_{ij} 资本强度、ING_{ij} 产业成长、INS_{ij} 产业规模、CON_{ij} 市场集中度。

在对 Cox 风险模型进行偏最大似然估计时，有两点需要注意：一是对打结事件（tied event）的处理；二是要满足比例风险假设。Cox 风险模型的估计与精确的事件时间无关，仅与事件发生的次序有关。因此如果在同一时间，有两个或多个观测个体发生事件，即出现"打结"，我们不能断定哪个观测个体首先发生事件，其结果是不可能精确地辨别发生事件时刻的风险集构成。而如果比例风险假设不能得到满足，则应用 Cox 比例风险模型是不恰当的。本章研究过程中，我们使用精确离散法来处理打结事件。该方法基于时间 t_i 风险集的构成来近似估计在该时间事件发生的概率，而不考虑同时发生事件的可能顺序。多数研究认为精确离散法是处理打结事件最优的方法之一。为了验证 Cox 比例风险模型的适用条件，本章首先对变量进行比例风险检验。检验结果表明一半以上的变量不符合比例风险假设，特别是产业特征变量，对此需要使用扩展的 Cox 模型。又因为这些协变量中有多数随着产业或时间而变化，因此需要建立具有时变变量的 Cox 风险模型。而对该模型构建和处理的关键在于使用计数过程方法建立人年数据集。这样每个观测对象都包含三条信息：一是观测对象进入风险期的时间；二是时变变量值发生变化的时间；三是观测事件发生的时间。利用这些信息记录构建人年数据集，就可以使用软件对其进行处理。本章在数据整理中就采用了人年数据结构，并使用软件 Stata12.0 来对各个模型进行估计。

（三）实证分析结果

表 5-7 给出了企业生存时间与主要决定因素变量的均值、标准差和 Spearman 相关系数矩阵。从计算结果来看，在 11 年的观测期内，新兴产业中的企业整体生存时间均值仅为 3.05 年，企业持续生存的期望较低。从变量间的相关性上来看，除了价值增加值率和资本强度两个变量外，企业生存时间与其他各个变量显著相关。其中，企业规模、企业成长与企业年龄与生存时间显著正相关。而且除了价值增加值率和工资率之外，其他企业内部因素变量也与企业生存时间呈正相关关系。在产业特征变量中，最小有效规模、资本强度和产业规模与企业生存负相关，而产业成长和市场集中度与企业生存具有正相关关系。变量间的相关性分析仅给出了初步结果，具体企业内外部因素如何影响企业的生存还需运用事件史分析方法，构建风险模型进行研究。

表 5-7　主要变量的均值、标准差和相关性

变量	生存时间	企业规模	企业成长	企业年龄	企业年龄平方	资本—劳动率	营业盈余率	价值增加率	工资率	负债能力	实收资本	最小有效规模	资本强度	产业成长	产业规模	市场集中度
均值	3.050	4.732	0.030	4.760	36.810	29.246	0.007	0.048	0.110	0.085	8.320	285.888	543.996	0.041	17.228	0.564
标准差	2.273	1.202	0.486	3.763	54.216	213.562	0.380	15.321	0.257	2.749	137.515	206.339	0.264	1.328	0.107	
生存时间	1.000															
企业规模	0.175	1.000														
企业成长	0.019	0.186	1.000													
企业年龄	0.706	0.133	−0.027	1.000												
企业年龄平方	0.706	0.133	−0.027	1.000	1.000											
资本—劳动率	0.085	0.002	−0.019	0.049	0.049	1.000										
营业盈余率	0.082	−0.075	0.092	−0.007	−0.007	0.203	1.000									
价值增加率	−0.003	0.004	0.033	0.037	0.037	0.125	0.289	1.000								
工资率	−0.138	0.137	−0.008	0.023	0.023	−0.093	−0.518	0.301	1.000							
负债能力	0.048	0.139	0.009	0.071	0.071	0.226	0.003	0.130	0.077	1.000						
实收资本	0.120	0.454	0.105	0.074	0.074	0.543	0.073	0.149	0.031	0.148	1.000					
最小有效规模	0.083	0.137	0.030	−0.043	−0.043	−0.017	−0.043	−0.071	−0.053	0.088	0.142	1.000				
资本强度	0.016	−0.020	−0.001	−0.026	−0.026	0.104	0.008	−0.033	0.031	0.102	0.306	0.035	1.000			
产业成长	0.050	0.044	0.085	−0.129	−0.129	0.034	−0.035	−0.005	−0.072	0.149	0.725	0.461	0.209	1.000		
产业规模	0.086	0.105	0.010	−0.040	−0.040	0.039	0.029	−0.109	−0.067	0.042	0.479	0.344	0.041	0.337	1.000	
市场集中度	0.056	0.054	−0.009	−0.026	−0.026	−0.006	−0.054	−0.021	0.028							

表 5-8 呈现了对新兴产业总体，企业生存影响因素的 Cox 风险模型估计结果。以计量模型（5-6）到（5-9）为基础，本章报告了十种模型形式的估计结果，并且这些估计结果均是变量估计系数值，描述的是预测变量变化一个单位对 log 风险的影响。而每个系数的反对数值，即 $e^{coefficient}$ 是风险比率，描述的是预测变量变化一个单位对风险的影响。

模型一到模型五主要探讨企业自身性质变量对企业生存风险的影响。首先，在模型一当中仅包括企业规模、企业成长和企业年龄三个变量。从估计结果来看，虽然企业成长变量的回归结果不显著，但是这三个变量的回归系数均为负数。这一结果与产业动态学习模型（Jovanovic，1982；Ericson and Pakes，1995）所做的预测相一致，那些规模更大的、年龄更大的企业有较低的风险率。造成该结果的一个可能原因是组织生态学所提出的"小企业缺陷"（liability of smallness），这与上文提到的"进入缺陷"相类似[①]，是指年轻小型企业面临更高的退出风险。本研究结果表明这种效应在新兴产业当中同样存在。在该产业虽然小企业可能拥有新技术，但是相比大型企业，它们面临着更大的融资困难，并且在培训员工、理顺组织角色、适应新环境等方面投入巨大。在模型二中添加了企业年龄的平方项，估计得出企业年龄的系数显著为正，而企业年龄平方的系数显著为负。之前很多研究表明企业年龄对退出有负向的影响。一个企业在市场当中的时间越长，其积累的经验也越多。而本研究得出的结论却表明在特定时期随着企业年龄的增长增加了企业退出风险，但是度过这一时期，企业的退出风险转而不随年龄增大。在模型三、模型四和模型五当中分别引入了企业规模、企业成长和企业年龄的交互项。经分析，企业规模和企业成长以及企业规模和企业年龄的交互作用能显著降低企业退出风险，而企业成长和企业年龄的交互作用并不显著。细分来看，企业成长变量及其与年龄的相互项对企业退出风险的作用都不显著，而企业规模、企业年龄两个变量无论是以独立形式还是交互形式都显著作用于企业退出风险。这一方面说明企业成长在企业动态演进中作用表现得较为特殊，需要进一步深入

---

① 与"进入缺陷""小企业缺陷"相关的研究还有 Brüderl and Schussler（1990）和 Levinthal and Fichman（1991）提出的"青春期缺陷"（liability of adolescence），以及 Barron et al.（1994）研究中的"衰老缺陷"（liability of senescence）。

分析；另一方面也表明在新兴产业中随着企业规模和年龄增长，企业退出风险下降的总体趋势不变。

表 5-8　新兴产业总体企业生存的 Cox 风险模型回归结果（一）

	变量	模型一	模型二	模型三	模型四	模型五
企业自身性质变量	企业规模	-0.2542*** (0.0236)	-0.2664*** (0.0237)	-0.2583*** (0.0238)	-0.2551*** (0.0237)	-0.1720*** (0.0422)
	企业成长	-0.0256 (0.0477)	0.0037 (0.0486)	0.2417* (0.1373)	-0.1304 (0.0919)	-0.0136 (0.0479)
	企业年龄	-0.0446*** (0.0077)	0.3399*** (0.0318)	-0.0438*** (0.0077)	-0.0442*** (0.0077)	0.0124 (0.0254)
	企业年龄的平方		-0.0257*** (0.0021)			
	企业规模×企业成长			-0.0693** (0.0326)		
	企业成长×企业年龄				0.0142 (0.0108)	
	企业规模×企业年龄					-0.0126** (0.0054)
观测值		15410	15410	15410	15410	15410
Log-likelihood		-12738.8	-12648.5	-12736.3	-12738	-12736.1
卡方值		176.9	357.5	182	178.6	182.4

表 5-9 中，模型六在控制了企业规模、成长和年龄的条件下，加入了反映企业经营绩效、出口活动、企业产权性质和规模分组的企业特征变量。模型七在模型六的基础上又引入了企业规模、成长和年龄的交互项。回归结果表明从企业自身性质变量来看，企业规模和企业年龄对企业风险的作用没有发生改变。在模型六中企业成长的系数显著为负，而在模型七中该系数是正向不显著的。在交互项中，除了企业规模和企业成长的交互作用显著为负，其余的也不显著。

从企业经营状况的变量来看，除了营业盈余率、价值增加值率和工资率不显著外，资本—劳动率、负债能力和实收资本三个变量的系数显著。在这些变量对企业退出风险的影响方面，资本—劳动率的提高所代表的效率提高能够显著降低企业风险。企业营业盈余率和价值增加值率两个变量的系数尽管不显著，但是它们对企业生存的作用方向符合预期，也能够降低企业退出风险。企业工资率的回归结果表明工资率的提高增加了企业经营成本，从而增大了企业退出风险，虽然这一结果也不显著。

在企业的财务结构特征中，实证结果表明企业长期负债占总负债中的比例越高，企业退出的风险显著增大。相比其他研究（López-García and Puente，2007）也得出企业负债状况与生存之间存在着非线性的关系。如果企业负债低，那么提高负债会降低企业退出风险。但是超过特定点时，企业负债对生存的影响将会反转。而本章的研究结论只表明负债与生存之间具有显著的单调正向关系。此外，反映企业资金实力的实收资本变量能显著降低企业退出风险，这说明充足的资金是企业获得持续生存的重要保障。同时相比总资本，用实收资本来作为反映企业财务状况的指标具有显著优势。这缘于实收资本当中不包括负债和净利润，从而降低了这些因素对企业风险估计产生的影响（Honjo，2000）。

相比国内市场，在国际市场上的竞争更为残酷。因此，有出口活动的企业相比没有出口的企业有更高的效率和生存可能性（Bernard et al.，2000；Melitz，2003；Esteve et al.，2004）。本章设定出口活动虚拟变量，在模型六和模型七中分析得出相比没有出口活动的企业，进行出口的企业降低了退出风险，但是这一结果不显著。

从企业产权性质来看，相比其他类型的企业，国有企业的退出风险显著提高，私营企业的退出风险显著降低，而外资企业的风险提高不显著。这与多数研究所得到的结论不同。一般认为国有企业在投融资、税费、技术支持等方面比私营企业享有优势。然而本研究得出在新兴产业当中国有企业相比其他类型企业反而有更高的退出风险，私营企业相比其他类型企业却具有更低退出风险。此外，对外资企业的估计结果不显著，这意味着普遍认为外资企业行为受到约束少的观点在统计上不支持。这一结论与 Kimura and Fujii（2003）对日本企业所做研究得出的结果相一致。

从企业规模分组上看，相较 KM 分析结果得出三种类型的企业生存率存在着显著差异，而在风险率的估计中相比大型企业，小型企业风险低，中型企业不确定，并且这些结果在模型六和模型七中都不显著。

表 5-9　新兴产业总体企业生存的 Cox 风险模型回归结果（二）

	变量	模型六	模型七	模型八	模型九	模型十
企业自身性质变量	企业规模	-0.1870*** (0.0380)	-0.2227*** (0.0610)	-0.2324*** (0.0242)	-0.1608** (0.0530)	-0.1337*** (0.0295)
	企业成长	-0.1379** (0.0572)	0.2631 (0.2179)	0.0043 (0.0489)	0.0607 (0.1776)	-0.1764** (0.0573)
	企业年龄	-0.0429*** (0.0086)	0.3161*** (0.0453)	-0.0553*** (0.0079)	0.3685*** (0.0450)	-0.0272*** (0.0081)
	企业年龄的平方		-0.0242*** (0.0022)		-0.0243*** (0.0022)	
	企业规模×企业成长		-0.0704† (0.0439)		-0.0539 (0.0335)	
	企业成长×企业年龄		-0.0117 (0.0181)		0.0252* (0.0145)	
	企业规模×企业年龄		0.0009 (0.0076)		-0.0139* (0.0075)	
企业层面决定因素	资本—劳动率	-0.0026** (0.0009)	-0.0024** (0.0008)			-0.0023** (0.0009)
	营业盈余率	-0.0428 (0.0355)	-0.0508 (0.0373)			-0.1188*** (0.0337)
	价值增加值率	-0.0001 (0.0059)	-0.0004 (0.0057)			-0.0009 (0.0047)
	工资率	0.0272 (0.0230)	0.0335 (0.0235)			0.0326* (0.0195)
	负债能力	0.5022*** (0.1384)	0.4806*** (0.1401)			0.3296** (0.1393)
	实收资本	-0.1964*** (0.0198)	-0.1913*** (0.0198)			-0.1525*** (0.0192)
	出口（参照组：无出口企业）	-0.0110 (0.0704)	-0.0147 (0.0705)			
	国有企业（参照组：其他类型）	0.4535*** (0.1008)	0.4023*** (0.1013)			
	私营企业（参照组：其他类型）	-0.6661*** (0.0762)	-0.6236*** (0.0764)			
企业层面决定因素	外资企业（参照组：其他类型）	0.0393 (0.0728)	0.0797 (0.0723)			
	小型企业（参照组：大型企业）	-0.1713 (0.2078)	-0.2787 (0.2116)			
	中型企业（参照组：大型企业）	0.0321 (0.1889)	-0.0049 (0.1905)			

续表

	变量	模型六	模型七	模型八	模型九	模型十
产业层面决定因素	最小有效规模			-0.0004 (0.0005)	-0.0010** (0.0005)	-0.0012** (0.0005)
	资本强度			-0.0004** (0.0002)	-0.0005** (0.0002)	-0.0003 (0.0002)
	产业成长			-0.6395*** (0.0974)	-0.5409*** (0.1000)	-0.8057*** (0.1000)
	产业规模			-0.1572*** (0.0462)	-0.1083** (0.0460)	-0.1286** (0.0477)
	市场集中度			0.3160 (0.3315)	0.6214** (0.3335)	1.1086** (0.3502)
观测值	14489	14489	15410	15410	14489	
Log-likelihood	-11611.7	-11532.8	-12652.3	-12566.9	-11586.1	
卡方值	452.2	610.0	350.0	520.8	503.4	

注：括号当中的是标准误，*** 表示 $p<0.001$，** 表示 $p<0.01$，* 表示 $p<0.05$，† 表示 $p<0.1$。

模型八和模型九当中，在控制企业规模、成长和年龄及其交互项的条件下，分析了产业特征因素对企业生存的影响。研究结果表明产业最小有效规模的提高能降低企业退出风险，但是该估计系数极小，说明这一效应对企业风险的影响很微弱，几乎可以忽略。多数研究表明企业进入具有更低最小有效规模的产业中可获得更大的生存机会。然而本研究得出最小有效规模和企业生存之间是微弱的相反关系，这反映出在新兴产业中规模经济效应并没有阻碍企业进入，并且企业生存状况受到该效应的影响也较小。出现该结果可能是因为在新兴产业发展早期存在着多条技术路线，有不同的利基市场。这些利基市场成为企业生存的"庇护所"，提高企业生存可能性。此外，通常认为产业资本强度越高，企业的成本劣势相对越大，生存可能性越低。但是对于资本强度对企业生存的实证分析并没有得到一致的研究结论。本研究得出产业资本强度对企业生存的影响与最小有效规模相类似，呈相反关系但很微弱。总之，从这两个变量中所得的结果验证了 Audretsch and Mahmood（1991，1994）所指出的规模效应在高技术产业不明显的结论。

一般来说，在处于成长阶段的产业当中，企业持续生存可能性更高。本研究对产业成长与企业生存的关系分析证实了这一点。但是，也有研究指出在产业成长阶段进入的企业，随着产业步入成熟阶段，企业退出风险增大，并且在产业成长阶段后期进入的企业生存机会更小（Disney et al., 2003；Cefis and Marsili, 2005；Agarwal et al., 2002）。新兴产业处于快速成长阶段，企业生存状况随产业动态演进特点还未充分显现，因此需要对产业发展和企业生存进行持续跟踪观测，以收集更多的实证证据。产业规模对企业生存的影响也同样符合预期，产业规模的增大提高了企业生存空间，带来更低的退出风险。在市场结构方面，尽管市场集中度对企业生存的影响并未得到一致的研究结论（Mata and Portugal, 1994, 2002；López and Puente, 2007；Strotmann, 2006），但是本研究的实证结果表明在新兴产业当中，随着市场集中度的提高增加了企业间市场势力的差距，"强者更强，弱者更弱"从而增大了企业退出风险。

模型十相较于模型八和模型九，加入了企业特征影响因素，研究结果并没有发生很大变化。通过模型间的横向比较可以看出，企业规模和企业年龄会显著降低企业退出风险。企业成长在呈现显著的模型中会降低企业退出风险，但整体显著性不高。从这三个变量之间的交互项来看，变量间的交互作用对企业生存影响不是很显著，仅在极个别的模型中企业规模与企业年龄，企业规模与企业成长相互作用降低企业退出风险。但总的来说，企业规模、成长和年龄之间存在着密切关联。在企业特征因素中，反映企业经营状况的资本—劳动率、营业盈余率的提高会显著降低退出风险，工资率的提高却会增加退出风险，而价值增加值率变量在各模型中均不显著。此外，回归结果表明负债能力提高反而增加企业退出风险，但实收资本的提高会降低企业风险。在产业特征因素层面，除了资本强度变量之外的其他各变量对企业生存的影响均显著，且在各模型中所得结论一致。

总结这些结论会发现企业生存作为产业动态演进的核心，它受到来自企业内外部多种因素的显著影响。尽管作为探索性的研究不能具体分清变量间对企业生存作用的相对重要程度，但是这些结论也从侧面反映出了企业在进入后表现中的复杂性和动态性。企业生存研究为我们跟踪观测企业生存、成长活动提供了方法途径，也为揭示特定产业动态演进规律指明了方向。

三　新兴产业分行业的企业生存研究

新兴产业虽然整体上处于快速成长期，但是分行业来看发展步伐却不尽相同。并且这七大新兴产业领域在技术创新路线、需求结构特征、发展基础条件等方面存在差别。例如，高端装备制造产业需要依托传统制造业，并在此基础上对传统制造业进行升级改造；而作为支撑工业生产和技术物质基础的新材料却需要不断进行创新，以实现材料运用的突破。此外，节能环保、新一代信息技术、新能源等产业都处于市场需求快速增长阶段，而新能源汽车产业却处于产品试制、运用推广阶段。因此，在不同的分行业内，企业生存状况及其内外影响因素的作用效果应当存在着差异，对此，本章以企业规模、成长和年龄作为控制变量，分别估计了企业特征因素和产业特征因素对各个分行业的企业生存影响，结果汇总到表5-10当中。

如表5-10所示，除了新能源产业之外，企业规模在其他各分行业当中与企业退出风险呈显著负相关。企业规模的增长确实能够降低各行业企业的退出风险。相类似的，企业年龄在除了高端装备制造产业之外的其他行业当中，显著降低企业退出风险。然而，企业成长变量在各分行业当中的回归系数有正有负，且均不显著。由此可见，反映企业自身性质的各变量对分行业企业退出风险的作用方向没有发生改变，仅是显著性有所差异。

在企业特征因素方面，变量在各分行业中的整体显著性较低，并且变量对企业退出风险的作用方向有变化。具体来看，资本—劳动生产率的提高在节能环保和高端装备制造业当中能显著降低企业退出风险。营业盈余率在除了新一代信息技术产业和新能源产业之外的其他行业里，对企业风险具有负向作用，然而估计结果的显著性却不高。价值增加值率、工资率和负债能力在每个分行业中的作用都不显著，但是值得注意的是工资率在高端装备制造产业当中显著为正，表明工资率提高增加了企业经营成本，增大了企业退出风险。在企业财务结构特征中，企业负债增加，提高了生物产业和新材料产业当中企业的退出风险，而在其他行业中不显著。实收资本的增加显著降低了节能环保、新一代信息技术、生物、高端装备制造、新能源和新材料产业的退出风险。这些结论与对产业总体进行分析的结论相一致。在虚拟变量中，出口行为在各个行业当中的作用都不显著。而从企业产权性质来看，在多数行业当中，国有企业的退出风险反而高于其他类型企业。外资企业风险作用方向不确定，相反，私营企业在各个行业中都表现出会降低企业退出风险。这与我们通常所认为的国有企业生存条件好，私营企业生存困难的观点不符，这也说明不同产权类型企业生存状况的内在作用机制有待进一步发掘和探讨。此外，在企业规模分类当中，生物和新材料产业当中的中小型企业反而比大型企业具有更低的退出风险。这体现出在这些高技术产业当中，中小型企业的灵活性、适应性优势。

在产业特征因素方面，相比企业特征因素来说，各变量在每个分行业中的显著性较高，但变量在分行业间的作用方向也存在着差异。最小有效规模除了在高端装备产业中与企业退出风险呈显著负相关外，在节能环保、生物、新能源和新材料产业当中均是显著的正相关关系。得到一个结果较为意外，通常认为高端装备制造产业的规模较大，进入的企业需要达到一个较高的最小有效规模水平才能获得生存机会。但是本研究表明在高端装备产业当中多数新企业会以次优规模进入，并且这种相对的成本劣势也并未造成企业退出风险的增大。这其中可能的原因是建立在传统装备制造业基础上的高端装备产业当中存在着大量利基市场，如数控机床、电子专用设备、环保技术及设备等，专门从事这些高端装备制造的企业可能相比其他企业来说并不具备规模优势，但是它们对专有技术和工艺的掌握保证了其较高生存率。而其他分行业的结果与多数研究一致，即最小有效规模的提高会增大企业退出风险。

资本强度变量在各个分行业当中对企业生存的影响显著，但作用方向存在着差异，这与多数研究得出资本强度对企业生存的影响并未得到一致的结论相符。造成这一结果可能的原因是不同产业在投入的流动性上存在着差异。这就使得关于资本强度的生产函数产生变化，从而导致企业退出风险的不同（Agarwal and Gort, 2002）。

产业成长变量在节能环保、生物、新材料产业当中都与企业退出风险显著负相关，而在其他四个行业当中显著正相关。虽然一般来说产业快速成长为企业生存创造更多机会，但是从获得正相关的估计结果来看，产业快速成长也会带来企业退出风险的增大。产业规模变量的回归结果也得到相类似的结论。而对市场结构的研究得出，市场集中度在节能环保、新材料和新能源汽车产业当中会显著提高企业退出风险，而在生物、高端装备制造、新能源产业当中作用却相反。对此，有两类解释，一方面组织生态学者（Hannan and Carroll, 1992）认为市场集中度的提高带来竞争，从而增加了退出风险；而另一方面，在企业数量处于低水平的产业当中，市场

表 5-10　　新兴产业分行业企业生存的 Cox 风险模型回归结果

	变量	节能环保产业	新一代信息技术产业	生物产业	高端装备制造产业	新能源产业	新材料产业	新能源汽车产业
企业自身性质变量	企业规模	-0.2301*** (0.0632)	-0.2708*** (0.0426)	-0.3810*** (0.0827)	-0.1776*** (0.0672)	-0.1148 (0.0962)	-0.1200*** (0.0500)	-0.3603** (0.1430)
	企业成长	0.0493 (0.1082)	0.0184 (0.0963)	0.1603 (0.1708)	-0.0064 (0.1325)	0.0169 (0.2389)	-0.1233 (0.0917)	-0.1474 (0.2637)
	企业年龄	-0.0325* (0.0175)	-0.0857*** (0.0168)	-0.0893*** (0.0243)	-0.0191 (0.0216)	-0.2364*** (0.0614)	-0.0455*** (0.0142)	-0.4075*** (0.1286)
企业层面决定因素	资本—劳动率	-0.0099* (0.0051)	-0.0001 (0.0011)	-0.0063 (0.0052)	-0.0185* (0.0102)	-0.0038 (0.0030)	-0.0006 (0.0013)	-0.0292 (0.0182)
	营业盈余率	-1.1442** (0.3743)	0.0461 (0.0713)	-0.6502 (0.4436)	-0.4929** (0.2008)	0.0613 (0.1446)	-0.7116*** (0.1987)	-1.2811 (0.9662)
	价值增加值率	0.5736 (0.4876)	0.1359 (0.3287)	0.1993 (0.4148)	-0.0728 (0.0535)	0.0014 (0.0706)	-0.0322 (0.4339)	-0.2354 (1.2919)
	工资率	0.0937 (0.1541)	0.1106 (0.0926)	-0.0592 (0.2389)	0.1135* (0.0687)	0.2918 (0.2724)	0.0132 (0.0286)	0.1447 (0.6631)
	负债能力	0.5238 (0.3284)	0.1299 (0.3333)	0.7466** (0.3459)	-0.1433 (0.5507)	0.3506 (0.6895)	0.5134† (0.2451)	-0.4524 (0.9407)
	实收资本	-0.2918*** (0.0444)	-0.0519** (0.0406)	-0.0683** (0.0732)	-0.2123*** (0.0670)	-0.2364** (0.0819)	-0.1678*** (0.0420)	-0.1141 (0.1379)
	出口	-0.1430 (0.1768)	-0.1483 (0.1335)	0.0391 (0.2492)	-0.1254 (0.2102)	0.1285 (0.3413)	-0.0020 (0.1437)	0.4104 (0.3922)
	国有企业	-0.1183 (0.2564)	0.9168*** (0.2225)	1.0036** (0.3505)	0.4745* (0.2712)	0.2045 (0.5036)	0.1678 (0.1889)	3.7402*** (1.0775)
	私营企业	-0.7258*** (0.1737)	-0.5090* (0.1737)	-0.3737 (0.2527)	-0.4319** (0.2104)	-0.1743 (0.2732)	-0.9319*** (0.1567)	-0.9445** (0.3611)
	外资企业	0.2184 (0.1754)	0.2315† (0.1322)	0.6361* (0.2653)	0.0993 (0.2281)	-0.0809 (0.3609)	-0.3281† (0.1532)	-0.9436† (0.5298)
	小型企业	-0.8139 (0.4965)	0.1581 (0.3457)	-3.8837** (1.1194)	0.0229 (0.7151)	-0.8719 (0.8553)	-0.8384† (0.4846)	-0.4684 (0.9260)
	中性企业	-0.5451 (0.4682)	0.2956 (0.3023)	-3.2688** (1.0870)	-0.0995 (0.6537)	0.0083 (0.8432)	-0.6897 (0.4517)	-1.0995 (0.8338)
	最小有效规模	0.0402*** (0.0044)	-0.0011 (0.0026)	0.0713** (0.0238)	-0.0076** (0.0028)	0.0182*** (0.0048)	0.0073*** (0.0016)	-0.0095 (0.0079)
	资本强度	-0.0299*** (0.0027)	-0.0104*** (0.0030)	-0.0179*** (0.0036)	-0.0099*** (0.0027)	0.0041** (0.0018)	0.0014* (0.0007)	-0.0120† (0.0058)
	产业成长	-12.1335*** (1.0924)	4.4465*** (0.6988)	-1.7930† (0.9541)	2.0944*** (0.4110)	3.1917*** (0.8491)	-4.0713*** (0.5026)	1.5733† (0.8548)
	产业规模	3.2002*** (0.4937)	-3.9048*** (0.5386)	0.8323 (0.7051)	0.8996 (0.5657)	-3.8069*** (0.6589)	5.3856*** (0.4507)	2.0981* (0.8846)
	市场集中度	25.4081*** (2.9396)	3.5796 (2.1824)	-4.6563† (2.0501)	-7.3571*** (1.7511)	-9.9365** (3.8695)	22.3426*** (1.8845)	18.3988*** (5.2603)

注：括号当中的是标准误，*** 表示 $p<0.001$，** 表示 $p<0.01$，* 表示 $p<0.05$，† 表示 $p<0.1$。

当中企业数量的增加提高了合法化程度①（legitimacy），从而有利于企业生存。但是当企业数量超过一定程度，会导致竞争程度的增加，从而增大退出风险（Mata and Portugal，2002）。本研究结论在一定程度上证实了这些观点。在有些分行业当中，企业数量少，产业成长和规模扩张速度快，市场竞争程度低，从而有利于企业生存；而在另一些分行业当中，产业持续地成长和规模扩张带来企业数量增多，密度增大，造成市场竞争加剧，导致企业生存困难。

综上所述，在总体上作用于新兴产业企业生存的内外因素，在分行业中无论是在变量回归系数的显著性上，还是在作用方向上都发生了变化。由此可见，尽管本研究在模型估计过程中对企业自身性质因素加以控制，但是不可观测的异质性仍然导致分行业回归结果和总体结果的不一致。但这也为进一步探究新兴产业各行业，随着生命周期演进而表现出的企业生存差异提供了广阔空间。

第五节 本章小结

为了研究新兴产业企业进入后的持续生存状况及其影响因素，本章对工业企业数据库进行了筛选、整理、比对，从而使用事件史分析方法构建了一个全新的人—年数据集，来追踪观测与新兴产业相关的4780家企业从1999年到2009年的生存状况。这一数据集包括多方面的信息，例如企业成立的年份、所有权性质、主要产品、企业员工数量、企业财务状况等。以这些数据信息为基础，本研究分析了影响新兴产业企业生存的决定因素。

首先，使用非参数的KM估计对企业生存函数进行初步估计。从整体上看，在11年的观测期内，新兴产业中的企业生存率从92.7%下降到43.7%，企业生存状况不容乐观且相比传统产业优势并不明显。从分行业来看，新能源汽车产业和新能源产业的企业生存率高于新一代信息技术、

---

① 在种群生态理论研究中，Hannan提出，种群中组织死亡率受到两方面因素的共同影响，一是种群竞争状况，种群竞争越激烈，组织死亡率越高；二是种群合法性地位，种群合法性越高，组织死亡率越低。即组织死亡率随着种群竞争和合法性两个因素的相互作用而变化（杜运周、任兵、张玉利，2009）。

高端装备制造和节能环保产业。而生存率最低的是生物产业和新材料产业。将观测企业按照所有权性质和规模分层之后，不同类型间的企业生存差异明显。在企业性质方面，私营企业的生存率高于外资企业，而外资企业高于其他类型企业的生存率，排在最后的反而是国有企业。在企业规模方面，占企业总数 86.2% 的小型企业生存率也最低，其次是中型企业，而大型企业的生存率最高。

企业生存的非参数估计仅给出了企业生存状况的初步描述，还存在着哪些内外因素会影响企业的生存仍需进一步讨论。为此，本研究依据之前企业生存相关研究，选取反映企业规模成长、经营状况、财务结构、所有权性质等内部特征因素，以及规模经济、产业扩张、市场结构等外部环境因素，使用半参数 Cox 风险模型来分析这些因素对企业退出风险的影响。研究结果表明，企业年龄与企业规模能显著降低企业退出风险。当加入企业年龄的平方项后，企业年龄与企业生存之间呈现出倒 U 形关系，企业退出风险先增加后递减。此外，作为企业进入后表现的另一个重要维度——企业成长在塑造企业生存变动方面起到重要作用。但是多种模型形式中的回归结果显示企业成长对企业生存的影响在多数情况下呈现出显著负向关系，在极个别的情况下也有正向关系。由此可见，企业成长对生存的影响较为特殊，需要对企业成长机制作进一步探讨。在反映企业经营状况的变量中，营业盈余率、价值增加值率的提高会降低企业退出风险，而企业工资率的提高却增大企业退出风险。在企业财务结构特征变量中，企业负债的增加提高了退出风险，而企业实收资本的增加增强了企业资金实力，降低了退出风险。此外，企业的出口活动会降低企业风险，但是这一结果不显著。在对企业所有权性质进行分类后，相比其他类型企业，国有企业退出风险提高，反而私营企业退出风险降低，但对外资企业的回归结果不显著。从企业规模分组上看，相比大型企业，小型企业风险低，而中型企业不确定。

从产业特征因素来看，最小有效规模的增加并没有提高新兴产业中企业的退出风险，这反映出产业中的市场利基在庇护企业免遭因成本劣势而淘汰方面起到积极作用。但是对资本强度的分析却没有得到一致的结论。此外，产业成长和规模扩张显著降低企业退出风险，但是市场集中度的提高拉大了企业间市场势力的差距，导致企业退出风险增大。

对新兴产业各分行业的企业生存进行研究，发现影响企业生存的内外因素在各分行业当中的作用具有明显区别。这说明特定产业特征因素,例如所处的产业生命周期、技术路径、市场需求结构等,以及不可观测的企业异质性,例如管理者的管理水平、进入前的经验等都会造成产业间企业生存的差异,这就为进一步探究企业生存问题提供了广阔空间。

此外,由于数据的局限性,本研究无法研究技术创新、政府补贴等对新兴产业企业生存的作用。实际上,企业的生存,特别是高新技术产业当中企业会受到技术创新活动极大的影响(Esteve et al., 2004; Cefis and Marsili, 2005; Esteve and Mañez, 2007)。但是,随着今后新兴产业统计数据的完善以及研究的深入,从技术创新入手探讨企业生存问题一定能够得到丰富的研究结论。

第六章　新兴产业动态演进的微观机制之二：企业进入后的成长

按照产业动态演进观点，企业选择合适的初始规模进入后必定会采用各种手段，谋求各种途径生存下来，然而，对于企业成长却并非如此。通常来讲，在产业特征方面，如果产业最小有效规模较高、沉没成本较大、在位企业抵御较强，那么企业在进入后必定选择快速成长，以扩大自身优势，在产业中站稳脚跟。而在相反条件下，或者市场当中存在着大量利基，企业也不必急于扩张，即使是不成长也能生存下来。在企业方面，进入后需要快速学习，一方面认识自身相对成本和效率高低，而另一方面了解产业环境，在此基础上作出停留、扩张、退出决策。正是由于这样的内外作用机制，尝试从外部确定企业成长的决定因素存在着困难且仅有有限的解释力，企业成长似乎表现出一种随机游走的方式，展现出它在产业动态演进分析中的复杂性和特殊性。对此，应当转变研究思路，从研究企业成长外围转向探讨其"内核"，以多维视角审视企业成长的内在机制，抓住企业成长变化的根本动因。

第一节　新兴产业企业成长的复杂性与多维视角

一　新兴产业中企业成长的复杂特性

企业成长是一个涉及经济、社会和文化因素的异质性、复杂性和动态性的演进过程（Delmar et al., 2003；Wong et al., 2005）。其中一部分的复杂性来源于对企业成长的不同定义。具体来讲，从企业成长方式来看，自然成长、新企业建立、现有企业集中（通过兼并收购的方式），以及通过新产品和新工艺的创新扩散而成长（Delmar et al., 2003）是研究者们探讨最多的四种企业成长方式；从方法论来看，定量和定性分析是主要的研究方法。前者通过数据计量分析来实现，而后者更为复杂，不但需要获得关于企业活动不同维度上的信息，而且还需要考虑到企业异质性问题。这体现在四个方面：第一，不同的企业成长测量指标对实证分析结果会造成一定的影响；第二，企业成长既可以通过传统的可观测变量来解释，如企业所处的位置、产业、规模、年龄和资本等，也与不可观测的变量相关，如企业管理资本和劳动力的技能等；第三，创新活动在不同的时间和空间上对企业及其成长产生不同的影响；第四，企业基本情况的差异例如市场地位、公众支持等对企业成长产生不同强度的影响（Audretsch, Coad and Segarra, 2014）。因此，源于企业层面的异质性，加之企业成长随时间呈现出较低的持续性和稳定性，使得难以预测企业成长的决定因素，并且也不容易得到一致的结论。

　　基于上述分析，在新兴产业当中，企业成长方式同样存在着复杂多样性，既有自然成长也有兼并成长。这两种不同的成长方式对于管理者的要求、企业的绩效会产生不同的影响。并且在社会层面上，自然成长更可能创造新的就业机会，而兼并成长仅是工作从一个组织当中换到另一个组织当中。此外，Penrose（1959）的研究也指出相较于兼并成长，自然成长将表现出更为平滑的成长方式，同时，自然成长也通常发生在具有更小、更年轻企业的新兴产业当中，而兼并成长一般出现在具有大型、年长企业的成熟产业中。在新兴产业发展初期阶段，大量中小企业伴随着新技术出现而自然成长起来，各类相应的新职业也应运而生，从而创造了广阔的就业空间。但是随着产业趋于成熟，其技术密集型特征逐渐凸显，这使得该产业与劳动密集型和资源密集型产业相比，对于就业的吸纳能力相对有限。因此如何实现在提高就业数量的同时提升就业质量是新兴产业中企业成长所面临的重要问题之一。

　　除了在企业成长方式方面表现出来的复杂性之外，新兴产业企业的异质性也不容忽视。在上文已经得出新兴产业表现出向着 Gibrat 定律趋近，而传统产业却背离 Gibrat 定律的结论。这体现出在新兴产业当中企业规模和企业成长之间表现出独立性，相反，传统产业中企业规模与企业成长却相互依存。该结论说明对于企业规模是否是企业成长的决定因素并没有得出一致的结论，是否会有其他产业或企业特征因素在其中起作用仍需进一步检验。对此，有些研究探讨了被称为"拓展的 Gibrat 定律"模型，即在 Gibrat 回归模型当中引入其他变量，从而研究这些因素是否与企业成长相关。尽管这些添加的变量呈现出统计的显著性,但是分析得出的主要结论依然是企业成长是一个随机过程,并且其决定因素难以发现和确定(Coad, 2009)。由此可见,无论是前人的研究,还是本研究针对新兴产业和传统产业的比较研究都进一步印证了"企业成长是一个随机过程,成长率随时间而发生的变化多数是源自于企业内部的变化,而非企业间的变化(Geroski and Gugler, 2004; Geroski, 2000)"这一研究结论。

综上所述,新兴产业中企业的成长可以通过多种不同的方式来实现,而这些成长方式随时间增长又会在企业当中产生差异。与此同时,无论是之前的研究,还是本研究对于新兴产业的研究都得出不但在企业自身当中,还是在描绘企业成长特性的多种因素当中都存在着大量的异质性。没有充分认识到这一点以致使当前理论和研究结论出现诸多困惑和矛盾。在之前的研究中,基于不同的理论和方法论观点,选取了不同的成长指标和计算方法。然而研究发现,不但这些指标在可靠性和有效性方面存在着差异,并且受此影响相应的模型建立和理论发展也产生差异。对此,有学者提出应当努力寻求单一最优途径来测量企业成长。然而,正是由于这种固化的思维方式将研究者的注意力从认识到企业成长多维性本质上转移开来。实际上,企业成长是一个多维而非单维现象,企业的成长是高度异质性的,而不会仅按照一种方式成长。正因如此,从多维视角来研究企业成长对于理解企业成长过程是十分重要的。

二 新兴产业中企业成长的多维视角分析

早期的研究无论是将企业规模和成长放入一个相对静态的框架还是尝试寻求最优的企业成长测量指标都没有给我们留下一个一致的、无争议的分析框架,因此,将企业成长视为是一个多维过程,探索成长过程中企业内部发生了什么更值得尝试和研究。

在传统研究当中,员工数、销售额、利润、生产率等通常用来作为反映企业成长的替代指标。而从多维视角来看,可以认为这些指标中的每一个都具有本质差别,它们分别反映出企业成长不同方面的唯一信息。通过研究这一系列指标的共同演进可以提高对于企业成长过程的认识(Coad, 2007)。按照这一观点,企业销售和利润增长不单是企业成长的最终结果,也是一个投入,因为它们奠定了企业扩张的基础。员工数的增加既可视作生产过程中的投入,也可视为结果,例如员工增长表明创造出了新的就业岗位。而生产率的增长会推动企业成长，但是企业的成长和扩张却可能反过来抑制生产率的提高（Penrose，1959）。经过这一视角的转换，企业成长完全可以看作一些独立变量动态、共同演进的系统。基于此可以将企业成长的外在现象从衡量企业成长的指标当中独立出来，转入研究企业内部各个反映企业成长指标变量之间的关系。

基于理论预测，可以对反映企业内部成长不同维度变量间的关系提出不同假设。首先是成长变量的自相关关系。这进一步分为三种情况，一是在收益递增的前提条件下，变量呈现出正相关关系；二是如果企业成长真正是一个随机游走过程，那么变量没有显著的自相关关系；三是如果发现企业随时间难以维持一个稳定的成长状态，那么变量会表现出负相关关系。其次是成长变量之间的关系。在员工数增长和销售增长之间，许多与企业员工数增长相关的理论，例如企业成长的加速器理论[①]已经指出销售增长会导致员工数的增长。而当考虑影响企业规模增长的因素时，无论是用员工数还是用销售额来衡量企业规模，按照企业成长和产业动态理论，可以预测企业规模的增长将会受到先期利润增长和生产率增长的影响。然而按照企业成长的融资约束理论（Coad，2010），企业规模增长与利润之间并没有显著的相关关系。对于利润来说，按照企业成长的管理理论（Marris，1963；Jensen and Meckling，1979）其他任何变量的增长预计都会导致利润的增长。最后，从生产率来看，依据 Kaldor-Verdoorn 定律[②]所提出的"动态收益递增"假设可以预计员工数和销售额的增长将对生产率的增长产生正向影响。但是快速的员工数增长却与低生产率水平相联系。这是因为按照 Penrose 效应如果企业将精力用于培训新员工和扩张上，就会转移企业保持经营低成本的注意力。此外，当前没有理论明确表明利润的增长如何与生产率的增长相联系。但通常假设高生产率的企业利润也会更高，而实际上，这两个变量也通常相互替换作为企业相对绩效水平的指标。

[①] 企业加速器是由企业孵化器演化而来的新形态，是培育创新型企业、形成高新技术产业创新集群的重要政策工具。企业加速器理论是依托比较优势理论、规模经济理论和企业生命周期理论而发展起来的理论。

[②] 卡尔多−凡登定律（Kaldor-Verdoorn Law）是工业引导型增长模型，该定律的核心是第二产业的生产率最高且生产率提高最快，并会带动经济增长。

基于上述假设，本章使用新兴产业数据，运用向量自回归模型来研究企业成长不同维度之间的复杂动态关系，以揭示新兴产业企业成长的内部动力机制。

第二节 数据和描述统计

一 数据来源

有别于第四、五、六章，本章选用上市公司数据。这些公司样本和数据自来于同花顺 IFIND 金融数据库概念类板块。比照新兴产业分类标准，本章选取概念板块中的 3D 打印、4G、PM2.5、超导、充电桩、大飞机、大数据、地热能、动力/锂电池、风能、高端装备、高铁、固废处理、光伏概念、航天军工、核电核能、基因测序、机器人概念、建筑节能、节能环保、节能照明、人脑工程、三网融合、生态农业、生物医药、生物智能、太阳能、碳纤维、尾气治理、污水处理、物联网、稀土永磁、新材料概念、新能源汽车、页岩气、云计算、智慧城市、智能电网、智能医疗等板块。

上市公司数据用于研究企业成长问题的优势在于：首先，全面而细致的数据信息。同花顺金融数据库中的上市公司数据按照行业、地域、板块等做了细致分类，并且不但包括上市公司所披露的年报数据，而且还进行了财务预测和估值建模等。这为计算企业成长指标变量奠定了坚实基础。其次，数据的连续性和完整性高。相较工业企业数据库，上市公司数据发生统计遗漏、数据删失的问题较少，能够获得企业财务数据等的连续记录。最后，数据时间跨度长，包含个体多，能够组成高质量的企业级面板数据。利用上市公司数据优势，结合企业成长研究特点，本研究确定研究期为 1999 年到 2013 年，并以在这期间内连续生存的企业为研究对象。在对缺失值过多、研究期内进入以及重复的企业样本进行剔除后，得到 449 个企业组成的面板数据。

二 企业成长指标选取及测算方法

对于企业成长进行测量的指标非常多，本章关注员工数、销售额、利润和劳动生产率的增长，因此用这四个指标来反映企业成长的不同维度。

其中员工数和销售额是经常用到的企业成长测量指标。销售额增长能够有效地反映企业的短期和长期变化，它也是企业管理者最常用的企业成长测量方法。而用员工数来测量企业成长也会表现出极大的优势，首先，用销售额指标可能会高估企业规模。因为销售额不但反映了企业的价值增加值，也反映了投入价格。其次，与财务指标相比，用员工数来表示企业规模进而计算成长率降低了测量偏误。这是因为员工数指标不需要消除通胀的影响。并且使用员工数指标对于跨国的、多产业分析十分有用。最后，对于具有较多小型企业的样本来说，使用员工数来测量成长将更为稳健。此外，利润增长不单是绩效的测量指标，也可作为衡量企业成长的指标（Little，1962；Baumol，1970），因此也将利润增长指标纳入企业成长机制的研究中。该指标数据来自企业利润表的"总利润"科目。而对于劳动生产率指标来说，通常使用企业增加值除以员工数获得。但是企业增加值并不会在财务报表中报告，需要通过计算获得。企业增加值的核算方法有两种：生产法和收入法（何静、高敏雪，1999）。其中，生产法是根据增加值形成过程计算增加值的方法，而收入法则是根据增加值在分配过程中所产生的流量计算增加值的方法。本研究选择收入法计算新兴产业企业的增加值。收入法增加值的计算方法为：

增加值＝固定资产消耗＋劳动者报酬＋生产税净额＋营业盈余

其中固定资产消耗来自企业资产负债表中的"累积折旧"科目。劳动者报酬来自各种货币工资、奖金、津贴和补贴。生产税净额来自损益表当中的"产品销售税金及附加"科目。生产税净额是由生产税减去政府补贴计算得到。营业盈余来自损益表当中的"营业利润"科目。计算得到企业增加值后，除以企业员工数求得企业劳动生产率指标。

在确定四个指标后进行企业成长的计算。企业成长有两种计算方法，分别是完全的和相对的企业成长。完全企业成长测量方法检验了企业规模之间的真实差异，并且在小型创业企业成长研究中使用相对频繁。而相对企业成长，即企业成长率是指企业规模的相对变化，在产业组织和劳动经济研究中使用较多。最为常见的企业率测算方法是取规模的对数差，由下式表示：

$$g_{it} = \frac{S_{it} - S_{it-1}}{S_{it-1}} = \frac{S_{it}}{S_{it-1}} - 1 \tag{6-1}$$

其中 g_{it} 表示企业 i 在第 t 期的成长率，S_{it} 表示企业 i 在第 t 期的规模。等式（6-1）两边取对数，得到：

$$\log(g_{it}) = \log(S_{it}) - \log(S_{it-1}) \qquad (6-2)$$

相较企业成长的百分比形式，使用对数差形式的优势在于计量结果受到异方差的影响较小。而传统的企业成长测算方式（6-1）与取对数差的测算方式（6-2）相比，在成长率数值相对较小时，使用公式（6-2）的对数差成长率能更接近真实的成长率（Törnqvist et al., 1985）。总之，无论是在规模指标还是成长指标方面，都不存在一个最好的成长测算方法，需要依据所研究的产业研究问题选择合适的方法（Davidsson and Wiklund, 2000）。根据本研究对于新兴产业企业成长多维分析的特点，本研究选择相对企业成长的对数差测量方法。

三 企业成长指标的描述统计

表 6-1 呈现了新兴产业中的企业在 2001、2005、2009 年和 2013 年四个时点上的企业成长指标的描述统计。它反映了企业成长率分布的基本特征。就总体而言，所有的统计量随时间展现出相当的稳定性，这说明企业成长的基本分布特性并没有随时间表现出较大变化。从具体指标来看，利润增长指标均值除了在 2009 年是正的以外，在其他时点上都是负的，而其余几个变量的均值都是正的。与此同时，利润增长指标的标准差比其他变量也较大，这表明在利润动态变化方面企业间存在着较大的差异。而从分位数来看，各个指标在中分位数以下都是负值，而在中位数以上均为正值，这种变化在变量间表现得较为一致。

表 6-1　　　　　　　　企业成长的描述统计

	均值	标准差	10%	25%	50%	75%	90%	观测变量数
2001
员工数增长	0.007	0.190	-0.180	-0.050	0.002	0.051	0.211	449
销售额增长	0.138	0.387	-0.197	-0.036	0.133	0.312	0.521	449
利润增长	-1.318	12.535	-1.042	-0.397	-0.040	0.226	0.550	449
劳动生产率增长	-0.487	5.667	-0.974	-0.301	-0.011	0.259	0.555	449
2005
员工数增长	0.040	0.336	-0.154	-0.042	0.009	0.105	0.267	449
销售额增长	0.071	0.704	-0.214	-0.007	0.131	0.257	0.396	449
利润增长	-1.450	14.101	-3.030	-0.602	-0.053	0.273	0.802	449

	均值	标准差	10%	25%	50%	75%	90%	观测变量数
劳动生产率增长	-1.558	7.819	-17.587	-0.367	-0.001	0.247	0.598	449
2009
员工数增长	0.073	0.490	-0.127	-0.040	0.020	0.115	0.254	449
销售额增长	0.026	0.407	-0.310	-0.144	0.040	0.177	0.365	449
利润增长	0.062	5.844	-1.484	-0.668	0.069	0.705	1.787	449
劳动生产率增长	0.955	8.139	-1.339	-0.315	0.132	0.601	2.569	449
2013
员工数增长	0.076	0.455	-0.132	-0.049	0.007	0.088	0.254	449
销售额增长	0.097	0.340	-0.176	-0.037	0.079	0.185	0.322	449
利润增长	-1.123	19.409	-1.843	-0.416	0.097	0.468	1.338	449
劳动生产率增长	0.139	7.908	-1.218	-0.239	0.102	0.407	1.579	449

表 6-2 给出了企业成长变量之间的相关系数和 Spearman 等级相关系数。相比传统相关系数，Spearman 等级相关系数对于存在异常值和肥尾分布的数据来说更为稳健。从系数的显著性来看，除了利润增长和员工数增长之间的相关系数不显著之外，其他变量间的相关系数均十分显著。从系数的大小来看，最大的系数值出现在劳动生产率增长和利润增长之间，相关系数值达到 0.658，Spearman 等级相关系数达到 0.676，而其他变量的相关系数值都很小。这表明这两个变量之间存在着多重共线性问题。对此本章将在后续研究中进行稳健性分析，来寻求一个将生产率和利润结合在一起的合适变量。

表 6-2 企业成长变量的相关系数矩阵和 Spearman 等级相关系数矩阵

	员工数增长	销售增长	利润增长	劳动生产率增长
员工数增长	1.000			
Spearman 等级相关系数	1.000			
销售增长	0.209***	1.000		
Spearman 等级相关系数	0.256***	1.000		
利润增长	-0.003	0.121***	1.000	
Spearman 等级相关系数	0.099***	0.358***	1.000	
劳动生产率增长	-0.038**	0.213***	0.658***	1.000
Spearman 等级相关系数	-0.176***	0.330***	0.676***	1.000

第三节 企业成长率的分布特征

讨论了企业成长率的测量方式及测量结果的初步统计特征，接下来可以对企业成长率分布演进特征进行描述。图6-1、6-2、6-3和6-4分别给出了企业员工数增长、销售额增长、利润增长和劳动生产率增长在2001、2005、2009年和2013年四个时点上的企业成长核密度估计图形。在 y 轴取对数刻度的情况下，四个图形均呈现出拉普拉斯分布所具有的"帐篷形状"的分布形态特征，多数企业的成长率较低，而小部分企业经历着加速增长和衰退。这一研究结果进一步印证了拉普拉斯分布能够对企业成长率分布进行良好而稳健的拟合（Stanley et al., 1996; Bottazzi and Secchi, 2003）。之前对于美国（Stanley et al., 1996; Bottazzi and Secchi, 2003）、法国（Bottazzi et al., 2009）、意大利（Bottazzi et al., 2007）等不同国家、不同产业的企业成长率实证研究也得到类似的结果。

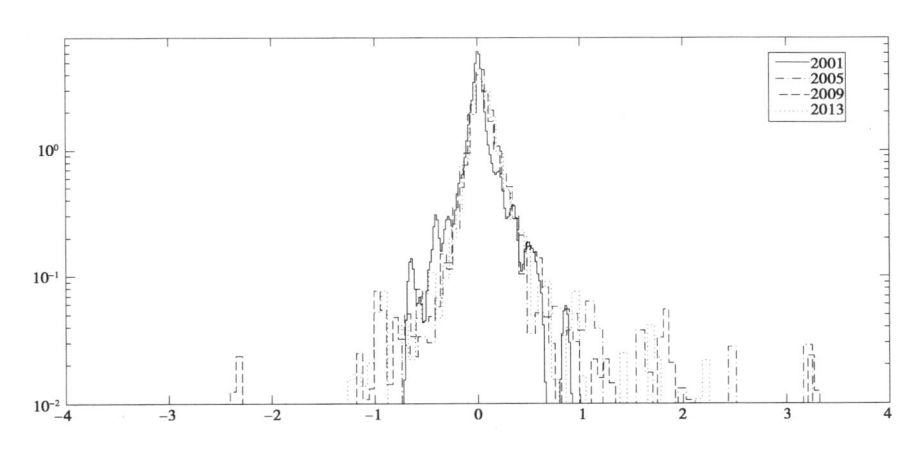

图 6-1 2001、2005、2009 年和 2013 年企业员工数增长率的核密度估计

企业成长率分布呈现出"帐篷形状"拉布拉斯分布特征表明当企业成长由相对企业成长方法进行计算时，可以观测到小型企业表现出快速成长，并且会伴随着相比较大型企业更高的成长率变动。因此，所研究的企业群中会有一些企业在观测期内经历极大的成长率变动，相反另一些企业几乎不成长。结合新兴产业的动态演进特点，这说明产业内的部分企业不但成长速度快，甚至还会频繁地出现极端成长率变动事件。企业成长的这

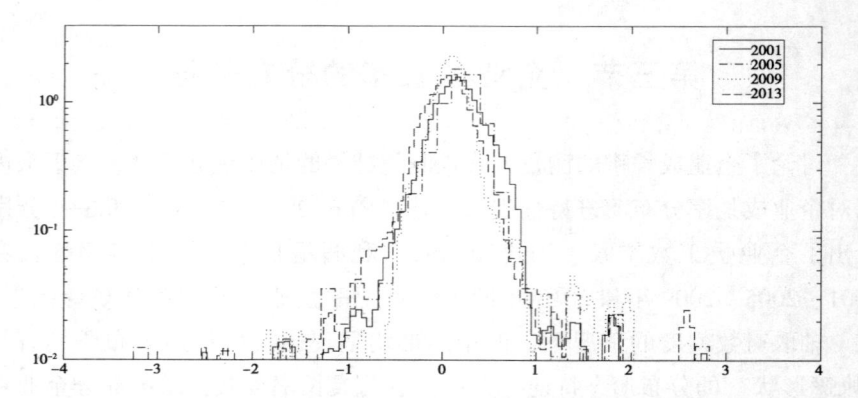

图 6-2 2001、2005、2009 年和 2013 年企业销售额增长率的核密度估计

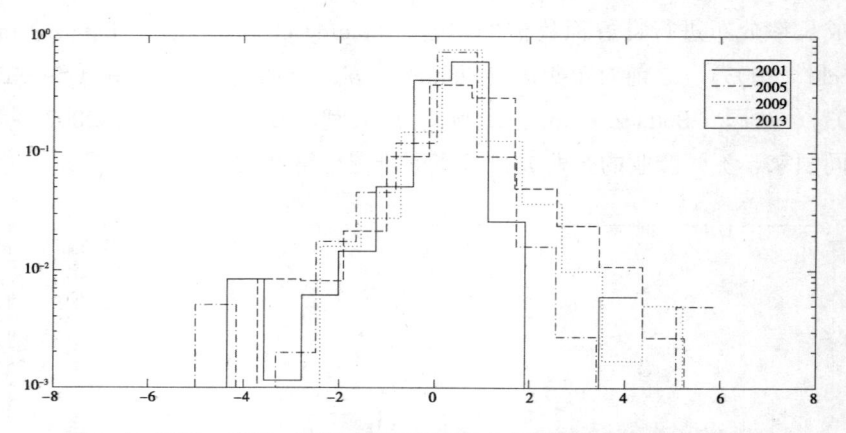

图 6-3 2001、2005、2009 年和 2013 年企业利润增长率的核密度估计

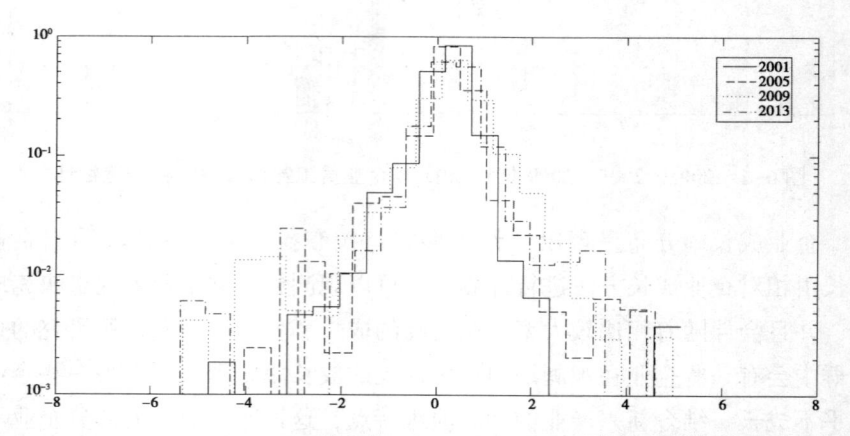

图 6-4 2001、2005、2009 年和 2013 年企业劳动生产率增长率的核密度估计

些特点同样也符合当前新兴产业所处快速成长阶段的特征。

第四节 企业成长机制的实证研究

企业成长和衰退是经济动态研究的核心（Coad and Hölzl, 2010）。对于影响企业成长的因素无论是企业还是政策制定者都十分关心。关于企业成长的研究已经表明企业成长具有高度异质性并难以预测。同时新的实证研究发现在多数产业当中企业成长率分布呈现出"帐篷形态"。借鉴前人研究经验，本章以新兴产业数据为基础，使用向量自回归模型研究产业中企业成长不同维度间的复杂动态关系，以揭示企业成长的内在机制。

一 计量模型构建及回归方法

本章的研究目的是探索员工数增长、销售额增长、利润增长和劳动生产率增长的共同演进，这适合采用向量自回归模型（VAR 模型）来进行分析。该模型能够更好地处理具有相互影响变量的系统结构。它通过将变量处理成为内生变量实现对变量间的关键联系进行动态描述，而不用事先对时间先后结构作出精确的假设。据此，本章回归等式采用如下形式：

$$\omega_{it} = \lambda \omega_{it-1} + \tau_{it} \tag{6-3}$$

其中 ω_{it} 是企业 i 在 t 时期随机变量的 $m \times 1$ 向量，λ 是待估的 $m \times m$ 斜率系数矩阵，在本章当中 $m=4$，分别对应员工数增长、销售额增长、利润增长和劳动生产率增长向量，τ 是 $1 \times m$ 随机扰动向量。将其分开来形成下列四个计量模型：

$$EGR_{it} = \alpha_1 EGR_{it-1} + \alpha_2 SGR_{it-1} + \alpha_3 PGR_{it-1} + \alpha_4 LGR_{it-1} + \varepsilon_{it} \tag{6-4}$$

$$SGR_{it} = \beta_1 EGR_{it-1} + \beta_2 SGR_{it-1} + \beta_3 PGR_{it-1} + \beta_4 LGR_{it-1} + \varphi_{it} \tag{6-5}$$

$$PGR_{it} = \delta_1 EGR_{it-1} + \delta_2 SGR_{it-1} + \delta_3 PGR_{it-1} + \delta_4 LGR_{it-1} + \gamma_{it} \tag{6-6}$$

$$LGR_{it} = \theta_1 EGR_{it-1} + \theta_2 SGR_{it-1} + \theta_3 PGR_{it-1} + \theta_4 LGR_{it-1} + \sigma_{it} \tag{6-7}$$

EGR_{it}、SGR_{it}、PGR_{it} 和 LGR_{it} 分别表示企业 i 在 t 时期的员工数增长、销售增长、利润增长和劳动生产率增长。α_κ、β_κ、δ_κ 和 θ_κ（$\kappa=1$、2、3、4）是待估系数，ε、φ、φ 和 σ 是随机扰动项。在对企业成长向量自回归模型进行估计时采用简化的面板自回归模型。该模型形式没有给出变量之间的当期相关关系，即没有给出任何变量间的先验因果关系结构，反映在模型当中体现在各个模型的右端没有包含内生变量的当期值。这更符合之前分析得到的企业成长性质。

二 实证分析结果

使用 $Stata12.0$ 对设定的计量模型进行估计，估计结果如表 6-3 所示，其中包括滞后一阶和两阶的结果。选择滞后两阶一方面是因为选择更高的滞后阶数得到的估计结果多数不显著；另一方面包括一个两阶滞后能够有效削弱残差项自相关带来的影响。在表 6-3 当中，从系数的大小来看，例如在销售增长和员工数增长的滞后一阶模型中，回归结果表明如果员工数增长增加了 1%，那么在下一期销售额增长将增加 0.09%。相类似的，如果销售额增长增加 1%，那么员工数增长将在接下来一期增加 0.059%。其他变量间同样存在着类似的关系。另外，尽管回归得到的变量之间系数的统计显著性不高，但是从数值上看，如果系数数值小于 0.05，即使得到的统计显著性高，也意味着变量间的关系十分微弱；如果系数数值介于 0.05 到 0.1 之间，表明变量间有微弱的关系；如果系数数值大于 0.1，则说明存在着显著的关系（Coad，Rao and Tamagni，2011）。

在滞后一阶的回归模型结果中，首先来看变量的自相关系数，即表 6-3 当中对角线上的系数值，会发现变量呈现出负向自相关关系。这一方面说明尽管企业动态存在着不同的维度，但是就企业成长率来说表现出一定程度的连续特性；而另一方面该结果也表明新兴产业中的企业成长过程并不稳定，一期正向的成长紧跟着下一期负向的成长。但是从数值上看，变量间的自相关系数值较小。其中员工数增长和销售增长的自相关关系几乎可以忽略，而利润增长和劳动生产率增长的自相关关系相对较为显著。

其次，从变量间的关系来看，在整个向量自回归等式中变量间的关系强度差异较大。这首先表现在员工数增长除了受到前一期销售增长显著的正向影响之外，其他变量的影响都很微小。反之，销售额的增长也显著受到前期员工数增长的影响，但利润增长和劳动生产率增长的一期滞后对销售额增长的影响也不显著。这表明销售额增长和员工数增长的影响是相互的，至于之前研究所得出的销售额增长会显著地引起员工数增长（Brouwer et al.，1993）的结论存在着差异。其次，除了劳动生产率增长表现出微弱的负向影响之外，利润增长与前一期的员工数增长有强烈的正向关系，而与前一期的销售增长有强烈的负向关系。最后，劳动生产率的增长受到员工数增长微弱的正向影响，而销售增长和利润增长对劳动生产率的增长几乎没有影响。

表 6-3　　　　　　　　　　　模型估计结果

	λ_{t-1} 员工数增长	λ_{t-1} 销售增长	λ_{t-1} 利润增长	劳动生产率增长	λ_{t-2} 员工数增长	λ_{t-2} 销售增长	λ_{t-2} 利润增长	劳动生产率增长
员工数增长	-0.0291	**0.0586**	-0.0001	0.0005				
t 值	-0.7083	2.296	-0.0701	0.2860				
销售增长	**0.0904**	-0.0403	0.0009	0.0018				
t 值	3.6604	-0.5677	0.7536	0.7420				
利润增长	0.4063	-0.5173	**-0.2480**	-0.0566				
t 值	1.2126	-1.0960	-9.3533	-1.1326				
劳动生产率增长	0.0758	-0.0060	-0.0007	**-0.3029**				
t 值	0.3124	-0.0191	-0.0517	-10.8596				
员工数增长	-0.0434	**0.0608**	0.0001	0.0011	0.0073	-0.0014	0.0005	0.0015
t 值	-0.9967	2.1136	0.0936	0.6089	0.2086	-0.0642	0.4880	0.8148
销售增长	**0.0977**	-0.0688	0.0008	0.0038	0.0225	-0.0072	-0.0001	0.0036
t 值	3.5661	-0.9071	0.6584	1.4878	1.2561	-0.1590	-0.0469	1.5154
利润增长	0.5067	-0.1270	**-0.2752**	**-0.1521**	0.3576	-0.8269	**-0.0821**	**-0.1790**
t 值	1.4035	-0.2421	-9.3251	-2.7560	1.0753	-1.8870	-3.0285	-3.5272
劳动生产率增长	0.0830	0.2538	-0.0045	**-0.3902**	-0.0026	-0.3607	-0.0082	**-0.1868**
t 值	0.3325	0.7136	-0.3079	-13.0164	-0.0125	-1.2204	-0.5401	-6.5494

注：表中粗体数值为统计显著的回归系数。

在滞后两期的模型中，变量间的这种作用方式仍然有效。变量回归系数的显著性、符号和数值与滞后一期的模型较为类似，唯一的差别是在该模型中员工数增长与前一期的利润增长是微弱的几乎可忽略的正向影响，以及劳动生产率增长与前一期的销售额增长是强烈的正向影响。在滞后两期的系数当中，除去影响微弱的变量间的关系，以及劳动生产率增长与前两期的销售额增长变为负向的关系之外，其他变量基本上与滞后一期的观测结果相一致。

基于滞后一期和滞后两期的模型估计结果，绘制企业成长变量间的关系图，如图 6-5 所示。首先来看员工数增长和销售额增长的关系。在图 6

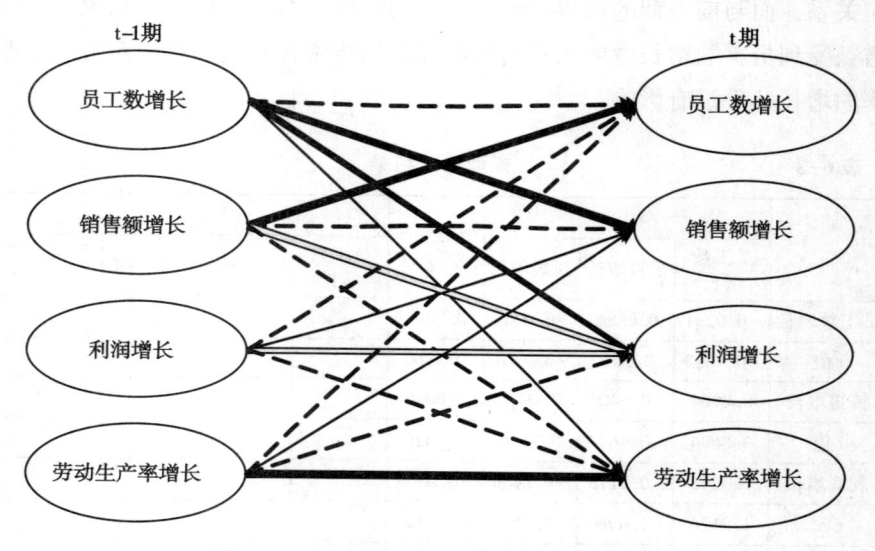

图 6-5 企业成长过程中变量间的作用关系

注：在图中，粗线表示系数显著或系数值大于 0.1 的强烈关系，细线表示系数不显著或系数值小于 0.05 的微弱关系。实线表示变量间具有正向联系，虚线和空心粗线表示变量间具有负向联系。

-5 中前一期的员工数增长会带动下一期销售额的增长，反过来，销售额的增长也紧跟着员工数的增长。这不但证明了企业成长加速器理论，也体现出这两个变量之间存在着反馈机制，从而产生一个相互倒置的前—后作用结构。其次，利润增长与其他变量间的作用关系较为特殊。从利润增长等式当中估计得到的系数值相对较大，但是在其他等式中滞后一期的利润增长系数却不显著。这表明广义的企业成长与随后的利润增长强烈相关，甚至在一定程度上表现出"吸收态"（absorbing state）①，但是与随后的员

---

① 吸收态的概念通常出现在马尔科夫链的分析当中。如果在马尔科夫链上，连通的状态空间内的任意状态都不可能达到状态空间外的任一状态，而外面的状态可以转入其内，此状态空间称为封闭类。如果封闭类仅为一种状态，则称之为吸收态。

工数增长、销售额增长和劳动生产率增长之间几乎没有反馈机制。这一结果与普遍所认为的企业成长主要依靠利润再投资来维持的观点形成极大反差。最后，从图6-5中可以看出劳动生产率增长与下一期的各成长率指标之间显现出微弱的联系，这说明由效率增加所带来的选择和再分配机制仅起到微弱的效果。从其他成长变量对劳动生产率增长影响的相反方向来看，员工数增长和销售额增长都仅对劳动生产率增长产生微弱的影响，这表明Kaldor-Verdoorn定律和Penrose效应都没有在新兴产业企业成长机制中起作用。

三 冲击反应图像解释

为了具体分析企业成长各变量对其他变量的影响，尤其是在其他变量保持不变的条件下，研究一个变量冲击对其他另一个变量的动态影响时，需要分析系统方程的冲击反应函数图像。

在图6-6当中，在员工数增长的脉冲响应图中（图6-6第一行），员工数增长对销售额增长的冲击反应开始为正，当上升到最高值后转为下降，最终收敛于0轴附近。员工数增长对利润增长和劳动生产率增长的冲击反应图像较为相似，最开始这两个变量对员工数增长起到正向拉动作用，当达到最高点后开始下降，直至变为负向最低点后开始收敛，到第六期时接近0轴。在销售额增长的脉冲响应图中（图6-6第二行），销售额增长对员工数增长的冲击反应开始为正并处于最大值，随后逐渐下降到0轴之下，再向着0轴收敛。虽然员工数增长对销售额增长的冲击由正转为负，但是正向影响大于负向影响，最终体现出正向效应。这与前面的实证结果相一致。销售额增长对利润增长和劳动生产率增长的反应都表现出由正向最大值转向负向最大值，最后趋近于0轴的演进特点。这也造成利润增长和劳动力增长对销售额增长的影响总体十分微弱。在利润增长的脉冲响应图中（图6-6第三行），利润增长对员工数增长的冲击反应开始为正并进一步上升到最高点，随后下降到负向最低点，再转为正向影响。整个过程波动较大，但最终表现出员工数增长对利润增长的正向推动作用。而销售额增长对利润增长的冲击在一开始为正，而后一直下降到负向最低点，再逐渐上升超过0轴后趋于收敛。该冲击演进路径在整体上表现为销售额增长延缓了利润增长。利润增长对劳动生产率增长的冲击反应较为特殊，在一开始就表现为负向的影响，随后才逐渐上升，当达到正向的最大

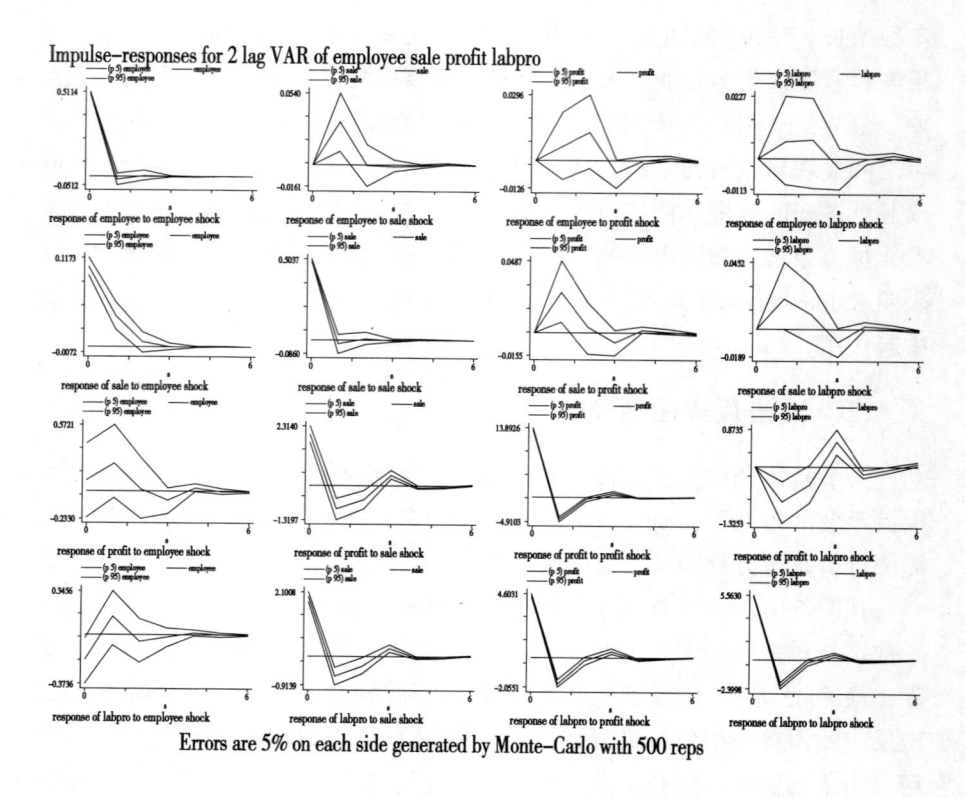

图 6-6　企业成长不同维度变量间的脉冲响应图

值后逐渐收敛于 0 轴。正负作用相互叠加，最终表现为劳动生产率增长对利润增长微弱的负向影响。在劳动生产率增长的脉冲响应图中（图 6-6 第四行），除了劳动生产率增长对员工数增长的冲击反应在一开始就是负值，随后在正值和负值区域上下波动逐渐收敛于 0 轴之外，其他两个变量所造成的冲击反应都始于正值，然后转为在负向和正向之间波动，最后趋向 0 轴。脉冲图像这种在正负区间波动的演进路径，也印证了员工数增长、销售额增长和利润增长对劳动生产率增长的影响都极为微弱的结论。

第五节　稳健性分析

在表 6-2 企业成长变量的相关系数矩阵和 Spearman 等级相关系数矩阵当中，利润增长和劳动生产率增长的相关系数值较大，可能存在着多重共线性问题。为此,本章在去除劳动生产率增长变量或利润增长变量的条件下,对企业成长向量自回归模型进行了估计,来检验模型的稳健性。表6-4 给出了去除劳动生产率增长变量后的模型估计结果,而表6-5 给出了去除利润率增长变量后的估计结果。

从表6-4 中可以看出与原模型相比较,无论是变量系数的大小、方向和显著性都没有发生较大的变化。新兴产业中企业销售额增长和员工数增长仍相互影响。利润增长显著受到员工增长和销售额增长的影响,但反过来这种关系却变得十分微弱。在滞后二阶的情景中,员工数增长和销售增长之间的关系不显著,而对利润增长的影响没有发生变化。

表6-4　　去除劳动生产率增长变量的企业成长自回归结果

	λ_{t-1}			λ_{t-2}		
	员工数增长	销售增长	利润增长	员工数增长	销售增长	利润增长
员工数增长	-0.030	0.060	0.0001			
t 值	-0.722	2.235	0.153			
销售增长	**0.089**	-0.036	0.0016			
t 值	3.640	-0.516	1.950			
利润增长	0.460	-0.647	**-0.267**			
t 值	1.371	-1.455	-12.992			
员工数增长	-0.044	0.064	0.0005	0.006	0.001	0.001
t 值	-1.027	2.183	0.638	0.168	0.055	1.332
销售增长	**0.094**	-0.059	0.002	0.019	-0.002	0.001
t 值	3.513	-0.785	2.242	1.066	-0.035	1.144
利润增长	0.643	-0.541	**-0.323**	0.527	**-1.120**	**-0.141**
t 值	1.773	-1.132	-14.085	1.624	-2.613	-6.381

注:表中粗体数值为统计显著的回归系数。

表6-5 中的结果与原模型结果相比较,员工数增长和销售额增长之间的关系没有发生变化。在一阶模型当中,员工数增长微弱影响下一期劳动生产率的增长。而在两阶模型当中,滞后一期的员工数增长仍对劳动生产率增长表现出微弱的影响,而销售额增长却表现出强烈的影响。滞后两期的变量中,仅销售额增长显著作用与劳动生产率的增长。总之,利润增长和劳动生产率增长之间较为强烈的相关关系并没有对企业成长自回归模型估计结果产生太大的影响,原模型的结果具有一定的稳健性。

表 6-5　　去除利润增长变量的企业成长自回归结果

	λ_{t-1}			λ_{t-2}		
	员工数增长	销售增长	劳动生产率增长	员工数增长	销售增长	劳动生产率增长
员工数增长	-0.029	**0.059**	0.0004			
t 值	-0.710	2.266	0.420			
销售增长	**0.091**	-0.041	0.003			
t 值	3.675	-0.579	1.907			
劳动生产率增长	0.075	-0.005	**-0.304**			
t 值	0.312	-0.017	-14.460			
员工数增长	-0.043	0.061	0.001	0.008	-0.002	0.002
t 值	-0.996	2.080	1.082	0.216	-0.070	1.585
销售增长	**0.098**	-0.070	**0.005**	0.023	-0.008	0.004
t 值	3.581	-0.917	2.497	1.271	-0.166	1.725
劳动生产率增长	0.079	0.253	**-0.396**	-0.008	-0.357	**-0.197**
t 值	0.318	0.712	-17.051	-0.037	-1.210	-8.735

注：表中粗体数值为统计显著的回归系数。

第六节　本章小结

企业成长的向量自回归模型提供了一条探究企业成长内在变量联动作用机制的途径。通过对新兴产业企业员工数增长、销售额增长、利润增长和劳动生产率增长相互作用关系的研究，可以绘制出企业成长机制的路径图，如图 6-7 所示。

在图 6-7 当中，省去企业成长变量自相关关系和变量间的负相关关系，仅保留正向作用关系可以清晰地看出，员工数增长会带来利润增长和劳动生产率增长，而利润增长和劳动生产率增长作用于接下来的销售额增长，销售额增长与员工数增长又发生相互作用。在新兴产业企业成长的整个机制当中，似乎员工数增长起到"刺激阀"的作用，变量间的作用路径发端于员工数增长，最后又回到员工数增长。这说明企业员工数增长是企业的主要决策变量。该研究结果与 Coad（2007）对法国制造业企业成长研究所得到的结论相一致。

本章使用向量自回归模型研究了新兴产业的企业成长机制。不同于以

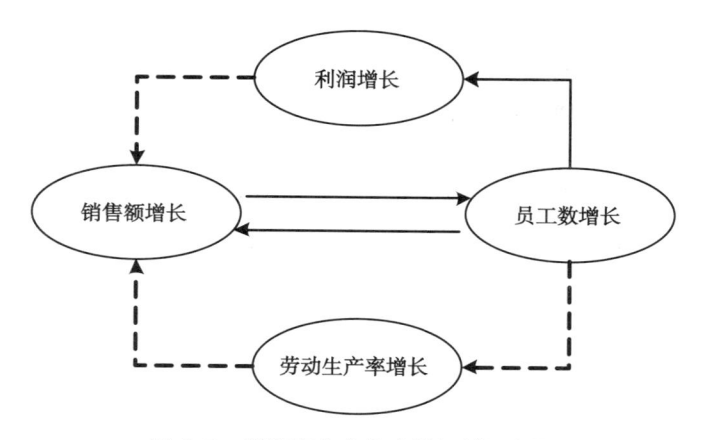

图 6-7 新兴产业企业成长机制示意图

注：实线箭头表示主要的正向影响，虚线箭头表示次要的正向影响。

往的研究仅关注企业成长的单一维度，采用多维度的视角，联合分析了员工数增长、销售额增长、利润增长和劳动生产率增长之间的相互作用关系。研究结果表明，在新兴产业中，企业成长率表现出负向的自相关作用，成长过程不稳定。从企业成长变量间的影响来看，员工数增长和销售额增长之间有着强烈的反馈效应，并且员工数增长不但会显著带动利润增长，也会促进劳动生产率增长。销售增长除了会作用于员工数增长外，还会对随后的利润增长产生负向影响，但是与劳动生产率增长之间的关系很微弱。利润增长是企业成长中较为特殊的一个维度，其他变量都对利润增长产生显著影响，但是反过来，利润增长对其他变量的影响很微弱甚至可以被忽略。而劳动生产率增长除了负向的作用于利润增长，并微弱地受到员工数增长的影响外，与其他变量的作用关系并不显著。

本研究所得到的研究结论与现有的一些企业成长相关理论并不一致。例如作为企业—产业演进理论核心的新熊彼特演进模型中的重要组成部分，模仿者动态模型在对市场选择和再分配机制进行研究时指出生产率或利润的提高是企业成长的主要来源。但是本研究结论却不支持这一观点，劳动生产率增长与其他企业成长变量的关系较为微弱，而利润增长受到其他成长变量影响，但其自身对其他变量的作用不十分显著。而依据 Kaldor-Verdoorn 定律所提出的"动态收益递增"假设，员工数和销售额的增长将对生产率的增长产生正向影响。但是本研究得出虽然员工数增长会对劳动生产率增长产生正向影响，然而这种作用关系十分微弱，并且销售额增长对劳动生产率增长是微弱的负向作用关系。另外，按照 Penrose 效应的观点，企业员工数的快速增长将降低企业劳动生产率，但是本研究得到的结论正好与之相反。与此同时，也存在着一些研究结论印证了企业相关理论，例如，企业投资"加速器"模型指出如果企业实现销售额的增长，那么会促进企业在接下来的时期进行再投资，这很可能会导致企业员工数增长。本研究的结论证明了这一观点。

从上述分析中，可以看出新兴产业与一般制造业在企业成长机制方面存在着共同性也有特殊性。将本研究的结果与 Coad 针对法国（2007）、意大利（2011）制造业的企业成长研究结论相比较可以看出，从共性上来看，反映企业成长的各个变量都表现出负向的自相关，企业成长过程是不稳定的。另外，无论是新兴产业还是一般制造业，员工数增长都是企业扩张的关键驱动力。并且，无论是新兴产业还是一般制造业的企业成长研究结论都不支持企业—产业演进理论所提出的"生产率或利润增长有利于产生一个强烈的市场选择或再分配机制"的假设。从特殊性来看，在新兴产业当中，企业员工数增长和销售额增长之间有着紧密联系并具有显著反馈效应，而在一般制造业当中，员工数增长先于销售额增长，而销售额增长又跟随着利润增长。这种前后作用关系在新兴产业当中并不明显。此外，对新兴产业的研究没有发现企业成长具有 Penrose 效应和 Kaldor-Verdoorn 效应，而对意大利制造业企业成长的研究却发现存在着微弱的 Penrose 效应和较强的 Kaldor-Verdoorn 效应。另外，新兴产业中销售额增长和员工数增长之间符合企业投资加速器模型所提出的观点，而这一观点在一般制造业的研究中没有得到证实。

综上所述，通过对新兴产业企业成长机制的研究，发现企业成长率的分布呈现出肥尾的帐篷状拉普拉斯分布，这说明产业中有些企业快速成长，而有些企业并无显著的成长迹象，企业间成长状况差异性明显。而且企业成长也无持续性可言，一期的快速增长不见得会持续到下一期。因此，在不考虑其他因素的情况下，企业成长更贴近的是一个随机过程，而难以预测。在面对不确定的新兴产业环境时，有限理性的企业管理者并不能对未来市场收益作出精确的预测。但是在任何时候都存在着敢于冒险的企业为了达到扩张的目的而雇佣新员工，推动企业成长，并最终带动利润和销售的增长，而其他企业可能错失成长机会。然而，企业利润增长微弱的反馈效应却在一定程度上反映出企业所获得的利润并没有用于扩张，或是说利润增长与企业成长之间的关系仍不明确。对此,一个可能的解释是在新兴产业中,在资本市场信息不对称的条件下,利润常作为反映企业经营状况的重要信号,为企业筹得外部融资,从而用于企业扩张和成长。那么对于企业利润增长流向何处仍需进一步研究。总之,虽然新兴产业企业群体的成长表现出有规律的内在机制,但是就个体企业而言还存在着特殊的成长动因。因此,企业成长的随机性并不仅仅是因为企业间的异质性,就单个企业来说其成长率随时间既不平稳也不可持续。

第七章 新兴产业动态演进的经济绩效：企业全要素生产率的测算与分析

在产业动态演进研究中，通常从两个方面分析企业进入后的表现，一是企业进入后的行为表现（或称为动态表现），主要从企业进入、退出、成长、生存角度来分析企业在进入一个产业后的持续生存和成长状况；二是企业进入后的绩效表现，包括企业生产率的变动、经营状况、盈利性等。研究认为企业的全要素生产率体现了企业技术、组织、管理的综合水平，是反映企业经营绩效的重要指标。因此，本章选取1999年到2007年筛选过的新兴产业企业样本数据，使用OP法测算了企业全要素生产率水平，并从生产率的分布特征、影响因素，与企业生存、成长的作用关系等多个角度进行了实证分析。从而将企业进入后的行为表现与绩效表现联系起来，不但对新兴产业当中企业生产率水平实现了定量测算，还分析得出企业生产率的提升有利于降低企业生存风险，却抑制企业快速成长的结论。研究的结论进一步完善和深化了对新兴产业动态演进的认识，为引导产业中的企业合理配置有限资源，协调成长与效率之间的关系提供了科学依据。

第一节 产业动态与生产率增长的关系解析

一 企业高生产率的来源及其持续性分析

企业生产率增长及其来源问题一直是研究的关注点。传统的实证研究是基于宏观或者产业层面的汇总数据。近期，随着企业层面的数据逐渐容易获得，大量基于微观数据的研究开始产生（Mohnen and Hall, 2013）。宏观经济学家将企业全要素生产率分解为各类微观构成部分，从而更好地了解企业生产率增长的根源。而在微观层面，由生产率冲击所驱动的经济波动模型得以丰富并发展起来，用于解释企业生产率增长的模式，并对此使用企业层面的生产率数据进行估计和检验。在这种情况下，可以分析不同规模的企业在解释生产率增长模式中所发挥的差异性作用。特别是在新兴产业中，深入探讨中小型企业如何通过创造性破坏过程贡献于生产率的增长（Johansson，2010；Colombeli et al.，2014），以及在这一过程中企业表现出怎样的将现有技术知识创造性的适应于产品和要素市场的能力（Antonelli and Scellato，2015）。

针对企业生产效率的研究得出两个重要结论，一是企业间的生产率分散层度非常大，即一些企业的效率明显高于其他企业；二是当前富有成效的企业，在未来的生产率也可能更高。换句话说，这意味着企业间生产率的差异存在着高度的持续性（Bartelsman and Doms，2000；Syverson，2011；Raymond et al.，2013）。确定企业间具有这种高而又持续的生产率差异导致了大量实证研究的出现，并试图以此作为突破口解释生产率变化模式的根源。这些实证证据对新增长理论提出了重大质疑。按照新增长理论的观点，企业生产率的增长率和引进创新技术的速度在属于同一系统的企业中应该是同质的（Aghion and Howitt，1997），然而实际上却并非如此。实证研究表明，在能够影响企业生产率增长的具体特征中，人力资本、管理策略、知识积累、企业规模等都可能造成企业间生产率的差异。尤其是在创新经济学最新发展的基础上，可以得出在同一组织当中，知识的积累与创造重复地相互作用，从而造就有利于系统性的提高生产率绩效表现的动态能力（Nelson and Winter 1982；Rothaermel and Hess 2007）。然而，企业动态能力理论也认可企业战略并不一定受到过去经营效率高低的困扰。企业管理者可以通过创造性的和战略性的投资活动来塑造企业效率的增长路径（Parker et al.，2010）。从这个角度来看，企业将战略集中在获取、吸收和利用外部知识的基础上，能够不断更新自己的知识库，从而加强其动态能力。因此，如果企业能够沿着与环境互动而产生的能力路径选择适当的自我增强机制，那么企业就可以从路径依赖中获益（Vergne and Durand，2011）。

除了战略因素之外，企业的其他特征例如企业规模、成长、生存等也值得在生产率持续性背景下进行分析。这源于两点，一是由于企业规模与各种提高生产效率的活动相联系；二是企业过去生产率的增长对当前或未来企业绩效的影响，随着企业规模的增加和成长的加快而逐渐发挥作用。近期的实证研究表明，在中小企业当中，还存在着持续性的研发创新活动,并且持续性的创新活动在高技术产业中尤为重要(Máñez et al.,2014),技术创新对提升企业生产率的作用潜力巨大(Santarelli and Vivarelli,2007)。由此看来,随着知识经济的发展,企业的生存、成长需要不同形式的外部知识,以及企业的搜索、吸收、外包等研发和学习活动。企业外部系统性属性添加到内部属性当中,形成推动企业全要素生产率持续性增长的内外条件。因此,企业个体特征和个体属性是由其陷入的系统特征所决定的,这就解释了企业在生存和成长过程中所获得动态能力是使得全要素生产率持续提高的关键因素。

二 企业进入后的行为表现与生产率增长

企业的全要素生产率反映了企业的技术、组织和管理能力的水平,以及通过投资引进技术创新并加以利用的能力。而企业生存、成长体现出企业持续经营的能力。从产业动态角度来看,企业的全要素生产率代表了企业进入后的绩效表现,而企业生存、成长是企业进入后的行为表现,它们三者联合起来衡量了企业进入后的表现。

前述分析已经指出即使在同一产业内,企业间的生产率水平也存在着很大的持续性差异。研究发现企业生产率增长的很大一部分原因在于异质性企业间的资源得以重新分配。资源从退出(缩小)的低生产性企业流动到进入(扩张)的高生产性企业当中。产业动态在总体生产率增长中的重要性已经在许多不同国家样本的实证研究中得到证实。由此可见,企业生产率增长可以视为两个独立过程的总和,第一,市场当中特定规模的个别企业的生产率变化;第二,由于现有企业的扩张或收缩,以及企业的进入、退出而产生的影响资源重新分配的过程(Ahn,2001)。

现有研究发现,产业动态即企业的进入和退出、增长和下降的组合变化对总体生产率产生了显著影响。Baily et al.(1992)基于美国纵向数据的研究表明高生产率企业的产出份额不断增加,低生产率企业的产出份额不断下降,这种变化对制造业总体生产率的增长有积极影响。但是,企业的进入、退出对生产率增长的贡献很小,有时甚至是负向的。然而,最近对生产率算法进行改进后的研究表明,净进入对总体生产率增长的贡献很大,特别是在长时期内(Foster et al.,1998)。虽然"退出效应"对生产率的影响通常是正向的,反映出退出企业的生产率低于行业平均水平,但是"进入效应"对生产率的影响是负向的,特别是在短期观测中。对于其他国家的研究证据也支持产业动态在解释总体生产率变动方面的重要性。对英国的研究发现，产业动态（包括企业之间、交互、进入、退出效应的总和）的组合变化占劳动生产率增长的 50%，占全要素生产率增长的 90%。在荷兰，企业净进入效应最终达到总体劳动生产率增长的 30%。另一些研究发现，产业动态对全要素生产率增长的作用比劳动生产率增长更为显著。此外，虽然企业内生性生产率的增长似乎导致了总体生产率增长的波动，但是在经济周期性下滑期间，产业动态对总体生产率增长波动的影响更大（Foster et al.，1998）。上述这些研究结论意味着新进入企业往往比在位企业的生产率低，但是生存下来的企业平均生产率快速增长，体现出市场选择和企业学习的效果。

第二节　新兴产业全要素生产率的测算

一　样本来源与数据整理

本章的数据来自对工业企业数据库的整理。由于 2008 年和 2009 年中进入的企业数量少而退出的企业数量多，此外，在这个两年当中多个关键指标数据缺失严重，因此决定研究期限为 1999 年到 2007 年。对于这些年份的数据又进一步地进行了筛选：一是剔除遗漏变量的样本，删去工业总产值、工业增加值、固定资产等指标为零的样本；二是以企业员工数作为企业规模的衡量指标，去除企业规模较小的样本；三是删去在研究观测期内出现观测删失的样本。在整理数据过程中发现工业企业数据库当中存在着大量的删失记录，即数据库中登记的部分企业并没有退出或被其他企业兼并，但是有关该企业的数据记录却不连续，出现右删失的情况，从而一方面无法获知企业确切的生存状态，另一方面也不能得到相关数据指标。考虑到删失样本不连续记录可能对其全要素生产率测算产生影响，因此决定将删失样本去除，仅以连续生存或者在观测期内退出的企业作为研究对象。

经过对数据的筛选和整理，最终获得 1597 个样本，观测点 3568 个，在观测期内有 1085 家企业退出。各年份当中进入、退出企业数量如表 7-1 所示，从中可以看出，在观测期内，除了 2007 年之外，企业平均进入率为 0.164，而平均退出率为 0.690，企业退出率明显高于企业进入率。

企业进入率在2007年之前变动比较平缓,退出率在2003年达到峰值,呈现出先增长后下降的变动形态。在1999年到2007年,在位企业数、退出企业数随时间递减,进入企业数和观测企业总数除了在2007年明显增加之外,其他年份也表现出随时间递减的变动趋势。

表7-1　　　　　　　1999年到2007年企业数量变动情况

年份	1999	2000	2001	2002	2003	2004	2005	2006	2007	合计
在位企业数	571	366	290	230	84	63	53	58	90	1805
进入企业数	78	34	74	25	8	23	12	2	422	678
退出企业数	309	273	118	132	180	30	31	3	9	1085
观测企业总数	958	673	482	387	272	116	96	63	521	3568

二　企业全要素生产率的测算方法

考虑到本研究样本中包含大量的企业进入退出行为,使用传统OLS方法或LP方法估计企业全要素生产率可能存在同步偏差和选择性偏差问题,因此本研究采用Olley and Pakes (1996) 的估计方法(即OP法)来计算企业的全要素生产率。

在估算企业生产率时,使用工业增加值来衡量企业的产出,并采用以1999年为基期的工业品出厂价格指数进行平减。用企业从业人数来衡量企业的劳动力投入。由于中国工业企业数据库中没有固定资产投资这一指标,故参照宏观资本存量的核算方法,按照等式 $I_t = K_t - K_{t-1} + D_t$ 进行估算,其中K表示固定资产总值,D表示固定资产折旧。这些指标都使用以1999年为机器的固定资产投资价格指数进行了平减。平减指数均来自中经网统计数据库。测算企业全要素生产率所使用的主要变量的统计描述如表7-2所示。

表7-2　　　　　　　　主要变量的统计描述

变量	变量表示	观测数	均值	标准差	最小值	最大值
增加值	lnY	3565	8.460	1.698	1.099	15.024
资本	lnK	3524	8.514	1.930	0.936	15.775
劳动力	lnL	3565	4.657	1.130	0.693	9.592
投资	LnI	3546	7.385	2.435	0.127	15.811
企业年龄	age	3568	5.274	3.394	1	18

按照 Olley and Pakes（1996）的基本思路，设定如下模型：

$$\ln Y_{it} = \alpha_0 + \alpha_1 \ln K_{it} + \alpha_2 \ln L_{it} + \alpha_3 age_{it} + \alpha_4 status_{it} +$$
$$\sum_m \beta_m year_m + \sum_n \beta_n ind_n + \varepsilon_{it} \tag{7-1}$$

在模型（7-1）中，i 代表企业，Y_{it} 是以工业增加值表示的总产出，K_{it} 表示企业的固定资产，L_{it} 是企业从业人数，age 表示企业年龄，status 表示企业生存状态的虚拟变量，1 表示企业退出，year 和 ind 分别表示年份和行业虚拟变量。采用 OP 的半参数估计方法，其中状态变量（state）为 age 和 lnK，控制变量（cvars）为 year 和 ind，代理变量（proxy）为企业投资 lnI，自由变量（free）为 lnL，退出变量为 status。按照 TFP 的定义可知，$\ln TFP_{it} = \alpha_0 + \varepsilon_{it}$，由此可以得出 TFP 的绝对水平值：

$$TFP_{it} = \ln Y_{it} - \alpha_1 \ln K_{it} - \alpha_2 \ln L_{it} \tag{7-2}$$

根据上述设定，分别测算出新兴产业总体的 TFP 值，以及各个行业的 TFP 值。

三 企业全要素生产率的测算结果

在测算企业全要素生产率之前，首先，对生产函数的估计结果进行初步分析，从中确定出各类投入要素对经济增长的贡献情况。估计结果如表 7-3 所示，可以看出从产业总体上讲，无论是资本投入弹性还是劳动投入弹性都能显著提高产业产出。分行业来看，在新一代信息技术产业、新能源产业中资本投入弹性值高于其他行业，这表明资本投入对这两个行业的经济增长发挥了相对更大的作用。而在生物制药产业和高端装备制造业当中，劳动投入弹性值明显高于其他行业，反映出这两个行业中企业的发展更多地依赖劳动力要素投入的增长。企业年龄除了在生物制药产业中显著影响企业产出增长外，在其他行业的作用不明显。这些结果基本符合各个行业的发展特点。

其次，对新兴产业中的企业全要素生产率进行估计。为了更为形象地展示生产率估计值的分布特征和动态变化特点，采用核密度估计方法绘制出企业全要素生产率的分布图 7-1。估计得到的企业全要素生产率分布显著地拒绝了正态分布假设。经计算，估计得到的企业全要素生产率均值为 2.608，标准差为 1.299，偏度为 -0.753，峰度为 5.979，呈现出左偏尖峰分布特征。

表 7-3　　　　　　　OP 法估计得到的资本和劳动系数

	lnK	lnL	age	N
产业总体	0.421*** (0.052)	0.488*** (0.044)	0.023 (0.059)	3543
节能环保产业	0.446** (0.142)	0.558*** (0.102)	0.093 (0.072)	638
新一代信息技术产业	0.601*** (0.109)	0.510*** (0.055)	0.096 (0.157)	1036
生物制药产业	0.202 (0.250)	0.625** (0.224)	0.298* (0.173)	288
高端装备制造业	0.128* (0.064)	0.628*** (0.067)	0.014 (0.215)	430
新能源产业	0.506* (0.197)	0.382*** (0.082)	-0.055 (0.771)	204
新材料产业	0.293*** (0.106)	0.372*** (0.075)	0.077 (0.157)	801
新能源汽车产业	0.037 (0.297)	0.318* (0.168)	0.046 (0.058)	146

注：括号中的为标准误，*、**、*** 分别表示在 10%、5% 和 1% 水平上显著，估计过程中控制了年份和行业。

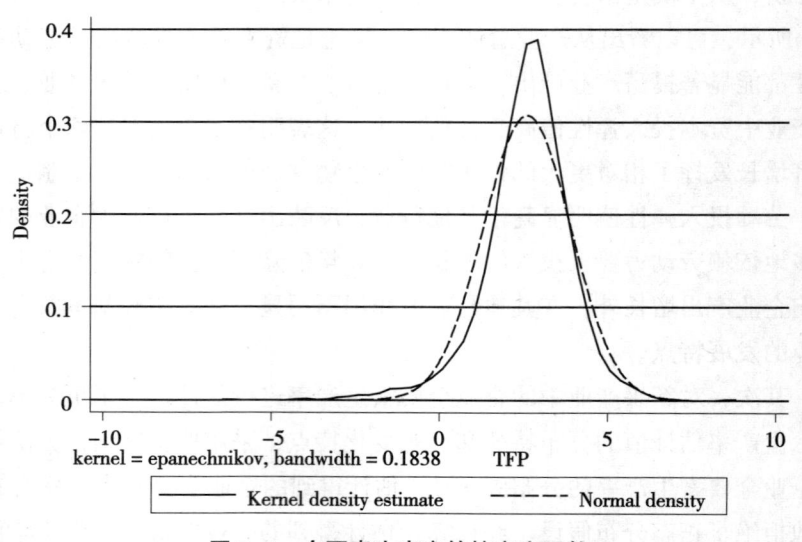

图 7-1　全要素生产率的核密度函数

最后，对于新兴产业来说，企业生产率的动态变化对于认识产业发展状况具有重要意义。对此,我们计算了每个企业在 1999 年到 2007 年的全要素生产率的增长率,然后以每个企业的工业增加值作为权数,计算了七个行业的加权 TFP 增长率。最后对计算得到的七个行业的 TFP 增长率进行几何平均,获得了在研究观测期内行业的平均 TFP 增长率,并按照增长率高低进行排序。计算结果如图 7-2 所示。在新兴产业七个行业当中,生产率增长最快的是新一代信息技术产业,生产率增长率的均值达到 0.221;其次是新能源产业,均值为 0.168;生物产业的生产率增长率的

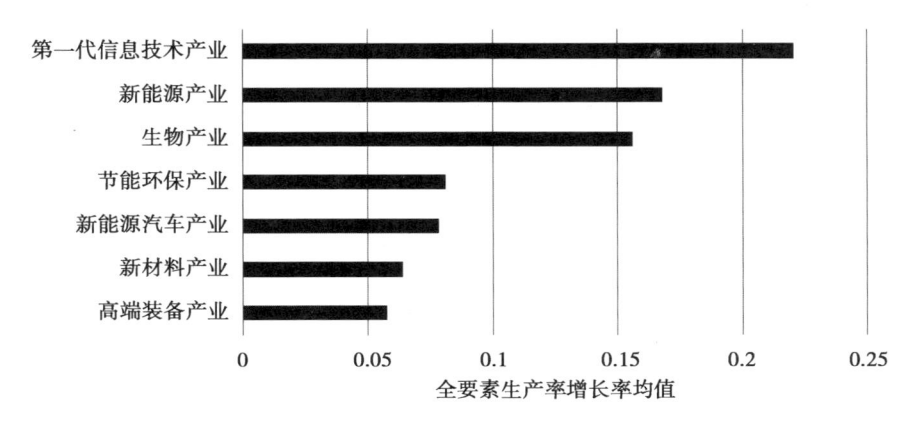

图 7-2 分行业企业 TFP 增长率计算结果

均值为 0.156,排第三位。其他四个行业的生产率增长率均值在 0.1 以下。这反映出随着我国推行新型工业化步伐的加快,工业和信息业深度融合,新一代信息技术产业在加快产业结构转型,促进产业转型升级当中的作用逐渐显现。同时,面临我国资源环境压力,发展新能源产业是改变我国能源结构,降低对石化能源的依赖度,同时减少环境污染的必然选择。因此,在各项扶持政策的推动下,我国新能源产业也实现了快速发展。不但新技术、新业态大量出现,相关企业的生产效率也表现出明显的增长,产业发展潜力巨大。同时,我国人口众多,近年来多种疾病的发病率也呈现出上升态势,对生物制药的需求量越来越大,我国已经成为世界上最大的生物制品消费市场。随着国产生物药品的陆续上市,国内生物制药企业不仅在基础设备,特别是在上游、中试方面与国外差距缩小,涌现出了大批技术实力较强的企业,取得了一定的产业竞争能力。其他的新兴产业部门,无论是新出现的节能环保产业、新能源汽车产业,还是作为基础的新

材料产业、高端装备产业，企业的生产效率都有明显的提高。

第三节　新兴产业动态与生产率变动的实证分析

一　企业特征因素对生产率的影响分析

由于企业的全要素生产率反映了那些可能影响生产率水平的技术、管理、政策等方面的综合效应，因此，除了劳动力、资本投入等要素外，其他企业特征因素也可能影响生产率，有必要对此进行深入分析。根据前文当中影响企业持续生存因素的汇总，我们认为企业规模、企业成长、企业年龄等于企业自身相关的因素，以及资本—劳动率、营业盈余率、价值增加值率等反映企业经营绩效的因素都会对企业全要素生产率造成影响。将企业生产率作为因变量，企业特征因素作为自变量，同时加入年份和行业虚拟变量，构建如下形式的计量模型：

$$TFP_{it} = \gamma_0 + \gamma_1 size_{it} + \gamma_2 growth_{it} + \gamma_3 age_{it} + \gamma_4 CLR_{it} + \gamma_5 OSR_{it} + \gamma_6 VAR_{it} + \gamma_7 WAR_{it} + \gamma_8 DEL_{it} + \gamma_9 PAC_{it} + \sum_m \lambda_m year_m + \sum_n \lambda_n ind_n + \eta_{it} \quad (7-3)$$

其中 i 表示企业，t 表示时间，size 代表企业规模，growth 是企业规模，其他变量设定与前文一致。估计结果如表7-4所示。

表7-4　　　　企业特征因素对生产率的影响估计结果

变　量	变量表示	估计系数
企业规模	size	0.038（0.025）
企业成长	growth	-0.062*** （0.017）
企业年龄	age	-0.001（0.008）
资本—劳动率	CLR	-0.0001* （0.00003）
营业盈余率	OSR	0.781*** （0.076）
价值增加值率	VAR	0.310*** （0.047）
工资率	WAR	-0.843*** （0.119）
负债能力	DEL	-0.717*** （0.105）
实收资本	PAC	-0.011（0.014）
观测样本量	3398	R^2　　0.106

注：括号中的为标准误，*、**、*** 分别表示在10%、5%和1%水平上显著，估计过程中控制了年份和行业。

估计结果表明，在企业自身特征因素中，企业规模和年龄对生产率的影响不显著，而企业成长与生产率呈现出显著的负向关系。通常认为，企业成长速度越快预示着企业效率越高，然而对新兴产业的估计结果却得出相反的结论。这反映出在新兴产业中的企业需要经过能力积累而非快速扩张来实现生产率的提升。从企业经营状况的变量来看，各个变量都对企业生产率产生显著影响。其中，营业盈余率、价值增加值率与企业生产率正相关，表明企业经营状况的提升有利于生产率的增长；而资本—劳动率和工资率却与企业生产率负相关，资本—劳动率的估计系数值非常小，对企业生产率的影响可忽略，然而工资率与生产率呈显著负向关系。通常认为提高工资率能够激励员工提高生产效率，但是在新兴产业中仅依靠工资激励员工可能起不到良好效果，企业应该设计更为全面的绩效奖励机制。从企业的财务结构特征来看，企业负债能力与生产率之间呈现出显著的负向关系，说明企业提高负债，加重企业经营负担，不利于生产率的提升。实收资本与生产率之间没有显著的关系。总的来看，企业经营状况的向好有利于提高生产率，而企业过快成长、负债增加、提高工资却降低了生产率，这表明在新兴产业当中，需要企业合理安排资源分配，将有限资源和精力更多地放在提升企业经营状况，降低企业成本和负债，优化企业激励机制上，才能有效提高企业生产率水平。

二 企业生产率对企业生存的影响分析

首先，通过 KM 估计法初步考察从 1999 年到 2007 年，企业生存状态变动特征。从新兴产业样本总体的估计结果可以看出，企业的生存率逐年快速递减。观测第一期的生存率为 80.2%，第二期降低到 48%，到了第五期之后，企业生存率已经降低到 10% 以下（见表 7-5）。

其次，绘制新兴产业分行业的企业生存函数 KM 估计图 7-3。在剔除删失记录的样本后，企业生存函数曲线的变动情况较为陡峭，在第五期之前，企业生存率下降得较快，之后四期中企业生存率的变动相对比较平缓，各个行业的生存率存在着差异，其中新材料产业的生产率最低，其次是生物产业，再是节能环保产业。生存率下降相对最慢的是新能源汽车产业。

表 7-5　　　　　　　1999 年到 2007 年企业生存函数的 KM 估计

时间	起始企业总数	退出企业数	净删失企业数	生存函数	标准误	95%置信区间	
1	1597	316	447	0.802	0.010	0.782	0.821
2	834	335	5	0.480	0.015	0.451	0.509
3	494	164	13	0.321	0.014	0.293	0.349
4	317	125	12	0.194	0.012	0.171	0.219
5	180	111	5	0.074	0.009	0.059	0.092
6	64	22	1	0.049	0.007	0.036	0.064
7	41	9	8	0.038	0.006	0.027	0.052
8	24	1	5	0.037	0.006	0.026	0.050
9	18	2	16	0.033	0.006	0.022	0.046

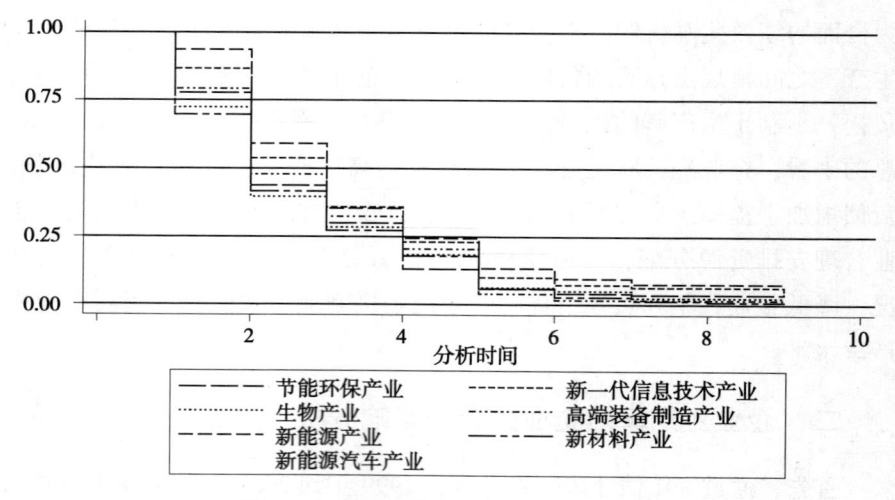

图 7-3　分行业企业生存函数 KM 估计

最后，为了研究企业生产率对企业持续生存的影响，采用 Cox 风险模型来进行实证分析。构建如下计量模型：

$$h(t, X) = h_0(t)\exp(\sum_{i=1}^{p}\delta_i X_i) \tag{7-4}$$

其中，X_i 表示影响企业退出风险率的解释变量，在本研究中重点包括企业生产率和其他控制变量。根据相关理论和研究设计，选取的控制变量有企业规模、企业成长、企业年龄三个反映企业自身特征的变量，以及体现企业经营效率的资本—劳动率、营业盈余率、价值增加值率、工资率变量,此外还有负债能力、实收资本、出口变量。δ_i 为所需估计的系数值。模型当中还控制了行业虚拟变量。估计结果如表 7-6 所示。

表 7-6　　　　　　　企业生产率影响退出风险率的估计结果

变量	产业总体	节能环保产业	新一代信息技术产业	生物产业	高端装备制造产业	新能源产业	新材料产业	新能源汽车产业
生产效率	-0.056* (0.025)	-0.034 (0.067)	-0.081* (0.046)	0.120 (0.095)	-0.114 (0.081)	0.122 (0.168)	-0.122* (0.049)	-0.108 (0.192)
企业规模	-0.128** (0.039)	0.023 (0.098)	-0.143* (0.077)	-0.383* (0.156)	-0.204* (0.119)	-0.099 (0.191)	-0.174* (0.075)	-0.317 (0.262)
企业成长	0.313*** (0.022)	0.345*** (0.056)	0.273*** (0.043)	0.428*** (0.092)	0.317*** (0.067)	0.126 (0.120)	0.365*** (0.040)	0.175 (0.189)
企业年龄	-0.034** (0.011)	-0.053* (0.024)	-0.023 (0.022)	-0.105* (0.041)	-0.003 (0.032)	-0.128 (0.088)	-0.006 (0.022)	-0.266* (0.138)
资本—劳动率	-0.00003 (0.0001)	0.001 (0.0004)	-0.0003 (0.0003)	0.0003 (0.0006)	-0.001 (0.001)	0.0002 (0.0003)	0.0002 (0.0002)	-0.001 (0.003)
营业盈余率	-0.134 (0.133)	0.078 (0.293)	-0.226 (0.237)	-0.078 (0.257)	-0.490* (0.229)	-0.265 (1.474)	-0.148 (0.344)	-1.342 (1.557)
价值增加值率	0.038 (0.079)	0.596 (0.560)	0.848* (0.365)	1.007* (0.493)	-0.007 (0.061)	1.080 (1.660)	0.041 (0.394)	-0.528 (1.890)
工资率	-0.449* (0.190)	0.056 (0.451)	-1.088** (0.409)	-1.363* (0.794)	0.257 (0.535)	-1.584 (1.307)	-0.206 (0.368)	1.232 (1.058)
负债能力	0.093 (0.163)	-0.550 (0.387)	-0.067 (0.385)	0.664 (0.477)	0.422 (0.617)	1.284 (1.285)	0.051 (0.279)	3.355* (1.353)
实收资本	-0.148*** (0.023)	-0.256*** (0.056)	-0.080 (0.050)	-0.214** (0.079)	-0.134* (0.075)	-0.301* (0.128)	-0.144** (0.048)	-0.144 (0.207)
出口	0.067 (0.077)	-0.032 (0.188)	0.201 (0.151)	0.207 (0.285)	-0.108 (0.218)	0.794 (0.457)	0.149 (0.153)	-0.640 (0.827)
样本量	3398	611	995	265	416	200	769	142

注:括号中的为标准误,*、**、***分别表示在 10%、5% 和 1% 水平上显著,估计过程中控制了年份和行业。

表 7-6 的估计结果表明,新兴产业中企业生产率的提升能够显著的降低企业退出风险。企业自身特征变量对退出风险具有显著影响,其中企业规模的扩张和年龄的增长能够降低风险,但是企业过快成长却不利于企业生存。在反映企业经营状况的变量中,除了提高工资率会降低企业退出风险外,其他变量对企业生存没有显著影响。此外,企业负债与退出风险正向相关,但是实收资本的提高却降低风险。企业出口行为不对退出风险造成明显的影响。从分行业的估计结果来看,总体上受到样本量的限制,估计的显著性不理想,但结果基本符合理论预期。其中,除了生物产业之

外，其他产业的估计结果都表明提高生产率能够降低企业退出风险。企业规模扩张和年龄增长降低退出风险，但企业成长提高退出风险。企业经营状况的变化对生存风险的影响不显著，但是，在新一代信息技术产业和生物产业当中，提高工资率能够显著降低企业退出风险。实收资本的提高在各个行业中都表现出较为明显的降低企业退出风险的作用。

总体来说，在新兴产业当中，企业生产率的提高有助于降低企业退出风险。企业自身性质能够显著影响退出风险，其中，企业规模和年龄增加能够降低退出风险，但是企业成长增加了风险。企业经营状况、财务结构特征对退出风险的影响不是很显著，仅在工资率和实收资本上表现出较为明显的降低退出风险的作用。企业是否具有出口行为不影响企业退出风险。

三 企业生产率对企业成长的影响分析

在产业动态演进中，企业成长就表现出独特性，其变化过程更为随机，难以预测。由上述分析也可以发现，企业成长不但对生产率产生负向影响，而且也可能提高企业退出风险。虽然上文已经从企业成长角度分析了它与生产率之间的关系，但是反过来企业生产率作为企业技术、管理、绩效的综合体现，也会对企业成长产生重要影响。另外，在企业成长章节中并没有对企业成长影响因素进行研究，故在此引入各类因素并构建如下模型：

$$growth_{it} = \theta_0 + \theta_1 TFP_{it} + \theta_2 size_{it} + \theta_3 age_{it} + \theta_4 export_{it} + \theta_5 CLR_{it} + \theta_6 OSR_{it} + \theta_7 VAR_{it} + \theta_8 WAR_{it} + \theta_9 DEL_{it} + \theta_{10} PAC_{it} + \sum_m \varphi_m year_m + \sum_n \varphi_n ind_n + \rho_{it} \quad (7-5)$$

根据模型设定估计得到表 7-7 的结果。其中，企业生产率与成长率之间呈现出显著的负相关关系。通常认为企业生产率的提高会促使企业加快成长，实现扩张，但是在新兴产业当中生产率高的企业反而成长率低，这反映出产业内的企业以提升生产效率，增强竞争力为目标，而不是仅追求扩张和成长。从企业规模和年龄来看，企业规模的扩张确实有利于企业成长，但是年龄越大的企业成长率越低。估计结果也表明企业经营状况向好，会推动企业成长，然而，实收资本和出口两个变量与企业成长负相关。

综上所述,新兴产业中的企业成长在诸多方面表现出独有特性,这表现在:一是虽然企业规模扩张有利于企业成长,但是生产率高的企业却并不追求企业快速成长。二是企业良好的经营状况会促进企业成长。三是企业出口行为并不会带动企业成长,相反出口型企业的成长率低于非出口型企业。这些特征表明在新兴产业中,企业不会一味追求快速成长,而是通过加强自身经营能力实现生产效率和竞争力的提升。

表 7-7　　　　　　企业特征因素对生产率的影响估计结果

变　　量	变量表示	估计系数
生产率	TFP	-0.067*** (0.018)
企业规模	$size$	0.515*** (0.024)
企业年龄	age	-0.171*** (0.007)
资本—劳动率	CLR	-0.00001 (0.00003)
营业盈余率	OSR	0.114 (0.079)
价值增加值率	VAR	0.101* (0.048)
工资率	WAR	0.272* (0.123)
负债能力	DEL	0.072 (0.109)
实收资本	PAC	-0.032* (0.015)
出口	$export$	-0.140** (0.052)
观测样本量	3398	R^2　　0.742

注:括号中的为标准误,*、**、*** 分别表示在10%、5%和1%水平上显著,估计过程中控制了年份和行业。

第四节　本章小结

企业全要素生产率作为企业技术、管理、经营状况的综合体现,是除了企业生存、成长之外,企业进入后表现的重要组成部分。本章采用1999年到2007年的新兴产业筛选数据,在剔除删失样本的基础上,测算了企业的全要素生产率,并对生产率与产业动态演进的关系进行了系统性的实证研究。研究得到以下四方面的结论:

第一,在研究期间内,进入企业数量少于退出企业数量,企业进入率变动较为平缓,但是企业退出率却呈现出先增长后下降的变动形态。观测企业持续生存时间较短,仅经过两期,企业生存率就下降到50%以下,多数企业生存时间不超过四年。并且新进入企业规模都较小。

第二，使用 OP 法测算新兴产业的企业生产率，结果表明，从各类要素对经济增长的贡献来看，无论是资本投入弹性，还是劳动投入弹性都能显著提高产业生产率。新一代信息技术产业、新能源产业的资本投入弹性高于其他行业，而生物制药产业和高端装备制造业的劳动投入弹性高于其他行业。在整体上，新兴产业的生产率分布呈现出左偏尖峰分布特征。从企业生产率的增长率来看，新一代信息技术产业、新能源产业和生物产业的生产率增长相对较快，这基本符合各个行业发展特征。

第三，企业特征因素对生产率的影响研究表明，企业成长率的提高不利于生产率的增长。反映企业经营状况的营业盈余率、价值增加值率与生产率正相关，而资本—劳动率和工资率却与生产率负相关。体现企业财务结构特征的企业负债能力和生产率之间也呈现出负向关系。这说明在新兴产业当中，需要制定合理、有效的企业资本配置和激励策略才能提高企业生产率。

第四，企业生产率对持续生存、成长的影响研究发现，一方面，无论是在产业总体上，还是在各个行业当中，企业生产率的提高能够显著降低企业退出风险；另一方面，企业生产率的提升却抑制了企业成长率的提高。这些结论既验证了企业生产率是除了企业生存和成长之外，能够体现出企业进入后表现的重要维度之一，也表明企业在发展过程中，需要在快速成长策略和提高生产率策略之间进行权衡。如果企业选择通过扩张实现快速成长，那么可能会造成生产率的损失。这反映出企业需要根据自身经营状况和外部条件，选择合适时机制定扩张策略，避免出现一味追求快速成长而导致生产率下降，进而影响企业持续生存。

本章的研究进一步深化了对新兴产业动态演进的认识。如果企业生存和成长是从行为角度来体现企业进入后的表现，那么企业生产率就是从绩效角度来检验企业进入后的表现。虽然角度不同，但是企业进入后的行为和绩效之间存在显著的相互作用关系。企业生产率的提高减低了企业退出风险，却不利于企业快速成长。因此，在新兴产业当中，企业应当考虑到快速成长可能带来的效率损失和生存风险，在制定决策时，协调追求绩效表现和行为表现之间的关系，维持生产率增长的持续性。

第八章 新兴产业动态演进的特殊阶段：基于光伏产业震荡的分析

产业震荡是产业动态演进中一个既特殊又普遍的现象，无论它是由技术因素还是非技术因素所触发的，都对塑造产业结构起到关键作用。近些年来在新兴产业发展过程中，新能源产业特别是光伏产业的震荡现象表现得尤为明显。以无锡尚德为典型一批光伏企业纷纷倒闭或停产，整个产业陷入"寒冬"。虽然中国光伏产业震荡的发生并非孤立事件，有着全球光伏产业进入震荡调整期的大背景，但是中国光伏产业震荡有哪些特点？是什么因素触发了这一现象的发生？与国外光伏产业震荡有着怎样的区别和联系？通过对产业震荡前后不同企业群体生存期望的比较能揭示出怎样的光伏产业演进特征？围绕着这些问题，本章通过对445家中国光伏企业进入退出信息的收集，描述了中国光伏产业动态演进历程，确定出影响产业演进的关键事件，指明光伏产业震荡的发生机制，并运用事件史分析方法研究不同时机进入群体的生存差异及其变动。

第一节 中国光伏产业的动态演进

一 世界光伏技术扩散路线及产业周期性波动

新能源是应对气候变化、建立可持续能源体系的最好方式之一（IEA，2008），而就各种新能源的潜力而言，太阳能又是替代现有石化燃料能源体系最具潜力的能源之一（De Vries et al.，2007；Resch et al.，2008）。据估算，在整个生命周期中光伏发电量是耗电量的15到25倍，能源的投资回报期为1.1年到1.6年。太阳能光伏产生1KWh电力的能源消耗量和二氧化碳排放量是火力发电的5%（王斯成，2010）。太阳能在能源供应、环境保护、经济增长等方面展现出无可比拟的显著优势。

回顾光伏产业发展历程,从光伏技术扩散路线来看,太阳能光伏电池从实验室技术发展成为独立的产业经历了五个阶段(Jacobsson et al., 2004)。1839年发现的光生伏特效应从科技知识层面开启了光伏产业(Wolf, 1972)。随后,在1954年第一块具有应用价值的单晶硅电池被制造出来,实现了光伏技术"走出"实验室的第一个阶段。到1958年光伏运用进入了第二个发展阶段,第一个商业化的光伏市场始于航天卫星市场。20世纪70年代石油危机爆发之后,人们为了发展可替代现有石化能源的新能源而开展了多项光伏实验,使得光伏技术的扩散来到第三阶段。到20世纪80年代时,用于特殊用途的离网光伏市场例如火车站太阳能灯、灯塔的光电系统等快速增长,光伏进入第四个发展阶段。最终,到了20世纪90年代晚期即光伏技术扩散的第五个阶段,上网光伏市场真正开启了光伏技术的大规模应用(如图8-1所示)。

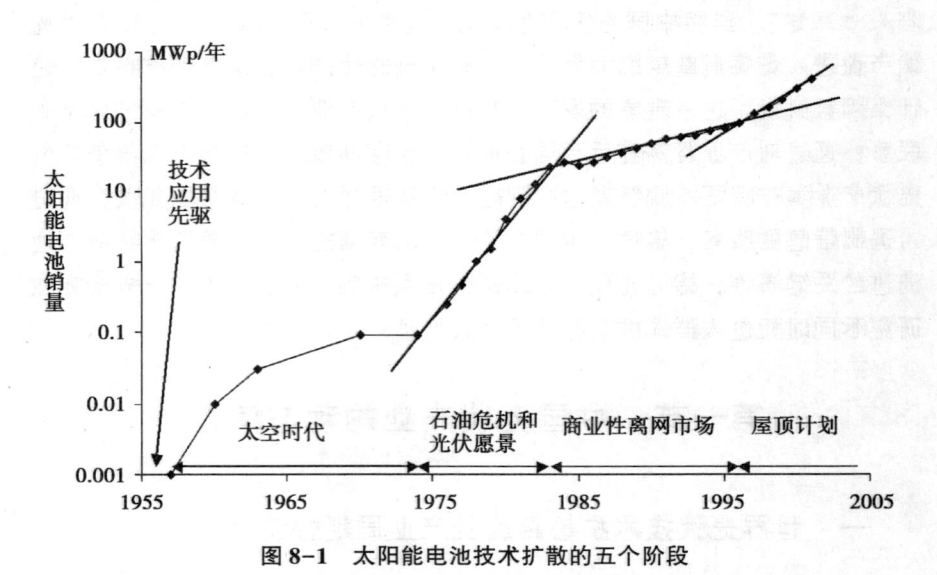

图8-1 太阳能电池技术扩散的五个阶段

资料来源:Jacobsson et al., 2004。

纵观世界光伏产业发展历史,产业周期性调整十分正常。世界光伏产业分别在1973年、1990年和2000年经历了三次高涨。在这期间,光伏技术得到快速进步,市场加快增长。此外,虽然光伏产业的发展始于六十多年前,但是以新企业创建和覆盖全产业链建设的显著变化也仅仅在最近二十多年才发生(Dewald, 2011),并且在长时间内并没有明显的产业震荡(Bunstorf,

2007）。然而，近期由于产能过剩和金融危机的影响，产业震荡的迹象越发地明显，多数光伏生产企业面临着或正在经历着破产威胁。这种危机进一步酝酿，最终在 2011 年和 2012 年全球范围内的产业震荡现象变得十分显著（Blankenberg and Dewald，2013），光伏产业进入了新一轮调整期。

二 中国光伏产业演进历程

在过去的十几年间，中国光伏产业经历了狂飙式的增长，用不到十年的时间打造出了一个世界级的产业，而后陷入艰难的调整期。从"过热"到"退潮"，中国光伏产业走出了一条独特的演化道路。

在 2002 年之前，中国光伏产业仍以政府资金为基础，处于研发生产阶段，没有完整的产业链。应用市场主要集中在微波中继站、卫星电视中转站、军队通讯系统等通信领域，光伏产品还没有用于民用。在 2002 年，国家发展计划委员会启动了"西部省区无电乡通电计划"，总投资 20 亿元人民币。这一项目的启动极大地刺激了国内光伏产业并真正实现光伏产品的民用。2004 年，以德国为代表的许多国家开始施行高水平的光伏上网电价补贴政策，这有效地刺激了光伏投资者的投资意愿，形成了巨大的光伏国际市场。中国企业抓住这一机遇，迅速扩大产能，并通过规模效应降低了生产成本，从而使得国内光伏产业迅速发展。在 2006 年中国政府实施了包括新能源法在内的一系列政策措施，这为中国光伏产业发展创造了有利的政策环境。在此推动下，自 2007 年，中国太阳能电池产量连续 6 年保持世界第一。从 2004 年到 2008 年，中国光伏电池产能增长率都超过 100%。2009 年，财政部、科技部、国家能源局和其他部门联合发起了"大型光伏电站特许权招标"和"金太阳示范工程"，这一工程对于开启国内光伏市场、促进光伏技术和消除光伏并网政策障碍起到重要作用。2011 年，国家发展和改革委员会发布了《关于完善太阳能光伏发电上网电价政策的通知》，统一全国光伏发电基准上网电价。然而，受到光伏市场需求萎靡、原材料与组件价格大跳水、欧债危机爆发等的影响，中国光伏产业陷入低谷，大量企业停产甚至倒闭。2013 年 8 月，光伏发电基准上网电价标准得到进一步修正，采取按照光照资源条件不同分地区实施三个水平的上网电价。此举是政府希望通过完善光伏发电价格政策，促进光伏发电项目合理布局，激励企业提高技术水平，降低成本。这也意味着中国光伏产业进入深度调整阶段。

回顾中国光伏产业演进历程可以发现，中国光伏产业在国际光伏市场上成长迅速，特别是在 2004 年德国提出可再生能源法案（EEG）之后。而国内光伏市场在 2009 年启动"大型光伏电站特许权招标"和"金太阳示范工程"之后才开始成长。由此可见，供给侧的政策推动和严重依赖国外市场是中国光伏产业发展的重要特征，而国内光伏市场却落后于光伏制造业。

三　中国光伏产业供给需求及价格的变化

在技术进步推动和各国政府支持可再生能源政策的强力驱动下，光伏产业进入了快速发展期。特别是 2004 年德国修订"上网电价法"以后，光伏产品供不应求。在此契机下，中国光伏产业尽管受到硅材料短缺的影响，但仍然保持了从 2006 年到 2008 年光伏组件产量超过 100%的增长率。2009 年中国光伏组件的产量超过了 4GW，占全球市场占有率的 44%，连续三年保持世界第一。虽然自 2011 年以来受到外部需求下降和"双反"调查的影响，但我国光伏组件产量在 2012 年仍达到 23GW，约占全球总产量的 63%，2015 年更是达到 43GW，保持连年增长态势。然而，从光伏组件产量的增长率来看却呈现出不同的变动情况。光伏组件产量增长率从 2005 年到 2012 年呈现出大幅度波动下降的趋势，并在 2012 年后保持平稳（见图 8-2）。这说明 2011 年出现的产业震荡波动虽然没有从总量上影响光伏组件产量，但是产量增速明显下降。

	2005	2006	2007	2008	2009	2010	2011	2012	2013	2014	2015
光伏组件产量（GW）	0.5	0.4	1.1	2.6	4.0	10.8	21.0	23.0	27.4	35.6	43.0
光伏组件产量增长率	300%	100%	172%	139%	54%	169%	94%	10%	19%	30%	21%

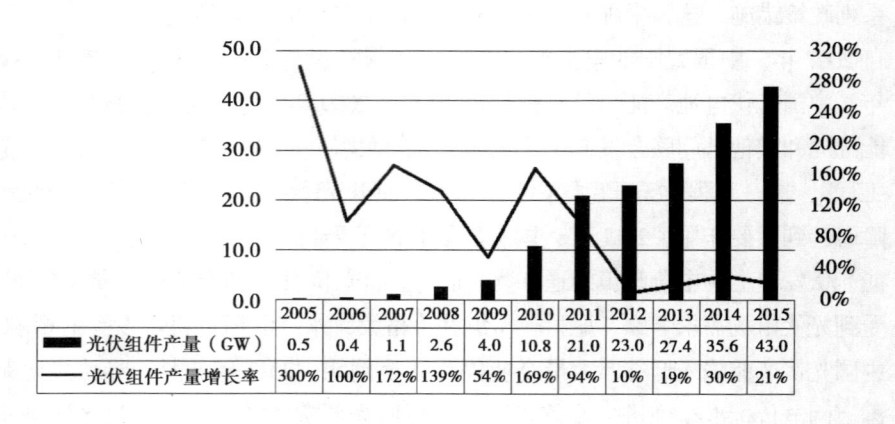

图 8-2　中国太阳能组件产量

资料来源：根据光伏产业相关研究报告整理、汇总。

从中国光伏装机容量和发电设备新增装机容量来看，在 2009 年之前国内光伏装机容量增长缓慢，平均增长率仅为 24%。2009 年，中国先后启动了"金太阳示范工程""光电建筑""敦煌大型荒漠光伏电站招标"等多个项目。在这些项目的带动下,中国光伏市场需求迅速增长,相应的累计装机容量和新增安装量都实现了极大增长。从 2009 年开始,到 2012 年累计装机容量增长率均超过 100%,并在 2011 年达到顶峰 225%,2013 年之后出现明显下滑。相应的,光伏发电设备新增装机容量从 2006 年到 2008 年保持 100% 的增长率,并在 2010 年出现增长率峰值,之后新增装机容量增长率持续下降(如表 8-1 所示)。

表 8-1　　　　　　　2005—2015 年中国光伏装机量

年份	2005	2006	2007	2008	2009	2010	2011	2012	2013	2014	2015
累计装机容量（GW）	0.068	0.08	0.10	0.145	0.373	0.893	2.90	6.10	9.30	12.8	16.60
累计装机容量增长率	8%	18%	25%	45%	157%	139%	225%	110%	52%	38%	30%
新增安装量（GW）	0.005	0.01	0.03	0.045	0.155	0.530	2.07	3.57	10.95	10.6	15.13
新增装机年增长率	-50%	100%	100%	100%	-30%	602%	291%	72%	207%	-3%	43%

资料来源:根据光伏产业相关研究报告整理、汇总。

从图 8-3 中可以看出,中国光伏装机量变动有四个时点较为特殊。

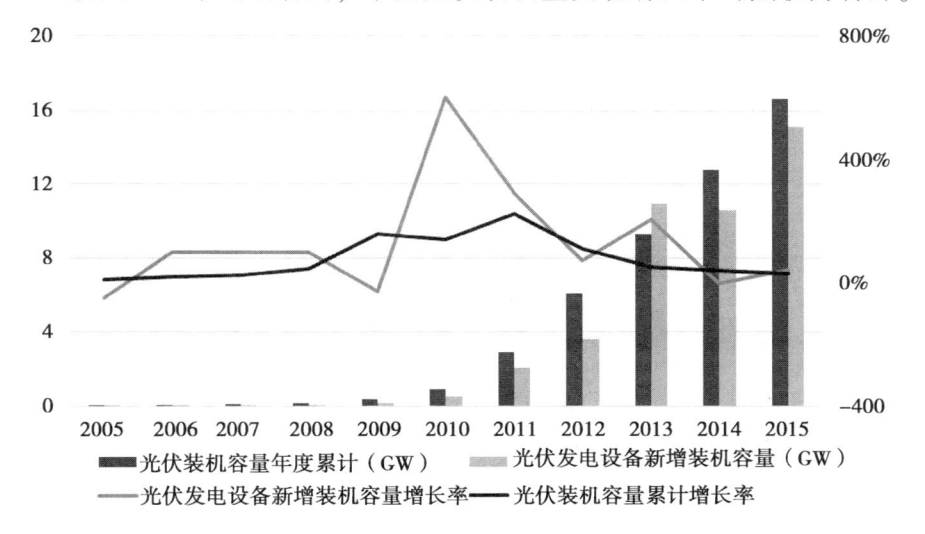

图 8-3　中国光伏装机量变动示意图

资料来源:根据光伏产业相关研究报告整理、汇总。

2008年之前，新增装机年增长率较低，之后2009年随着各类光伏示范项目的实施，新增装机量增长率在2010年达到一个极大值点，随后在2011年虽然德国等国家需求量下降，但是国内新增装机量却达到最大值点，国内光伏市场潜力巨大。而到了2012年前后，由于严重的产能过剩和供需偏离，无论是累计装机增长率还是新增装机增长率都又下降到了一个低谷。这也预示着光伏产业整合的大幕已拉开。

中国光伏产业出口带动增长的特征十分明显，而国内光伏市场的发展却滞后于光伏制造业的扩张。从图8-4中可以看出，2006年到2011年是中国光伏出口最为迅猛的时期，由2006年的2.25亿美元猛增到2011年的258.73亿美元，其中2007年的同比增长率竟高达1161%，出口增速十分惊人。然而，也需认识到在这段时期内，中国光伏产业之所以取得如此之高的出口规模和增速，在很大程度上是依靠德国、意大利、美国等国家发展新能源的契机。在2011年之后，随着欧洲各国纷纷调整光伏补贴政策，以及美国于2011年年底发起光伏反倾销、反补贴的"双反"调查，中国光伏产业的出口受到重创，出口额一路下滑，而国内市场又培育不足，难以消化严重过剩的产能，多数企业面临停产、倒闭的压力。中国光伏产品的出口变动情况，充分显现出了光伏产业由"狂飙"增长，陷入震荡调整的演化历程。

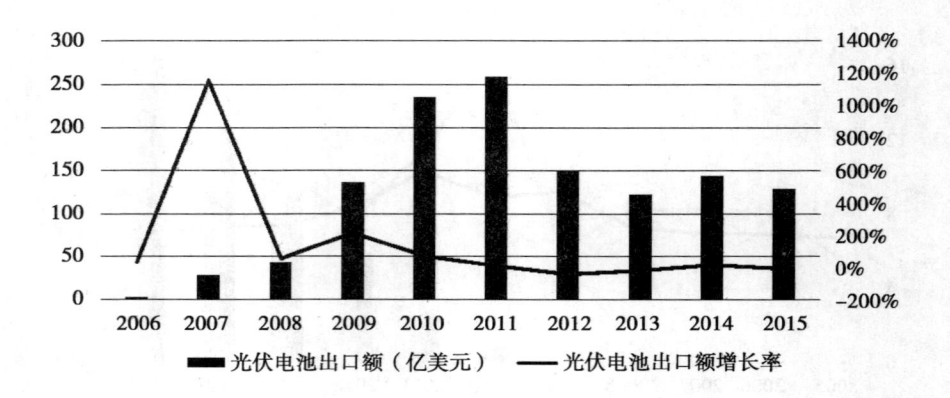

图8-4 中国光伏产品出口情况

资料来源：根据光伏产业相关研究报告汇总、整理获得。

光伏制造产能在过去几年中快速扩张的同时，制造技术、生产效率、管理水平也得到大幅度的提升，无论是多晶硅、单晶硅原材料、电池板、组件，还是逆变器、施工安装服务等的成本和价格都迅速降低，光伏企业在这一过程中积累了宝贵经验。截至 2012 年年底，国内大型地面电站的系统价格平均为 1.5 到 1.8 美元/瓦，在光照资源丰富的地区，发电的度电成本已经接近 0.6 元/度。而据预测，光伏价格和成本还有进一步下降的趋势（如图 8-5 所示）。

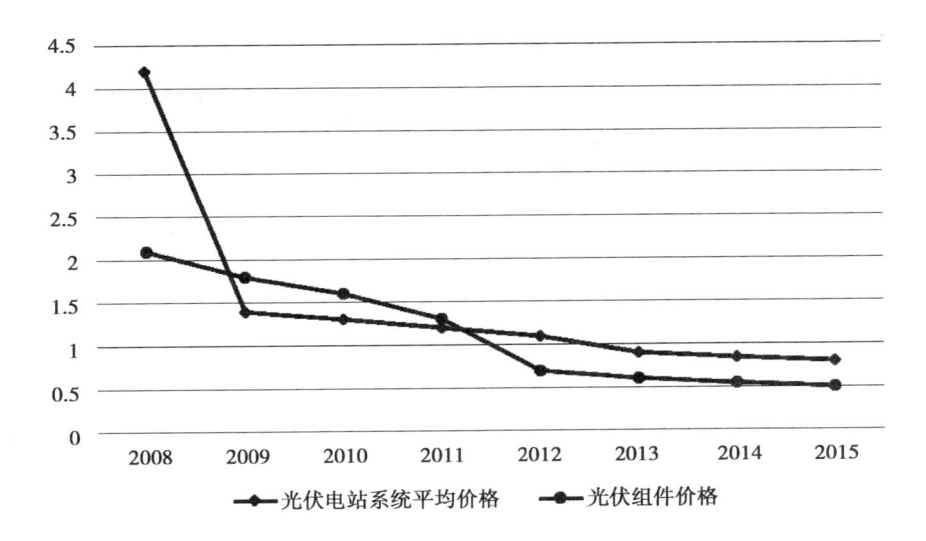

图 8-5　光伏电站系统价格变动趋势

资料来源：《2013 中国光伏产业发展报告》，SEMI，2013 年 3 月。其中 2013 年、2014 年和 2015 年的数据为预测值。

　　通过对光伏组件产量、装机量、出口量和光伏电站系统价格的变动情况分析可以看出，虽然目前中国光伏产业进入震荡期，光伏电站系统和组件价格持续下降，但是太阳能光伏电池核组件、电池片、光伏组件产量仍维持较高增幅，并且国内光伏装机量也实现连年翻番。这一方面说明中国光伏产业产能过剩问题仍较为严重，而另一方面也显示出国内光伏市场正逐步发展起来。处于震荡调整期的中国光伏产业需要通过深度调整和整合，摆脱对国外光伏市场的依赖，形成健康发展格局。

第二节　中国光伏产业进入波动与产业震荡的发生

　　以无锡尚德破产倒闭为代表事件，中国光伏产业进入了产业震荡期。

2011年以德国为主的光伏应用大国大幅下调光伏补贴力度，导致光伏产品滞销严重，价格暴跌，产业利润率逼近为零。2012年美国、欧盟等国家发起针对中国光伏产品的"双反"调查，更为中国光伏产业境况雪上加霜。2013年孚日光伏、宁夏阳光、无锡尚德等一批大企业相继宣布破产，产业震荡趋势非常明显。随着关于中国光伏产业未来发展趋势问题的出现，中国光伏产业已经来到了一个历史性的转折点。

一 中国光伏产业演化规律和独特性分析

回顾中国光伏产业发展历程，从总体上讲基本符合世界光伏产业演化规律。在2002年之前，中国光伏产业处在技术研发和产品创新阶段。以生产离网光伏产品为主，并且多数不适于民用。而随着光伏技术的成熟，世界光伏产业迎来发展高潮，特别是以德国为代表的一些国家在2004年开始实施上网电价补贴政策，这极大地促进了光伏市场的发展，大量新企业涌入该产业。中国光伏企业把握住此次机会，通过引进生产设备进行过程创新来扩大产能，降低生产成本，争夺市场份额，并在出口带动下迅速成长为世界第一大光伏制造国。随后，由于受到产能过剩和金融危机的影响，光伏产业震荡在全球范围内爆发。中国光伏产业也深陷危机，大量企业停产甚至倒闭，产业陷入深度调整期。

尽管中国光伏产业演进路径与世界光伏产业整体发展步调基本一致，但是技术、市场与政策在推动产业动态演进，触发产业震荡发生的内在作用机制上仍具有独特性。

首先，进入2000年之后硅太阳能电池技术已趋于成熟，主导设计逐渐建立起来，多数工艺技术包含在生产设备当中，产业技术创新重点已由产品创新转向过程创新。这为中国光伏企业通过引进光伏生产设备来进行技术学习提供了可行的渠道。与此同时，光伏产业作为新兴产业的重要组成部分，各级政府也采取研发补贴、人才引进、土地优惠等多项措施积极推动，从而在中国创造了海归科学家、地方政府与海外资本合作的独特发展模式，保障了引进的生产设备能快速本土化，从而降低生产成本，实现产能的连年扩张。

其次，光伏产业有很长的成长阶段，而市场培育是建立光伏产业的一个必要条件，特别是需求拉动政策是形成光伏市场的关键（Jacobsson and Bergek，2004）。然而由于中国产业政策作用有偏，没有能够有效刺激国内光伏布局，没有形成充足的光伏市场，从而使得中国光伏产业严重依赖国际市场。企业所生产的 90% 到 95% 的光伏产品都出口到欧洲和北美洲。这样的需求格局使得中国光伏产业在面对外部市场环境变化时，显得十分脆弱。特别是在 2009 年之后，欧洲国家相继削减光伏补贴，而美国又加大"双反"调查力度，中国光伏产业遭受严重打击。

最后，单从产业政策特征来看，不同于德国、意大利、日本、西班牙等国家将光伏产业发展的政策着力点放在市场应用环节，采取例如上网电价补贴、"屋顶计划"等措施推动光伏发电的普及和应用，中国多数光伏产业政策倾向于优先激励制造企业成长，推动产业快速扩张，增加光伏电池产量，而非鼓励提高太阳能发电量以替代传统电力来源。受此影响中国光伏产业尽管发展极快，但也出现产能过剩、盲目上马新项目、并网发电困难等问题，这直接为中国光伏产业震荡埋下了隐患。

通过上述分析可见，中国光伏产业以引进先进生产设备作为技术来源，以海外光伏人才作为技术创新保障，从而实现了产能快速增长和生产成本优势。然而，由于产业政策重点在于扶持光伏制造环节，因此尽管把握住了世界光伏市场发展高潮，但是却失去了国内需求市场。这就使得中国光伏产业在短期内迅速膨胀，但当外部需求发生变化，就变得不堪一击，并触发产业震荡的全面爆发。

二 中国光伏产业中的进入、退出与生产者数量变动

无论怎样描绘产业震荡的发生过程，在具体分析中，还是需要通过间接检验在产业演进过程中，企业进入、退出、生存等的动态变化来探讨这个问题。据此，应当首先收集关于中国光伏企业进入、退出状况的信息。

首先从《2010 中国光伏企业名录大全》《2011 中国光伏企业名录大全》《2012 中国光伏企业名录大全》《中国工业企业数据库》当中比对筛选出初步企业样本，然后在各省市区的工商局企业信息查询系统中查找企业登记状态。根据《中华人民共和国企业法人登记管理条例》的规定，企业法人工商登记包括设立、变更、注销登记，企业登记状态有开业、吊销、注销。据此，如果查询企业登记状态显示为"开业"，则记录下企业开业时间；如果企业登记状态为"吊销"或"注销"，则记录下企业开业时间和吊销、注销时间，并认为企业退出光伏产业；如果企业登记状态为"变更"，则认为该企业发生了删失，记录下企业开业时间。对于那些无

法从工商局网站上查询企业状态的样本，本章从中国光伏交易网、光伏在线贸易平台、阿里巴巴公司搜索等多个记录光伏企业登记信息和交易状况的网络平台查询企业状态信息。对于那些无法确定企业状态的样本进行剔除。经过对初始企业样本的逐个查找筛选，最终得到445家有确定登记状态信息的企业样本。

以企业成立时间作为企业进入光伏产业，以企业吊销、注销时间作为企业退出光伏产业，整理得到样本企业从1978年到2015年的进入、退出数量，以及净进入企业数和企业总数情况（见表8-2）。

表8-2　　　　中国光伏产业样本企业进入、退出数量变动情况

年份	1978	1986	1988	1990	1992	1993	1994	1995	1996	1997	1998	1999	2000	2001
进入企业数	1	1	1	2	2	3	2	4	3	5	6	6	13	25
退出企业数	0	0	0	0	0	0	0	0	0	0	0	0	0	0
净进入企业数	1	1	1	2	2	3	2	4	3	5	6	6	13	24
企业总数	1	2	3	5	7	10	12	16	19	24	30	36	49	73

年份	2002	2003	2004	2005	2006	2007	2008	2009	2010	2011	2012	2013	2014	2015
进入企业数	17	28	23	69	89	45	38	18	39	7	2	0	0	0
退出企业数	1	0	1	1	1	1	6	4	3	19	31	11	7	5
净进入企业数	16	28	22	68	88	44	32	14	36	-12	-29	-11	-7	-5
企业总数	89	117	139	207	295	339	371	385	421	409	280	369	362	357

为了进一步分析技术创新在光伏产业动态演进中的作用，本研究从"中国及多国专利审查信息查询"系统和"佰腾专利检索"系统当中，收集了445家光伏企业从2001年到2015年所申请的与光伏产品相关的专利数量如表8-3所示。在445家样本企业中，有265家在观测期内都申请过光伏产品专利，占样本总数的59.6%。申请专利数量最多的企业在十五年间共申请专利1131件。

表8-3　中国光伏产业样本企业申请的光伏产品相关专利数据变动情况

（单位：件）

年份	2001	2002	2003	2004	2005	2006	2007	2008	2009	2010	2011	2012	2013	2014	2015
专利数量	16	32	32	41	29	153	209	575	917	1444	1965	2128	1340	1321	1285

此外，为了确定影响中国光伏企业生存的关键因素，本研究以收集到的445家光伏企业名录为标准，与2004年到2013年的中国工业企业数据库进行匹配，从中获得了328家企业的数据信息。这些企业在十年的数据集中有62家企业进入，57家企业退出，其余为在位企业，其中有部分企业数据出现删失。

通过对中国光伏企业数量变化以及进入、退出状况的描述，可以发现以下四方面的特征：

第一，从总体上看，与国外光伏产业相类似（Blankenberg and Dewald，2013），中国光伏产业也展现出较晚发生产业震荡的特征。中国光伏产业以2011年为分界点，在这之前企业数量持续增长，进入企业数远大于退出企业数；在这之后才发生显著的产业震荡现象，企业总数下降明显，退出企业数大于进入企业数，净进入企业数变为负值。

第二，从光伏企业数量变动情况来看，自2000年企业总数快速增长，在2006年出现拐点之后增速放慢，并在2010年达到企业总数的最大值421家。随后企业总数逐年下降，在2012年出现企业总数极小值280家，产业进入震荡期。从净进入企业数来看，2010年之前，企业进入数超过企业退出数，而在2010年之后出现反转，企业退出数量超过进入数量（见图8-6）。

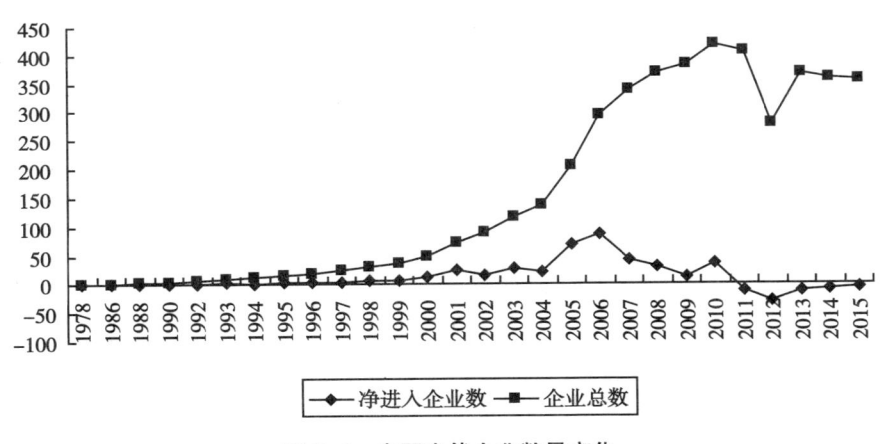

图8-6 中国光伏企业数量变化

第三，从企业进入情况来看，随时间企业进入波动明显。在2000年之前，光伏企业进入数量较为平稳，2000年后，进入企业数远超退出企业数,并在 2001 年达到第一个较为平缓的进入高峰,随后在 2003 年出现第二个进入小高峰。而在 2004 年到 2009 年,进入企业数明显快速增长,形成第三个进入高峰,并在 2006 年达到进入企业数最大值 89 家。之后又在 2010 年前后形成第三个进入小高峰。从企业退出情况来看,在 445 家企业样本当中,有 91 家企业有明确的退出信息。在退出时间分布上,在 2007 年之前没有明显的企业退出现象,2007 年到 2010 年,有一个平缓的退出增长,而 2011 年之后退出企业数量急剧增长,并在 2012 年达到退出高峰 31 家(见图 8-7)。

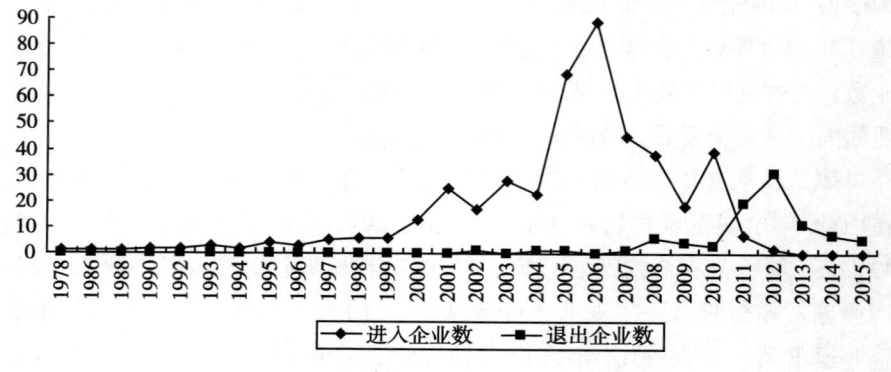

图 8-7 中国光伏企业进入、退出情况

第四,从企业申请的光伏产品相关专利数量来看(见图 8-8),在

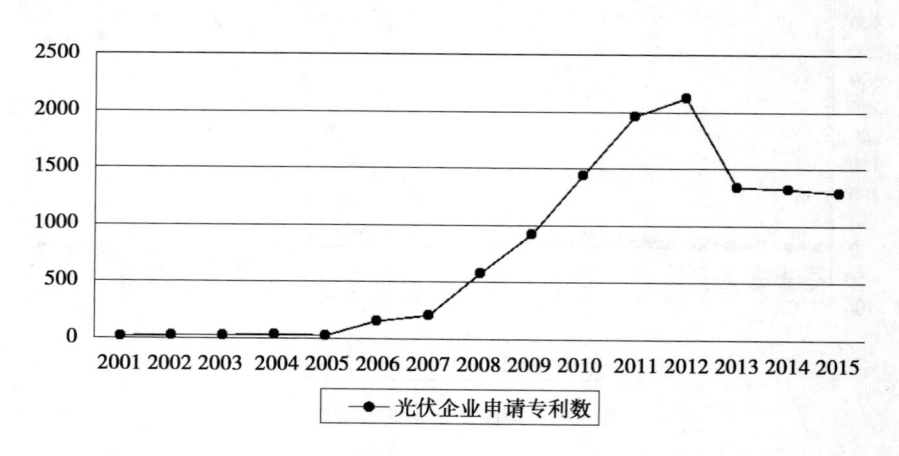

图 8-8 中国光伏企业申请专利数情况

2001 年到 2015 年,光伏企业共申请专利 11487 件。在 2006 年之前,光伏

产品相关专利数较少，平均仅 30 件。自 2006 年到 2012 年，企业申请的专利数量快速上升，平均增长率达到 62.17%，并在 2012 年达到最大值 2128 件。随后，专利数量下降到平均 1315 件。总体上，光伏企业申请的专利数量和产业内光伏企业数量的变动基本一致。在初期，随着越来越多的企业进入光伏产业，企业申请的光伏产品专利数量也出现明显的上升。但是当产业中出现企业总数下降，退出企业数量超过进入数量时，光伏专利数量也出现递减。

总的来说，图 8-6 和图 8-7 较为清晰地展现了中国光伏产业的动态演进过程，以及产业震荡的发生。并且通过对光伏企业进入、退出状况的分析，可以得出中国光伏产业演进形态符合产业震荡的典型特征：一是产业震荡以在短时间内快速进入，随后大量退出为基本特征（Horvath et al., 2001）。中国光伏产业在 2000 年之后企业数量急剧增长，直到 2011 年开始波动下降，出现大量企业退出。二是在产业震荡发生阶段，净进入企业数量变为负的（Krafft, 2004）。中国光伏产业自 2011 年开始出现净进入企业数为负的情况，产业进入震荡调整期。三是虽然生产企业数量持续下降，但是产品产量却随时间增长，而产品市场价格随时间递减（klepper, 2002）。据统计，中国光伏组件产量从 2005 年的 200MW 增长到 2015 年的 43000MW，而相应的组件价格却从 2008 年的 2.1 美元/瓦下降到 2015 年的 0.63 美元/瓦。这种变动趋势正好印证了这一点。四是中国光伏产业震荡也没有脱离全球光伏产业进入周期性调整的大趋势。世界范围内的光伏产业震荡在 2011 年和 2012 年全面爆发，中国光伏产业同样受到了波及。

三 中国光伏产业震荡起因及机理分析

回顾中国光伏产业发展历程，尽管产业演进路径与全球光伏产业整体演进步伐基本一致，但是在产业震荡发生机制上具有独特性。从产业技术特征来看，在光伏产业近十几年的发展过程中，并没有出现具有里程碑意义的技术创新突破事件，成熟的光伏电池技术已经被包含在生产设备当中。这对技术研发处于落后地位的中国光伏企业来说，无疑创造了通过购买先进生产设备，进行工艺技术学习和改造的机会。因此，技术创新是推动中国光伏产业发展而非造成产业震荡的主要因素。从市场培育来看，光伏产业有很长的成长阶段，而市场培育是建立光伏产业的一个必要条件，特别是需求拉动政策是形成光伏市场的关键（Jacobsson and Bergek，2004）。从这一方面来说，揭开造成中国光伏市场扭曲背后的产业政策作用机制，也就从根源上找到了推动光伏产业演进，触发产业震荡的本质原因。

产业政策按作用环节不同有两种主要形式：需求侧政策和供给侧政策。其中，需求侧政策以培育市场，扩大市场需求规模为目的；供给侧政策以短时间内提升产品制造能力为目的。对比不同国家的光伏产业政策，德国、意大利、日本等国家将光伏产业政策的着力点放在市场应用环节，采取例如上网电价补贴、"屋顶计划"等措施推动光伏发电的普及和应用。中国迅速把握住这些发达国家将光伏产业政策作用与需求侧，为全球光伏电池和组件生产企业创造成长机会，采用诸如研发补贴、投资补贴、税收优惠、贴息贷款等供给侧政策优先激励光伏制造企业成长，降低企业发展成本，推动产业快速扩张，增加光伏电池产量。这样的政策取向在产业发展早期固然有其积极意义。在政府推动和企业配合下，中国光伏产业实现了从2000年到2010年十年的快速成长，并成为少有的具有国际竞争力的新兴产业，取得瞩目成就。然而，过于偏重供给侧的产业政策不但违背了发展光伏产业实现能源利用清洁化、绿色化的目的，也造成中国光伏产业严重依赖欧美市场，而国内市场却没有培育起来的问题。随着德国等国家下调光伏补贴，并对中国光伏产品展开反倾销、反补贴调查，中国光伏产业难以抗击外部市场变化带来的影响，大批企业停产甚至倒闭。

各类研究虽然普遍认识到产业政策不当干预可能是造成光伏产业困境的原因，但是，产业政策如何作用于产业演进，甚至可能触发产业震荡的内在机制存在着不同的观点。分析德国光伏产业的研究表明，德国在2000年出台的可再生能源法及十万屋顶计划等需求引导政策从外部驱动了光伏市场增长，并进一步导致创新级联效应，最终引发产业震荡（Blankenberg and Dewald，2013）。而对中国光伏产业困境，多数研究从企业投资的"潮涌现象"角度（林毅夫、巫和懋、邢亦青，2010）将其归结为产能过剩问题（余东华、吕逸楠，2015；王辉、张月友，2015；王立国、鞠蕾，2015）。"潮涌现象"理论假定全社会对产业前景看好，但不确定产业中的企业数量。各个企业在信息不完备的情况下投资设厂，导致投资后出现产能过剩，市场价格下跌，大量企业亏损破产。依据该理论，如果政府非但没有解决信息不完备问题，而是出现政策作用偏差，则可能进一步加重产能过剩。

从产业震荡角度来看，光伏企业在不确定条件下的投资行为也等同于企业作出进入决策的过程。那么分析企业进入方式和信息传递机制等非技术因素触发产业震荡的理论模型，同样适用于解释光伏产业震荡现象。此类理论模型有一个共同的特点，都假定在初始阶段市场需求状况对潜在进入企业来说是未知的，但是企业共享一个关于未知需求的信念。之后，随着对在位企业经营状况的观察，潜在进入企业以贝叶斯的方式更新信念，并作出是否进入的决策。在 Horvath（2001）的信息学习模型中，信息积累产生了企业进入的"滚雪球"效应。一定数量的信息披露导致企业进入，而企业进入导致更多的信息披露。这意味着信息披露数量与在位企业的数量成正比。当信息积累到一定程度，市场不确定性得到缓解，大量企业选择进入，从而导致均衡价格的大幅下降，使得进入对大部分企业来说变得无利可图。Barbarino and Jovanovic（2007）的产业震荡模型与"潮涌现象"理论模型相类似，假定市场规模是未知的。企业根据市场中价格和产出的历史信息，逐渐调整它们对于市场规模的信念，并据此作出投资决策。因为模型假设资本是不能被废弃的，且企业规模微小，不能通过降低产能来影响价格。最终，当企业意识到产业中的产能已经超过市场需求时为时已晚，导致发生产业震荡。

从信息积累和经验学习角度揭示产业震荡发生机制的理论模型，进一步验证了信息积累是决定产业演进路径的主要因素，而非利润率和进入障碍的观点（Geroski and Mazzucato，2001）。结合中国光伏产业震荡问题，会发现光伏企业在制定进入决策时，同样面临着不确定的市场容量和盈利性。但是不同于 Horvath 和 Barbarino and Jovanovic 模型中假设的企业对未知市场前景抱有悲观预期，从而延迟进入以充分收集关于市场盈利性的信息。中国光伏企业在政策引导和鼓励下，不但在初始时期就对产业前景抱有较高信念，而且政府补贴还进一步降低了企业进入成本，致使大量企业涌入产业。但是，当来自外部的市场需求增长放缓，市场容量趋于饱和时，大批企业又被迫退出。由此可见，中国光伏企业在制定进入决策时的信息传递机制更类似于"羊群行为"（Banerjee，1992，1993）。企业不是基于自己所获得信息，而是基于公共信息作出进入决策。并且进入的企业数量越多，潜在进入企业越坚信公共信息的可靠性，从而造成光伏产业跟风上马新项目，企业过度进入的问题。

基于以上分析，现有研究以轮胎、汽车制造等传统产业作为考察对象，实证检验了信息积累和经验学习理论模型在解释产业震荡发生机制方面的可靠性。得出在产业震荡前后，不同时机进入的企业群体出现退出风险率峰值的时间相同，但是风险率变化程度不同。据此，本章在考虑产业政策作用时点和企业进入时机的基础上，对光伏产业震荡前后企业数量的变化和生存状况进行实证分析。

第三节 光伏产业震荡前后的企业群体生存分析

在过去的十几年里，中国光伏产业在国外需求拉动、国内供给侧政策刺激下快速发展演进，而近期产业震荡趋势却愈发明显。那么在产业震荡前后不同时机进入的企业群体生存状态如何变化？技术创新对企业群体生存产生怎样的作用？围绕这些问题，本研究在梳理推动中国光伏产业演进关键事件点的基础上，对收集到的光伏企业按不同的进入时机进行分组，进而对上述问题进行实证分析。

一 企业分组

纵观中国光伏产业演进历程，有一系列推动产业发展的关键事件。将这些事件发生时点与企业波动进入时机相联系可以发现它们在发生时点上是相互契合的，因此可以将收集到的光伏企业样本按照进入时机不同划分为三个群体：

群体一包括在2005年之前进入光伏产业的企业。此期间光伏产业的发展主要受到以德国为代表的部分发达国家实施高水平光伏补贴政策的影响，拉动对国内光伏产品的需求，从而使得光伏企业总数快速增长。在这一时间段内，外部需求是推动光伏产业发展的主要原因。群体二包括在产业震荡发生前五年进入的企业，即从2006年到2010年进入的企业。在此期间中国政府密集出台多项政策措施扶持光伏产业，并将其纳入新兴产业发展规划进行培育。受此影响，中国光伏产业在这段时期内出现企业进入高峰，并且企业总数量也达到最大值。因此在这一时间段内，来自国内各级政府实施的各项主要作用于供给侧的产业政策成为激励企业进入该产业的主要动力。此外，在产业震荡相关研究当中，通常也将企业数量出现峰值时点之前的四到五年划分为产业震荡前期（Horvath et al., 2001；Klepper，2002）。群体三包括在 2011 年到 2015 年光伏产业震荡时期进入的企业。在这段时间里，中国光伏产业内外部的政策、市场环境都发生着快速而剧烈的变化。企业进入高峰和退出高峰相交叠，产业进入震荡调整期。具体分组见表 8-4。

表 8-4　　推动中国光伏产业演进的重要事件点及企业分组

进入企业群	年份区间	进入企业数量	退出企业数量	关键事件点
群体一	2005 年之前	184	3	2002 年中国西部省区无电乡通电计划； 2004 年德国实施高水平光伏补贴政策
群体二	2006 年到 2010 年	229	15	2006 年中国颁布《可再生能源法》； 2008 年全球金融危机爆发； 2009 年到 2010 年中国实施第一、第二批大型光伏电站特许权招标，并开始实施"金太阳示范工程"
群体三	2011 年到 2015 年	9	73	2011 年德国等光伏应用大国下调光伏补贴力度，美欧等国对中国光伏展开"双反调查"； 2013 年中国颁布《关于完善光伏发电价格政策通知》，同年无锡尚德实施破产重组； 2014 年中国制定《光伏制造行业规范条件》，出台《关于进一步优化光伏企业兼并重组市场环境的意见》，发布《关于进一步落实分布式光伏发电有关政策的通知》，优化光伏市场环境，推动光伏应用； 2015 年光伏产业被国务院列入落实《政府工作报告》重点目录

二　企业群体的生存率分析

产业震荡虽然表现为企业数量的锐减，而实质上是企业生存状况发生了变化。为了研究这种变化，设定生存研究观测期为 2001 年到 2015 年的十五年时间，并对光伏企业的生存函数进行分组 KM 估计。

从表 8-5 当中可以看出，就整体而言，产业震荡发生前后企业生存率差异较大，产业震荡的发生使得各企业群体的生存率明显下降。分企业群体来看，在较早进入的企业群当中，群体一在观测期的第二年开始有企业退出，并且在观测前期，企业群的整体生存率较高。在 2008 年前后，受到金融危机的影响，企业生存率出现下降，随后产业震荡的发生使得企

表 8-5　光伏企业生存函数的 KM 估计及各企业群体生存函数的比较

生存时间	观测企业数	退出企业数	删失企业数	生存率	标准差	95%置信区间	
企业群体一（2005 年之前）							
2	209	1	0	0.995	0.005	0.967	0.999
4	208	2	0	0.986	0.008	0.956	0.995
5	206	1	0	0.981	0.010	0.95	0.993
6	205	4	0	0.962	0.013	0.925	0.981
7	201	7	1	0.928	0.018	0.884	0.956
8	193	12	0	0.871	0.023	0.817	0.909
9	181	4	0	0.851	0.025	0.795	0.893
10	177	5	0	0.827	0.026	0.769	0.872
11	172	6	53	0.798	0.028	0.737	0.847
12	113	5	20	0.763	0.031	0.696	0.817
13	88	1	22	0.754	0.032	0.686	0.810
14	65	1	11	0.743	0.033	0.671	0.801
15	53	2	51	0.715	0.037	0.634	0.781
企业群体二（2006—2010 年）							
3	227	1	0	0.996	0.004	0.969	0.999
4	226	5	0	0.974	0.011	0.942	0.988
5	221	7	0	0.943	0.015	0.903	0.966
6	214	11	36	0.894	0.020	0.846	0.928
7	167	8	16	0.851	0.024	0.796	0.893
8	143	2	31	0.840	0.026	0.782	0.883
9	110	0	34	0.840	0.026	0.782	0.883
10	76	1	75	0.829	0.027	0.767	0.875
企业群体三（2011—2015 年）							
2	9	1	0	0.889	0.105	0.433	0.984
3	8	4	0	0.444	0.166	0.136	0.719
4	4	0	1	0.444	0.166	0.136	0.719
5	3	0	3	0.444	0.166	0.136	0.719

业生存率又进一步的下降。据此，群体一生存率变动分为三个阶段：第一阶段从观测期的第二年到第七年，在这段时期，德国等国家对光伏产业实

施高额补贴,光伏产品需求强劲,因此带动国内光伏企业生存率较高;第二阶段从观测期的第八年到第十年,这是产业震荡发生的前期,各地及中央政府加大对光伏产业的补贴力度,大量企业进入光伏市场,致使竞争激烈,加之2008年金融危机带来的影响,有部分光伏企业退出,因而企业生存率降低幅度较大,从平均97.03%下降到84.97%;第三阶段是观测期的第十一年到末年,在此期间产业震荡蔓延开来,企业平均生存率进一步下降到75.47%。群体二是在产业震荡发生之前进入的企业,在观测期内整体生存率较高。在产业震荡发生之前得益于多项产业扶持政策,企业整体平均生存率达到97.06%,高于处在该时段的群体一中企业的生存率。在产业震荡发生之后企业生存率下降到85.06%左右,仍略高于群体一的企业。群体三是在产业震荡发生期间进入的企业。它们的生存率在进入后的头两年维持较高水平,随后出现较大幅度的下降。这说明在产业震荡调整期不利于企业持续生存。

综上所述,可以看出在中国光伏产业动态演进过程当中,从表象上看是不同时点上出现的特定事件推动了产业的演进,而实质上是在这些事件的影响下,产业当中企业的数量发生了动态变化,即发生了企业的进入和退出。根据这些事件发生的时间划分出不同的进入时机及企业群体。通过对这些企业群体的生存率进行研究会发现,产业震荡发生前后,企业生存率会发生较大变化。对于在产业震荡发生之前进入的企业来说,早期进入群体的生存率下降幅度略大于后期进入群体。而对于在产业震荡发生期间进入的企业来说,生存率出现极大下降。此外,随着产业震荡的蔓延,它对企业生存的影响会愈发明显。

三 产业震荡前后企业群体生存风险的估计结果

为了探讨产业震荡的发生对不同时段进入企业生存状况的影响,本文借鉴 Klepper and Simons (2005) 的研究构建如下企业生存风险的模型:

$$h_{it} = h_0(t_i)\exp\{a_1 S_t + a_2 G2_i S_t + a_3 G3_i S_t + \beta_1 S_t(t-\theta) + \beta_2 G2_i S_t(t-\theta) + \beta_3 G3_i S_t(t-\theta) + \lambda age_{it}\} \quad (8-1)$$

在估计当中,本研究使用 Cox 半参数模型和威布尔(Weibull)参数模型两种形式。在威布尔分布模型中,基准风险率可能是上升、下降或不变,比起指数分布模型假设基准风险率不变更合理一些。而在 Cox 风险模型中,加入了年龄的依时变量,从而能够揭示企业风险如何随年龄而变化。在等式（8-1）中，h_{it} 表示企业 i 在第 t 年的退出风险。G2 和 G3 为虚拟变量，分别表示第二和第三个进入企业群。t 表示年份，θ 是产业震荡开始的那一年，即第 θ 年出现产业震荡。S_t 是虚拟变量，并对产业震荡发生的所有年份取值为 1。$h_0(t_i)$ 是基准风险函数。

等式（8-1）能够使得企业风险随着产业震荡的发生而变化。在指数项中，第一个变量 S_t 使得群体一和群体二中的退出风险在产业震荡一开始就发生变化。如果这些群体的风险提高，那么 α_1 将大于 0；如果风险不变，则 α_1 等于 0；如果风险降低，则 α_1 小于 0。变量 $G2_iS_t$ 和 $G3_iS_t$ 使得群体间的风险在产业震荡开始时发生差异。如果企业群体的退出风险按照进入先后具有次序关系，那么 $\alpha_3 > \alpha_2 > 0$，且 $\alpha_1 + \alpha_2$ 和 $\alpha_1 + \alpha_3$ 都大于零。从变量 $S_t(t-\theta)$ 到变量 $G3_iS_t(t-\theta)$ 表示随着产业震荡的延续，每一个体的退出风险以不同的速率发生变化。系数 β_1 表示群体一的风险如何随着产业震荡发生变化。$\beta_1 + \beta_2$ 和 $\beta_1 + \beta_3$ 对于群体二和群体三起到相同作用。如果群体的退出风险随时间递增，那么 β_1、$\beta_1 + \beta_2$ 和 $\beta_1 + \beta_3$ 都将是大于 0 的，并且如果群体间的风险率随着震荡蔓延而聚集，那么可能出现 $\beta_3 < \beta_2 < 0$。

本研究使用收集到的 445 家中国光伏企业进入、退出数据来估计等式（8-1），设定 θ 为中国光伏产业发生震荡的起始年份 2011 年，并将企业按照早期进入群体、产业震荡前进入群体和产业震荡发生时进入群体分为三组。对于产业震荡开始之后的年份 S_t 等于 1。为了反映企业退出风险如何随着企业年龄而发生变化，本研究在 Cox 风险模型和威布尔分布模型中引入年龄变量来进行估计。模型估计结果如表 8-6 所示。

表 8-6 的实证研究结论分为两部分：产业震荡发生时的群体之间风险的差异和随着产业震荡蔓延开来群体之间的风险变化。根据表 8-5 的实证研究结果可知，两类模型估计得到的系数符号一致，其中 α_1 在威布尔模型中显著大于 0，这表明在产业震荡开始时企业退出风险存在增大可能。α_2、α_3 在两种类型的模型中均表现出显著的 $\alpha_3 > \alpha_2 > 0$ 关系，且 $\alpha_1 + \alpha_2$ 和 $\alpha_1 + \alpha_3$ 都大于 0，这说明一方面三个企业群体的风险率随着产业震荡的发生而出现变化，并且企业进入时机不同，退出风险也存在着差异。企业退出风险按照进入时机的先后，具有次序关系。相比产业震荡前和震荡中进入的企业群体，早期进入企业在产业震荡开始时有相对较低的风险。另一方面，群体一、群体二和群体三在产业震荡发生时所面临的

表 8-6　　　　　　　进入时机、产业震荡与退出风险估计结果

变量	系数	Cox 风险模型估计结果	威布尔分布模型估计结果
常数项	c	—	-10.628*** (1.089)
S_t	α_1	0.426 (0.372)	0.645* (0.375)
$G2_i S_t$	α_2	1.443*** (0.451)	1.148** (0.418)
$G3_i S_t$	α_3	8.669*** (1.875)	6.740*** (1.453)
	$\alpha_1+\alpha_2$	1.869*** (0.491)	1.792*** (0.467)
	$\alpha_1+\alpha_3$	9.095*** (1.880)	7.384*** (1.427)
$S_t(t-\theta)$	β_1	-0.640*** (0.170)	-0.451** (0.140)
$G2_i S_t(t-\theta)$	β_2	-0.254 (0.234)	-0.329* (0.197)
$G3_i S_t(t-\theta)$	β_3	-1.047 (0.737)	-0.735 (0.508)
	$\beta_1+\beta_2$	-0.894*** (0.237)	-0.780*** (0.203)
	$\beta_1+\beta_3$	-1.687* (0.737)	-1.185* (0.512)
age_{it}	λ	-0.224*** (0.049)	-0.242* (0.088)
Log likelihood/Log partial likelihood		-566.81	-204.17

样本特征	企业总数	退出企业总数	观测"企业-年"数量
	445	91	4359

注：括号当中的是标准误，***、**和*分别表示1%、5%和10%的显著性水平。

退出风险形势存在优劣势之分，群体三的退出风险略高一些。β_1、$\beta_1+\beta_2$ 和 $\beta_1+\beta_3$ 在两类模型当中都小于0，反映出群体一、群体二和群体三的退出风险随着产业震荡的蔓延而下降。其中，β_1 在两类模型中都显著小于0，而 β_2 仅在威布尔模型中显著小于0，这说明随产业震荡蔓延，群体一退出风险下降得更为明显。此外，在对于 β_2 和 β_3 的估计中，估计所得结果都是小于零的，且 $\beta_3<\beta_2<0$，但是仅 β_2 在威布尔模型中显著，这反映出进入群体间的退出风险存在着较弱的集中趋势。对于企业年龄来说，在两个模型当中所估计得到的结果均为负数，说明随着企业年龄增长，企业退出风险趋于下降。

综上所述，在产业震荡发生时，企业所面临的退出风险存在增加可能性，并且不同时段进入的企业群体的退出风险具有差异，群体间存在着优劣势，早期进入群体有相对较低的退出风险。随着产业震荡蔓延，群体一、群体二和群体三的退出风险有所下降，但仅表现出微弱的集中趋势，

这验证了 Klepper and Simons（2005）所指出的"如果产业震荡是由特定事件所触发的，那么群体的退出风险没有集中趋势"。

将这些估计结果与不同时段内所发生的关键事件相结合可以发现，在中国光伏产业当中市场需求和产业政策交叠作用推动着企业波动进入。而其中供给侧的光伏产业政策对产业的动态演进特别是产业震荡的发生起到关键作用。产业政策出台在推动企业大量进入的同时也触发产业震荡的发生，致使企业群间的风险没有表现出集中趋势，而是产生了分化。相较在产业震荡发生前受政策引导而进入的企业群体来说，那些早期进入群体或者在市场需求引导下进入的群体，在产业震荡开始时退出风险较低，并且随着震荡蔓延退出风险明显下降。而受到政策引导在产业震荡发生前后进入的企业群体，在产业震荡开始时的退出风险较高，之后随着产业震荡蔓延开来退出风险才逐渐下降。这说明在政策引导下进入的企业具有一定的投机性，长期生存下去的可能性较低，退出风险大。因此，供给侧的产业政策对一个产业发展的推动作用虽然在短期能起到显著的刺激作用，但不具有持续性。从长期来看，仍需要市场作为主导来驱动产业动态演进。

四 技术创新与企业群体生存风险的估计结果

技术创新是造成产业震荡的关键因素之一。虽然在光伏产业当中，产业震荡的发生并非由技术创新引起，但是在震荡前后，不同时机进入群体的生存状况却因为技术创新活动而产生差异。对此，以企业是否申请了光伏产品相关专利代表企业创新行为，并根据企业进入时机将上述三个企业群体进行重新划分。第一组仍为 2005 年之前进入的企业，作为早期进入群体；第二组将原来的第二组和第三组企业合并，作为后期进入群体。设定如下风险模型进行分析：

$$h_{it} = h_0(t_i)\exp\{\gamma_1 GI1_{it} + \gamma_2 GI2_{it} + \gamma_3 GNI2_{it} + \gamma_4 n_{it} + \gamma_5 age_{it}\} \quad (8-2)$$

等式（8-2）当中，h_{it} 表示企业 i 在第 t 年的退出风险，$h_0(t_i)$ 是基准风险函数。$GI1_{it}$ 是虚拟变量，如果企业 i 是早期进入群体中的企业，并且申请了专利，那么 $GI1_{it}$ 等于 1，其他情况为 0。$GI2_{it}$ 表示如果企业 i 是后期进入群体中的企业，并且申请了专利，那么 $GI2_{it}$ 等于 1，其他情况为 0。$GNI2_{it}$ 取值为 1，如果企业 i 是后期进入群体中的企业，却没有申请专利。相应的，模型当中的参照组为早期进入群体中没有申请专利的企业。

n_{it} 表示企业 i 在第 t 年申请的专利数，age_{it} 为企业年龄。

同样使用 Cox 半参数模型和威布尔参数模型两种形式估计模型。等式（8-2）的模型设定不但能够使得申请专利的创新企业和非创新企业的退出风险产生差异，而且也能体现出不同进入时机对企业退出风险的影响。具体来看，如果企业的创新行为降低了所有进入群体的退出风险，那么能够得出 $\gamma_1 < 0$，且 $\gamma_2 - \gamma_3 < 0$。考虑企业进入时机因素，如果早期进入的创新群体由于经验积累，技术创新能力高于后期进入的创新企业群体，那么会有 $\gamma_2 - \gamma_1 > 0$。此外，如果早期进入的非创新群体仅凭借先动优势，退出风险低于后期进入的非创新群体，那么能够估计得到 $\gamma_3 > 0$。模型估计结果如表 8-7 所示。

表 8-7　　　　进入时机、技术创新与退出风险估计结果

变量	系数	Cox 风险模型估计结果	威布尔分布模型估计结果
常数项	c	—	-7.612*** (0.728)
$GI1_{it}$	γ_1	-0.866** (0.302)	-0.847** (0.301)
$GI2_{it}$	γ_2	-0.786* (0.357)	-0.803* (0.355)
$GNI2_{it}$	γ_3	0.439 (0.278)	0.397 (0.274)
	$\gamma_2 - \gamma_1$	0.081 (0.185)	0.045 (0.182)
	$\gamma_2 - \gamma_3$	-1.224*** (0.164)	-1.2*** (0.162)
n_{it}	γ_4	-0.153* (0.080)	-0.153* (0.080)
age_{it}	γ_5	-0.323*** (0.050)	-0.243** (0.081)
Log likelihood/Log partial likelihood		-584.44	-215.02
样本特征	企业总数	退出企业总数	观测"企业-年"数量
	445	91	4359

注：括号当中的是标准误，***、** 和 * 分别表示 1%，5% 和 10% 的显著性水平。

表 8-7 的估计结果显示，γ_1 和 $\gamma_2 - \gamma_3$ 均显著小于 0，这说明无论是早期进入群体还是后期进入群体，企业的创新行为都会降低企业退出风险。γ_2 在两个模型当中都显著小于 0，表示相比早期进入群体中的非创新企业来说，在后期进入群体中的创新企业具有较低的退出风险。估计得到 γ_3 是正向的，但是不显著，表明相较于早期进入群体的非创新企业，后期进入群体的非创新企业并不具有明显较高的退出风险。$\gamma_2 - \gamma_1$ 在两个模型当中均为不显著的正向关系。这反映出如果企业都具有技术创新行为，那么

无论企业是早期进入群体还是后期进入群体，企业间的退出风险差异不大。总的来看，根据上述估计结果，光伏企业的创新行为在降低企业退出风险方面的作用要强于企业的进入时机。企业后期进入的不利因素可以通过技术创新得到弥补。此外，光伏企业申请的专利数量与退出风险呈显著的负向关系，专利数量越多，越有助于降低企业退出风险。同时，企业年龄越大，退出风险也越低。

将实证分析结果与光伏企业申请的专利数量变动相结合，可以得出尽管专利数量在产业震荡前后表现出先增长后下降的变动趋势，且在产业发展早期企业申请的专利数量较少，但是分组来看，在整个观测期内，早期进入群体中的企业共申请了6710件专利，多于后期进入群体的4777件。而风险估计结果表明，相较于企业进入时机，企业申请专利的创新行为对降低退出风险的作用更大。这反映出光伏企业的技术创新在推动产业动态演进中发挥着重要作用。技术创新非但没有引起产业范围内的震荡现象，反而保护了积极进行技术创新的企业免遭产业震荡的不利影响。

第四节 光伏产业震荡与企业个体生存分析

一 影响光伏企业生存的因素

上文从企业群体层面分析了进入时机和创新行为在产业震荡发生前后对企业生存产生的影响。事实上，产业震荡作为微观企业动态的宏观表现，对其进行分析除了需要研究企业群体的变化外，还应当深入企业内部，从企业个体层面探讨企业生存的决定因素。为此，本研究将收集到的445家光伏企业与中国工业企业数据库相匹配，从中筛选出2004年到2013年的328家企业数据，对影响光伏企业生存的内外因素进行分析。

1. 企业因素

（1）光伏企业的生产率。包含选择机制的理论模型将产业视为是具有异质性生产率的企业所构成的集合体，并且指出企业生产率水平与它们的绩效和生存相关（Melitz，2003）。推动该模式中生产效率发生变化的重要机制是随着产业的动态演进，市场份额将会重新分配给更有效率的企业。这一重新分配过程既可以通过在位企业之间的市场份额转移来实现，也可以通过企业的进入、退出来实现。相比生产率水平较高的竞争对手来说，生产率低的企业持续生存的可能性也较低，更易被淘汰出局，从而产生由选择过程所驱动的产业总体生产率水平的提高。按照这一理论，光伏产业出现震荡，在企业个体层面可能是因为企业生产率的变化，致使低效率的企业被迫退出，市场份额得以重新分配的过程。为了检验企业生产率对企业生存的影响，首先需要对光伏企业生产率进行测算。

在生产效率的测算方法中，OP 法使用生存概率来估计企业的进入和退出，控制样本选择偏误，因此，本研究采用 OP 法计算光伏企业的生产效率。数据来自匹配后的中国工业企业数据库。在计算企业生产率时，由于样本企业的工业增加值数据缺失过多，因此选用工业总产值表示企业产出。对于固定资产投资，采用永续盘存法，依据 $I_t = K_t - K_{t-1} + D_t$ 估算得到，其中 K 是固定资产合计，D 是本年折旧。用企业从业人数来衡量企业的劳动力投入。样本中的所有变量都以 2003 年为基期的指数进行了平减。其中工业总产值使用工业生产者出厂价格指数进行平减，固定资产使用固定资产投资价格指数平减。平减指数均来自中经网统计数据库。按照 OP 计算得到的光伏企业生产率描述统计如表 8-8 所示。

表 8-8　　　　　　　　　光伏企业生产率的描述统计

变量	均值	方差	标准差	偏度	峰度
生产率	5.629	1.219	1.104	-0.127	3.638

对计算得到的企业生产率进行偏度—峰度检验，均拒绝了正态分布假设，并且偏度小于 0，峰度大于 3，因此，光伏企业的生产率呈现出负偏态尖峰分布。进一步以 2011 年作为分界点，绘制产业震荡前后的企业生产率核密度函数图，发现产业震荡后的生产率分布相较震荡前的图像向左移动，生产率均值略有下降。

（2）光伏企业的技术创新。上文针对企业群体的分析已经得出企业的创新行为有利于降低企业退出风险。在本节中，以企业具体申请专利数量来表示企业技术创新强度，进一步分析技术创新对企业个体生存的影响。经汇总，在十年研究期内，样本企业共申请专利 6997 项，其中 2008 年最多，达 256 项，专利数平均增长率为 24.6%。

（3）光伏企业的政府补贴。中国政府在新兴产业发展中扮演着重要角色，特别是光伏产业，政府采用诸如研发补贴、投资补贴、税收优惠、贴息贷款等供给侧政策优先激励光伏制造企业成长，降低企业发展成本，增加光伏产品产量。因此，政府补贴在企业生存中起着重要作用。但是由于在中国工业企业数据库中的"补贴收入"指标包括各类名目的补贴，且缺失 2008 年和 2009 年的数据，不能直接使用。因此，本研究设定政府补贴虚拟变量，如果企业在研究期内报告了补贴收入，那么就认为该企业为受到补贴的企业，设为 1，其他未在研究期内报告补贴收入的企业设为 0。

（4）资本—劳动率。资本—劳动率反映企业的经营能力。每一个企业都是独特的有形和无形资源的集合，企业能力的获得是其策略选择和资源投入的结果，最终决定着企业生存期望。该指标使用固定资产除以企业员工数取对数得到。

（5）其他控制变量。主要包括企业规模和企业年龄，其中企业规模为企业从业人数取对数，企业年龄为企业从成立年份到研究期的时间。

2. 产业因素

（1）产业扰动。如果说产业震荡是对企业进入、退出现象的描述，那么产业扰动是能够定量测算的、影响企业进入退出行为的结构性因素。研究表明产业扰动给出了间接测量沉没成本的方法（Mata and Machado，1996）。产业中出现大量企业进入，可能是因为产业市场规模扩张，企业受到吸引来开发新的获利机会，但也可能是因为沉没成本较低，进入相对容易，从而新企业替代了旧企业。相反，退出可能是市场萎缩的信号，但同样也可能是因为沉没成本较低，企业不用担心退出而造成过大的投资损失。因此，仅当同时出现进入和退出，才被视为是产业中存在着沉没成本的证据。本研究将样本企业中存在数据删失的企业去掉，以具有完整进入、退出记录的样本为基础，采用由进入和退出企业人员数所占比例的乘积取对数来近似估算产业扰动，以此表示产业同时发生进入和退出的程度。预计高扰动的产业环境不利于企业生存。

（2）产业成长。产业成长一方面表现出产业的动态性；另一方面也反映出产业所处的发展阶段是增长还是衰退。在快速成长的产业中，在位企业不能有效抵御新企业进入，从而企业生存的可能性高于成长缓慢或衰退的产业。本研究采用中国光伏产业累计装机容量的增长率来衡量光伏市场的扩张速度，由此体现出产业的成长性。中国光伏产业累计装机容量的数据来自对光伏产业公开资料的整理。

二 光伏企业生存决定因素分析结果

为了研究光伏企业内外因素对其持续生存的影响，本研究采用 Cox 风险模型进行实证分析，基本模型设定为：

$$h(t, X) = h_0(t)\exp\left(\sum_{i=1}^{p}\beta_i X_i\right) \quad (8-3)$$

其中 $h_0(t)$ 是基准风险率，X_i 表示影响企业生存风险的解释变量，包括企业生产率、技术创新、资本—劳动率等变量，估计结果如表 8-9 所示。

表 8-9　　　　　　　　光伏企业生存影响因素估计结果

变量	（1）	（2）	（3）
生产率	-0.150（0.131）		-0.245*（0.145）
技术创新	-0.207**（0.093）		-0.232*（0.125）
资本—劳动率	-0.041（0.078）		-0.071（0.090）
政府补贴	-1.115***（0.327）		-1.086**（0.367）
企业规模	-0.472***（0.123）	-0.669***（0.129）	-0.456***（0.156）
企业年龄	-0.175***（0.054）	-0.160**（0.057）	-0.180**（0.061）
产业扰动		0.271**（0.100）	0.238**（0.107）
产业成长		0.193（0.335）	0.199（0.339）
伪 R^2	0.123	0.108	0.153
观测量	1518	1172	1172

注：括号当中的是标准误，***、**和*分别表示1%、5%和10%的显著性水平。

表8-9中报告了三个模型的估计结果，其中模型（1）包括企业内在因素变量和控制变量，模型（2）包括产业因素变量和控制变量，模型（3）包括企业内在因素、产业因素和控制变量。结果显示光伏企业的生产率与企业退出风险负相关，在考虑产业因素的情况下，企业生产率的提高能显著降低企业退出风险。这也意味着生产率相对较低的企业更易被淘汰出局，从而市场份额得以重新分配，促进光伏产业实现结构调整。同时，光伏企业加大研发投入力度、增加专利申请数量和积极开展技术创新活动也能够显著降低企业退出风险。反映企业经营能力的资本—劳动率虽然与企业退出风险呈现负向关系，但是回归结果不显著。在补贴方面，得到政府补贴的光伏企业退出风险明显低于没有得到补贴的企业。政府对光

伏企业的扶持政策起到维持企业生存的作用，但是是否存在部分光伏企业依赖政府补贴"僵而不死"有待进一步验证。在产业因素当中，产业扰动反映了光伏产业中进入、退出的强度，也从一个侧面体现了产业震荡波动的程度，估计结果表明产业扰动与企业退出风险显著正相关，产业扰动越强，企业退出风险的可能性也越高。产业成长与企业退出风险正相关，但是不显著。一般认为产业成长会带来更多的盈利机会，从而有利于企业生存。但是随着产业市场规模的扩张和盈利机会的增多，也会吸引更多的企业进入，增加了企业间的竞争压力，提高了企业退出风险。从控制变量企业规模和企业年龄来看，规模越大、年龄越长的企业退出风险也相对较低。已有研究表明，企业规模之所以对企业生存有重要影响，一个可能的解释是企业流动性约束会随着规模增长而下降。特别是对于高新技术企业来说，研发投入主要来自企业内部，而规模较小的新企业缺乏这些资金储备（Buddelmeyer et al., 2006）。企业年龄反映了企业的经验积累。随着企业年龄的增长，逐渐获得丰富的经营经验，从而提高了企业生存可能性。

上述分析表明，光伏产业进入震荡阶段会出现大量的企业退出。但是从影响企业退出风险的因素来看，生产效率、技术创新、政府补贴、企业规模和年龄都在降低企业退出风险方面起到积极作用。这意味着光伏企业提高生产效率，积极开展技术创新，取得政府补贴，或者在规模、年龄上具有优势能有效抵御产业震荡带来的影响，获得更高的生存可能性。

第五节 本章小结

中国光伏产业震荡现象是自提出发展新兴产业以来所发生的影响范围广、关注程度高的典型事件。对此，本研究按照产业动态演进的观点，收集了中国光伏企业进入退出信息以及企业申请专利数量，在此基础上结合产业当中出现的推动产业演进的关键事件点，使用事件史分析方法，从企业群体和企业个体两个层面，对光伏产业震荡影响下的企业生存进行了实证分析。研究结果表明，中国光伏产业震荡现象的出现既符合产业演进的一般规律性特征，也表现出独特性。

从一般性来看，中国光伏产业震荡的发生并没有脱离全球光伏产业进入调整期的大背景。受到全球光伏产能过剩和金融危机的影响，不但中国,德国、美国等国家的光伏产业同样遭受冲击,差别仅是受影响的程度不同。从产业震荡的表象来看,也表现为企业数量的急剧变化以及产量和价格的大幅度调整。然而,实证结果也表明以中国光伏产业为代表的新兴产业震荡也具有特殊性,表现在三个方面:

一是产业震荡的起因。虽然本研究的结论进一步证实了产业政策工具在推动新兴产业演进方面起着重要作用,但是与德国等国家由于需求拉动政策工具触发产业震荡不同,在中国,供给侧的产业政策在其中起到关键作用。例如,在中国光伏产业整个动态演进历程当中,供给侧的产业政策数量明显多于需求侧的激励政策。受此影响,企业在制定进入新兴产业决策时,表现出较为明显的"羊群行为"特征,盲目跟风投资进入新兴产业。这在光伏产业中表现为产业政策推动下的企业数量变动。特别是在中国实施"金太阳示范工程",并将光伏产业纳入新兴产业发展规划后,企业大量进入,数量急剧上涨。然而,由于产业政策缺乏持续性和稳定性,加之外部市场环境突然变化,光伏产业震荡愈发明显,大量企业倒闭退出。

二是产业震荡对企业群体生存变动所造成的影响。在产业震荡影响下,选择不同时机进入,以及是否进行技术创新的企业群体,生存状况存在差异。虽然从整体上讲,产业震荡表现为企业数量的大幅下降,但是将企业进入时机、推动产业演进的关键事件和产业震荡联系起来后,会发现企业群体的生存状况产生差异,并且随着产业演进而发生变化。本研究通过构建检验企业群体生存变动的事件史分析模型研究得出:在产业震荡发生时和随着产业震荡蔓延,企业群体的退出风险各不相同。在产业震荡发生时,各群体退出风险增加,且不同时机进入群体间存在着优劣势差异,早期进入群体的退出风险略低于产业震荡前后进入群体的风险。随着产业震荡蔓延开来,各群体的退出风险逐渐下降,群体间的风险变动没有明显的集中趋势。这在一定程度上反映出早期进入群体具有生存优势,并且这种优势能够保持较长时间。结合光伏产业关键事件点和企业进入时机进行分析可以发现,受需求引导和受政策引导而进入的企业群体退出风险存在差异,前者的生存状况略好于后者。由此可见,政策对产业的推动作用见效快,但持续性差,并且如果政策作用的方向有偏,甚至可能触发产业震荡,引起企业大量倒闭死亡。而从技术创新对光伏企业生存的影响来看,技术创新弥补了后期进入企业在进入时机选择上的不足,降低了产业震荡对企业生存的不利影响。

三是产业震荡与企业生存决定因素。在个体层面，一系列因素决定着企业生存，具体体现在影响企业进入、退出上。而在群体层面，大量的企业进入、退出构成产业动态演进的微观基础。并且以此为依据，可以将产业划分为不同的演进阶段。其中产业震荡是较为特殊的一个阶段，在此期间，产业受到特定因素触发出现持续的大量退出，这对塑造产业结构起到关键作用。因此，对产业震荡进行研究，必须深入产业内部，从企业微观层面揭示产业震荡与企业生存之间的关系。本研究在对光伏产业震荡的触发机制、企业群体生存变动进行分析之后，又进一步探讨了影响光伏企业个体生存的关键因素。研究得出企业生产率、技术创新、政府补贴、企业规模和企业年龄能显著影响光伏企业生存，而较高的产业扰动不利于企业持续生存。这些研究结论表明光伏企业通过技术创新，提升生产效率，促进规模扩张，不但能够实现长期生存，也在一定程度上抵御了产业整体进入震荡阶段所带来的冲击。

实际上，在新兴产业发展过程中，不但光伏产业出现剧烈震荡波动，风电产业、LED产业等都因产能过剩，政策"急刹车"而出现快速衰落。对此本研究提出以下三方面的政策建议，在应对光伏产业震荡所造成影响的同时，也对其他新兴产业发展予以启示。

首先，应当转变产业政策着力点，扩大国内市场需求，同时开拓新兴市场。产业震荡爆发之后，中国光伏产业不能再依靠出口带动增长。产业政策着力点应当从供给侧转为需求侧，以补贴光伏终端市场作为起点，引入长期的、灵活的差异化光伏上网电价补贴政策，来推动国内大型并网光伏电站和分布式发电站的建设。另外，需要调整当前上网电价补贴政策仅有利于基于企业的分布式发电站建设，而没有充分利用居民屋顶的弊端。事实上，德国等国家成功实施"屋顶计划"的经验已经表明建立居民分布式电站是可行的且潜力巨大。在扩大国内光伏市场的同时，也仍应当支持具有实力的中国光伏企业"走出去"，通过合资、合作、援助等多种方式开拓东盟、南美、南亚等新兴国家市场，消化过剩产能。

其次，既要顺应光伏产业发展趋势，实现产业政策与产业演化动态匹配，又要采取多项措施降低产业震荡负面影响。新兴产业在发展过程中出现周期性调整十分正常。当前在全球范围内爆发的光伏产业震荡现象反映出该产业出现的两方面变化：一是全球市场需求格局的变化。传统欧美等光伏市场已趋于饱和,而新兴国家市场、国内市场却需求旺盛。二是对产品技术要求的变化。硅太阳能电池技术已经成熟并得到普及,光伏产业技术创新应以提高光电转化率和产品性能为主。面对这两方面的变化,未来产业政策应当围绕核心技术开发和关键市场扩展作出适时调整。以市场调节为主,以政府扶持为辅,相互配合帮助企业降低研发风险,寻求光伏产品市场出路。在防止产业震荡造成产业活力下降的同时,加快淘汰低端落后企业,以实现资源的有效利用。

最后,应当深刻认识发展光伏产业的本质,找准政策实施着力点,建立政策实施效果跟踪评价机制。发展光伏产业的本质是为了转变能源利用方式,建立可持续的清洁能源系统,实现节能减排的目的。然而,部分中国企业和地方政府将发展光伏产业理解为生产光伏电池,而非利用光伏电池进行发电。产业政策作用于供给侧,导致各地纷纷上马光伏项目,建立光伏产业园,提高光伏电池产能。而真正能够实现光伏并网发电,替代传统电力的项目却少之又少。中国光伏产业又走回加工贸易的老路,市场受制于人,产业震荡一触即发。经过此轮产业调整,政府应当对发展新兴产业有了更清醒的认识。光伏产业发展的最终落脚点应当是通过推动光伏规模化应用,实现用清洁能源替代传统能源的目标。相应的产业政策要以此为出发点,科学制定和规划,合理使用各项补贴,并通过建立完善的监督机制来约束政府行为,严防政府过度干预,导致产业无序发展。

第九章 新兴产业利基演化、政策保护与技术创新：基于新能源汽车产业的分析

许多学者都指出产业演化比组织变革更为广泛，它不但涉及技术范式和技术轨迹的变化，还特别注意将技术嵌入行为人群体、地区环境和历史背景当中。所关注的焦点也不仅仅是新产品和企业，还包括社会—技术体系以及颠覆该体系的结构、行为人和过程等。Smith and Stirling（2010）指出一些社会—技术体系比其他的更为根深蒂固，它们有更多的制度和基础设施支持，更重要的经济意义，更好的与其他社会实践相融合，以及更广泛的政策合法性。因此，改变原有的社会—技术体系绝非易事，这也意味着新兴产业取代原有产业乃至改变现有社会—技术体系结构存在诸多困难。但是随着新技术、新业态、新模式的不断出现，技术发展轨迹、经济增长点、商业盈利模式、社会生活方式等都在作出相应的调整和变化，现有的社会—技术体系终将被取代。那么新技术如何才能成功嵌入现有社会—技术体系中并发挥作用？学者们提出策略利基管理理论，并认为通过同时确定技术、政策、社会、需求、产品和基础设施障碍，采用利基管理是将创新技术引入市场的有效方法之一。该方法的目标在于通过确定具有独特特征和能够使得技术效益最大化、障碍和挑战最小化的利基来实现技术的持续扩散。策略利基管理提供了一个技术自我维持并扩散所必需的、集中的学习关注点和社会网络。

按照利基管理理论的相关观点，新能源汽车产业技术创新的市场化过程也是通过建立保护性空间培育实验性消费者，从而形成利基市场的过程。在保护性空间中，政府、汽车企业、各类市场参与者构成了新能源汽车技术的"实验平台"。新兴技术在保护性空间中经过"技术利基"转到"市场利基"，并最终融入主流市场。本章节将新能源汽车视为是在原有交通运输体系中出现的利基，探讨社会技术体系的转变、产业政策的保护

性作用对新能源汽车利基演化和技术创新的影响。

第一节　从利基演化视角分析新能源汽车发展路径

一　新能源汽车产业的发展与利基构建

国际能源署估计，2014 年全球温室气体排放量的 22% 是由交通运输工具所造成，这一比例将在 2030 年上升到 50%。而根据中国环保部发布的《2015 年中国机动车污染防治年报》显示，中国已连续六年成为世界机动车产销第一大国，机动车污染已成为中国空气污染的主要来源，是造成灰霾、光化学烟雾污染的重要原因。资源环境的压力迫使汽车驱动技术由内燃机向着绿色、低碳技术转变。对此，中国大力支持纯电动汽车、插电式混合动力汽车以及燃料汽车的技术研发、推广使用，出台包括新能源汽车购置补贴、不限行不限号等政策优惠，从而拉动中国新能源汽车呈现出爆发式的增长，并成为全球最大的新能源汽车增量市场。

然而从研究来看，对于以新能源汽车为代表的新兴产业如何诞生、演化、发展问题的探讨却很有限。实质上，新兴产业代表了国家和社会发展的重要成果（Russo，2003）。中国经济无论是在快速增长时期，还是在新常态下追求质量效益的提升，新兴产业都在其中起着关键作用。之所以会忽视对新兴产业的研究除了数据难以获得之外，相关理论发展也较为滞后（Forbes & Kirsch，2011）。对此需要寻找丰富的、详细的、启发性的数据来发展新的构念和想法，从而探索性地用于新兴产业研究。

之前的研究指出预测新能源汽车的市场渗透率是十分困难的，因为新能源汽车引入市场的时间较短，没有足够详细的销售数据用于研究（Green et al.，2014）。并且提高新能源汽车采纳程度也需要消费者改变其消费行为，但仅有很少的研究尝试调查消费者愿意接受这种改变的程度（Ahmadi et al.，2015）。而解决由汽车尾气造成的环境问题需要技术、组织、经济、制度、社会文化和政策变革的相互结合，即实现社会技术体系向着可持续性转变。同时，相关的研究也表明如果将政策机制设计着力于创造针对新能源汽车独特特征的利基机会，那么可以更为有效地提高新能源汽车的市场渗透率并实现社会效益。因此，从社会技术体系转变、产业政策保护和利基构建的演化经济学视角分析新能源汽车的技术发展、市场培育和产业政策效果是可行的路径。

在社会技术体系层面，围绕着技术创新，演化经济学者最先关注组织层面的技术范式和技术轨迹（Dosi，1982），之后提出更广泛的社会技术体系概念（Kemp，1994），并特别注意将技术嵌入行为人群体、社会环境和历史背景中进行研究。所关注的焦点也不仅仅是新产品和企业，还包括对社会—技术体系的复制、颠覆过程（Dijk，2014）。社会技术体系被定义为传递并储存关于如何生产、使用和管理特定产品和流程的规则集，它起到界定并定性不同技术边界的作用（Dijk，2014；Schot & Geels，2007）。当前交通体系就是以内燃机技术为核心而构建起的社会技术体系。按照演化经济学观点，在一个社会技术体系中，可能包括一系列不同的市场利基（Frenken et al.，1999；Nuvolari，2006）。在资源有限的条件下，多样化的利基在经济、社会等因素所构成的选择环境变化下相互竞争，其中一个利基中的技术和产品不断改进，最终脱颖而出，并对现存社会技术体系构成压力。随着利基中的技术在产业当中通过学习、模仿扩散开来，它逐渐成为主导技术，并在利基当中逐渐积累变化，最终一个新的社会技术体系将出现并取代旧体系。新能源汽车技术就是在原有交通社会技术体系中出现的新技术利基，然而由于对传统交通设施的沉没投资较大，消费者的观念一时难以改变，汽车生产企业更关注成本节约和提高生产效率等原因，原有社会技术体系仍是较为稳固的。但是一些改变也正在发生，例如随着汽车保有量的上升，更多的人开始关注由此带来的环境和资源负外部性问题，而针对汽车尾气污染所制定的政策措施也逐渐开始发挥作用。因此，社会技术的转变应当有利于推动新能源汽车利基的演化，从而为发生系统性改变提供"种子"。

在利基演化层面，社会技术体系中出现的利基也称生态位，最早被定义为能够维持群体生存的资源组合类型和水平（Hannan & Freeman，1977）。随后对于企业组织的实证和理论研究发现这一概念同样适用于企业组织，由此提出组织利基概念，定义为可维持企业生存的一系列资源组合（Hannan et al.，2003）。在社会技术体系中的利基作为根本性创新的"孵化室"，它的形成主要受三方面的影响，一是出现的新技术提供了现有产业设计所不能满足的性能改进或新应用；二是政府政策的变化，特别是更利于变革性策略发展的监管制度改变；三是消费者偏好的变化要求通过新技术来获得满足（Abernathy & Clark，1985）。利基的首要作用在于评估技术的功能、结果、经济可行性以及技术对社会的吸引力（Kemp et al.，1998），并形成一个包含广泛参与主体的技术学习、试验和保护网络，从而避免新技术受到现有社会技术体系的影响。同时，利基处在不断演化之中，当技术孵化过程顺利，一个真正的市场利基将会在适当的时间发展起来，并最终汇入主流市场（Truffer et al.，2002）。新能源汽车作为新出现的技术利基，在由政府、汽车生产企业和实验性消费者等参与主体所构成的保护网络当中得以培育，并通过新能源汽车应用推广示范项目创造的市场利基进行技术成果转化，因此，在新能源汽车利基内部也应当存在着演化过程。

在产业政策层面，面对复杂的外部环境和顽固的现有社会技术体系，新能源汽车技术需要在保护性空间当中进行培育和发展。构建保护是一个长期的、复杂的过程，涉及各类参与者在不同层级连续不断地演化以适应新需求，而其中政府扮演着重要角色。在现有社会技术体系仍处在稳定状态条件下，政府也不能强迫体系发生重大转变。但是政府可以通过制定政策措施，激发新能源汽车利基水平上的变化，并尝试调节利基演化与体系转变过程，从而达到将两个层次相联系的目的。这体现在，一方面通过制定节能减排标准、政策、法规等规制措施对现有社会技术体系造成压力；另一方面利用购车补贴、税收优惠等手段鼓励并保护新能源汽车利基发展。因此，可以认为政府政策会作用于新能源汽车利基演化和社会技术体系转变两个层次上，是推动新能源汽车产业发展演化的主要动力。

综上所述，利基包含在社会技术体系当中，而社会技术体系又处在更广阔的外部技术前景中。复杂社会技术体系的转变就是发生在这三个层次上的循环过程，在微观层次上推动利基发展，在中观层次上逐渐实现新旧社会技术体系的交替，在宏观层次上构建有吸引力的技术前景（Rotmans & Loorbach，2009）。从演化观点来看，创新导致了技术的多样性，而多样性又可能由于选择过程而降低。利基的出现保护了有发展前景的技术免遭严苛选择的影响。保留下来的新技术逐渐成熟并建立起新的规则集。而新技术突破利基水平依赖于利基所处的社会技术体系和前景层次上的外部环境条件，并且只有当与体系和前景相关的条件同时有利时，新技术的大范围扩散才有可能发生。

二 新能源汽车产业技术创新与政策保护的关系

随着新能源汽车的发展，相关的研究也开始增多。这些研究主要涉及如下三方面的问题，一是探讨新能源汽车相关技术，主要调查内燃机替代技术的发展（Christensen，2011），设计新能源汽车技术路线（Dijk 等，2013），分析这些低排放技术间的竞争（Bakker 等，2012；Wesseling 等，2014），以及新能源汽车与智能电网协调发展（Mwasilu 等，2014）。二是关注新能源汽车的市场化问题。例如分析阻碍消费者购买新能源汽车的因素（Egbue 和 Long，2012），探讨新能源汽车的市场潜力（Gnann 等，2015），预测新能源汽车未来销量（Loisel 等，2014）等。三是研究政府政策在新能源汽车产业发展中的作用。研究普遍认识到政府政策是推动汽车生产企业从事新能源汽车开发的主要动力（Köhler 等，2013；Zapata 和 Nieuwenhuis，2010）。这些政策研究包括制定规制性政策，例如对燃油价格下限设定税收标准，用来阻止价格降低到一定水平（de Haan 等，2009）；出台激励性政策，例如，对新能源汽车技术研发进行补贴或者对消费者购买车辆进行补贴（Popp，2006）。其他政策设计还包括建立一个生态友好型规则（Greene 等，2005），提升充电公共设施建设水平（Lin 和 Greene，2011）等。

由此可见，政府、汽车生产企业和消费者是新能源汽车产业的关键参与者，相应的，政策工具的有效性、企业生产研发行为、消费者新产品接纳程度成为新能源汽车产业研究的关注点。然而，新兴产业的发展是一个复杂过程，除了需要认识到参与主体，还应当全面解释这些参与主体的行为、活动是如何相互作用推动产业发展的，特别是在产业早期发展阶段，政府对企业行为的影响。多数国外学者研究认为在应对环境问题、推动能源技术创新方面，政府通常会从两方面促进创新活动，一方面是技术推动，通过采取政府研发补贴、税收优惠、示范项目等措施降低企业技术创新成本。例如 Watanabe 等（2000）通过评估政府提供公共研发基金对日本光伏产业创新的影响，研究得出该基金开启了一个推动创新、降低价格、扩张市场、增加产业研发的"良性循环"。Taylor 等（2005）以专利统计数据来衡量创新产出，分析得出在降低二氧化硫排放技术领域，政府技术推动政策对创新具有正向影响。另一方面是需求拉动，使用知识产权保护、政府采购、消费者购买新技术产品折扣等措施提高企业取得成功创新的回报。Brunnermeier 和 Cohen（2003）研究发现在美国制造业中，由需求拉动政策产生的环境规制压力将推动以专利数为代表的创新增长。Johnstone 等（2010）通过对国内外政策影响的比较，也得出国内需求拉动政策能有效促进创新的结论。（韩炜、薛红志，2008）

不同于国外学者从需求拉动和技术推动政策来分析新能源技术创新，国内学者对产业政策所起作用的分歧较大。尽管多数研究得出重点产业政策在总体上显著提高了产业生产率（宋凌云、王贤彬，2013），帮助企业提升了创新能力和创新效率（李左峰、张铭慎，2012；白俊红、李婧，2011）。但是随着对政府和市场在产业培育中所起作用的深入认识，进一步的研究也得出不同的结论。陈玮和耿曙（2015）通过田野调查发现，国家出台的鼓励技术创新和产业结构升级的产业政策往往因为"风险积聚"和"监督失灵"而未取得预期效果。黄先海等（2015）研究认为产业政策存在一个以行业竞争程度为特征的最优实施空间，越偏离最优实施空间，施政效果越差。而针对汽车行业的研究表明，政府实施的技术研发资助政策对企业技术创新的影响不显著，并且由政策激励所引发的清洁技术偏向效应，是否对汽车行业起到作用也有待进一步观察（王俊和刘丹，2015）。可见，我国汽车行业长期以来"散、乱、小"、缺乏自主品牌、缺乏独立研发能力等问题没有得到根本改善（张泽一、王春才，2008），汽车上市企业技术创新效率整体较低（邓立治，2015），甚至有研究认为我国汽车产业政策抑制了市场竞争，缺乏鼓励企业自主创新的机制，也带来了大量寻租行为，从总体上讲是失效的（董浩，2008）。对此，学者们提出我国产业政策应当从以扶持为主转向维护竞争和促进创新，从纵向控制转为横向协调，实施市场友好型的功能性产业政策（江飞涛、李晓萍，2010；刘志彪，2015；刘涛雄、罗贞礼，2016）。

那么在新能源汽车领域应当如何看待产业政策所起的作用？面对行业爆出的骗补事件，仅从新能源汽车产销量上评价产业政策已失去意义。实际上，我国出台的新能源汽车产业政策涉及从宏观综合、行业管理、推广应用，到税收优惠、科技创新乃至基础设施等的方方面面。尽管这些政策导致补贴金额直接沉淀到了销售端，引发新能源汽车产销量爆炸式的增长，表现出需求拉动作用。但是为了获得这些补贴企业在技术创新方面也需要下一番功夫。据此梳理我国出台的各项新能源汽车产业政策会发现，由工业和信息化部公布的《节能与新能源汽车示范推广应用工程推荐车型目录》是将技术推动与需求拉动相结合的典型代表。按照相关规定，汽车企业生产的新能源车型被纳入该目录需要达到一定的技术标准要求，而进入目录后的汽车企业除了能得到国家补贴，还能获得省级财政给予的配套补贴，从而降低新能源汽车购置成本，提高企业开发新能源汽车产品的积极性。因此新能源推广目录一方面约束了企业进入新能源汽车产业的门槛，明确了产业进入技术标准，另一方面通过补贴为新能源汽车推广应用铺平了道路。

第二节　数据和描述统计

一　数据来源与指标选取

本研究样本和数据主要来自工业与信息化部公布的《节能与新能源汽车示范推广应用工程推荐车型目录》（以下简称"推广目录"）。从2009年到2015年，工业与信息化部共发布了76批新能源汽车推广目录。按照《节能与新能源汽车示范推广财政补助资金管理暂行办法》，被纳入推广目录的乘用车将享受每辆车5万元至25万元不等的财政补贴。该目录在2016年废止，并启用新的《新能源推广应用推荐车型目录》。

为了研究在政府政策推动下，中国新能源汽车产业利基的形成与演化，本研究以公布的这76批新能源汽车推广目录作为原始资料，从中手工收集并汇总了被纳入补贴范围的新能源汽车生产企业及其产品型号数据。进一步地以这些企业为研究样本，从"中国专利查询系统"和"佰腾专利检索系统"查找样本企业在研究期内所申请的发明专利、实用新型专利和外观设计专利数量，并从中区分出涉及新能源汽车的各项专利数量，用来研究汽车生产企业通过打造新能源汽车技术利基，推动新能源汽车新产品开发的利基内部演化过程。同时，为了研究社会技术体系因素对新能源汽车利基构建的影响，本研究从《中经网产业数据库》的"汽车行业板块"当中筛选出废气治理完成投资额、汽油平均价格、人均收入实际增长指数等指标数据，以此为基础设定反映社会技术体系转变的指标。此外由于缺乏对新能源汽车行业整体的统计数据库，本研究从中国汽车工业协会统计信息网、中国新能源汽车网等多个信息渠道收集关于新能源汽车年产量、年销量、充电基础设施建设等体现新能源汽车产业发展的数据。

结合上述数据来源、样本企业信息和研究目的，本研究构建如下四个层次的指标：

第一，技术创新。专利是技术成果实用化和商业化能力的反映，是与技术创新紧密相关的一类重要技术信息。Griliches（1990）指出专利统计为技术变革过程分析提供了唯一的源泉，就数据质量、可获性及详细的产业、组织和技术细节而言，任何其他数据均无法与专利相媲美。据此，本研究使用企业申请的新能源汽车专利数量来表示企业的技术创新水平。

第二，利基宽度。利基被定义为可维持企业生存的一系列资源组合，相应的利基宽度就是这些资源空间的一种分类方法。在以往对于汽车产业的研究中，依据发动机排量确定利基宽度（Dobrev et al.，2001）。这是对于企业潜在技术、客户群体和设计能力的相对测量指标。Sorenson et al.（2006）指出可以使用一系列产品特征，例如企业所提供的产品整体分布情况来评估利基宽度。据此本研究使用被纳入新能源汽车推广目录的汽车生产企业，所生产的新能源汽车型号数量与其所生产的各类汽车型号总量之比来反映在原有汽车产品系列中出现的新市场利基。类似的，以这些企业所申请的涉及新能源汽车的专利数量与其所申请的专利总数之比来测量新能源汽车的技术利基。

第三，社会技术体系转变。新能源汽车技术、产品的出现是对原有社会技术体系的冲击，同时由于消费者偏好、技术突破、政策导向的变化也会推动原有车辆技术轨道转变，催生出新的利基。因此，本研究选取新能源汽车产销比率作为体现新能源汽车市场接受程度的指标。同时，之前研究表明燃油价格是预测新能源汽车采用率的最强预测变量（Beresteanu & Li，2011；Gallagher & Muehlegger，2011），所以本研究选择汽油平均价格增长率来测量这一指标。而充电基础设施建设情况直接决定着新能源汽车推广使用范围，因此使用新能源汽车销售量与充电桩数量之比来表示充电桩建设密度。此外，人均收入的实际增长状况决定着消费者对汽车产品的消费能力，政府对环境的治理力度特别是对废气的治理影响着新能源汽车的推广使用（Hidrue et al.，2011），因此也将这些指标纳入分析当中。

第四，政策激励。无论是中国还是其他国家，新能源汽车的早期发展都是在以政策所构成的保护性利基空间当中进行培育，因此政策保护以正面激励为主，然而对于政策激励进行定量测算存在一定难度。之前的研究使用政府对新能源汽车补贴最高数额或者税收优惠、购买退税、现金补贴等的组合值来表示政策激励（Sierzchula，et al.，2014）。本研究认为新能源汽车除了按照续航里程进行补贴之外，还有其他多项政策规划都可能直接或间接影响新能源汽车产业的发展，因此本研究借鉴殷华方等（2006）对外商直接投资产业政策测量的方法，对中国在 2009 年到 2015 年出台的与新能源汽车相关的产业政策进行梳理，并将这些政策划分为宏观综合、行政管理、推广应用、税收优惠、科技创新、基础设施六种类型。汇总各类型政策出台数量并进行排序，得出推广应用政策最多，其次是宏观综合、科技创新和基础设施，最后是税收优惠和行政管理。之后以该政策类型排序为标准设定权重，计算各年份赋权重政策数值与当年政策总数量之比作为新能源汽车政策激励指数。

二 描述性统计

样本企业申请专利数量的统计结果如表 9-1 所示，从 2006 年到 2015 年，企业共申请专利 88533 件，其中涉及新能源汽车的专利数为 5890 件，非新能源汽车专利数 82643 件，新能源汽车专利数占专利总数的 6.65%。在这些企业当中，"奇瑞汽车股份有限公司"申请的新能源汽车专利数量最多达到 896 件。从专利类型来看，企业申请新能源汽车实用专利 2956 件，发明专利 2741 件，外观专利 193 件，它们分别占各类专利总数的 5.86%、13.83%和 1.06%。尽管新能源汽车的专利数量要少于非新能源汽车，但是从专利数量增长率来看，十年间各类专利数量逐年递增，

表 9-1　　　　　汽车企业申请专利数量汇总

专利类型	汽车类型	2006	2007	2008	2009	2010	2011	2012	2013	2014	2015	合计
实用专利	新能源汽车	41	34	85	171	222	412	436	537	548	470	2956
	非新能源汽车	857	1252	1777	2710	3736	6246	6724	8777	8878	6568	47525
发明专利	新能源汽车	14	51	89	167	228	462	418	528	478	306	2741
	非新能源汽车	161	253	685	997	1406	1619	2751	3390	3398	2421	17081
外观专利	新能源汽车	1	5	10	8	25	39	6	25	35	39	193
	非新能源汽车	1090	1220	1546	1507	1680	1890	2839	2162	2107	1996	18037
专利合计	新能源汽车	56	90	184	346	475	913	860	1090	1061	815	5890
	非新能源汽车	2108	2725	4008	5214	6822	9755	12314	14329	14383	10985	82643

其中新能源汽车专利平均增长率为 41.98%，高于非新能源汽车的专利平均增长率 22.18%，并且不同专利类型的新能源汽车专利增长率都要高于非新能源汽车的。这说明自新能源汽车产业被纳入国家新兴产业发展规划，部分汽车企业所生产的新能源车型被认定为示范应用推广车型，提高了企业围绕新能源汽车展开研发的积极性，促进了新能源汽车专利数量的增长。

从分组情况来看，2006 年到 2015 年十年间，被纳入推广目录的汽车企业所申请的新能源汽车专利总数为 5520 件，明显多于没有被纳入推广目录的汽车企业所申请的新能源汽车专利总数 370 件。在图 9-1 当中，以 2009 年作为分界点，在此之前，两组企业申请的新能源汽车专利总数增长较为平缓，但在此之后，随时间专利总数变动差异逐渐显现。其中，图 9-1 左侧主轴显示被纳入推广目录的企业，所申请的新能源汽车专利总数在 2009 年之后呈现出快速增长，并在 2013 年出现最大值 1010 件。而图 9-1 右侧次轴显示的没有被纳入推广目录的企业，所申请的新能源汽车专利总数表现出波动增长。

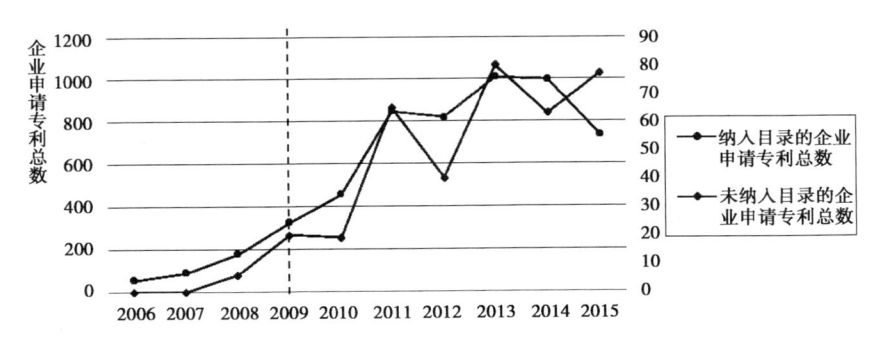

图 9-1　纳入目录的企业与未纳入目录的企业申请新能源汽车专利总数变动图

对于企业申报的新能源汽车车型来说，通过整理发现在新能源汽车推广目录公布之前的年份里，仅在 2008 年的《车辆生产企业及产品公告》中有 7 家企业申报了 7 种新能源车型。因此，本研究将新能源车型的关注焦点放在被纳入新能源汽车推广目录当中的企业样本，汇总它们从 2009 年到 2015 年所申报的新能源车型数量，统计结果如表 9-2 所示。推广目录中的企业在七年时间里共申报了 22836 种汽车型号，其中新能源汽车型号 3385 种，占比为 14.82%。"南京金龙客车制造有限公司"推出的新能源汽车车型数量最多，为 196 种。随时间新能源汽车型号数呈现出单调递增的变动态势，并且平均增长率为 99.17%。新能源车型逐渐成为多数汽车企业推出的主要产品系列之一。

表 9-2　汽车企业申报的新能源汽车和非新能源汽车车型数量统计

年份	2009	2010	2011	2012	2013	2014	2015	合计
新能源汽车型号数	47	148	173	271	305	630	1811	3385
非新能源汽车型号数	2268	1290	2143	3404	4711	2719	2916	19451

从新能源汽车专利增长率和车型增长率变动情况来看（如图 9-2 所示），虽然两者都呈现出波动变化特征，但是它们之间的波动表现出相互交叠的特点来。特别是在 2011 年、2012 年和 2013 年，当专利增长率达到峰值时，型号增长率却出现低谷，反之亦然。这反映出新能源汽车专利向着最终产品的转化过程，对此将做进一步的实证分析。

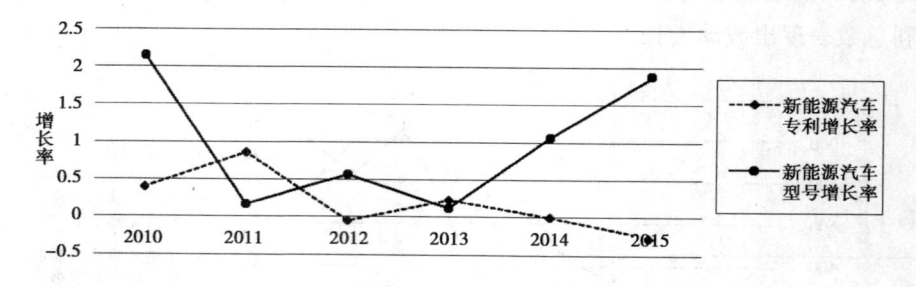

图 9-2　新能源汽车专利及型号增长率

第三节　新能源汽车产业的政府保护与利基构建

一　计量模型设定及指标选取

为了研究在政策保护以及社会技术体系转变影响下新能源汽车技术利基与市场利基的形成、演化机理，本研究以表 9-2 中的变量为基础构建计量分析模型。同时，考虑本研究采用新能源汽车新产品型号占汽车新产品总型号数的比例来表示新能源汽车的市场利基，其值仅分布在 0 到 1 之间，如果选用 OLS 回归模型可能产生有偏估计，因此，本文选取 Tobit 模型来进行估计。设定模型形式如下：

$$MN_{it} = \alpha + \beta_1 TN_{it} + \beta_2 PSR_{it} + \beta_3 FU_{it} + \beta_4 CPC_{it} + \beta_5 IN_{it} + \beta_6 EN_{it} + \beta_7 POL_{it} + \varepsilon_{it} \quad (9-1)$$

在等式（9-1）当中，应变量是新能源汽车的市场利基，用 MN 表示，α 是常数项，TN 是新能源汽车的技术利基，PSR 表示新能源汽车的产销比，FU 代表燃油价格增长率，CPC 表示充电设施建设密度，IN 为人均收入实际增长指数，EN 是废气治理投入占比，表示政府对环境的规制力度，POL 是计算得到的政策激励指数，ε_{it} 是随机扰动项。研究期限为 2009 年到 2015 年七年时间。企业 i 为在研究期内被纳入新能源汽车推广目录中的汽车生产企业。

表 9-3 呈现了研究所需指标变量，并报告了各变量的描述统计结果。从中可以看出，在新能源汽车利基宽度方面，技术利基宽度略窄于市场利基宽度，这说明通过技术研发活动所"撬开"的新能源汽车技术轨迹能够扩展出更为广阔的新能源汽车产品种类和市场空间。在社会技术体系转变方面所涉及的多个维度的变量反映出该体系正发生着变化。在政策激励方面，通过对政策进行分类统计和排序赋权重，然后计算加权平均分得到每年的政策指数。其中得分最高的是 2010 年和 2013 年为 2.4，得分最低的是 2012 年为 1.778，研究期内政策激励的平均得分为 2.17。

表 9-3　　　　　　　　　　变量的描述性统计

变量名	符号表示	均值	标准差	最小值	最大值
市场利基	MN	0.1992	0.3426	0	1
技术利基	TN	0.0731	0.2096	0	1
新能源汽车产销比	PSR	0.9870	0.0211	0.9524	1.0190
燃油价格增长率	FU	-0.0397	0.0768	-0.1751	0.0611
充电设施建设密度	CPC	8.0846	12.6856	0.7106	38.5852
人均收入实际增长指数	IN	1142.8310	172.4291	895.4	1408.73
废气治理投入占比	EN	0.6165	0.1394	0.4741	0.8002
政策激励指数	POL	2.1702	0.2273	1.7778	2.4

二　新能源汽车产品类型数、专利数与政策实施效果

新能源汽车虽然并非完全的新生事物，但是近年来随着锂电池技术的

突破，以及资源环境问题的紧迫性，新能源汽车的发展受到各方关注，特别是政府机构在新能源汽车产业化过程中起着关键作用。为了推动新能源汽车普及，政府采取的措施主要有三种类型，一是财政政策，例如直接对购买新能源汽车进行补贴、免税等；二是交通管制，例如新能源汽车免摇号上牌、免费停车等；三是充电基础设施建设。这些政策除了涉及新能源汽车生产、销售本身，还包括为了使社会接受新能源汽车而做出的长远规划。按照利基与社会技术体系相互作用的观点（Dijk，2014；Van Bree et al.，2010；陈艳莹、于明，2008；贺小刚、李新春，2005），新兴技术在政策保护下的利基空间中进行培育，推动新旧社会技术体系发生更迭，最终实现产业向更高层次演化。对此本研究所选择的纳入新能源汽车推广目录的汽车生产企业，实质上是处于政策保护中的企业。按照国家相关规定，这些企业及其所生产的新能源汽车产品均可享受各项优惠政策及不同程度的补贴。这极大地促进了企业研发、制造新能源汽车产品的热情和积极性。也正是在政策保护下，实现新能源汽车技术利基和市场利基的构建、演化过程。因此，对新能源汽车产业政策保护效果进行评价，可以从车辆生产企业所推出的新能源汽车产品型号及申请专利情况进行分析。

本研究样本来自新能源汽车推广目录当中的企业，收集它们被纳入目录的新能源汽车车型数量，并在汽车企业专利数量收集汇总过程中，以"燃料电池""混合动力""电动""新能源"四个关键词进行查找和筛选，从而得到企业申请各类专利中涉及新能源汽车专利的数量。数据收集结果显示在225家目录企业当中，"南京金龙客车制造有限公司"推出的新能源汽车车型数量最多，为196个，而"奇瑞汽车股份有限公司"申请的新能源汽车专利数量最多，达到896项。从图9-3可以看出新能源汽车专利数量逐年递增，其中实用专利总数为2530项，年平均增长率达到21.3%，发明专利总数为2476项，年平均增长率为17.3%，外观专利共155项，增长率是85.04%。在2009年、2010年、2011年和2013年四年中发明专利数多于实用专利数，并且实用专利和发明专利各占新能源汽车专利总数的一半左右，分别为49.02%和47.98%，外观专利仅占3%。这说明在产业政策推动下，企业加大了新能源汽车相关技术研发力度，特别是在代表原创性能力的发明专利方面取得一定成效，而非单纯地围绕实用性进行技术改进和外观设计。从技术研发的最终成果来看，新能源汽车的新产品型号数量逐渐增长，从2009年的2315个增加到2015年的4727

个，基本实现了翻倍增长。新能源汽车产品型号的增加丰富了新能源汽车产品线，为消费者提供了更加多元化的新能源汽车产品选择范围。新能源汽车逐渐在原有汽车市场当中获得市场份额和发展空间。

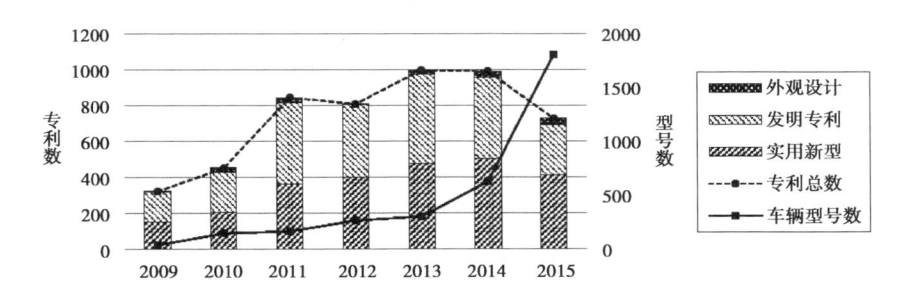

图 9-3　新能源汽车专利分类数及新产品型号数

图 9-4 反映出新能源汽车的专利数和新产品型号数在汽车总量中的占比情况。从中可以看出，实用新型专利在研究期内占比变化不大，平均为 0.075。而发明专利占比超过实用新型和外观设计专利占比，平均达到 0.164 并且在 2011 年出现最大值 0.255。从新能源汽车专利总数占比来看，同样是在 2011 年出现最大值 0.167，而在其他年份基本在 0.091 左

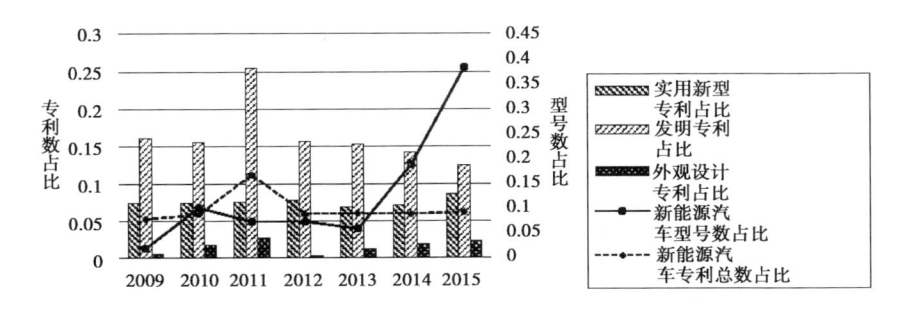

图 9-4　新能源汽车各类专利及型号数占汽车专利及型号总数的比例

右。在新能源汽车型号数量占比变动中，2010 年出现一个小高峰，比例达到 0.103，随后自 2013 年开始大幅上涨，从 0.061 增长到 0.383。梳理新能源汽车产业政策会发现，新能源汽车专利和型号占比分别在 2010 年、2011 年和 2013 年出现的大幅变化与产业政策出台时机是相互联系的。由此可见，产业政策作用能够在新能源汽车专利和型号占比上得到印证，这也反映出产业政策对新能源汽车利基培育的保护效果逐渐显现。

通过对推广目录当中企业所推出的新能源汽车产品类型和专利的总量、占比和增长率的分析可以发现，新能源汽车产业政策起到保护和激励效果，并推动了产业发展演化。这体现在：第一，从新能源汽车专利类型占比和数量变动来看，围绕新能源汽车展开的技术创新活动突破了原有汽车技术轨道，奠定了发生变化的基础，创造了产业演化的条件；第二，从纳入推广目录的新能源汽车产品型号数量来看，在利基保护性空间中通过技术试验和产品试制，新能源汽车实现了技术转化，提高了产品多样化水平；第三，从新能源汽车专利和型号数量变动方向及趋势看，由技术创新所带来的变化以及产品的多样性最终会通过市场选择机制剔除不相适宜的部分。选择的结果会转变为新的社会技术体系的一部分稳定下来，并能够得到分享和复制，从而实现政府培育和发展新能源汽车改变现有交通体系的根本目的。

三 新能源汽车利基演化及其影响因素分析

使用软件 stata13.0 估计等式（9-1）设定的 Tobit 模型。经检验模型当中存在着显著的个体效应，故使用随机效应的面板 Tobit 回归。表 9-5 呈现了 Tobit 模型估计结果。根据等式（9-1）共采用四种模型形式，其中模型一当中仅包括体现社会技术转变因素的变量，模型二中包括社会技术转变因素和政策激励变量，模型三包括社会技术转变因素和技术利基变量，而模型四包括所有的变量。估计结果表明，首先社会技术因素对新能源汽车市场利基的形成具有显著影响。具体来看，在各模型中新能源汽车的产销比与其市场利基的形成呈现显著的负相关关系。通常，产销比越高说明产品符合社会现实需要的程度越大，但是在观测期内新能源汽车产业的产销比的平均增长率为-0.59%，这反映出新能源汽车总体上产量大于销量的供需现状。在当前新能源汽车由市场利基转变为主流产品的路径还不畅通的情形下，产销比的下降主要意味着产量的上升，以及由此带来的市场利基形成、拓展的基础。燃油价格因素在模型一、三中与新能源汽车利基的形成显著正相关，而在模型二、四中不显著。这说明随着燃油价格上涨，促使人们寻找能够替代内燃机的汽车驱动方式。这种转变体现在消费者对出行工具的重新选择以及生产者对混合动力、纯电动汽车驱动技术的开发，从而有利于在原有汽车产业当中形成新能源汽车市场利基。然而，电动汽车的普及离不开充电基础设施的建设，各模型估计结果均表明充电设施建设密度的提高能够有效推动新能源汽车利基的形成。从居民收入来看,随着收入的提高一方面增加了出行需求,另一方面也提升了消费观念。绿色出行已经成为多数消费者选择的出行方式,那么自然会带动对新能源汽车的需求,从而有利于新能源汽车利基的形成。从环境治理投入来看,估计所得结果显示废气治理投入比例与新能源汽车市场利基宽度呈显著的负相关关系。之前有研究表明环境治理与消费者购买新能源汽车呈正相关关系(Gallagher & Muehlegger,2011;Hidrue, et al.,2011;郝令昕、丹尼尔·Q. 奈曼,2012;郝前进、金宝玲,2011),但是也有研究指出相比环境问题,购车成本和汽车性能才是消费者考虑的主要问题(Gnann, et al.,2015;侯杰、陆强、石涌江、戎珂,2011)。此外,在原有社会技术体系还未发生根本性转变情况下,对于新能源汽车生产企业来说,它们在权衡是否推出新能源汽车车型考虑更多的是政府政策导向。样本企业当中的多数都是多元化生产者,以生产传统内燃机汽车为主,以开发新能源汽车市场利基为辅。当政府提高废气治理投入时,企业可能会将更多精力投向提升内燃机汽车燃油效率,降低尾气排放上来,从而不利于

表 9-5　　　　　　　　　　　　模型估计结果

变量名	符号表示	模型一	模型二	模型三	模型四
技术利基	TN			0.8660*** (0.1506)	0.8651*** (0.1492)
新能源汽车产销比	PSR	−5.1689** (1.6525)	−4.1062* (1.6719)	−5.1890** (1.6421)	−4.1165* (1.6611)
燃油价格增长率	FU	0.9432* (0.4067)	−0.2643 (0.4910)	0.8697* (0.4039)	−0.3492 (0.4882)
充电设施建设密度	CPC	0.0103** (0.0039)	0.0256*** (0.0054)	0.0119** (0.0039)	0.0274*** (0.0054)
人均收入实际增长指数	IN	0.0047*** (0.0006)	0.0078*** (0.0009)	0.0048*** (0.0006)	0.0079*** (0.0009)
废气治理投入占比	EN	−2.3763*** (0.6295)	−6.6977*** (1.1984)	−2.5307*** (0.6274)	−6.8912*** (1.1938)
政策激励指数	POL		1.2344*** (0.2847)		1.2459*** (0.2831)
常数项	$Cons$	0.6358 (1.7320)	−4.1515* (2.0667)	0.5956 (1.7207)	−4.2316* (2.0533)
	$Log\text{-}likelihood$	−1158.8	−1149.44	−1142.29	−1132.66

注:括号当中的是标准误,***、**、*分别表示1%,5%和10%的显著性水平。

新能源汽车利基的拓展。其次，模型二和模型四的估计结果表明新能源汽车政策激励指数与新能源汽车市场利基宽度之间显著正相关。这与其他研究选择使用新能源汽车政府补贴、税收优惠等来衡量新能源汽车政策激励所得结果相一致（Diamond，2009；Dijk et al.，2013；胡望斌、张玉利、牛芳，2009；黄健柏、白冰、曹裕，2010）。这也说明无论是中国还是其他国家发展新能源汽车产业都离不开政府的扶持和保护。最后，模型三和模型四当中引入用企业专利来衡量的技术利基。估计结果显示企业新能源汽车技术利基的拓展会相应带动市场利基的形成，新产品的技术研发构成市场培育的先决条件和重要保障。

综合来看，新能源汽车市场利基的形成与技术利基拓展、政策激励和社会技术因素转变有着密切关系。在新能源汽车利基的构建过程中，其内部发生着技术利基向市场利基的演化，外部受到多种社会技术因素作用，而整个过程又受到政策的保护、推动和协调。由此可见，多层次产业演化观点适用于分析新能源汽车产业，并且在政策推动下中国新能源汽车已经在原有汽车体系中形成利基并获得发展空间。

第四节　新能源汽车产业的推广政策与技术创新

一　计量模型的设定

为了在市场导入期推动新能源汽车的应用普及，促进新能源汽车的产业化发展，我国从 2009 年到 2015 年共发布了 76 批《节能与新能源汽车示范推广应用工程推荐车型目录》（以下简称"推广目录"）。考虑到近几年新能源汽车产品技术提升迅速，产品标准需要重新规范，该目录在 2016 年废止，并启用新的《新能源汽车推广应用推荐车型目录》。

按照《节能与新能源汽车示范推广财政补助资金管理暂行办法》，被纳入推广目录的新能源车型将享受每辆车 5 万元至 25 万元不等的财政补贴，极大地促进了汽车企业生产新能源汽车的热情。然而依据《新能源汽车生产准入管理规则》（国家发改委公告〔2007〕第 72 号）、《新能源汽车生产企业及产品准入管理规则》（工产业〔2009〕第 44 号）等相关规定，汽车企业需要具备新能源汽车的设计开发、生产、售后能力，并向国家发改委提交申报材料，通过技术审查、产品检测后方可获得生产许可。为了达到准入标准，汽车企业需要建立设计研发机构，招聘技术人员，打造新能源汽车生产服务线。而这一系列围绕新能源汽车开展的技术创新活动，其最终成果将体现在新能源汽车专利申请和新车型开发上。我国新兴产业发展以"政府推动、企业跟随"为主要模式，因此能否被纳入新能源汽车推广目录直接决定了企业享有政策优惠的幅度。那么汽车企业力争进入推广目录，寻求新兴产业政策保护的动机，是否激发了企业围绕新能源车型展开研发？2009年以来出台的新能源汽车推广目录为本研究提供了考察产业补贴政策对汽车企业新能源车型技术研发影响的自然试验。而双重差分法作为已经非常成熟的政策评估方法，近些年来在企业产权改革、户籍改革、补贴政策、税收政策等政策评估当中得到广泛应用。

本研究同样选用双重差分法，并以工业和信息化部公布的《车辆生产企业及产品公告》作为样本企业来源，在其中选择2009年到2015年被纳入新能源汽车推广目录的企业作为"实验组"，未被纳入目录的企业作为"控制组"，主要探讨这些企业申请与新能源汽车相关的发明专利、实用专利和外观专利情况。按照《新能源汽车生产准入管理规则》，只要是《车辆生产企业及产品公告》当中的企业都可以申报生产新能源汽车。因此企业是同质的且被纳入推广目录的机会基本均等。而通过对企业专利申请数据的整理，发现无论是否被纳入推广目录，均有企业申请与新能源汽车相关的专利，所以"实验组"和"控制组"的分组满足随机性假设，并且"控制组"的企业也没有受到被纳入目录而获得补贴的直接影响。此外，本研究所选择的研究期为2006年到2015年十年时间，新能源汽车推广目录2009年出台，一直执行到2015年才发生变更，这就使得在控制了其他变量影响后，能够估计出推广目录对企业专利活动的影响。

基于以上分析设定如下双重差分模型：

$$y_{it} = \alpha + \lambda G_i + \beta D_t + \gamma x_{it} + \delta z_{it} + \varepsilon_{it} \qquad (9-1)$$

在方程（9-1）中 y_{it} 表示企业 i 在第 t 年申请的专利数量，在具体的回归模型中 y_{it} 表示五个不同的应变量：新能源汽车专利总数、新能源汽车实用专利数、新能源汽车发明专利数、新能源汽车外观专利数和非新能源汽车专利总数。α 是常数项，G_i 是实验组虚拟变量，如果企业 i 属于实验组，那么 $G_i = 1$，如果企业 i 属于控制组，那么 $G_i = 0$。D_t 是向量，包括 D09、D10、D11、D12、D13、D14 和 D15，为研究期内公布新能源汽车推广目录的 2009 年到 2015 年，并且依次在这些年份时取值为 1，其他为 0。x_{it} 是本文关注的政策虚拟变量，表示的是 $G_i \times D_t$，定义为 1，如果企业 i 在 t 实验期属于实验组，其他为 0。z_{it} 代表其他控制变量，包括企业年龄、企业规模等。ε_{it} 为随机扰动项。

新能源汽车产业政策以补贴销售端为主，那么这是否会导致企业为了加快产品进入市场而缩短研发流程，加速专利转化？对此，本研究进一步设定被纳入推广目录的企业所生产的新能源车型占总车型的比率作为因变量，以新能源汽车专利数与专利总数的比率作为关键自变量，采用动态面板模型来探讨纳入新能源汽车推广目录对企业专利转化行为的影响。设定如下模型：

$$m_{it} = \alpha + \beta m_{it-1} + \delta p_{it} + \varphi p_{it-1} + \lambda age_{it} + \eta size_i + \varphi ms_t + \mu_i + \varepsilon_{it} \tag{9-2}$$

在方程（9-2）中 m_{it} 表示企业 i 在第 t 年所申报的新能源车型占总车型的比率，α 是常数项，m_{it-1} 是因变量的滞后项，p_{it} 表示企业 i 在第 t 年所申请的新能源汽车专利数占专利总数的比率，p_{it-1} 是企业 i 申请的新能源汽车专利比率的滞后项。age_{it} 是企业 i 在第 t 年的年龄，$size_i$ 表示企业规模，ms_t 是第 t 年新能源汽车市场份额，使用新能源汽车销售量与汽车销售总量的比值来表示。μ_i 为个体异质性截距项，ε_{it} 是随个体和时间而改变的扰动项。

二 新能源汽车推广政策对企业专利申请的影响

我国早在"八五"期间就尝试研发电动汽车，2001 年新能源汽车研究项目被列入"863"重大科技课题。2006 年"863"计划节能与新能源汽车重大项目通过论证。2009 年，科技部和财政部共同启动了"十城千辆"节能与新能源汽车规模化推广应用工程。2016 年由于部分新能源汽车企业存在严重的骗补问题，工业和信息化部废止了原新能源汽车推广目录，调整了行业准入标准，重新设定补贴方式，并启用新的《新能源汽车推广应用推荐车型目录》。根据新能源汽车产业发展历程，本研究选定对新能源汽车推广政策评估的研究时期为 2006 年到 2015 年。在此期间的 2009 年到 2015 年，工业和信息化部连续发布了 76 批新能源汽车推广目录，225 家企业被纳入其中。这些信息奠定了本研究设计政策评估自然试验的基础。

由图 9-1 可以看出，在 2009 年新能源汽车推广目录实施前，被纳入推广目录的"实验组"与没有被纳入推广目录的"控制组"企业，所申请的新能源汽车专利数量基本上随时间平行变动，这满足双重差分法对平行趋势的要求。在此前提下，按照方程（9-1）的设定，使用双重差分法评估新能源汽车推广政策对企业专利活动的影响，估计结果如表 9-6 所示。其中企业年龄除了在新能源汽车外观专利数作为因变量的模型（4）中不显著外，在其他模型当中均与专利数显著正相关。而企业规模在各个模型当中都与专利数呈显著正向关系。这说明规模越大、年龄越长的企业，不但针对新能源汽车积极开展研发创新，非新能源汽车的专利活动也较为活跃，申请的相关专利数量也越多。从分组虚拟变量结果来看，在各个模型中均不显著，这表明实验组和控制组企业本身并不存在着差异。对于本文所关心的新能源汽车推广政策交互项来说，在模型（1）当中，GD09 不显著，随后的各个变量显著性逐渐上升且为正。这反映出我国自 2009 年开始公布的新能源推广目录对当年企业申请新能源汽车相关专利没有影响，但是在 2010 年到 2015 年显著增加被纳入推广目录企业新能源汽车专利申请数量，每年增加幅度平均为 2.88 项。推广目录政策在 2009 年不产生影响的原因可能是在政策初步实施阶段，无论是否被纳入推广目录，企业都具有一定的新能源汽车专利积累，从而没有显现出差别，并且相关政策补贴即使到位，转化为研发成果也需要时间。而推广目录的影响从 2010 年到 2015 年逐渐增大，这一方面可能源于政策实施时间越长，效果越明显；另一方面是被纳入推广目录的企业数量有所增长，企业为了保持纳入推广目录资格，连续享受政策优惠，也会持续进行新能源汽车相关技术研发，获得专利并推出新产品。划分新能源汽车专利类型，在以新能源汽车实用专利数为因变量的模型（2）当中，企业申请实用专利的数量从公布推广目录的初始年份 2009 年就受到政策的显著影响。在推广目录公布的时间段内，企业申请的实用专利每年增幅平均为 0.93 项。而在模型（3）当中，企业申请的发明专利数在推广目录公布的前两年 2009 年和 2010 年不受该政策的影响，随后五年政策影响才逐渐显现。对比模型（2）实用专利来看，发明专利受政策影响较慢，这体现出获得新能源汽车发明专利较为困难，即使在政策激励和扶持下，企业也需要经过较长时间积累才能取得更能体现自主创新能力的发明专利。模型（4）的估计结果反映出除了在实用专利和发明专利受到政策影响较大的 2013 年之外，企业申请的外观专利数量不受政策的显著影响。作为对比，本研究也估计了企业申请非新能源汽车专利是否会受到新能源汽车推广政策的影响。模型（5）显示除了在2012年、2013年和2014年，这种影响并不十分显著。这说明虽然推广目录政策直接作用于新能源汽车相关专利申请活动，但是在政策影响程度较大的年份也会连带着推动非新能源汽车专利数量的增长，从而体现出部分新能源汽车技术可能需要以传统技术作为基础的产业技术发展特点。

表9-6　　　　　　　　　　双重差分模型回归结果

变量	变量表示	模型（1）新能源汽车专利总数	模型（2）新能源汽车实用专利数	模型（3）新能源汽车发明专利数	模型（4）新能源汽车外观专利数	模型（5）非新能源汽车专利总数
企业年龄	age	0.026**(0.009)	0.015**(0.005)	0.011**(0.004)	−0.0002(0.0007)	0.240**(0.109)
企业规模	size	0.061***(0.010)	0.026***(0.004)	0.033***(0.007)	0.001*(0.0005)	1.049***(0.151)
分组虚拟变量	G	0.090(0.145)	0.052(0.061)	0.018(0.092)	0.019(0.013)	2.734(2.577)
被纳入推广目录的企业与时期虚拟变量的交互项	GD09	0.891(0.646)	0.384*(0.208)	0.504(0.493)	0.003(0.023)	5.547(6.217)
	GD10	1.474**(0.686)	0.629**(0.238)	0.757(0.483)	0.087(0.054)	7.936(7.449)
	GD11	3.006**(1.173)	1.195***(0.371)	1.761**(0.878)	0.050(0.070)	14.017(8.980)
	GD12	2.996***(0.897)	1.473***(0.359)	1.521**(0.623)	0.003(0.020)	18.473*(10.509)
	GD13	3.658***(1.080)	1.723***(0.479)	1.875***(0.709)	0.060*(0.034)	27.432**(13.561)
	GD14	3.683***(1.113)	1.844***(0.515)	1.725***(0.667)	0.114(0.079)	28.745*(14.982)
	GD15	2.463**(0.900)	1.417**(0.535)	0.942**(0.399)	0.105(0.074)	15.274(13.968)
	R^2	0.058	0.070	0.036	0.012	0.071

注：观测样本点为4440，模型当中还包括年份虚拟变量和常数项，但结果未报告。括号中的数值是标准误。*、**、***分别表示10%、5%、1%的显著性水平。

三　新能源汽车推广政策对企业专利转化的影响

新能源汽车推广目录公布的是企业申报的新能源车型，本研究以此为线索追踪企业的专利申请活动，研究得出推广目录政策能有效提高被纳入目录企业的技术创新。而在整个新能源汽车创新过程中，企业专利活动仅处于关键的中间环节。企业针对新能源汽车加大研发投入力度，其中研发成功的技术转化为企业专利，体现出企业的自主创新能力，最终技术还是要在产品中体现出价值。另外，企业为了持续获得高额的新能源汽车销售补贴，也可能会采取加速专利转化策略。对此本研究将反映创新中间成果的新能源汽车专利与创新最终成果的新车型联系起来，分析在产业政策影响下，企业转化新能源汽车技术的行为特征。

根据统计在 2006 年到 2008 年，样本企业申报的新能源车型数量很少，而在研究期内，未被纳入推广目录的企业中也仅个别企业申报了新能源车型。由此可见，新能源汽车推广目录虽然推动了企业的专利申请活动，但是只有被纳入推广目录的企业才表现出积极的专利转化活动。因此本研究着重分析 2009 年到 2015 年被纳入新能源推广目录企业的技术专利转化。又因为无论是企业申请专利数，还是申报的新能源车型数都是离散非负整数，但是由于这两个数据过于离散，不适宜采用计数模型。对此本研究对这两个指标进行了转化，用企业新能源汽车专利数与专利总数的比值作为专利活动的替代指标，用新能源汽车车型数与车型总数的比值作为技术成果的替代指标，引入专利滞后项使用动态面板模型分析两者的关系。同时，为了检验基本模型回归结论的稳健性，本研究仍使用计数模型进行拓展回归。

对方程（9-2）采用差分 GMM 方法进行估计，结果如表 9-7 所示，其中滞后一期和两期的新能源车型比率与当期车型比率显著正相关，这说明企业在一段时期内会连续申报新能源车型，以维持其在推广目录当中的资格，从而持续获得政府补贴。但是当期新能源汽车专利比率与新能源车型比率显著正相关，滞后一期的专利比率与车型比率却没有显著关系，反映出企业在将新技术申请获批专利的同时也在进行着技术转化，从而尽快推出新车型，为被纳入新能源汽车推广目录奠定条件和基础。企业年龄和企业规模变量的估计结果均不显著，技术成果的转化不受两者的影响，但是新能源汽车市场份额的提高却能显著提升新能源车型比率。

为了检验基本模型的稳健性，本研究对新能源汽车专利转化进行了泊松模型和负二项模型两种计数模型的估计。作为因变量的新能源车型数最小值为 0，最大值为 155，样本方差为 61.24，样本均值为 2.15，数据过度离散，不满足泊松模型应变量的期望与方差相等的假定。而在负二项模型中过度分散参数为 3.719，95%置信区间为 [3.262, 4.241]，故在 5%的显著性水平上拒绝原假设，即认为使用负二项模型更为合适，估计结果如表 9-8 所示。其中新能源汽车专利数、企业年龄、新能源汽车销售量与新能源车型数显著正相关，而企业规模无显著影响。

表 9-7　　　　　　　　新能源汽车专利转化估计结果

变　量	变量表示	估计系数	标准误
新能源车型比率滞后一期	m_1	0.386***	0.101
新能源车型比率滞后两期	m_2	0.293***	0.071
新能源车型比率滞后三期	m_3	0.069	0.055
新能源汽车专利比率	p	0.315***	0.095
新能源汽车专利比率滞后一期	p_1	0.114	0.126
企业年龄	age	0.006	0.019
企业规模	size	-0.007	0.027
新能源汽车市场份额	ms	21.435***	4.224

注：观测样本点为 4440，*、**、*** 分别表示 10%、5%、1%的显著性水平。

表 9-8　　　　　　　　　　计数模型估计结果

变　量	泊松模型 估计系数	标准误	负二项模型 估计系数	标准误
新能源汽车专利数	1.016***	0.003	0.042***	0.007
企业年龄	1.011**	0.006	0.011*	0.006
企业规模	0.999	0.002	0.001	0.003
新能源汽车销售量	1.115***	0.009	0.108***	0.009
伪 R^2	0.303		伪 log likelihood	-2197.1
观测样本量	1575		观测样本量	1575

注：*、**、*** 分别表示 10%、5%、1%的显著性水平。

上述分析结果显现出在新能源汽车推广政策影响下，企业技术研发和新产品开发的一个独特特征。根据相关规定，汽车企业被纳入推广目录检验的是新能源汽车技术性能，公布的是新产品型号，最终根据汽车销量进行补贴。这就导致汽车企业在加大新能源汽车相关技术研发力度的同时，也在加紧实现技术的转化，尽快使这些技术体现在新能源汽车产品当中，从而增加产品技术含量和竞争力，提高申报产品被纳入推广目录的可能性。而企业一旦被纳入新能源汽车推广目录，就可能提高企业获得更多政府补贴的预期，从而加快专利转化，连续推出新能源汽车产品，使得新能源汽车车型数量快速上升。至于哪种类型的新能源汽车更能得到市场认可，企业并不关心。这在新能源汽车产业发展早期虽然有利于推动产业主导设计的出现，为市场提供多样化选择的基础，从而促进产业技术路线的形成和产品的成熟，但是也会造成部分产品技术仍不成熟的企业为了获得补贴而盲目推出新能源车型，甚至在销量上造假，骗得政府补贴。

第五节 本章小结

随着对新能源汽车研究的深入，已出现多种理论观点，常见的有策略利基管理理论、组织生态学理论、多层次观点、社会技术体系转变观点等。这些理论虽然围绕新能源汽车技术、市场、政策进行广泛探讨，但是并没有形成统一的分析框架。此外，在研究方法上多以案例分析、质性分析、系统仿真等为主。本研究在这些理论基础上，引入产业演化相关理论，构建新能源汽车多层次演化分析框架，提出在产业政策保护及社会技术体系因素作用下，存在着新能源汽车利基内部演化的观点，并通过收集关于新能源汽车产品类型和专利数据，构建利基指标，设定计量模型进行检验。研究结论表明，在产业政策保护作用下，存在着新能源汽车技术利基到市场利基的内部演化过程，并且这一演化过程会受到社会技术体系因素影响。这进一步验证了在新能源汽车还没有成为市场主流产品之前，产业政策的设计应当致力于新能源汽车利基的培育和支持性网络的建立，从而逐渐消除主流市场偏见，提高新能源汽车的市场渗透率。

根据本章研究结论，新能源汽车产业政策设计也应当符合产业演化特点。通常来讲，产业政策工具有三种不同的管理模式，一是传统的自上而下模式，政府在其中起到核心作用，并强调等级关系；二是自下而上模式，市场行为主体有很大的自主权；三是政策网络模式，构建一个各利益相关者广泛参与的网络。当前新能源汽车产业政策主要采取前两种模式，包括出台正式的市场准入规则、产业发展规划等典型的命令—控制式政策，以及财政补贴、税收减免等市场推广政策。然而，培育和发展新能源汽车产业的根本目的在于实现交通体系向着低碳、环保、可持续方向转变，因此，产业政策的设计应当起到两方面的作用，第一，推动新能源汽车利基当中根本性的创新突破;第二,对现有社会技术体系逐渐加大转型压力。这就需要在产业不同发展阶段和不同层次设计不同的新能源汽车产业政策。具体来说,在产业发展早期的利基层次上,除了落实新能源汽车研发补贴、税收减免等政策外,还应当加强对利基中的利益相关者进行网络化管理,广泛开展围绕新能源汽车的技术试验和学习,并通过应用试点培育和发展实验性消费者,构建有吸引力的产业发展前景。而随着系统创新的深入开展,产业目标变得更为清晰,此时,产业政策设计应当逐渐由补贴、税收减免等财政激励措施转向研究制定基于碳排放交易体系的新能源汽车配额和交易办法,从而提高社会控制碳排放的意识,增强企业社会责任感,鼓励民众广泛参与,自觉选择绿色环保出行方式。

同时,为了研究新能源汽车推广政策对汽车企业专利活动的影响,本研究以 2006 年到 2015 年连续公布的《车辆生产企业及产品公告》和 2009 年到 2015 年公布的《节能与新能源汽车示范推广应用工程推荐车型目录》作为样本企业来源,收集了企业围绕新能源汽车申请的各类专利数量和申报的新能源车型数量。通过设计自然试验,以纳入新能源汽车推广目录的企业作为"实验组",而其他未被纳入目录的企业作为"控制组",采用双重差分法分析得出在推广目录公布的初始时期,新能源汽车专利数量没有明显增长,而随着政策效果的逐渐显现,被纳入目录的企业所申请的各类新能源汽车专利数量显著增加。并且企业年龄和企业规模显著正向影响企业专利活动。该结论表明虽然新能源汽车推广目录公布的是车辆型号,并以此为标准,按车辆续航里程和销量给予补贴,但这也显著提升了企业围绕新能源汽车开展研发创新的积极性,各类专利数量显著增长。进一步对新能源汽车专利转化进行实证分析,结果显示滞后两期的新能源车型比率与当期新能源车型比率显著正相关,且当期新能源汽车专利比率与当期新能源车型比率显著正相关。这反映出企业在连续申报新能源车型的同时,也在加紧进行专利成果转化,以提升产品技术性能,从而维持每年都申报一定数量的新能源车型,以达到被纳入推广目录的条件,连续获得补贴资格。

然而,根据本研究对推广目录中企业申请专利数的统计,仍有 113 家企业在研究期内没有申请过新能源汽车相关专利。当然新能源汽车技术不一定需要通过自主研发获得,技术购买甚至通过购买车辆框架、动力电池等汽车部件进行拼装也能够推出新能源车型。新能源汽车推广目录公布的是车辆类型，只要保证基本技术达标，就有很大希望被纳入推广目录获得国家和各省市的财政补贴。这就为企业骗补提供了政策漏洞，严重危害产业发展。上述研究表明新能源汽车推广目录的公布尽管能推动企业专利活动，带动企业自主创新能力的提升，然而实际上也造成部分技术不达标的企业利用政策漏洞不劳而获，长此以往会打击积极进行技术创新、努力提升新能源车型技术水平企业的研发积极性。对此，本研究认为在设计新能源汽车推广政策时，应当着重考虑以下三方面的问题：

第一，新能源汽车的需求拉动政策要配合技术推广政策。新能源汽车推广目录的目标是扩大新能源汽车应用范围，提高新能源汽车市场规模。然而仅从需求侧补贴用户必然造成部分企业通过内部转卖、虚假上传合格证等手段捏造新能源汽车销量。为了遏制此类事件的发生，各类产业政策的制定应当相互衔接。补贴终端产品维持销量增长仅具有短期效果，长远的还是要通过补贴手段引导企业技术投资，从根源上提升产品性能，打消消费者疑虑，增加产品需求。

第二，引入第三方评估机构，提升纳入新能源汽车推广目录技术标准。自2009年工业和信息化部公布新能源汽车推广目录以来，部分前期公告车型设计没有相应的技术标准要求，直到2013年才提出生产新能源汽车的企业必须掌握车载能源系统、驱动系统、控制系统三大核心技术之一。而近几年新能源汽车产品技术提升迅速，产品设计与法规要求已有较大差距，因此，应当引入第三方专业评估机构，尽快规范相应的产品标准，提高纳入新能源汽车推广目录的门槛。

第三，在适时降低新能源汽车产业政策保护力度的同时，也要寻求政府扶持方式的创新，为产业发展营造良好环境。新能源汽车补贴力度已经开始逐年"退坡"，相应的获得补贴标准也逐渐提高，这有利于淘汰低技术生产企业。然而，仅采取降低补贴方式显然不能起到良好效果，更应当配合产业发展阶段建立优胜劣汰、有奖有惩的动态管理机制。同时，采取碳配额、碳积分等创新管理方法代替直接进行购买补贴，倒逼企业研发新能源技术。

第十章 结论与展望

第一节 研究结论

全球化在推动资本技术快速流动，加强各国经贸往来，促进工业化进程的同时，也造成环境急剧恶化，资源过度消耗，以及世界金融体系的严重失衡。因此，以美国次贷危机为导火线的金融危机迅速在全球爆发，对原有的国际经济秩序产生前所未有的冲击。如何走出危机实现复苏？全球需要一场新的工业革命，改造不合理的产业发展结构和粗放增长方式，寻求低碳环保、节能减排、绿色发展的新兴产业体系。正是在这样的背景下，我国提出培育和发展"资源节约、环境友好"的新兴产业，在带动我国产业结构实现转型升级的同时，抢占新一轮经济和科技发展的制高点。那么从理论高度对这样一个产业进行跟踪研究，其重要性不言而喻。接下来的问题是如何选择合适切入点对新兴产业进行深入剖析？

通过比较国内外对新兴产业的相关研究，本研究认为借鉴演化经济学思想，以企业异质性作为前提条件，从微观企业层面对新兴产业的演进过程进行动态追踪研究是可行的分析路径。对此，本研究在定性描述新兴产业动态演进特点的基础上，构建出"三个层次一条主线"的分析框架，并使用筛选出的、大样本的新兴产业企业级数据分别从新兴产业企业规模分布及 Gibrat 法则检验、企业初始规模决定因素探究、企业生存研究、企业成长机制分析以及结合光伏产业的震荡现象解析这五个方面，以宏微观相结合的方式对新兴产业的动态演进过程实现了跟踪研究，并得出以下几方面的重要结论：

第一，新兴产业和传统产业在企业规模分布形态方面存在着显著差异。企业规模分布形态是产业在动态演进过程中所呈现出来的基本统计规律。本研究使用非参数的核密度估计方法对新兴产业和传统产业的企业规模分布形态进行了描述，并检验了 Gibrat 定律。所得研究结论与通常研究所得出的"处于成长阶段的产业倾向于违背 Gibrat 定律，而成熟阶段的产业接受 Gibrat 定律"不同。分析其原因，认为新兴产业的企业规模分布更多地表现出动态的被动学习特征。虽然面对新兴产业高度的技术和市场不确定性，以及进入所产生的沉没成本。但是因为产业所表现出来的创业成长体制特征又非常适合创新型的中小企业进入。进入后，企业一方面以贝叶斯的方式进行小规模的投资试探，另一方面需要快速学习以解决不确定性，两方面作用叠加使得企业在进入后经历一个快速成长阶段，表现出群体规模分布偏离正态的形式。而市场选择机制的作用使得强势企业逐渐占据主导位置，而弱势企业进入利基市场寻求生存，这反映在企业规模和成长关系上就表现为趋向接受 Gibrat 定律。相对的，传统产业的企业规模分布表现出更多的主动学习演进特点。在完全竞争、产品同质化程度高、技术水平低、市场集中度低的传统产业中，企业进入的沉没成本也较低。新成立的企业在面对较低市场不确定的条件下，没必要快速成长以获得更高的存活率，因此可观测到企业规模分布是渐进缓慢的调整过程。但与此同时，受到作用于企业成长的产业因素以及企业间策略相依的影响，企业群体向着 Gibrat 定律趋近的速度较慢。总之，通过对新兴产业和传统产业的企业规模分布形态进行对比，研究得出受到企业所处生命周期、产业特征和企业行为决策的影响，两个产业间在演进形态上存在较大差异。而剖析导致这些差异的原因还需深入产业内部，通过发掘产业宏观演进特征背后的微观作用机理来进行解析。

第二，新兴产业特征因素对不同企业选择初始规模的重要性不同。在此影响下，合理的初始规模选择是确保企业持续生存，避免或减少由于企业进入失败而造成损失的可行途径。实际上，企业个性特征在很大程度上在进入时就已经决定了，并且企业进入是为了在市场当中获得一个支点，来学习和发现企业所赖以生存的商业点子和能力是否有效。因此，关注企业初始条件能够提供新的、更全面的视角来探究企业进入后的表现。本研究对新兴产业企业初始规模的分布进行描述，发现企业初始规模分布呈现偏态，且存在着离群值。在这种情况下，更适合使用分位数估计方法来研究企业初始规模及其决定因素。研究结果表明，新兴产业中新企业初始规模的决定因素对于小型和大型企业的重要性不同。沿着分位数递增方向，最小有效规模、产业规模、次优规模和产业扰动对企业初始规模选择影响的显著性和程度都逐渐增强。这一方面说明产业规模经济效应、沉没成本高低、相对成本劣势以及产业吸引力对企业初始规模选择特别是大型企业有重要影响；另一方面从这些因素对小型和大型企业的影响差异中可以看出市场选择的作用效果是有限的，它并没有消除企业间的异质性。即使面对较高的最小有效规模和沉没成本，仍会有企业选择以较小的初始规模进入。这也体现出在新兴产业当中确实存在着利基市场，且有部分企业抱着"试试看"的心态选择较小的初始规模。这些新企业在进入时的初始状态在很大程度上决定了它们进入后的生存和成长表现。

第三，在新兴产业中，企业进入后的生存表现会受到来自企业和产业特定性质的塑造。其中，企业规模、企业年龄与企业生存之间的关系与产业动态学习模型所作的预测相一致，那些规模更大的、年龄更大的企业有较低的风险率。造成这一结果的原因可以用组织生态学所提出的"小企业缺陷"观点进行解释，即相较于年长企业，年轻企业缺乏足够的资源，并且与其他企业、供应商、消费者等还未建立起稳定的关系，因而失败风险更大。但是生存风险模型估计结果也显示企业成长对企业生存的作用在多数情况下表现为不显著。其他企业层面的因素如反映经营状况、财务结构特征等，对企业生存的影响较为符合预期，但是值得注意的是研究得出相比其他类型的企业，国有企业的退出风险显著提高，私营企业的退出风险显著降低，而外资企业的风险提高不显著。这一结论与多数研究结果不同。通常认为国有企业在投融资、税费、技术支持等方面享有优势，应当具有较低的退出风险。造成这一结果的内在原因有待深入挖掘。另外，按照传统产业经济学观点，进入障碍会造成企业进入困难。但是对影响企业生存的产业因素进行的研究，所得结论却进一步验证了产业动态演进的观点，"与其说进入障碍是阻止企业进入，不如认为进入障碍妨碍了企业在市场中长期生存"。在这些因素影响下，企业或者快速渗透主流市场，或者选择进入利基市场，以提高生存期望。否则尽快退出以免造成更大的成本损失。由此可见，企业生存会受到企业内外多种因素的影响，实证研究能够得到丰富的研究结论。但当细致探究新兴产业各分行业的企业生存时，会发现这些因素的作用大小、方向和显著性都会发生变化，这说明一些不可观测的企业异质性会造成产业间企业生存的差异，这为更深入的研究企业生存问题提供了广阔空间。

第四，新兴产业具有区别于一般制造业的特殊企业成长内在机制。通过对企业生存进行研究已经可以初步窥探到企业成长在产业动态演进中的特殊性。不但企业成长对企业生存的影响不显著，而且根据以往研究经验从外部确定企业成长决定因素也存在着困难且仅有有限的解释力，企业成长更多地表现出一种随机游走的方式。因此，本研究转变思路，将企业成长从内部解析为员工增长、销售额增长、利润增长和劳动生产率增长四个维度，通过探讨它们之间的作用关系来审视企业成长内在机制。研究结果表明，新兴产业的企业成长率呈现出"帐篷状"的拉布拉斯分布特征，小型企业快速成长，并伴随着较大规模企业更高的成长率变动。因此，在不考虑其他因素的情况下，企业成长更贴近一个随机过程而难以预测。在整个企业成长机制中，员工数增长起到"刺激阀"的作用，变量间的作用路径发端于员工数增长，进而带动利润增长、劳动生产率增长和销售额增长，最终又回到员工数增长。并且销售额增长和员工数增长之间具有强烈反馈效应。利润增长受到其他增长变量的影响，但反过来其自身对其他变量的影响很微弱。劳动生产率增长除了负向作用于利润增长，并微弱地受到员工增长的影响外，与其他变量的作用关系也不显著。这些结果表明新兴产业的企业成长不具有 Penrose 效应和 Kaldor-Verdoorn 效应，但符合企业投资加速器模型所提出的观点。而在一般制造业中，员工数增长先于销售额增长，而销售额增长又跟随着利润增长。并且表现出微弱的 Penrose 效应和较强的 Kaldor-Verdoorn 效应。两者相对比，体现出新兴产业区别于一般制造业的特殊企业成长机制。

第五，企业生产效率是继企业生存和成长之外能够体现企业进入后表现的重要维度之一，也是从企业微观视角揭示产业动态演进内在机制的关键窗口，因此，有必要对其进行细致研究。通过对新兴产业中企业的生产效率测算，研究得出无论是资本投入弹性还是劳动投入弹性都能显著提高生产效率。从分行业来看，新一代信息技术产业、新能源产业的资本投入弹性高于其他行业，而生物制药产业和高端装备制造业的劳动投入弹性高于其他行业。从生产效率分布情况来看，新兴产业整体的生产率分布呈现出明显的左偏尖峰分布特征。从生产效率的增长率来看，新一代信息技术产业、新能源产业和生物产业的生产率增长得相对较快。对生产率的影响因素分析结果表明在新兴产业当中需要对资金、人才进行合理有效配置，才能显著提升生产率水平。而企业生产率的提高能够明显降低企业退出风险，维持其经营活力。

第六，新兴产业动态演进过程中，特别是近期光伏产业，受供给侧政策影响产业震荡现象愈发明显，使得不同时期进入群体的生存风险变动较大。产业震荡在产业生命周期当中起到关键作用，它的发生既可能推动产业阶段性演进步伐，也可能彻底转变产业演进方向。因此，特别对中国光伏产业的震荡现象进行了研究。通过对445家中国光伏企业进入退出信息和申请专利数量的收集，描述了中国光伏产业动态演进历程，确定出影响产业演进的关键事件，指明光伏产业震荡的发生机制，并运用事件史分析方法研究了不同时机进入群体的生存差异及其变动。研究表明：供给侧的政策触发了中国光伏产业震荡，受此影响相较早期进入群体，在产业震荡前后进入的企业群体在产业震荡发生时退出风险明显增加，而后随着震荡蔓延，各群体的退出风险逐渐下降，但风险变动无集中趋势。技术创新显著降低了不同时机进入群体的退出风险。由此可见，早期受需求引导而进入的企业比后期受政策引导而进入的企业生存期望更好。产业政策对产业演进的作用见效快，但不可持续，而且如果作用方向有偏还存在着触发产业震荡的风险。因此，产业长期发展仍需以市场为主导，而政策需找准着力点弥补市场的不足，相互配合促进产业健康发展。

第七，按照利基演化和利基管理相关理论，我国新兴产业的形成和发展具有市场拉动、政府推动相结合的特点，并且是先由政府进行选择、培育、扶持，然后再接受市场的选择与检验。根据产业发展周期理论和新兴产业、战略产业的特点，在新兴产业的发展初期，由于技术的创新性、产业的战略地位等因素的影响，政府在产业发展过程中起到主导作用；但是随着该产业中技术、市场的成熟，政府在产业中的扶持作用逐渐消退，市场对于产业的作用逐渐增强。通过市场的检验，新兴产业中的一部分行业确实体现出技术的发展方向并存在着巨大的市场需求空间，从而发展成为国家新的主导产业和支柱产业；而另一些行业在产业发展初期表现出较强的潜力，但是由于技术的不完善和需求不足最终不能够成为主导产业或支柱产业。而到产业发展后期，有些没有发展后劲的产业要在政府的主导作用下尽快淘汰或转产。基于上述分析，对新能源汽车产业的利基演化路径进行了全面研究。结果表明新能源汽车产业内部存在着由技术利基向市场利基的演化过程，产业政策形成的利基保护性空间有助于新能源汽车技术的转化，并且随着新能源汽车技术的推广普及，新能源汽车能够成为汽车产业新的增长点，从而推动原有交通运输技术体系发生转变。

综上所述，基于演化思想，沿时间轴对新兴产业的动态演进进行追踪能够得到丰富的研究结论。描述企业规模分布特征是以最自然的方式表现出新兴产业演化的自组织形式，即产业内部微观企业个体能动地适应环境，调节自身结构与行为，获取生存空间和成长机遇。研究发现，在一个过程中，市场选择的作用有限，多样化的异质性企业个体通过学习认识到自身能力和相对效率水平，从而调整期望或者选择以次优规模进入产业当中的利基市场，或者选择以较大规模进入并迅速成长以占领更多市场份额。无论企业采取怎样的策略，在新兴产业的动态演进过程中，大型企业和小型企业在产业生态圈中相互依存、共同进化的特点表现得尤为突出。而这种多样化企业个体的存在正是产业生生不息发展演化的基础。

这些研究结论对于新兴产业政策的设计、制定提供了新的启示。面对在信息和知识经济时代出现的新兴产业，任何仅从价格、利润等静态指标出发而设定的政策目标都是不可行的。在一个动态环境中，产业政策应当具有柔性，以推动产业趋向有利于自然演化的结构为目标，着眼于企业能够有效灵活调动内外资源，在竞争的基础上促进企业创新知识的交流与合作，维护企业适应新兴产业复杂环境的空间和余地，增强企业创造性和应变能力，并且在新兴产业自然演进过程中检验产业政策的效果。

第二节 研究展望

新兴产业自提出以来深受学界关注，也成为产业经济研究热点之一。然而作为脱胎于高新技术产业的新事物，对于该产业有着怎样的历史沿革和演进趋势却知之甚少。对此，本研究以演化思想为指导，在对国内外产业动态演进研究的核心和脉络进行梳理、提炼的基础上，构建新兴产业动态演进分析框架，筛选具有代表性的样本企业，实证分析新兴产业的动态演进过程，并得到丰富研究成果。但同时，由于该领域成熟的研究成果较少、数据局限较大以及本人的研究水平和研究条件有限，仍存在一些不足之处有待进一步完善和深入研究。

首先，细致、完善的数据信息是研究新兴产业动态演进的根本保障。当前并没有为新兴产业建立起专门的数据库，而要从微观层面对其动态演进进行追踪研究，必须要有细致的大样本数据作为支撑。为了克服这一困难，本研究花费了极大的精力以《新兴产业分类（2012）》作为标准，对中国工业企业数据库进行匹配和筛选，并逐个从"全国企业信用信息公示系统"当中查询企业登记注册信息，以实现对代表新兴产业的样本企业的进入、退出、财务数据等情况的动态追踪。尽管做了很大的努力，但是中国工业企业数据库仅更新到 2009 年的客观现实仍限制了研究时限。虽然应当认识到新兴产业概念出现得较晚，但事实上它是中国发展高新技术产业整体政策的一个延续，因此以历史数据为基础，对其发展历程进行研究是可行的且必要的。然而，自新兴产业概念提出以来，无论是产业技术创新条件，还是政策、市场、社会环境都发生了较大变化。这些新变化会对新兴产业的动态演进造成怎样的影响是非常值得关注和深入研究的。对此，随着新兴产业相关数据的披露及数据库的更新，应当对新兴产业进行持续的动态跟踪研究，以更深入地掌握和了解产业发展规律，预测产业演进趋势。

其次，基于产业动态演进分析框架，加强新兴产业与传统产业的对比分析。从现代产业体系发展历程来看，传统产业和新兴产业之间出现大量的业务交叉、战略联盟和并购重组，使得双方的边界日益模糊。同时，新兴产业也在不断倒逼和引导传统产业的转型升级。在这样的情况下，不但新兴产业处于快速发展演进之中，传统产业也在不断调整资源配置、加强技术改造。因此，在实践上，我国新兴产业的培育发展必须要与传统产业的升级改造紧密结合；在研究中，对新兴产业的动态演进进行分析也应注意与传统产业的相互比较。只有这样才能把握新兴产业动态演进的特殊性，深刻认识到新兴产业与传统产业相互融合、协调发展的内在作用机制。

再次，持续技术创新是产业动态演进的重要动力源，而培育市场需求是维持产业发展活力的基本保证。按照产业演化理论，早期产品创新吸引企业进入，后期工艺创新导致主导设计出现，有助于技术范式转换，引发制度创新。由此可见，技术创新渗入产业动态演进的各个环节，对于以发展新兴技术为特征的新兴产业更是如此。与此同时，新兴技术也意味着研发风险高，产品市场需求规模小，潜在需求难以激活等问题。对此，应当结合新兴产业演化阶段性特征，剖析造成市场需求不足的深层次原因，力求探寻通过利基市场的建立与维护、实验性消费者的培育与研究等有效途径激活产业市场需求，维持产业发展活力。本研究受数据所限，既得不到关于企业研发投入和产出的数据，也无法获知关于新兴产业市场当中消费者行为特征方面的信息,这不失为一种遗憾,但也为后续研究留下广阔的空间。

最后,在把握新兴产业动态演进整体趋势的同时,深入特定行业解析特殊问题。虽然新兴产业整体处于快速发展时期,但是它所包含的七大行业各自处于不同的演化阶段,面临着不同的发展问题。以新一代信息技术、高端装备制造为代表的产业有着良好的发展基础,因此产业发展着力点应当放在巩固市场地位,推高产品技术档次上。而以新能源、节能环保为代表的产业,政府前期扶持力度过大,缺乏科学合理规划,导致部分产品市场供需失衡,产业震荡现象逐渐凸显,面临着进一步整合的局面。相反,新能源汽车产业和新材料、生物产业的某些领域仍处于产业萌芽阶段,不但技术不成熟,而且产品也处于试验、试制当中,产业演进才刚刚起步。基于此,仅以新兴产业整体作为分析对象是有缺陷的,进一步的研究应当深入产业内部,解决各行业在动态演进中的不同阶段所遇到的特殊问题和发展障碍。

参考文献

中文文献

白俊红、李婧:《政府R&D资助与企业技术创新——基于效率视角的实证分析》,《金融研究》2011年第6期。

曹裕、陈晓红、王傅强:《所有制、行业效率与转型经济下的中国企业生存》,《统计研究》2012年第1期。

陈玮、耿曙:《政府介入能否有效推动技术创新:基于两个案例的分析》,《上海交通大学学报》(哲学社会科学版)2015年第3期。

陈晓涛:《产业演进论》,四川大学,2007年。

陈艳莹、田高峰、王丽:《中国制造企业规模分布的演化特征:产业生命周期视角的研究》,《产业经济评论》2013年第2期。

陈艳莹、叶良柱:《产业演进阶段识别方法研究述评》,《经济研究导刊》2009年第5期。

陈艳莹、于明:《产业演进阶段性差异与企业非市场策略的匹配》,《改革》2008年第4期。

陈勇兵、李燕、周世民:《中国企业出口持续时间及其决定因素》,《经济研究》2010年第7期。

邓立治:《中国汽车企业技术创新效率及其影响因素研究——以沪深上市公司为例》,《技术经济与管理研究》2015年第3期。

董浩:《中国汽车产业政策绩效的分析和评价》,《市场周刊》(理论研究)2008年第5期。

杜本峰:《事件史分析及应用》,经济科学出版社2008年版。

杜传忠、郭树龙:《经济转轨期中国企业成长的影响因素及其机理分析》,《中国工业经济》2012年第11期。

杜运周、任兵、陈忠卫、张玉利:《先动性、合法化与中小企业成长——一个中介模型及其启示》,《管理世界》2008 年第 12 期。

杜运周、任兵、张玉利:《新进入缺陷、合法化战略与新企业成长》,《管理评论》2009 年第 8 期。

方明月、聂辉华:《企业规模决定因素的经验考察——来自中国企业面板的证据》,《南开经济研究》2008 年第 6 期。

方明月、聂辉华:《中国工业企业规模分布的特征事实:齐夫定律的视角》,《产业经济评论》2010 年第 2 期。

方明月:《企业规模研究的新方法:基于分布规律的视角》,《制度经济学研究》2010 年第 1 期。

高良谋、李宇:《企业规模与技术创新倒 U 关系的形成机制与动态拓展》,《管理世界》2009 年第 8 期。

韩炜、薛红志:《基于新进入缺陷的新企业成长研究前沿探析》,《外国经济与管理》2008 年第 5 期。

郝令昕、丹尼尔·Q.奈曼:《分位数回归模型》,格致出版社 2012 年版。

郝前进、金宝玲:《行业差异、企业行为与企业生存时间的影响因素研究》,《经济体制改革》2011 年第 6 期。

郝前进、王淼薇:《城市空间拓展、产业政策与企业生存发展——基于上海市规模以上工业企业的实证研究》,《上海经济研究》2013 年第 10 期。

何静、高敏雪:《损益表与企业盈利能力分析——财务报表分析与公司理财(三)》,《北京统计》1999 年第 3 期。

贺小刚、李新春:《企业家能力与企业成长:基于中国经验的实证研究》,《经济研究》2005 年第 10 期。

侯杰、陆强、石涌江、戎珂:《基于组织生态学的企业成长演化:有关变异和生存因素的案例研究》,《管理世界》2011 年第 12 期。

胡望斌、张玉利、牛芳:《我国新企业创业导向、动态能力与企业成长关系实证研究》,《中国软科学》2009 年第 4 期。

黄健柏、白冰、曹裕:《企业和行业特征对湖南企业生存年限影响的实证研究》,《系统工程理论与实践》2010 年第 5 期。

黄先海、宋学印、诸竹君:《中国产业政策的最优实施空间界定——补贴效应、竞争兼容与过剩破解》,《中国工业经济》2015 年第 4 期。

江飞涛、李晓萍：《直接干预市场与限制竞争：中国产业政策的取向与根本缺陷》，《中国工业经济》2010年第9期。

李洪亚、史学贵、张银杰：《融资约束与中国企业规模分布研究——基于中国制造业上市公司数据的分析》，《当代经济科学》2014年第2期。

李涛、徐昕：《企业因素、金融结构与财务约束：基于中国企业规模与产权结构的实证分析》，《金融研究》2005年第5期。

李雪灵、马文杰、刘钊、董保宝：《合法性视角下的创业导向与企业成长：基于中国新企业的实证检验》，《中国工业经济》2011年第8期。

李左峰、张铭慎：《政府科技项目投入对企业创新绩效的影响研究——来自我国95家创新型企业的证据》，《中国软科学》2012年第12期。

刘涛雄、罗贞礼：《从传统产业政策迈向竞争与创新政策——新常态下中国产业政策转型的逻辑与对策》，《理论学刊》2016年第2期。

刘志彪：《经济发展新常态下产业政策功能的转型》，《南京社会科学》2015年第3期。

陆瑾：《产业组织演化研究》，复旦大学，2005年。

陆毅、李冬娅、方琦璐、陈熹：《产业集聚与企业规模——来自中国的证据》，《管理世界》2010年第8期。

逯宇铎、于娇、刘海洋：《出口行为对企业生存时间的强心剂效应研究——来自1999—2008年中国企业面板数据的实证分析》，《经济理论与经济管理》2013年第8期。

吕一博、苏敬勤、傅宇：《中国中小企业成长的影响因素研究——基于中国东北地区中小企业的实证研究》，《中国工业经济》2008年第1期。

聂辉华、江艇、杨汝岱：《中国工业企业数据库的使用现状和潜在问题》，《世界经济》2012年第5期。

聂辉华、谭松涛、王宇锋：《创新、企业规模和市场竞争：基于中国企业层面的面板数据分析》，《世界经济》2008年第7期。

盛光华：《中小企业生存与成长的经济学分析》，吉林大学，2007年。

宋凌云、王贤彬：《重点产业政策、资源重置与产业生产率》，《管理世界》2013年第12期。

宋英华、庄越、张乃平：《创新型企业成长的内部影响因素实证研究》，《科学学研究》2011年第8期。

谭之博、赵岳：《企业规模与融资来源的实证研究——基于小企业银行融资抑制的视角》，《金融研究》2012年第3期。

童纪新、孙孝科：《并购与企业成长：以产业演进的新视角》，《生产力研究》2004年第10期。

王俊、刘丹：《政策激励、知识累积与清洁技术偏向——基于中国汽车行业省际面板数据的分析》，《当代财经》2015年第7期。

王淼薇、郝前进：《初始规模、生产率与企业生存发展——基于上海市规模以上工业企业的实证研究》，《经济管理》2012年第7期。

王勇：《企业成长的关键影响因素及其重要性研究——以服务行业企业为例》，《清华大学学报》（哲学社会科学版）2009年第1期。

温军、冯根福、刘志勇：《异质债务、企业规模与R&D投入》，《金融研究》2011年第1期。

吴冰、王重鸣：《高新技术创业企业生存分析》，《管理评论》2006年第4期。

吴剑峰、李自杰、武亚军：《竞争密度、合法性与外资企业生存——基于中关村高新技术园区的研究》，《经济科学》2009年第5期。

吴延兵：《企业规模、市场力量与创新：一个文献综述》，《经济研究》2007年第5期。

邢以群、吴征：《从企业生态位看技术变迁对企业发展的影响》，《科学学研究》2005年第23期。

杨其静、李小斌、方明月：《市场、政府与企业规模分布——一个经验研究》，《世界经济文汇》2010年第1期。

杨玉民、刘瑛：《规模以下工业企业年龄状况及相关分析》，《统计研究》2006年第6期。

殷华方、潘镇、鲁明泓：《中国外商直接投资产业政策测量和有效性研究：1979—2003》，《管理世界》2006年第7期。

张国胜：《技术变革、范式转换与新兴产业的发展：一个演化经济学视角的研究》，《产业经济研究》2012年第6期。

张家伟：《创新与产业组织演进：产业生命周期理论综述》，《产业经济研究》2007年第5期。

张静、胡倩、谭桑、王晓伟：《进入、退出与企业生存——来自中国制造业企业的证据》，《宏观经济研究》2013年第11期。

张玉利、段海宁:《中小企业生存与发展的理论基础》,《南开管理评论》2001年第2期。

张元智、马鸣萧:《企业规模、规模经济与产业集群》,《中国工业经济》2004年第6期。

张泽一、王春才:《我国汽车产业政策失效的经济分析》,《生产力研究》2008年第11期。

赵驰、周勤、汪建:《信用倾向、融资约束与中小企业成长——基于长三角工业企业的实证》,《中国工业经济》2012年第9期。

周黎安、罗凯:《企业规模与创新:来自中国省级水平的经验证据》,《经济学》(季刊)2005年第2期。

周立新:《家族企业网络化成长模式对企业成长的影响及机制:基于东西部地区的实证研究》,《南开管理评论》2009年第3期。

周明、陈科:《宏观经济波动与企业生存状况的DSGE模型构建与数值模拟》,《重庆大学学报》(社会科学版)2013年第3期。

英文文献

Aaker and Day, 1986, "The perils of high-growth markets". *Strategic Management Journal*, 7 (5): 409-421.

Abernathy W J, Clark K B.Innovation: Mapping the winds of creative destruction [J].*Research policy*.1985, 14 (1): 3-22.

Acs, Z.J., and Armington, C., 2004, "Employment growth and entrepreneurial activity in cities".*Regional Studies*, 38 (8): 911-927.

Acs, Z.J., Wright, H.Y., and Merrick, R.G., 1996, *Small firms and economic growth*.Edward Elgar Pub..

Agarwal, R., 1996, "Technological activity and survival of firms".*Economics Letters*, 52 (1): 101-108.

Agarwal, R., 1997, "Survival of firms over the product life cycle".*Southern Economic Journal*, 571-584.

Agarwal, R., and Audretsch, D.B., 1999,"The two views of small firms in industry dynamics: a reconciliation".*Economics Letters*, 62 (2): 245-251.

Agarwal, R., and Audretsch, D.B., 2001,"Does entry size matter? The impact of the life cycle and technology on firm survival". *The Journal of*

Industrial Economics, 49 (1): 21-43.

Agarwal, R., and Gort, M., 1996, "The evolution of markets and entry, exit and survival of firms".*The Review of Economics and Statistics*, 489-498.

Agarwal, R., and Gort, M., 1999, "The determinants of firm survival". Available at *SSRN 167331*.

Agarwal, R., and Gort, M., 2002, "Firm and product life cycles and firm survival".*American economic review*, 184-190.

Agnolucci, P. and McDowall, W., 2007, "Technological change in niches: auxiliary power units and the hydrogen economy".*Technological Forecasting & Social Change*, 74: 1394-1410.

Ahmadi L, Croiset E, Elkamel A, et al. Effect of socio-economic factors on EV/HEV/PHEV adoption rate in Ontario [J].*Technological Forecasting and Social Change*.2015, 98: 93-104.

Ahn S., 2001, "Firm dynamics and productivity growth: a review of micro evidence from OECD countries".*OECD Economics Department Working Papers* No.297.

Almus, M., 2002, "What characterizes a fast-growing firm?".*Applied Economics*, 34 (12): 1497-1508.

Amir and Lambson, 2003, "Entry, exit, and imperfect competition in the long run", *Journal of Economic Theory*, 110 (1): 191-203.

Amir, Halmenschlager and Jin, 2011, "RandD-induced industry polarization and shake-outs". *International Journal of Industrial Organization*, 29 (4): 386-398.

Angelini, P., and Generale, A., 2008, "On the evolution of firm size distributions".*The American Economic Review*, 426-438.

Arauzo-Carod, J.-M., and Segarra-Blasco, A., 2005, "The Determinants of Entry are not Independent of Start-up Size: Some Evidence from Spanish Manufacturing".*Review of Industrial Organization*, 27 (2): 147-165.

Arrighetti, A., and Vivarelli, M., 1999, "The role of innovation in the postentry performance of new small firms: Evidence from Italy".*Southern Economic Journal*, 65 (4): 927-939.

Arrow (1962), "The economic implications of learning by doing". The re-

view of economic studies 29 (3): 155-173.

Åstbro, T., and Bernhardt, I., 2005, "The winner's curse of human capital". *Small Business Economics*, 24 (1): 63-78.

Audretsch D.B., Klomp L.and Santarelli E, et al., 2004, "Gibrat's law: are the services different?". *Review of Industrial Organization*, 24 (3): 301-324.

Audretsch, D. B., 1991, "New-firm survival and the technological regime". *The Review of Economics and Statistics*, 441-450.

Audretsch, D.B., 1995, "Innovation, growth and survival". *International Journal of Industrial Organization*, 13 (4): 441-457.

Audretsch, D.B., and Fritsch, M., 1999, "The industry component of regional new firm formation processes". *Review of Industrial Organization*, 15 (3): 239-252.

Audretsch, D.B., and Fritsch, M., 2002, "Growth regimes over time and space". *Regional Studies*, 36 (2): 113-124.

Audretsch, D.B., and Mahmood, T., 1994, "Entry, growth, and survival: The new learning on firm selection and industry evolution". *Applied Industrial Organization*, 85-93.

Audretsch, D. B., and Mahmood, T., 1994, "Firm selection and industry evolution: the post-entry performance of new firms". *Journal of Evolutionary Economics*, 4 (3): 243-260.

Audretsch, D.B., and Mahmood, T., 1995, "New firm survival: new results using a hazard function". *The Review of Economics and Statistics*, 97-103.

Audretsch, D.B., and Mata, J., 1995, "The post-entry performance of firms: Introduction". *International Journal of Industrial Organization*, 13 (4): 413-419.

Audretsch, D.B., Coad, A., and Segarra, A., 2014, "Firm growth and innovation". *Small Business Economics*.

Audretsch, D. B., Houweling, P., and Thurik, A. R., 2000, "Firm survival in the Netherlands". *Review of Industrial Organization*, 16 (1): 1-11.

Audretsch, D.B., Klomp, L., and Thurik, A.R., 1998,"Do services differ from manufacturing? The post-entry performance of firms in Dutch services".*Tinbergen Institute Discussion Paper*.

Audretsch, D. B., Klomp, L., Santarelli, E., and Thurik, A. R., 2004,"Gibrat's law: are the services different?".*Review of Industrial Organization*, 24 (3): 301-324.

Audretsch, D.B., Santarelli, E., and Vivarelli, M., 1999,"Start-up size and industrial dynamics: some evidence from Italian manufacturing".*International Journal of Industrial Organization*, 17 (7): 965-983.

Bakker S., van Lente H., Engels R. Competition in a Technological Niche: the Cars Of The Future [J].*Technology Analysis & Strategic Management*.2012, 24 (5): 421-434.

Baldwin, J. R., and Gorecki, P. K., 1991, Entry, exit, and productivity growth. Entry and Market Contestability. An International Comparison, Blackwell, Oxford, 244-256.

Baldwin, J.R., and Rafiquzzaman, M., 1995,"Selection versus evolutionary adaptation: Learning and post-entry performance".*International Journal of Industrial Organization*, 13 (4): 501-522.

Bamford, C.E., Dean, T.J., and Douglas, T.J., 2004,"The temporal nature of growth determinants in new bank foundings: Implications for new venture research design".*Journal of Business Venturing*, 11 (19): 899-919.

Baptista, R., and Karaöz, M., 2011,"Turbulence in growing and declining industries".*Small Business Economics*, 36 (3): 249-270.

Barkham, R.J., 1994,"Entrepreneurial characteristics and the size of the new firm: a model and an econometric test".*Small Business Economics*, 6 (2): 117-125.

Barney J., 1991,"Firm resources and sustained competitive advantage".*Journal of management*, 17 (1): 99-120.

Barron, D.N., West, E., and Hannan, M.T., 1994,"A time to grow and a time to die: Growth and mortality of credit unions in New York City, 1914-1990".*American Journal of Sociology*, 381-421.

Bartelsman J.and Doms M., 2000,"Understanding productivity: lessons from longitudinal microdata". *Journal of Economic literature*, 38 (3): 569-594.

Bartelsman, E., Scarpetta, S., and Schivardi, F., 2005, "Comparative analysis of firm demographics and survival: evidence from micro-level sources in OECD countries". *Industrial and Corporate Change*, 14 (3): 365-391.

Bassett Jr, G., and Koenker, R., 1982, "An empirical quantile function for linear models with iid errors". *Journal of the American Statistical Association*, 77 (378): 407-415.

Bates, T., 2005, "Analysis of young, small firms that have closed: delineating successful from unsuccessful closures". *Journal of Business Venturing*, 20 (3): 343-358.

Baumol, W.J., 2002, "Towards microeconomics of innovation: Growth engine hallmark of market economics". *Atlantic Economic Journal*, 30 (1): 1-12.

Baumol, W.J., Heim, P., Malkiel, B.G., and Quandt, R.E., 1970, "Earnings retention, new capital and the growth of the firm". *The Review of Economics and Statistics*, 345-355.

Bayus, B. L., and Agarwal, R., 2007, "The role of pre-entry experience, entry timing, and product technology strategies in explaining firm survival". *Management Science*, 53 (12): 1887-1902.

Bentzen, J., Madsen, E.S., and Smith, V., 2006, "The growth opportunities for SMC". *Journal of Business and Management*, 7: 139-145.

Bentzen, J., Madsen, E.S., and Smith, V., 2011, "Do firms' growth rates depend on firm size?". *Small Business Economics*, 39 (4): 937-947.

Beresteanu A, Li S. Gasoline prices, government support, and the demand for hybrid vehicles in the united states [J]. *International Economic Review*. 2011, 52 (1): 161-182.

Bergek, Jacobsson, Carlsson, Lindmark and Rickne, 2008, "Analyzing the functional dynamics of technological innovation systems: A scheme of analysis". *Research policy*, 37 (3): 407-429.

Bernard, A. B., Eaton, J., Jenson, J. B., and Kortum, S., 2000, "Plants and productivity in international trade". *National bureau of economic research.

Bertomeu, 2009, "Endogenous shakeouts", *International Journal of Industrial Organization*, 27 (3): 435-440.

Bhaskarabhatla and Klepper, 2012, "Latent Submarket Dynamics and Industry Evolution: Lessons from the US Laser Industry". Available at *SSRN 2154554*.

Bikhchandani, Hirshleifer and Welch, 1998, "Learning from the behavior of others: Conformity, fads, and informational cascades", *The Journal of Economic Perspectives*, 12 (3): 151-170.

Birch, David G.W., 1979, "The Job Generation Process". *MIT Program on Neighborhood and Regional Change*.

Bishop and Cannings, 1978, "A generalized war of attrition", *Journal of Theoretical Biology*, 70 (1): 85-124.

Blonigen, B.A., and Tomlin, K., 2001, "Size and growth of Japanese plants in the United States". *International Journal of Industrial Organization*, 19: 931-952.

Boeri, T., and Bellmann, L., 1995, "Post-entry behaviour and the cycle: Evidence from Germany". *International Journal of Industrial Organization*, 13 (4): 483-500.

Bottazzi, G, Cefis E, Dosi G, et al., 2007, "Invariances and diversities in the patterns of industrial evolution: Some evidence from Italian manufacturing industries". *Small Business Economics*, 29 (1-2): 137-159.

Bottazzi, G, Dosi G, Jacoby N, et al., 2010, "Corporate performances and market selection: some comparative evidence". *Industrial and Corporate Change*.

Bottazzi, G, Secchi A., 2012, "Productivity, profitability and growth: The empirics of firm dynamics". *Structural Change and Economic Dynamics*, 23 (4): 325-328.

Bottazzi, G., 2007, "A comment on the relationship between firms' size and growth rate". *LEM Working Paper Series*.

Bottazzi, G., and Secchi, A., 2003, "A stochastic model of firm growth". *Physica A: Statistical Mechanics and its Applications*, 324 (1-2):

213-219.

Bottazzi, G., and Secchi, A., 2003, "Why are distributions of firm growth rates tent-shaped?" *Economics Letters*, 80 (3): 415-420.

Bottazzi, G., and Secchi, A., 2006,"Explaining the distribution of firm growth rates".*The RAND Journal of Economics*, 37 (2): 235-256.

Bottazzi, G., Cefis, E., and Dosi, G., 2002, " Corporate growth and industrial structures: some evidence from the Italian manufacturing industry". *Industrial and Corporate Change*, 11 (4): 705-723.

Bottazzi, G., Coad, A., Jacoby, N., and Secchi, A., 2011, "Corporate growth and industrial dynamics: Evidence from French manufacturing".*Applied Economics*, 43 (1): 103-116.

Bottazzi, G., Dosi G., and Rocchetti, G., 2001,"Modes of Knowledge Accumulation, Entry Regimes and Patterns of Industrial Evolution".*Industrial and Corporate Change*, 10: 609-638.

Boucekkine, Germain and Licandro, 1997, "Replacement echoes in the vintage capital growth model". *Journal of Economic Theory*, 74 (2): 333-348.

Bresnahan, T.F., 1989,"Empirical studies of industries with market power".*Handbook of industrial organization*, (02): 1011-1057.

Brito, P., and Mello, A.S., 1995,"Financial constraints and firm postentry performance".*International Journal of Industrial Organization*, 13 (4): 543-565.

Brouwer, E., Kleinknecht, A., and Reijnen, J. O., 1993, "Employment growth and innovation at the firm level".*Journal of Evolutionary Economics*, 3 (2): 153-159.

Brown, C., 1990, Employers large and small.Harvard University Press.

Brüderl, J., and Preisendörfer, P., 1990, " Organizational mortality: The liabilities of newness and adolescence".*Administrative Science Quarterly*, 530-547.

Brüderl, J., Preisendörfer, P., and Ziegler, R., 1992, " Survival chances of newly founded business organizations".*American sociological review*, 227-242.

Brunnermeier S.B., Cohen M.A.Determinants of Environmental Innovation in US Manufacturing Industries [J]. *Journal of Environmental Economics and Management*, 2003, 45 (2): 278-293.

Buddelmeyer, H., Jensen, P. H., and Webster, E. M., 2006, "Innovation and the determinants of firm survival", *IZA Discussion Paper* No.2386.

Buenstorf, G., 2007, "Evolution on the Shoulders of Giants: Entrepreneurship and Firm Survival in the German Laser Industry". *Review of Industrial Organization*, 30 (3): 179-202.

Cabral, 2012, "Technology uncertainty, sunk costs, and industry shakeout". *Industrial and Corporate Change*, 21 (3): 539-552.

Cabral, L.M., and Mata, J., 2003, "On the evolution of the firm size distribution: Facts and theory".*American economic review*, 1075-1090.

Cabral, L., 1995, "Sunk costs, firm size and firm growth". *The Journal of Industrial Economics*, 161-172.

Cabral, L., and Mata, J., 2003, "On the evolution of the firm size distribution: Facts and theory".*American Economic Review*, (93): 1075-1090.

Cader, H.A., and Leatherman, J.C., 2009, "Small business survival and sample selection bias".*Small Business Economics*, 37 (2): 155-165.

Calvo J L., 2006, "Testing Gibrat's law for small, young and innovating firms".*Small Business Economics*, 26 (2): 117-123.

Campbell, J.Y., 1997, "The econometrics of financial markets".*princeton University press*.

Canback, S., Samouel, P., and Price, D., 2006, "Do diseconomies of scale impact firm size and performance? A theoretical and empirical overview". *ICFAI Journal of Managerial Economics*, 4 (1): 27-70.

Carlsson, B., 1989, *Industry dynamics: Technological, organizational, and structural changes in industries and firms.*Norwell: Kluwer Academic Publishers.

Carree and Thurik, 2000, "The life cycle of the US tire industry".*Southern Economic Journal*: 254-278.

Carree, 2003, "A hazard rate analysis of Russian commercial banks in the period 1994-1997", *Economic Systems*, 27 (3): 255-269.

Caves, R.E., 1998, "Industrial organization and new findings on the turnover and mobility of firms".*Journal of economic literature*, 1947-1982.

Caves, R.E., and Porter, M.E., 1977, "From entry barriers to mobility barriers: Conjectural decisions and contrived deterrence to new competition". *The Quarterly Journal of Economics*, 91 (2): 241-261.

Cefis, E., and Marsili, O., 2005, "A matter of life and death: innovation and firm survival". *Industrial and corporate change*, 14 (6): 1167-1192.

Chesher, A., 1979, "Testing the law of proportionate effect".*The Journal of Industrial Economics*, 403-411.

Christensen T. B. Modularised Eco-Innovation in the Auto Industry [J]. *Journal of Cleaner Production*, 2011, 19 (2): 212-220.

Christensen, 1997, *The innovator's dilemma: when new technologies cause great firms to fail*, Harvard Business Press.

Churchill C., 1954, "Recent business population movements". *Survey of Current Business*, 34: 11-16.

Clementi, G.L., and Palazzo, B., 2013, "Entry, exit, firm dynamics, and aggregate fluctuations".*National Bureau of Economic Research*.

Coad, A., 2007, "A Closer Look at Serial Growth Rate Correlation". *Review of Industrial Organization*, 31 (1): 69-82.

Coad, A., 2007, "Empirical investigations into the characteristics and determinants of the growth of firms". *Doctorat Sciences Economiques*, Université Paris, 1.

Coad, A., 2007, "Exploring the 'mechanics' of firm growth: evidence from a short-panel VAR".*Documents de travail du Centre d'Economie de la Sorbonne* 2007.37-ISSN: 1955-611X.

Coad, A., 2007, "Firm growth: A survey". *Documents de travail du Centred'Economie de la Sorbonne* 2007.24-ISSN: 1955-611X.

Coad, A., 2007, "Testing the principle of 'growth of the fitter': The relationship between profits and firm growth".*Structural Change and Economic Dynamics*, 18 (3): 370-386.

Coad, A., 2009, *The growth of firms: A survey of theories and empirical evidence*. Cheltenham, UK: Edward Elgar.

Coad, A., 2010, "Exploring the processes of firm growth: evidence from a vector auto-regression". *Industrial and Corporate Change*, 19 (6): 1677-1703.

Coad, A., 2010, "The Exponential Age Distribution and the Pareto Firm Size Distribution". *Journal of Industry, Competition and Trade*, 10 (3-4): 389-395.

Coad, A., and Guenther, C., 2012, "Diversification patterns and survival as firms mature". *Small Business Economics*, 41 (3): 633-649.

Coad, A., and Hölzl, W., 2009, "On the Autocorrelation of Growth Rates". *Journal of Industry, Competition and Trade*, 9 (2): 139-166.

Coad, A., and Hölzl, W., 2012, "Firm growth: empirical analysis". *Handbook on the Economics and Theory of the Firm*, 324.

Coad, A., and Rao, R., 2006, "Innovation and market value: a quantile regression analysis". *Economics Bulletin*, 15 (13): 1-10.

Coad, A., and Rao, R., 2008, "Innovation and firm growth in high-tech sectors: A quantile regression approach". *Research Policy*, 37 (4), 633-648.

Coad, A., and Rao, R., 2010, "Firm growth and R&D expenditure". *Economics of Innovation and New Technology*, 19 (2): 127-145.

Coad, A., Daunfeldt, S.O., Hölzl, W., Johansson, D., and Nightingale, P., 2014, "High-growth firms: introduction to the special section". *Industrial and Corporate Change*, 23 (1): 91-112.

Coad, A., Frankish, J. S., Nightingale, P., and Roberts, R. G., 2014, "Business experience and start-up size: Buying more lottery tickets next time around?". *Small Business Economics*, 43 (3): 529-547.

Coad, A., Rao, R., and Tamagni, F., 2011, "Growth processes of Italian manufacturing firms". *Structural Change and Economic Dynamics*, 22 (1): 54-70.

Colombo, M.G., and Grilli, L., 2005, "Start-up size: The role of external financing". *Economics Letters*, 88 (2): 243-250.

Colombo, M.G., Delmastro, M., and Grilli, L., 2004, "Entrepreneurs' human capital and the start-up size of new technology-based firms".*International Journal of Industrial Organization*, 22 (8-9): 1183-1211.

Colombo, M.G., Giannangeli, S., and Grilli, L., 2013,"Public subsidies and the employment growth of high-tech startups: Assessing the impact of selective and automatic support schemes".*Industrial and Corporate Change*, 22 (5): 1273-1314.

Cooper and Schendel, 1976, "Strategic responses to technological threats", *Business horizons*, 19 (1): 61-69.

Cooper and Smith, 1997,"How established firms respond to threatening technologies".*Managing Strategic Innovation and Change*: 141-155.

Crosato, L., and Ganugi, P., 2006, "Statistical regularity of firm size distribution: the Pareto IV and truncated Yule for Italian SCI manufacturing". *Statistical Methods and Applications*, 16 (1): 85-115.

Dahmen, E., 1984, "Schumpeterian dynamics: some methodological notes".*Journal of Economic Behavior and Organization*, 5 (1): 25-34.

Dasgupta and Stiglitz, 1988, "Learning-by-doing, market structure and industrial and trade policies".*Oxford Economic Papers*, 40 (2): 246-268.

Davidsson, P., and Wiklund, J., 2000, "Conceptual and empirical challenges in the study of firm growth".InD.Sexton and H.Landström (Eds.), *The Blackwellhandbook of entrepre-neurship*.

Davies, 1997,"The life cycle of a complex product system". *International Journal of Innovation Management*, 1 (03): 229-256.

de Haan P., Mueller M.G., Scholz R.W.How Much do Incentives Affect Car Purchase? Agent-Based Microsimulation of Consumer Choice of New Cars—Part II: Forecasting Effects of Feebates Based on Energy-Efficiency [J]. *Energy Policy*, 2009, 37 (3): 1083-1094.

de Jorge Moreno, J., Castillo, L.L., and de Zuani Masere, E., 2010, "Firm size and entrepreneurial characteristics: evidence from the SME sector in Argentina".*Journal of Business Economics and Management*, 11 (2): 259-282.

de Wit, G., 2005,"Firm size distributions".*International Journal of Industrial Organization*, 23 (5-6): 423-450.

Delmar, F., Davidsson, P., and Gartner, W.B., 2003, " Arriving at the high-growth firm". *Journal of Business Venturing*, 18 (2): 189-216.

Diamond D. The impact of government incentives for hybrid-electric vehicles: Evidence from US states [J]. *Energy Policy*. 2009, 37 (3): 972-983.

Dijk M, Orsato R J, Kemp R.The emergence of an electric mobility trajectory [J].*Energy Policy*.2013, 52: 135-145.

Dijk M. A socio-technical perspective on the electrification of the automobile: niche and regime interaction [J]. *International Journal of Automotive Technology and Management* 21.2014, 14 (2): 158-171.

Dijk M., Orsato R.J., Kemp R.The Emergence of an Electric Mobility Trajectory [J].*Energy Policy*, 2013, 52 (1): 135-145.

Dinlersoz, E.M., and MacDonald, G., 2009,"The industry life-cycle of the size distribution of firms". *Review of Economic Dynamics*, 12 (4): 648-667.

Disney, R., Haskel, J., and Heden, Y., 2003,"Entry, exit and establishment survival in UK manufacturing".*The Journal of Industrial Economics*, 51 (1): 91-112.

Dixit, A., 1989,"Entry and exit decisions under uncertainty".*Journal of Political Economy*, 97 (2): 85-98.

Dobrev S D, Kim T Y, Hannan M T. Dynamics of niche width and resource partitioning1 [J].*American Journal of Sociology*.2001, 106 (5): 1299-1337.

Dosi G.and Nelson R., 2010,"Technical change and industrial dynamics as evolutionary processes". *Handbook of the Economics of Innovation*, 1: 51-127.

Dosi G.Technological paradigms and technological trajectories: a suggested interpretation of the determinants and directions of technical change [J]. *Research policy*.1982, 11 (3): 147-162.

Dosi G., 2007,"Statistical Regularities in the Evolution of Industries. A Guide through some Evidence and Challenges for the Theory".*Perspectives on innovation*: 153-186.

Dosi G., Freeman C., Nelson R., Silverberg G., et al., 1988,

Technical change and economic theory [M].London: Pinter.

Dosi, G., Malerba, F. and Orsenigo, L., 1994, "Evolutionary regimes and industrial dynamics". *Evolutionary and Neo-Schumpeterian Approaches to Economics Recent Economic Thought*, 36: 203-229.

Dosi, G., Malerba, F., Marsili, O., and Orsenigo, L., 1997, "Industrial structures and dynamics: evidence, interpretations and puzzles".*Industrial and Corporate Change*, 6: 3-24.

Dunne P. and Hughes A., 1994, "Age, size, growth and survival: UK companies in the 1980s". *The Journal of Industrial Economics*, 42 (2): 115-140.

Dunne T., Roberts M J. and Samuelson L., 1989,"The growth and failure of US manufacturing plants".*The Quarterly Journal of Economics*, 104 (4): 671-698.

Dunne, T., Roberts, M. J., and Samuelson, L., 1988, "Patterns of firm entry and exit in US manufacturing industries".*The RAND Journal of Economics*, 495-515.

Durand R, Coeurderoy R., 2001,"Age, order of entry, strategic orientation, and organizational performance". *Journal of Business Venturing*, 16 (5): 471-494.

Dutta, S., Narasimhan, O., and Rajiv, S., 2005, "Conceptualizing and measuring capabilities: methodology and empirical application".*Strategic Management Journal*, 26 (3): 277-285.

Egbue O., Long S. Barriers to Widespread Adoption of Electric Vehicles: an Analysis of Consumer Attitudes and Perceptions [J].*Energy policy*, 2012, 48 (9): 717-729.

Ejermo, O., and Xiao, J., 2014,"Entrepreneurship and survival over the business cycle: how do new technology-based firms differ?".*Small Business Economics*, 43 (2): 411-426.

Enz, C.A., Canina, L., and Palacios-Marques, D., 2011,"The relationship between new venture entry mode and firm performance".*International Entrepreneurship and Management Journal*, 9 (2): 129-145.

Ericson and Pakes, 1995, "Markov-perfect industry dynamics: A framework for empirical work". *The Review of Economic Studies*, 62 (1): 53-82.

Esteve-Pérez, S., and Mañez-Castillejo, J. A., 2006, "The Resource-Based Theory of the Firm and Firm Survival". *Small Business Economics*, 30 (3): 231-249.

Esteve-Pérez, S., Sanchis-Llopis, A., and Sanchis-Llopis, J. A., 2004, "The determinants of survival of Spanish manufacturing firms". *Review of Industrial Organization*, 25 (3): 251-273.

Esteve-Pérez, S., Sanchis-Llopis, A., and Sanchis-Llopis, J. A., 2010, "A competing risks analysis of firms' exit". *Empirical Economics*, 38 (2): 281-304.

Evans D S., 1987, "The relationship between firm growth, size, and age: Estimates for 100 manufacturing industries". *The journal of industrial economics*, 35 (4): 567-581.

Evans, D.S., and Jovanovic, B., 1989, "An estimated model of entrepreneurial choice under liquidity constraints". *The Journal of Political Economy*, 808-827.

Evans, L.B., and Siegfried, J.J., 1992, *Entry and exit in United States manufacturing industries from 1977 to 1982*. Springer Netherlands.

Federico J S, Capelleras J L., 2014, "The heterogeneous dynamics between growth and profits: the case of young firms". *Small Business Economics*, 6 (3): 73-91.

Fein, 1998, "Understanding evolutionary processes in non-manufacturing industries: Empirical insights from the shakeout in pharmaceutical wholesaling", *Journal of Evolutionary Economics*, 8 (3): 231-270.

Flaherty, 1980, "Industry structure and cost-reducing investment". *Econometrica: Journal of the Econometric Society*, 1187-1209.

Fontana, R., and Nesta, L., 2010, "Pre-entry experience, post-entry learning and firm survival: Evidence from the local area networking switch industry". *Structural Change and Economic Dynamics*, 21 (1): 41-49.

Forbes D P, Kirsch D A. The study of emerging industries: Recognizing and responding to some central problems [J]. *Journal of Business Venturing*.

2011, 26 (5): 589-602.

Fort, T.C., Haltiwanger, J., Jarmin, R.S., and Miranda, J., 2013, "How Firms Respond to Business Cycles: The Role of Firm Age and Firm Size". *IMF Economic Review*, 61 (3): 520-559.

Fotopoulos G. and Giotopoulos I., 2010, "Gibrat's law and persistence of growth in Greek manufacturing". *Small Business Economics*, 35 (2): 191-202.

Fotopoulos G. and Louri H., 2004, "Firm growth and FDI: are multinationals stimulating local industrial development?". *Journal of Industry, Competition and Trade*, 4 (3): 163-189.

Fotopoulos, G., and Spence, N., 1998, "Entry and exit from manufacturing industries: symmetry, turbulence and simultaneity-some empirical evidence from Greek manufacturing industries, 1982-1988". *Applied Economics*, 30 (2): 245-262.

Freeman, J., Carroll, G.R., and Hannan, M.T., 1983, "The liability of newness: Age dependence in organizational death rates". *American sociological review*, 692-710.

Frenken K, Saviotti P P, Trommetter M. Variety and niche creation in aircraft, helicopters, motorcycles and microcomputers [J]. *Research Policy*.1999, 28 (5): 469-488.

Friedman M., 1953, "Choice, chance, and the personal distribution of income". *The Journal of Political Economy*, 277-290.

Fritsch, M., and Mueller, P., 2004, "Effects of new business formation on regional development over time". *Regional Studies*, 38 (8): 961-975.

Fukuda, K., 2012, "A simple method for age-period-cohort decomposition of firm survival data". *Applied Mathematics and Computation*, 219 (2): 741-747.

Gallagher K S, Muehlegger E. Giving green to get green? Incentives and consumer adoption of hybrid vehicle technology [J]. *Journal of Environmental Economics and Management*.2011, 61 (1): 1-15.

Garicano, L., Lelarge, C., and Van Reenen, J., 2013, "Firm size distortions and the productivity distribution: Evidence from France". *National Bureau of Economic Research.

Gelderen, M., Frese, M. and Thurik, R., 2000, "Strategies, uncertainty and performance of small business start-ups". *Small Business Economics*, 15: 165-181.

Geroski, P.A., 1989, "Entry, innovation and productivity growth". *The Review of Economics and Statistics*, 71 (4): 572-578.

Geroski, P.A., 1991, *Market dynamics and entry*.Blackwell.

Geroski, P. A., 1995, "What do we know about entry?". *International Journal of Industrial Organization*, 13 (4): 421-440.

Geroski, P.A., 2000,"The Growth of Firms in Theory and Practice".In. Foss and Malinke. (Eds.).*New Directions in Economic Strategy Research*.

Geroski, P.A., 2003, *The evolution of new markets*.Oxford University Press.

Geroski, P.A., and Gugler, K., 2004, "Corporate growth convergence in Europe".*Oxford Economic Papers*, 56 (4), 597-620.

Geroski, P. A., and Mazzucato, 2001, "Modelling the dynamics of industry populations". *International Journal of Industrial Organization*, 19 (7): 1003-1022.

Geroski, P.A., and Schwalbach, J., 1991,"Entry and Market Contestability".*An International Comparison*, Oxford: Basil Blackwell.

Geroski, P. A., Mata, J., and Portugal, P., 2010, "Founding conditions and the survival of new firms".*Strategic Management Journal*, 31: 510-529.

Geroski, P.A., Mazzucato M., 2002,"Learning and the sources of corporate growth".*Industrial and Corporate Change*, 11 (4): 623-644.

Ghemawat and Nalebuff, 1985, "Exit". *The Rand Journal of Economics*, 184-194.

Giarratana, M.S., 2004,"The birth of a new industry: entry by start-ups and the drivers of firm growth".*Research Policy*, 33 (5): 787-806.

Gil, P.M., and Figueiredo, F., 2011,"Firm size distribution under horizontal and vertical innovation".*Journal of Evolutionary Economics*, 23 (1): 129-161.

Giovannetti, G., Ricchiuti, G., and Velucchi, M., 2011, "Size, innovation and internationalization: a survival analysis of Italian firms".*Applied Economics*, 43 (12): 1511-1520.

Girma, S., Görg, H., Hanley, A., and Strobl, E., 2010, "The effect of grant receipt on start-up size: Evidence from plant level data".*Journal of International Entrepreneurship*, 8 (4): 371-391.

Gnann T., Plötz P., Funke S., Wietschel M. What is the Market Potential of Plug-In Electric Vehicles as Commercial Passenger Cars? A Case Study from Germany [J].*Transportation Research Part D: Transport and Environment*, 2015, 37 (6): 171-187.

Goddard, J., Tavakoli, M., and Wilson, S., 2009, "Sources of variation in firm profitability and growth".*Journal of Business Research*, 62 (4): 495-508.

Görg, H., and Strobl, E., 2002, "Multinational companies and entrant start-up size: Evidence from quantile regressions".*Review of Industrial Organization*, 20 (1): 15-31.

Görg, H., Strobl, E., and Ruane, F., 2000, "Determinants of firm start-up size: an application of quantile regression for Ireland".*Small Business Economics*, 14 (3), 211-222.

Gort and Klepper, 1982, "Time paths in the diffusion of product innovations".*The economic journal*, 92 (367): 630-653.

Gort, M., and Klepper, S., 1982, "Time paths in the diffusion of product innovations".*The economic journal*, 630-653.

Green E H, Skerlos S J, Winebrake J J.Increasing electric vehicle policy efficiency and effectiveness by reducing mainstream market bias [J].*Energy Policy*.2014, 65: 562-566.

Greene D.L., Patterson P.D., Singh M., Li J. Feebates, Rebates and Gas-Guzzler Taxes: a Study of Incentives for Increased Fuel Economy [J].*Energy Policy*, 2005, 33 (6): 757-775.

Growiec, J., Pammolli, F., Riccaboni, M., and Stanley, H. E., 2008, "On the size distribution of business firms".*Economics Letters*.98 (2): 207-212.

Hall B H., 1987, "Empirical Analysis of the Size Distribution of Farms: Discussion". *American Journal of Agricultural Economics*, 69 (2): 486-487.

Hannan M T, Carroll G R, Pólos L.The organizational niche [J]. *Sociological Theory*.2003, 21 (4): 309-340.

Hannan M T, Freeman J.The population ecology of organizations [J]. *American journal of sociology*.1977: 929-964.

Hannan, M.T., 1988, "Organizational population dynamics and social change". *European Sociological Review*, 4 (2): 95-109.

Hannan, M.T., and Carroll, G., 1992, *Dynamics of organizational populations: Density, legitimation, and competition*.Oxford University Press.

Harada, N., 2003, "Who succeeds as an entrepreneur? An analysis of the post-entry performance of new firms in Japan". *Japan and the World Economy*, 15 (2), 211-222.

Harhoff, D., and Körting, T., 1998, "Lending relationships in Germany-Empirical evidence from survey data". *Journal of Banking and Finance*, 22 (10): 1317-1353.

Hart P E.and Oulton N., 1999, "Gibrat, Galton and job generation". *International Journal of the Economics of Business*, 6 (2): 149-164.

Hart, E.and Prais, J., 1956, "The analysis of business concentration: A statistical approach". *Journal of the Royal Statistical Society*, 119 (2): 150-191.

Hart, P.E., and Oulton, N., 1996, "The size and growth of firms". *Economic Journal*, 106: 1242-1252.

Hartwick, P., and Adams, M., 2002, "Firm size and growth in the United Kingdom life insurance industry". *The Journal of Risk and Insurance*, 69: 577-593.

Heebels and Boschma, 2011, "Performing in Dutch book publishing 1880-2008: the importance of entrepreneurial experience and the Amsterdam cluster". *Journal of Economic Geography*, 11 (6): 1007-1029.

Helmers, C., and Rogers, M., 2010, "Innovation and the Survival of New Firms in the UK". *Review of Industrial Organization*, 36 (3): 227-248.

Henrekson, M., and Davidsson, P., 2002, "Determinants of the Prevalence of Start-Ups and High-Growth Firms". *Small Business Economics*, 19 (2): 115–132.

Hidrue M K, Parsons G R, Kempton W, et al. Willingness to pay for electric vehicles and their attributes [J]. *Resource and Energy Economics*. 2011, 33 (3): 686–705.

Holmes, P., Hunt, A., and Stone, I., 2010, "An analysis of new firm survival using a hazard function". *Applied Economics*, 42 (2): 185–195.

Honjo, Y., 2000, "Business failure of new firms: an empirical analysis using a multiplicative hazards model". *International Journal of Industrial Organization*, 18 (4): 557–574.

Hopenhayn, H., 1992, "Entry, Exit and Firm Dynamics in Long Run Equilibrium," *Econometrica*, 60: 1127–1150.

Hopenhayn, H., 1993, "The shakeout". Economics working paper 33, Universitat Pompeu Fabra.

Horvath, Schivardi and Woywode, 2001, "On industry life-cycles: delay, entry, and shakeout in beer brewing". *International Journal of Industrial Organization*, 19 (7): 1023–1052.

Hosmer Jr, D. W., S. Lemeshow, et al., 2011, "*Applied survival analysis: regression modeling of time to event data*", Wiley-Interscience.

Hutchinson, J., Konings, J., and Walsh, P.P., 2010, "The Firm Size Distribution and Inter-Industry Diversification". *Review of Industrial Organization*, 37 (2): 65–82.

Huyghebaert, N., 2000, "The capital structure of business start-ups". *K. U. Leuven, Dept. of Applied Economics*, 1–332.

Ijiri Y, Simon H A, Bonini C P, et al., 1977, *Skew distributions and the sizes of business firms*. New York: North-Holland Publishing Company.

Ijiri, Y., and Simon, H.A., 1974, "Interpretations of departures from the Pareto curve firm-size distributions". *The Journal of Political Economy*, 315–331.

Ijiri, Y. and Simon, A., 1964, "Business firm growth and size". *The American Economic Review*, 54 (2): 77–89.

Jensen, M.C., and Meckling, W.H., 1979, *Theory of the firm*: Man-

agerial behavior, agency costs, and ownership structure (pp. 163 – 231). Springer Netherlands.

Johansen, 1959, "Substitution versus fixed production coefficients in the theory of economic growth: a synthesis". *Econometrica: Journal of the Econometric Society*, 157–176.

Johanson, M., and Johanson, J., 2006, "Turbulence, discovery and foreign market entry: A longitudinal study of an entry into the Russian market". Management International Review, 46 (2): 179–205.

Johnstone N., Haščič I., Popp D.Renewable Energy Policies and Technological Innovation: Evidence Based on Patent Counts [J].*Environmental and Resource Economics*.2010, 45 (1): 133–155.

Jovanovic and MacDonald, 1994, "The life-cycle of a competitive industry". *Journal of Political Economy*, (2): 102–129.

Jovanovic and Tse, 2006, "Creative destruction in industries", *NBER Working Paper*, No.12520.

Jovanovic, 1982, "Selection and the Evolution of Industry". Econometrica: *Journal of the Econometric Society*, 649–670.

Kaniovski, S., and Peneder, M., 2007,"Determinants of firm survival: a duration analysis using the generalized gamma distribution".*Empirica*, 35 (1): 41–58.

Kay, N.M., 2000,"The growth of firms.Competence, Governance, and Entrepreneurship".*Advances in Economic Strategy Research*, 187–206.

Kemp R, Schot J, Hoogma R. Regime shifts to sustainability through processes of niche formation: the approach of strategic niche management [J]. *Technology analysis & strategic management*.1998, 10 (2): 175–198.

Kemp R.Technology and the transition to environmental sustainability: the problem of technological regime shifts [J]. *Futures*. 1994, 26 (10): 1023–1046.

Kimura, F., and Fujii, T., 2003,"Globalizing activities and the rate of survival". *Journal of the Japanese and International Economies*, 17 (4): 538–560.

Klei, H., 1977, *Dynamic Economics. Cambridge, MA: Harvard*

University Press.

Klei, H., 1984, *Prices, wages and business cycles: a dynamic theory*. New York: Pergamon.

Klepper and Miller, 1995, "Entry, exit, and shakeouts in the United States in new manufactured products". *International Journal of Industrial Organization*, 13 (4): 567-591.

Klepper and Simons, 1997,"Technological extinctions of industrial firms: an inquiry into their nature and causes". *Industrial and Corporate change*, 6 (2): 379-460.

Klepper and Simons, 2005, "Industry shakeouts and technological change".*International Journal of Industrial Organization*, 23 (1): 23-43.

Klepper and Thompson, 2006, "Submarkets and the evolution of market structure". *The Rand Journal of Economics*, 37 (4): 861-886.

Klepper, 1996, "Entry, exit, growth, and innovation over the product life cycle". *The American economic review*, 562-583.

Klepper, 1997,"Industry life cycles".*Industrial and corporate change*, 6 (1): 145-182.

Klepper, S., 2002,"Firm survival and the evolution of oligopoly".*RAND journal of Economics*, 37-61.

Koch, A., Späth, J., and Strotmann, H., 2012, "The role of employees for post-entry firm growth". *Small Business Economics*, 41 (3), 733-755.

Koenker, R., and Bassett Jr, G., 1978, "Regression quantiles. Econometrica".*Journal of the Econometric Society*, 33-50.

Köhler J., Schade W., Leduc G., Wiesenthal, T., Schade, B., Espinoza, L.T..Leaving Fossil Fuels Behind? An Innovation System Analysis of Low Carbon Cars [J].*Journal of Cleaner Production*, 2013, 48 (6): 176-186.

Lafuente, A., and Salas, V., 1989,"Types of entrepreneurs and firms: the case of new Spanish firms". *Strategic Management Journal*, 10 (1), 17-30.

Levinthal, D. A., and Fichman, M., 1991, "*Honeymoons and the Liability of Adolescence: A New Perspective on Duration Dependence in Social Or-*

ganizational Relationships（No. 1991 – 34）". Carnegie Mellon University, Tepper School of Business.

Lewis, H., and Richardson, J.D., 2001, "Why global commitment really matters!".Peterson Institute.

Li, S., Shang, J., and Slaughter, S.A., 2010, "Why do software firms fail? Capabilities, competitive actions, and firm survival in the software industry from 1995 to 2007". *Information Systems Research*, 21（3）: 631–654.

Lin Z., Greene D.Promoting the Market for Plug-In Hybrid and Battery Electric Vehicles: Role of Recharge Availability [J].*Transportation Research Record: Journal of the Transportation Research Board*, 2011, 2252（7）: 49–56.

Lipczynski J, Wilson J., 2004, *The economics of business strategy*. Pearson Education.

Little, I.M., 1962, "Higgledy piggledy growth".*Bulletin of the Oxford University Institute of Economics and Statistics*, 24（4）: 387–412.

Loisel R., Pasaoglu G., Thiel C.Large-Scale Deployment of Electric Vehicles in Germany by 2030: an Analysis of Grid-to-Vehicle and Vehicle-to-Grid Concepts [J].*Energy Policy*, 2014, 65（2）: 432–443.

Lööf, H., and Nabavi, P., 2014, "Survival, productivity and growth of new ventures across locations".*Small Business Economics*, 43（2）: 477–491.

López-García, P., and Puente, S., 2006, "Business demography in Spain: determinants of firm survival".*Banco de Espana Research Paper* No. WP-0608.

Lotti F, Santarelli E., 2004, "Industry dynamics and the distribution of firm sizes: a nonparametric approach".*Southern Economic Journal*, 70（3）: 443–466.

Lotti, F., Santarelli, E., and Vivarelli, M., 2007, "Defending Gibrat's Law as a long-run regularity".*Small Business Economics*, 32（1）: 31–44.

Lucas, E., 1978, "On the size distribution of business firms".*The Bell Journal of Economics*, 9（2）: 508–523.

Luttmer, E.G., 2007, "Selection, growth, and the size distribution of firms". *The Quarterly Journal of Economics*, 1103-1144.

Machado, J.A., and Mata, J., 2000, "Box-Cox quantile regression and the distribution of firm sizes". *Journal of Applied Econometrics*, 15 (3): 253-274.

Macpherson, A., and Holt, R., 2007, "Knowledge, learning and small firm growth: A systematic review of the evidence". *Research Policy*, 36 (2): 172-192.

Mahmood, T., 2000, "Survival of newly founded businesses: A log-logistic model approach". *Small Business Economics*, 14 (3): 223-237.

Malerba, F., 2004, *Sectoral systems of innovation: concepts, issues and analyses of six major sectors in Europe*. Cambridge: Cambridge University Press.

Malerba, F., 2007, "Innovation and the dynamics and evolution of industries: Progress and challenges". *International Journal of Industrial Organization*, 25 (4): 675-699.

Malerba, F., Nelson, R., Orsenigo, L. and Winter, S., 2007, "Demand, innovation, and the dynamics of market structure: The role of experimental users and diverse preferences". *Journal of Evolutionary Economics*, 17 (4): 371-399.

Manjón-Antolín, M.C., 2010, "Firm size and short-term dynamics in aggregate entry and exit". *International Journal of Industrial Organization*, 28 (5): 464-476.

Manjón-Antolín, M. C., and Arauzo-Carod, J.-M., 2007, "Firm survival: methods and evidence". *Empirica*, 35 (1): 1-24.

Mansfield E., 1962, "Entry, Gibrat's law, innovation, and the growth of firms". *The American Economic Review*, 52 (5): 1023-1051.

Marris, R. and Mueller, C., 1980, "The corporation, competition, and the invisible hand". *Journal of Economic Literature*, 18 (1): 32-63.

Marris, R., 1963, "A model of the 'managerial' enterprise". *The Quarterly Journal of Economics*, 185-209.

Marris, R., 1999, "Edith Penrose and economics". *Contributions to Political Economy*, 18 (1): 47-65.

Marsili, O., 2001, *The anatomy and evolution of industries: technological change and industrial dynamics*.Edward Elgar.

Mata J., 1991,"Sunk costs and entry by small and large plants". *Entry and market contestability: An international comparison*, 49-62.

Mata, J., and Machado, J.A., 1996,"Firm start-up size: A conditional quantile approach".*European Economic Review*, 40 (6): 1305-1323.

Mata, J., and Portugal, P., 1994," Life duration of new firms". *The Journal of Industrial Economics*, 42 (3): 227-245.

Mata, J., and Portugal, P., 2002,"The survival of new domestic and foreign-owned firms".*Strategic Management Journal*, 23 (4), 323-343.

Mata, J., and Portugal, P., 2004,"Patterns of entry, post-entry growth and survival: a comparison between domestic and foreign owned firms".*Small Business Economics*, 22 (3-4): 283-298.

Mata, J., Portugal, P., and Guimaraes, P., 1995,"The survival of new plants: Start-up conditions and post-entry evolution".*International Journal of Industrial Organization*, 13 (4): 459-481.

Mayer, K.U.and N.B.Tuma, 1990,"*Event history analysis in life course research*", Universal of Wisconsin Press.

McKelvie, A., and Wiklund, J., 2010, " Advancing firm growth research: A focus on growth mode instead of growth rate". *Entrepreneurship theory and practice*, 34 (2): 261-288.

Melillo, F., Folta, T.B., and Delmar, F., 2012,"*What determines the initial size of new ventures*".Mimeo, Copenhagen Business School, 5 September.

Melitz, M.J., 2003,"The Impact of Trade on Intra-Industry Reallocations and Aggregate Industry Productivity".*Econometrica*, 71: 1695-1725.

Metcalfe and Gibbons, 1987,"*Technology, Variety and Organisation: A Systematic Perspective on Competitive Process*".University of Manchester Department of Economics.

Mitra, Ray and Roy, 1991,"The economics of orchards: an exercise in point-input, flow-output capital theory".*Journal of Economic Theory*, 53 (1): 12-50.

Mueller, D., 1990, *The dynamics of company profits: An international comparison*, Cambridge: Cambridge University Press.

Mwasilu F., Justo J.J., Kim E., Do T.D., Jung J.Electric Vehicles and Smart Grid Interaction: a Review on Vehicle to Grid and Renewable Energy Sources Integration [J].*Renewable and Sustainable Energy Reviews*, 2014, 34 (6): 501-516.

Nelson and Winter, 1978, "Forces generating and limiting concentration under Schumpeterian competition". *The Bell Journal of Economics*, 524-548.

Nelson R., 1991, "Why do firms differ, and how does it matter?". *Strategic management journal*, 12 (S2): 61-74.

Nelson R., 1995, "Co-evolution of industry structure, technology and supporting institutions, and the making of comparative advantage". *International Journal of the Economics of Business*, 2 (2): 171-184.

Nelson, R and Winter, G., 1982, *An evolutionary theory of economic change*.Cambridge, MA: Harvard University Press.

Nunes, P. J. M., and Serrasqueiro, Z. M., 2009, "Gibrat's Law: Empirical test of Portuguese service industries using dynamic estimators". *The Service Industries Journal*, 29: 219-233.

Nuvolari A.The making of steam power technology: a study of technical change during the British Industrial Revolution [J]. *The Journal of Economic History*.2006, 66 (02): 472-476.

Nyström, K., 2008, "Entry, market turbulence and industry employment growth".*Empirica*, 36 (3), 293-308.

Oliveira B. and Fortunato A., 2006, "Firm growth and liquidity constraints: A dynamic analysis". *Small Business Economics*, 27 (2-3): 139-156.

Oliveira, B., and Fortunato, A., 2008, "The dynamics of the growth of firms: evidence from the services sector".*Empirica*, 35 (3), 293-312.

Orr, D., 1974, "An index of entry barriers and its application to the market structure performance relationship". *The Journal of Industrial Economics*, 39-49.

Pagan, A., and Ullah, A., 1999, *Nonparametric econometrics*.Cambridge university press.

Pagano, P., and Schivardi, F., 2003, "Firm Size Distribution and Growth".*The Scandinavian Journal of Economics*, 105 (2): 255-274.

Palestrini, A., 2007,"Analysis of industrial dynamics: A note on the relationship between firms' size and growth rate".*Economics Letters*, 94 (3): 367-371.

Peltoniemi, 2011, "Reviewing Industry Life-cycle Theory: Avenues for Future Research". International *Journal of Management Reviews*, 13 (4): 349-375.

Peneder, R., 2007, "Firm entry and turnover: The nexus with profitability and growth".*Small Business Economics*, 30 (4): 327-344.

Penrose, E.T., 1959,"*The Theory of the Growth of the Firm*".London: Blackwells Penrose The Theory of Growth of the Firm 1959.

Peteraf A.and Barney B., 2003,"Unraveling the resource-based tangle". *Managerial and decision economics*, 24 (4): 309-323.

Peters M., Schneider M., Griesshaber T., Hoffmann V. The Impact of Technology-Push and Demand-Pull Policies on Technical Change-Does the Locus of Policies Matter? [J].*Research Policy*, 2012, 41 (8): 1296-1308.

Petrunia R., 2008, "Does Gibrat's Law hold? Evidence from Canadian retail and manufacturing firms".*Small Business Economics*, 30 (2): 201-214.

Plehn-Dujowich and Lee, 2009,"*Overlapping Product Life Cycles*".

Popp D. R&D Subsidies and Climate Policy: is There a "Free Lunch"? [J].*Climatic Change*, 2006, 77 (3-4): 311-341.

Porter, 1980,"*Competitive strategy: Techniques for analyzing industry and competitors*", The Free Press: New York.

Prais S J., 1976, *The evolution of giant firms in Britain: A study of the growth of concentration in manufacturing industry in Britain*, 1909-1970.Cambridge: Cambridge University Press.

Rasmusen, Petrakis and Roy, 1997,"The learning curve in a competitive industry", *The RAND journal of economics*, 28: 248-268.

Reichstein, T., Dahl, M. S., Ebersberger, B., and Jensen, M. B., 2010,"The devil dwells in the tails".*Journal of Evolutionary Economics*, 20 (2): 219-231.

Reid, G.and Smith, J., 2000,"What makes a new business start-up successful?".*Small Business Economics*, 14: 165-182.

Resende M., 2007,"Determinants of firm start-up size in the Brazilian industry: an empirical investigation".*Applied Economics*, 39 (8): 1053-1058.

Roberts, P.W., Klepper, S., and Hayward, S., 2011,"Founder backgrounds and the evolution of firm size".*Industrial and Corporate Change*, 20: 1515-1538.

Rodríguez, A.C., Molina, M.A., Pérez, A.L.G., and Hernández, U.M., 2003, "Size, age and activity sector on the growth of the small and medium firm size".*Small Business Economics*, 21 (3): 289-307.

Romanelli, E., 1989, "Environments and strategies of organization start-up: Effects on early survival".*Administrative Science Quarterly*, 369-387.

Rotmans J, Loorbach D. Complexity and transition management [J]. *Journal of Industrial Ecology*.2009, 13 (2): 184-196.

Russo M V.The emergence of sustainable industries: building on natural capital [J].*Strategic Management Journal*.2003, 24 (4): 317-331.

Santarelli, E., 1998,"Start-up size and post-entry performance: the case of tourism services in Italy".*Applied Economics*, 30 (2): 157-163.

Santarelli, E., and Piergiovanni, R., 1995,"The determinants of firm start-up and entry in Italian producer services".*Small Business Economics*, 7 (3): 221-230.

Santarelli, E., and Vivarelli, M., 2007, "Entrepreneurship and the process of firms' entry, survival and growth".*Industrial and Corporate Change*, 16 (3): 455-488.

Saridakis, G., Mole, K., and Storey, D.J., 2007, "New small firm survival in England".*Empirica*, 35 (1): 25-39.

Schiersch, A., 2013,"Firm size and efficiency in the German mechanical engineering industry".*Small Business Economics*, 40 (2): 335-350.

Schmalensee, R., 1989,"Inter-industry studies of structure and performance".*Handbook of industrial organization*, 2: 951-1009.

Schot J, Geels F W. Niches in evolutionary theories of technical change [J].*Journal of Evolutionary Economics*.2007, 17 (5): 605-622.

Schwalbach, J.1991,"Profitability and market share: A reflection on the functional relationship".*Strategic Management Journal*, 12(4): 299–306.

Segarra, A., and Callejón, M., 2002,"New firms' survival and market turbulence: New evidence from Spain".*Review of industrial Organization*, 20(1): 1–14.

Shaked and Sutton, 1987,"Product differentiation and industrial structure", *The Journal of Industrial Economics*, 131–146.

Short C, Ketchen J, Palmer B, et al., 2007,"Firm, strategic group, and industry influences on performance".*Strategic Management Journal*, 28(2): 147–167.

Siebert and Zulehner, 2010,"*The impact of market demand and innovation on market structure*", Working paper.

Siegfried J.and Evans B., 1994,"Empirical studies of entry and exit: a survey of the evidence".*Review of Industrial Organization*, 9(2): 121–155.

Siegfried, J.J., and Evans, L.B., 1994,"Empirical studies of entry and exit: a survey of the evidence".*Review of Industrial Organization*, 9(2): 121–155.

Sierzchula W, Bakker S, Maat K, et al.The influence of financial incentives and other socio-economic factors on electric vehicle adoption [J].*Energy Policy*.2014, 68: 183–194.

Silverman, B.W., 1986, *Density estimation for statistics and data analysis* (Vol.26).CRC press.

Simon, A. and Bonini, P., 1958,"The size distribution of business firms".*The American Economic Review*, 48(4): 607–617.

Simons, A., 2006,"*On the theory of product market characteristics and the industry life cycle*", manuscript, Rensselaer Polytechnic Institute.

Sorenson O, Rivkin J W, Fleming L. Complexity, networks and knowledge flow [J].*Research policy*.2006, 35(7): 994–1017.

Srholec, M., and Verspagen, B., 2012,"The Voyage of the Beagle into innovation: Explorations on heterogeneity, selection, and sectors".*Industrial and Corporate Change*, 21(5): 1221–1253.

Stam, E., 2010,"Growth beyond Gibrat: firm growth processes and strategies". *Small Business Economics*, 35 (2): 129-135.

Stam, E., and Wennberg, K., 2009, "The roles of R&D in new firm growth". *Small Business Economics*, 33 (1): 77-89.

Stanley, M.H.R., Amaral, L.A.N., Buldyrev, S.V., Havlin, S., Leschhorn, H., Maass, P., Salinger, M. A., and Stanley, H. E., 1996, "Scaling behavior in the growth of companies". *Nature*, 379: 804-806.

Stearns, T.M., Carter, N.M., Reynolds, P.D., and Williams, M.L., 1995, "New firm survival: industry, strategy, and location". *Journal of Business Venturing*, 10 (1): 23-42.

Steindl J., 1965, *Random processes and the growth of firms: A study of the Pareto law*.London: Griffin.

Stewart, M. B., 1990, "Union wage differentials, product market influences and the division of rents". *The Economic Journal*, 1122-1137.

Stinchcombe, A.L., 1965, "Social structure and organizations". *Handbook of organizations*, 142-193.

Strotmann, H., 2006, "Entrepreneurial Survival". *Small Business Economics*, 28 (1): 87-104.

Suarez, F.F., and Utterback, J.M., 1995, "Dominant designs and the survival of firms". *Strategic management journal*, 16 (6): 415-430.

Sutton, J., 1991, *Sunk costs and market structure: Price competition, advertising, and the evolution of concentration*.MIT press.

Sutton, J., 1995, "The Size Distribution of Business Part I: A Benchmark Case". London School of Economics, *The Economics of Industry Group, Discussion Paper Series*, No.EI/9.

Sutton, J., 1996, "Technology and market structure", *European Economic Review*, 40 (3): 511-530.

Sutton, J., 1997, "Gibrat's legacy". *Journal of economic literature*, 40-59.

Taylor M.R., Rubin E.S., Hounshell D.A..Control of SO2 Emissions from Power Plants: A Case of Induced Technological Innovation in the U.S. [J]. *Technological Forecasting and Social Change*, 2005, 72 (6): 697-718.

Tong, 2009, "Explaining The Shakeout Process: A 'Successive

Submarkets' Model". *The Economic Journal*, 119 (537): 950-975.

Törnqvist, L., Vartia, P., and Vartia, Y. O., 1985, "How should relative changes be measured?". *The American Statistician*, 39 (1): 43-46.

Truffer B, Metzner A, Hoogma R. The coupling of viewing and doing: strategic niche management and the electrification of individual transport [J]. *Greener Management International*.2002: 111-125.

Tsvetkova, A., Thill, J. C., and Strumsky, D., 2014, "Metropolitan innovation, firm size, and business survival in a high-tech industry". *Small Business Economics*, 43 (3): 661-676.

Tushman and Anderson, 1986, "Technological discontinuities and organizational environments". *Administrative science quarterly*, 439-465.

Tveterås, R., and Eide, G. E., 2000, "Survival of New Plants in Different Industry Environments in Norwegian Manufacturing: AS Semi-Proportional Cox Model Approach". *Small Business Economics*, 14 (1), 65-82.

Utterback and Abernathy, 1978, "Patterns of industrial innovation", *Technology Review*, 80 (7): 40-47.

Utterback and Suárez, 1993, "Innovation, competition, and industry structure". *Research policy*, 22 (1): 1-21.

Van Bree B, Verbong G P, Kramer G J.A multi-level perspective on the introduction of hydrogen and battery-electric vehicles [J]. *Technological Forecasting and Social Change*.2010, 77 (4): 529-540.

van Stel, A., and Suddle, K., 2007, "The impact of new firm formation on regional development in the Netherlands". *Small Business Economics*, 30 (1): 31-47.

Viner, J., 1932, *Cost curves and supply curves*, Springer-Verlag Berlin Heidelberg.

Wagner, J., 1994, "The post-entry performance of new small firms in German manufacturing industries". *The Journal of Industrial Economics*, 42 (2): 141-154.

Wagner, J., 2006, "Export Intensity and Plant Characteristics: What Can We Learn from Quantile Regression?" *Review of World Economics*, 142 (1): 195-203.

Watanabe C., Wakabayashi K., Miyazawa T.Industrial Dynamism and the Creation of a "Virtuous Cycle" Between R&D, Market Growth and Price Reduction: the Case of Photovoltaic Power Generation (PV) Development in Japan [J].*Technovation*, 2000, 20 (6): 299-312.

Wesseling J.H., Faber J., Hekkert M.P.How Competitive Forces Sustain Electric Vehicle Development [J]. *Technological Forecasting and Social Change*.2014, 81 (1): 154-164.

Wilson, J.O.S., and Morris, J.E., 2000,"The size and growth of UK manufacturing and service firms".*Service Industries Journal*, 20: 25-38.

Wilson, J.O.S., and Williams M., 2000,"The size and growth of banks: evidence from four European countries". *Applied Economics*, 32 (9): 1101-1109.

Winter, G., 2003,"A baseline Model of Industry Evolution", *Journal of Evolutionary Economics*, 13: 355-383.

Winter, G., Kaniovski M.and Dosi G., 2000,"Modeling industrial dynamics with innovative entrants".*Structural Change and Economic Dynamics*, 11: 255-293.

Wong, P.K., Ho, Y.P., and Autio, E., 2005,"Entrepreneurship, innovation and economic growth: Evidence from GEM data".*Small Business Economics*, 24 (3): 335-350.

Yasar, M., Nelson, C.H., and Rejesus, R., 2006,"Productivity and Exporting Status of Manufacturing Firms: Evidence from Quantile Regressions". *Review of World Economics*, 142 (4): 675-694.

Yasuda, T., 2005,"Firm growth, size, age and behavior in Japanese manufacturing".*Small Business Economics*, 24 (1): 1-15.

Zapata C., Nieuwenhuis P. Exploring innovation in the Automotive Industry: New Technologies for Cleaner Cars [J]. *Journal of Cleaner Production*, 2010, 18 (1): 14-20.

后　　记

本书是在我博士论文基础上结合近期研究成果修改完成的，也是国家社会科学基金重大项目《供给侧结构性改革下东北地区创新要素结构分析与优化对策研究》（批准号：18ZDA042）、国家自然科学基金面上项目《中国新兴产业震荡的识别、影响与干预研究》（批准号：71873025）、国家自然科学基金青年项目《基于产业政策视角的中国新兴产业震荡触发机制及其影响效应研究》（批准号：71703015）的阶段性成果。

产业动态研究是产业经济学中较为前沿的一个研究领域，相关理论和方法都处在不断的发展之中。这一方面带来更为广阔的研究空间和视野，而另一方面也带来较高的研究难度。产业动态研究使用变化、不确定性、有限理性和不均衡来代替传统经济研究中的静态、完全理性、最优行为和均衡，并深入异质性企业微观群体，讨论企业的动态行为如何自下而上的影响产业总体演化。因此，产业动态研究思路更为丰富和复杂，也十分符合新兴产业动态演进的特点。本书在梳理国内外产业动态研究相关文献的基础上，以战略性新兴产业作为研究对象，构建了产业动态演进分析框架，实证研究了企业进入、生存、成长等问题。虽然研究得出较为丰富的结论，但是仍有许多问题值得深入探讨，这也是今后本人需要继续努力研究的方向。

本书选题得益于导师肖兴志教授主持的国家社科基金重大项目"世界产业发展新趋势及我国培育发展战略性新兴产业跟踪研究"。在项目执行过程中，肖老师对具体研究选题并不加以约束，反而提倡集思广益，群策群力，让创新性的观点、想法相互碰撞，从而使得这一具有挑战性的重大课题能获得丰富的研究视角，转化为不同的具体问题，进行深入分析。本书从最初选题、构思到框架确立，都在肖老师的细心指导和帮助下得以顺利进行。每次与老师交流、探讨，都深深折服于老师对宏大复杂产业问题的敏锐洞察力，以及对理论知识娴熟运用的能力，这都是极为难得的学习机会。正因如此，本书的撰写工作得以顺利开展。

  东北财经大学产业组织与企业组织研究中心是一个有活力的研究团队，不同学者虽各有所长，但他们高屋建瓴、缜密细致的思维，以及独到的论点把握，给予我极大启发，并深刻影响着我的研究思路和方法。在本书的写作过程中，也得到研究中心于左研究员、郭晓丹研究员、李宏舟研究员、钱勇研究员等多位老师的悉心指导和帮助。

  同时，本书的完成也离不开家人的支持，他们对于我无私的关爱和鼓励才能使我全身心的投入研究当中，并顺利完成本书的写作。

  产业动态研究为产业经济学带来了新的研究视角，适用于分析新兴产业在演化发展中遇到的实际问题，其中蕴含着很多值得深入研究的选题。未来我将在这一领域深入研究下去，以期获得更多研究成果。本书是采用产业动态研究思路分析新兴产业问题的初步尝试，限于能力水平，书中难免存在不足，请各位读者批评指正。

何文韬

2019 年 4 月